COLLECTION « VÉCU »
sous la direction de Charles Ronsac

LEA RABIN

ITZHAK RABIN, NOTRE VIE, SON HÉRITAGE

traduit de l'anglais par Bella Arman, Odile Demange et Catherine Vacherat

ROBERT LAFFONT

Nous remercions les personnes suivantes qui nous ont aimablement autorisés à reproduire des extraits de leurs œuvres : Yehuda Amichai, *Dieu a pitié des tout petits enfants*, d'après la traduction anglaise d'Assia Gutmann ; Hayim Hefer, *Makama* ; M. le rabbin Stanley Rabinowitz ; le général Amnon Lipkin-Shahak ; Tzvi Shahak pour le poème de sa fille Bat-Chen, *Lettre à Rabin*, et Meir Shalev.

Les extraits des Mémoires d'Itzhak Rabin figurent dans *The Rabin Memoirs* (2e éd., 1994) et sont reproduits avec l'autorisation de son éditeur, Steinmatzky Ltd.

Titre original : RABIN : OUR LIFE, HIS LEGACY

ISBN 2-221-08465-9
(édition originale : ISBN 0-399-14217-7 G.P. Putnam's Sons, New York)
Publié avec l'accord de G.P. Putnam's Sons

à Itzhak,
à Dalia et Yuval,
à Jonathan, Noa et Michael

PRÉFACE

Ce livre a été écrit au cours de l'année dernière, alors que j'essayais de surmonter la disparition de mon mari. C'est, en un sens, le monument que je dresse à la mémoire de l'homme que j'ai aimé toute ma vie, avec lequel j'ai partagé près de cinquante années d'une existence heureuse et privilégiée. J'ai essayé de rendre justice à un être d'une grandeur hors du commun et, pourtant, profondément humain.

Je voudrais, et c'est là mon vœu le plus cher, que ce livre soit un témoignage sur ce que fut sa vie — sur ce que fut notre vie...

Je prie pour son âme, pure et sublime, et je prie pour que les hommes conservent son souvenir et comprennent son message. Il le mérite grandement.

4 octobre 1996

1

Le dernier baiser

Itzhak, mon amour,

Il pleut sur le mont Herzl. Des trombes d'eau s'abattent sur les fleurs de ta tombe, éteignant les cierges qui l'entourent.

Et nous voilà ici, chez nous — sans toi. Seuls, désespérément seuls. Tu n'es plus là. Ils t'ont arraché à moi, à nous tous. Tu ne seras plus jamais dans cette maison que tu aimais tant, auprès de moi, auprès des enfants pour qui tu étais un père si tendre, un grand-père si chaleureux, si bon, si attentionné. Tu étais pour eux tout ce qu'un fils ou une fille, un petit-fils ou une petite-fille pouvaient désirer. Et, pourtant, tu étais toujours, toujours débordé de travail.

Comme il est difficile, chaque matin, de se lever sans toi ; de prendre son petit déjeuner sans toi ; de savoir qu'il en sera ainsi pour toujours. Tu ne seras plus jamais là. Et moi, je resterai ici, avec toi — sans toi...

J'ai tant à te dire, Itzhak, mon amour, sur ce passé commun qui m'est si cher, et sur ce qui, dans le présent comme dans l'avenir, se fera en mémoire de toi, dans le respect de ton héritage.

« La voilà ! » hurlent-ils à l'instant où j'arrive au pied de notre immeuble. Je suis seule dans notre voiture, sans garde du corps.

« Après les prochaines élections, on vous pendra par les pieds sur la place de la ville, toi et ton mari, comme Mussolini et sa maîtresse. Voilà ce qu'on vous réserve, hurle quelqu'un dans la foule, tu ne perds rien pour attendre. »

Mussolini...

Certains de ceux qui manifestent devant chez nous nous ont même comparés aux Roumains Nicolae et Elena Ceauşescu, sans doute le plus sinistre couple de despotes des Temps modernes. Un ami venu nous voir en ce vendredi après-midi a compté les manifestants un par un, de la fenêtre de notre huitième étage. Quarante-sept..., quarante-huit..., quarante-neuf. C'est bien ce que nous pensions : à cinquante, ils n'auraient pu manifester sans autorisation. Ces insultes, ces comparaisons avec des fascistes, nous les entendions, Itzhak et moi, presque quotidiennement en ces temps où le processus de paix semblait devoir l'emporter.

Un mois auparavant, au cours d'une manifestation, Benyamin Netanyahou avait prononcé un discours du haut d'un balcon, place de Sion, pendant que tout près, sous l'œil des caméras de télévision, on brandissait une caricature d'Itzhak en uniforme nazi. Le même scénario se répétait. En ce vendredi 3 novembre 1995, les manifestants ont hurlé leurs slogans orduriers jusque vers six heures du soir, l'heure du retour d'Itzhak. Ils sont partis peu après.

Pourquoi les partisans du processus de paix ne sont-ils jamais venus manifester ici, ne fût-ce que pour affirmer leur présence ? Pourquoi n'ont-ils pas voulu proclamer leurs convictions, faire entendre leur voix aussi fort ? Ce soir-là, Itzhak a ignoré les insultes de la foule comme il l'avait fait les autres vendredis. Malgré son mouvement de colère quand je lui ai rapporté les injures lancées contre nous, nous avons passé une soirée tranquille en cette veille de shabbat.

Nous avions commencé à remarquer des affichettes, quelques mois plus tôt, qui traitaient Itzhak de traître et d'assassin. On en voyait à tous les coins de rues, sur les pylônes, les poteaux télégraphiques, les réverbères. Certaines montraient Itzhak arborant le keffieh, la coiffure arabe que porte Yasser Arafat. Un jour où j'avais quitté Jérusalem sans Itzhak, j'ai demandé au chauffeur d'arrêter la voiture à un carrefour. Nous avons déchiré ensemble ces affiches ignobles.

— *Ishti,* je dois avoir une petite conjonctivite. Il vaut peut-être mieux que je ne joue pas au tennis aujourd'hui.

Tels ont été les tout premiers mots que m'a adressés Itzhak le lendemain matin. C'était un beau samedi ensoleillé.

— Veux-tu que j'appelle un médecin ?

— Tu en connais un qui se déplacerait ?

Itzhak était sceptique. À Tel-Aviv, le samedi matin ressemble au dimanche matin à New York ou à Madrid. Je lui ai répondu que j'allais essayer de trouver quelqu'un. J'ai eu la chance de pouvoir joindre le docteur Gutman, un excellent ophtalmologiste qui avait déjà soigné notre fille Dalia.

La journée a donc commencé avec un médecin. Elle allait s'achever, en une symétrie tragique, par le constat d'un autre. La lumière de ma vie allait s'éteindre à la tombée de ce jour.

Le médecin avait promis d'arriver dans dix minutes. J'ai examiné l'œil d'Itzhak et constaté une rougeur, une légère infection.

Itzhak se préoccupait toujours beaucoup de sa santé. Il ne supportait pas de ne pas être en pleine forme. Tant pis pour la partie de tennis acharnée du samedi matin à laquelle il tenait tant. Dès que quelque chose clochait, il était dans tous ses états. Il n'était pas anxieux ni douillet, il ne s'écoutait pas. Il avait simplement la conviction morale de devoir être en parfaite santé pour assumer sa tâche. C'était une question de principe.

Je me souviens du jour où Itzhak s'était fait mal à une côte, au cours de l'un de ses derniers séjours aux États-Unis. Il voyageait dans un avion de la compagnie El Al et avait pris, comme d'habitude, un demi-comprimé de somnifère pour être sûr d'arriver à dormir pendant ce long trajet. Il a voulu se lever mais, un peu somnolent, il a trébuché contre le pied d'un siège et s'est heurté la poitrine en tombant. La côte atteinte est restée très sensible pendant plusieurs semaines. Itzhak maudissait cette douleur et ne comprenait pas pourquoi cela mettait si longtemps à guérir. Ce genre de chose l'exaspérait.

Par chance, j'avais pu l'accompagner lors de ce voyage. J'étais toujours inquiète quand il devait accomplir seul ces longs vols. J'ai toujours eu de meilleurs réflexes d'autoprotection que lui. Si j'ai froid en dormant, je me couvre instinctivement. Quant à lui, une fois assoupi, il pouvait geler sans s'en rendre compte. Quand il prenait l'avion sans moi, j'avais peur qu'il n'y ait personne pour le couvrir, pour l'empêcher de prendre froid.

Les couvertures, les gilets pare-balles... L'instinct de conservation, dans les circonstances bénignes comme dans les plus graves, n'était guère l'affaire d'Itzhak. Il n'avait pas ce genre de réflexes. D'un côté, il s'en remettait à l'avis des médecins, de l'autre, il refusait de se protéger. C'était un des paradoxes fondamentaux de sa personnalité.

Dans la soirée de ce samedi 4 novembre, Itzhak devait prendre la parole à un grand rassemblement pour la paix à *Kikar Malchei Yisrael* — la place des Rois-d'Israël, une vaste esplanade située devant la mairie de Tel-Aviv. Cette manifestation était prévue depuis plusieurs semaines, mais l'idée n'enthousiasmait guère Itzhak. Il craignait qu'il n'y ait pas assez de monde.

Notre amie Niva Lanir nous a téléphoné pour discuter de la prochaine campagne électorale. Journaliste et conseillère en communication, elle avait été l'assistante d'Itzhak dans les années quatre-vingt, à l'époque où il avait été ministre de la Défense dans plusieurs gouvernements d'union nationale. Elle participait également à l'organisation du rassemblement. Itzhak lui a demandé si elle pensait que l'affluence serait suffisante. Elle en était convaincue, mais il restait sceptique. Il a appelé Shlomo « Chich » Lahat — ancien maire de Tel-Aviv et l'un des principaux instigateurs du rassemblement — qui s'est, lui aussi, employé à le rassurer.

— Ne t'inquiète pas, Itzhak, lui dit-il, il y aura foule.

Il fallait absolument que la participation fût massive : un échec aurait été interprété comme un manque de confiance dans le processus de paix. On en aurait conclu que cette initiative ne remportait pas l'adhésion de la population israélienne. Et, si cette manifestation n'était pas un succès incontestable, Itzhak préférait s'en dispenser. C'était un vrai dilemme : fallait-il prendre ce risque ? Il n'était pas pressé de soumettre le processus de paix à un test de popularité.

Nous étions invités à déjeuner chez des amis, à Herzliyah Pituach. Itzhak a bavardé avec beaucoup de monde. Il était enchanté, et nos hôtes l'ont trouvé particulièrement décontracté. Je le sentais pourtant profondément préoccupé. Vers deux heures et demie, nous étions de retour chez nous. Itzhak a fait sa sieste du samedi, le seul supplément de sommeil qu'il s'accordait pendant la semaine. Comme d'habitude, je surveillai jalousement le téléphone, décrochant promptement afin de préserver ses précieux instants de repos. J'interceptai ainsi un certain nombre d'appels, mais Itzhak avait déjà programmé des rendez-vous personnels pour l'après-midi. À son réveil, avant les visites, il s'est livré à son activité favorite du samedi après-midi : assis au bord du lit, il a astiqué ses chaussures avec la passion dont seul un militaire est capable. C'étaient de bonnes vieilles chaussures confortables, de vénérables amies un peu éculées, dont la seule vue me faisait frémir chaque fois que nous devions sortir ensemble : « Ah non, tu ne vas pas mettre *celles-là* ! » m'exclamais-je invariablement. À quoi il répondait généralement d'un ton stoïque : « Laisse... moi... tranquille. » Il fallait une grande occasion ou l'envie de m'être particulièrement agréable pour le convaincre de porter des chaussures plus élégantes. Et il s'empressait alors de souligner : « Si je mets ces chaussures-là ce soir, c'est bien pour te faire plaisir. »

Tous les samedis, Itzhak prenait le temps de consulter un certain nombre de personnalités du monde politique ou industriel afin de s'informer des questions importantes. Il n'a pas fait exception ce samedi-là. Il devait recevoir dans l'après-midi Martin Schlaf, un ami de Vienne. Haïm Ramon, l'un des dirigeants du parti travailliste, secrétaire général de la Histadrout, la centrale syndicale israélienne, a été son dernier visiteur. Il est arrivé une demi-heure avant le moment fixé pour notre départ.

Craignant d'être en retard, nous sommes sortis précipitamment de chez nous. Nous avons rencontré sur le palier Yoram Rubin, un garde du corps en civil. Il était environ dix-neuf heures trente. C'était un samedi soir et nous en avions pour un bon quart d'heure de trajet. L'organisateur du rassemblement avait demandé à Itzhak d'être là à vingt heures, et mon mari était toujours ponctuel. La voiture officielle — une Cadillac blindée gris métallisé que les services de sécurité lui avait attribuée l'année précédente — s'est arrêtée devant l'immeuble. Les rues étaient calmes. On n'entendait que le bruit de la circulation qui reprenait lentement, en cette fin de shabbat. Pas l'ombre d'un manifestant devant chez nous.

Itzhak n'aimait pas cette Cadillac. Lorsque cette voiture était arrivée en Israël, la presse en avait fait des gorges chaudes. « Ah ! ah ! Voilà qu'il faut une *Cadillac* pour les déplacements de M. Rabin. Pourquoi le Premier ministre ne montre-t-il pas l'exemple en circulant dans une voiture plus modeste ? » avaient demandé les journalistes, sarcastiques. Itzhak évitait autant que possible d'emprunter la Cadillac, à moins d'avoir reçu des consignes formelles des services de sécurité. Cette robuste voiture blindée était particulièrement lourde et manquait de reprise.

Peu de temps auparavant, un individu avait réussi à arracher l'emblème de la marque sur le capot. Le message était clair et provocant : *Ta voiture n'est pas invulnérable, toi non plus.* Ce soir-là, en raison de la foule qu'on attendait, les services de sécurité avaient demandé à Itzhak de prendre la Cadillac. Yoram Rubin, le garde du corps, s'était installé à l'avant, à côté de Menahem Damti, le chauffeur. Itzhak et moi étions à l'arrière. Nous avions laissé les petits rideaux de la lunette arrière ouverts pour admirer le ciel dégagé en ce début de soirée. Une deuxième voiture transportant deux autres gardes du corps nous suivait. C'était l'escorte ordinaire d'Itzhak.

En chemin, Yoram s'est retourné vers nous :

— Itzhak, a-t-il chuchoté, vous devez savoir que, selon des informations dignes de foi, il n'est pas exclu qu'un terroriste islamiste tente de s'infiltrer ce soir dans la foule. On parle d'un attentat suicide.

Itzhak n'a pas bronché. Encore une fausse alerte, pensa-t-il sans doute. Il se préoccupait beaucoup plus de l'importance du rassemblement — et du soutien au processus de paix que celui-ci représenterait, en cas de succès. J'ai toujours su faire la différence entre le sang-froid extérieur que manifestait Itzhak en cas de réel danger et son mépris pour ce qu'il considérait comme des menaces sans fondement. En l'occurrence, il s'agissait de la seconde attitude. Il avait l'esprit ailleurs.

Pas moi. Les mots « attentat suicide... terroriste islamiste » m'ont fait frissonner, mais j'ai essayé de n'en rien montrer. Que Dieu nous en garde, me disais-je. Non, pas ce soir. *Surtout pas* ce soir. Dans ce genre de cas, je n'exprime pas mon angoisse, mais elle reste tapie au fond de ma conscience. J'essayais de me calmer : tu vas à un rassemblement pour la paix et tu te laisses emporter par ton imagination. Pense à autre chose.

Ce type d'alerte faisait partie de notre vie quotidienne. Après tout, qu'y pouvait-on ? Oui, toutes les mesures de sécurité avaient été prises. Des vigiles avaient été postés sur les toits tout autour de la place. On contrôlait tout le monde. Mais peut-on vraiment contrôler deux cent mille personnes ? C'est impossible. Qui pouvait empêcher l'infiltration d'un fanatique à qui l'on a promis que quarante vierges l'accueilleront au paradis en récompense de son acte de terrorisme ?

Par ailleurs, je partageais l'inquiétude d'Itzhak sur le nombre des manifestants venus le soutenir. J'avais hâte d'arriver. Là, stupéfaction. La foule était immense, gaie, chaleureuse, rayonnante d'enthousiasme. On n'en voyait pas le bout, littéralement.

Dès notre arrivée, Itzhak a été emporté par l'euphorie ambiante : banderoles, pancartes, vagues d'allégresse et d'exaltation... Nous n'avions jamais fait une telle expérience. C'était comme un magnifique carnaval. Les slogans se mêlaient aux cris de liesse. La foule hurlait : « Rabin, nous t'aimons ! » La bonne humeur générale m'a submergée un instant, mais je restais inquiète. J'avais du mal à détacher les yeux de la foule. Ce n'étaient plus les manifestants de la veille qui me préoccupaient désormais. Ceux-là n'étaient que des extrémistes bruyants et vulgaires, sans scrupule, ce n'étaient pas des tueurs. Je scrutais la foule, sans savoir ce que je devais y chercher...

Tous ceux qui avaient participé à l'organisation du rassemblement étaient à la tribune. Il s'agissait du « meeting de la victoire », qui devait célébrer la signature d'Oslo II, cet accord historique entre Israël et l'OLP prévoyant un retrait partiel de l'armée israélienne des territoires occupés, une extension de l'autonomie palestinienne et les premières élections démocratiques en Palestine. C'était aussi une riposte à la manifestation de la place de Sion, un mois plus tôt. Nous éprouvions une profonde reconnaissance pour les organisateurs du meeting et pour les dignitaires qui, comme l'ambassadeur d'Égypte, Bassiouni, ou les représentants de la Jordanie et du Maroc, avaient tenu à être présents. Je suis allée saluer les personnalités dont je savais qu'elles avaient contribué à ce succès, pour leur montrer combien j'appréciais leurs efforts, et à quel point leur présence comptait pour Itzhak et moi.

Me frayant un chemin parmi les chaises pliantes et les bancs dressés sur la tribune, j'ai échangé quelques mots avec Jean Frydman et Dov Lautman, qui avaient largement participé au financement du meeting. Jean est un Français, ancien membre de la Résistance. Dès l'arrivée d'Itzhak, il l'a accompagné vers l'avant de la tribune sous les acclamations de la foule. Je suis restée à l'arrière, à bavarder avec Chich Lahat, le principal organisateur, qui avait coordonné l'aide des amis d'Itzhak et des officiers de réserve. Ziva, l'épouse de Chich, avait préféré se mêler à la foule pour en prendre le pouls. Dix minutes avant la fin du meeting, elle est venue nous rejoindre : « L'amour qu'ils portent à Rabin est incroyable, vous ne pouvez pas imaginer. »

Itzhak m'a appelée près de lui, au premier rang. Nous surplombions la place. À nos pieds, des jeunes gens avaient grimpé sur la fontaine pour s'approcher le plus possible de la tribune. Complètement trempés, ils scandaient : « Rabin ! Rabin ! Rabin ! » Comment ne pas être conquis par leur enthousiasme juvénile ?

La femme d'un journaliste du quotidien *Ha'aretz* est venue me demander si Itzhak portait un gilet pare-balles. J'étais stupéfaite. Pour Itzhak, le port d'un gilet pare-balles aurait été incroyablement déplacé en de telles circonstances.

— Un gilet pare-balles ? répliquai-je. Quelle drôle d'idée ! Ce n'est pas le tiers monde, ici. Nous sommes en Israël. Il n'en est pas question !

Après tout, le slogan du meeting n'était-il pas : « Oui à la paix, non à la violence » ? Les allocutions ont commencé. Shimon Peres a parlé le premier, vers huit heures vingt. Itzhak devait prendre la parole en dernier.

Avant d'entamer son discours, Itzhak a donné l'accolade à Shimon Peres. Ce n'était pas la première fois, mais, en cet instant, tout le monde y a vu le couronnement de leur collaboration des dernières années. Itzhak était rarement démonstratif en public. Son geste a déclenché l'enthousiasme. Puis il s'est adressé à la foule et a commencé par la remercier de manifester en faveur de la paix, contre la violence.

« La violence, a-t-il dit — et je n'oublierai jamais ses paroles —, ne peut que miner les fondements de la démocratie israélienne. » Il parlait avec passion et détermination. Je le regardais. Je regardais la foule. Itzhak, quant à lui, se concentrait totalement sur ce qu'il disait. « Pendant vingt-sept ans, j'ai été soldat. J'ai combattu aussi longtemps qu'il n'existait aucune chance de paix. Mais, aujourd'hui, je crois que la paix a ses chances, de très fortes chances. Nous devons nous en saisir, pour l'amour de tous ceux qui sont ici, de tous ceux qui n'y sont pas — et ils sont nombreux. »

Son discours a été accueilli par des applaudissements frénétiques. Quand la chanteuse Miri Aloni est venue se placer entre Itzhak et Shimon Peres, un micro dans chaque main, j'ai compris qu'on attendait de lui qu'il se mît à chanter. Contrairement à ce qui s'est dit, ce n'était pas la première fois qu'il chantait en public. Il avait déjà entonné *Hatikvah**[1], notre hymne natio-

1. Les mots en italique suivis d'un * sont traduits ou expliqués en annexe, dans le glossaire des termes hébreux. *(N.d.T.)*

nal, lors de cérémonies publiques. Mais je dois avouer que ce n'était pas son point fort. Des gens sont passés dans les rangs pour distribuer la partition de l'*Hymne à la paix* — une chanson écrite à la fin des années soixante —, et quelqu'un lui en a remis un exemplaire. Il a eu du mal à suivre, mais il a fait de son mieux... Porté par l'enthousiasme et la ferveur de la foule, il a chanté cet *Hymne à la paix* de tout son cœur.

Après cette chanson, le rassemblement s'est conclu sur *Hatikvah.* Nous nous apprêtions à partir, Itzhak et moi, quand je me suis rappelé que nous n'avions pas dit au revoir à Chich. Nous sommes revenus sur nos pas pour le remercier, et Itzhak l'a étreint chaleureusement. Nous nous sommes alors dirigés vers les marches de la tribune en essayant de rester ensemble, malgré la bousculade. Des gens m'interpellaient :

— Lea, faites bien attention à lui, ne cessait-on de répéter.

Ouvrant les mains dans un geste d'impuissance, j'ai répondu, avec un sourire un peu exaspéré :

— Je fais de mon mieux.

J'ai aperçu Bennie, l'un des responsables de la sécurité, talkie-walkie à la main. Le terroriste islamiste m'est revenu à l'esprit. La menace, heureusement, ne s'était pas concrétisée. Bennie pressait l'écouteur contre son oreille.

— Dieu merci, tout s'est bien passé ! lui ai-je dit.

— *Pour le moment,* m'a-t-il répondu d'un ton circonspect.

Ses traits restaient tendus. Le message était clair : « Je ne serai vraiment soulagé que lorsque vous serez partis ».

Nous nous sommes dirigés vers la voiture. J'ai descendu l'escalier, sur l'arrière de la tribune, à la droite de mon mari. La foule nous serrait toujours de près. Itzhak est passé devant moi. Les voitures faisaient la queue sur le parking situé derrière la place. J'ai appris plus tard que Shimon Peres avait envisagé d'attendre Itzhak pour lui parler mais qu'il s'était ravisé et avait fini par partir. Menahem, notre chauffeur, nous attendait. J'étais encore sur les marches quand Itzhak s'est approché de la voiture.

« Où est Lea ? » Ce furent les derniers mots d'Itzhak avant les coups de feu. Les secondes qui suivirent resteront à jamais brouillées dans mon esprit. En cette soirée tragique, à la première détonation, Itzhak s'est retourné comme s'il se disait : « Eh bien ? Que se passe-t-il ? » Je l'ai vu s'effondrer et j'ai distingué d'autres silhouettes qui tombaient sur lui. J'ai pensé — et j'aurais tant aimé y croire par la suite — qu'on l'avait jeté à terre pour le protéger.

Trois brèves détonations. Des pétards ? Des balles à blanc ?

Je me suis retrouvée seule, debout. J'ai entendu la rumeur de la foule, quelqu'un qui criait : « Ce n'est pas pour de vrai ! » Puis le deuxième garde du corps m'a poussée sur le siège avant d'une voiture en attente. C'était le véhicule de protection qui nous avait suivis à l'aller. La Cadillac avait déjà démarré — avec Itzhak, Menahem Damti, le chauffeur, et Yoram Rubin, le garde du corps.

Les portières ont claqué. La voiture a démarré en trombe. Derrière nous, la foule n'était plus qu'un essaim tourbillonnant. Où allions-nous ? *Que se passait-il donc ?*

La voiture fonçait en grillant tous les feux. Je ne voyais pas la Cadillac ni les autres véhicules de protection. Le chauffeur a glissé le gyrophare sur le toit et mis la sirène en marche.

Je me demande si les agents de la sécurité savaient où ils allaient. Depuis qu'ils m'avaient poussée dans la voiture, je n'avais cessé de poser la même question : « Que s'est-il passé ? » à laquelle ils répondaient invariablement : « Ce n'est pas pour de vrai. »

— *Qu'est-ce* qui n'est pas pour de vrai ?

Pas de réponse. Les gardes du corps répétaient-ils la phrase que nous avions tous entendu crier dans foule, ou ce qu'un responsable bien informé leur avait transmis par radio ? Bon, me suis-je dit. Il s'est passé quelque chose d'imprévu. Je suis entre les mains d'agents de la sécurité. Mon rôle, c'est de les laisser faire leur travail.

Nous roulions comme des fous. La voiture fonçait, comme dans un film de Clint Eastwood, traversant bruyamment les voies ferrées, dérapant le long des trottoirs, grillant les feux rouges, sirène hurlante. Les gardes du corps étaient maîtres d'eux-mêmes, concentrés. Ils obéissaient manifestement à des consignes.

Nous sommes sortis de la ville. L'image des gardes du corps s'abattant sur Itzhak m'est revenue à l'esprit. Il y a eu une alerte et ils l'ont protégé, me suis-je dit. La dernière fois que j'avais vu Itzhak avant qu'ils ne s'effondrent sur lui, il semblait indemne.

Nous étions censés nous retrouver après le meeting chez des amis, non loin de Zahala. J'ai pensé qu'on m'y conduisait. Itzhak m'y attendait sans doute déjà. Je ne désirais qu'une chose : arriver à destination, sauter de la voiture, courir vers Itzhak et lui demander ce qui s'était passé.

Puis je me suis rendu compte que nous nous dirigions dans la direction opposée.

— Pourquoi allons-nous par là ? dis-je précipitamment. *Si ce n'était pas pour de vrai, où se trouve Itzhak ?*

— Dans l'autre voiture, me répondirent-ils.

— Où ?

— Derrière nous.

— Dans quelle voiture ?

Je ne voyais pas de voiture.

— Quelle voiture ?

— Nous n'en savons rien, ont-ils fini par admettre.

C'est avec un sentiment bizarre que j'ai constaté que les gardes ne se servaient ni de leurs téléphones mobiles ni de la radio. J'ai eu la nette impression qu'ils avaient reçu l'ordre de tenir notre destination secrète.

— Où allons-nous ?

— Au quartier général du Shabak, me répondit-on.

Nous nous sommes effectivement arrêtés devant le Shabak, le bâtiment des services secrets — l'équivalent israélien du FBI —, situé à environ dix minutes de voiture de chez nous. C'est une énorme bâtisse, d'apparence délibérément banale, sans signe distinctif. On m'a conduite dans une pièce austère équipée d'un bureau et d'un téléphone, où l'on m'a fait asseoir en me priant d'attendre.

— Dès que nous saurons quelque chose, nous vous préviendrons, m'a dit l'un des agents.

Les minutes s'écoulaient. Je commençais à me demander si les balles étaient vraiment à blanc. Des agents, tous jeunes, entraient et sortaient.

— Que lui est-il arrivé ? demandais-je inlassablement.

— Calmez-vous, nous vous dirons ce qu'il en est dès que nous saurons quelque chose.

Ils n'étaient ni indifférents ni impolis. Simplement, ils ne savaient rien. J'étais sûre qu'ils me préviendraient dès qu'ils auraient des informations. Il m'était déjà arrivé de devoir attendre des instructions dans une situation critique. Si j'apprenais par le journal télévisé qu'il y avait une échauffourée ou que les forces de l'ordre étaient aux prises avec des manifestants, j'appelais Itzhak, qui me disait : « Ce n'est rien. » Cette fois, je ne savais que faire, qui croire. Et, surtout, je ne savais pas où joindre Itzhak.

Il y avait cependant une chose que je savais : quelqu'un avait tiré sur Itzhak. J'ai décidé de téléphoner à Dalia, notre fille.

— Dalia, quelqu'un a tiré sur ton père, mais il paraît que ce n'était pas pour de vrai, que c'étaient des balles à blanc.

— Où est-il ? demanda-t-elle.

— Je ne sais pas.

— Et toi, où es-tu ?

— Au siège du Shabak.

— Nous arrivons.

— Viens vite.

Je raccrochai. Les minutes passaient. Mon anxiété et mes craintes grandissaient. Mais je gardais espoir. Si Itzhak était touché, pensais-je, peut-être n'était-il que légèrement blessé.

C'est alors que je surpris deux phrases énigmatiques échangées par les hommes du Shabak :

— L'un est grièvement blessé. L'autre seulement légèrement.

— Où est-il ?

Ma voix désespérée les a enfin décidés à parler :

— Il a été conduit à l'hôpital Ichilov.

Celui qui était grièvement blessé, c'était Itzhak, je le savais. Vingt minutes s'étaient écoulées depuis mon arrivée au siège du Shabak, et je sentais la panique grandir autour de moi. Il s'était passé quelque chose de terrible.

— Conduisez-moi immédiatement à l'hôpital, ai-je exigé.

Si Itzhak n'avait été que légèrement blessé, on me l'aurait dit... Ce silence était lourd de menaces. Avant de partir pour l'hôpital, j'ai entendu dire que quelqu'un avait été touché à la colonne vertébrale. Laissaient-ils filtrer ces propos dans l'espoir que je comprendrais à demi-mot ? Le pire était d'en être réduite à prier pour que ce soit l'autre qui ait été sérieusement blessé ! Et s'il s'agissait effectivement d'Itzhak ? Pourvu qu'il ne reste pas paralysé ! Mon mari si actif, si dynamique, condamné à l'impotence ? Et si le cerveau était atteint ? Non, je ne voulais pas y penser.

Je n'ai pas attendu l'arrivée de Dalia et de sa famille pour partir à Ichilov. Le trajet a été un véritable cauchemar. À quoi pense-t-on en de tels instants ? Quels espoirs, quels vœux formule-t-on ? Mon Dieu, je T'en supplie, viens à son secours... Viens à mon secours.

À l'hôpital, j'ai immédiatement compris que la situation était grave. Le directeur en personne, le professeur Gabi Barabash, est venu à ma rencontre. « Dans quel état se trouve-t-il ? » ai-je demandé. Ici encore, personne n'osait rien dire, mais le regard pénétrant du professeur Barabash exprimait le désespoir. J'ai senti mon cœur défaillir ou, plus exactement, je me suis sentie glisser dans un état second, sans pour autant que mon inquiétude et mon espoir ne disparaissent. Et s'il y avait un miracle ?

Quelqu'un m'a conduite dans une chambre libre, dont les deux lits étaient recouverts des draps verts de l'hôpital. À ma droite, une table de nuit, et un téléphone à l'autre extrémité de la longue pièce étroite. Puis Dalia s'est précipitée dans la chambre et je me suis mise à pleurer.

Nous attendions des nouvelles du professeur Barabash. On est venu nous dire que le professeur Yoram Kugler, chef du service de traumatologie, et le docteur Motti Gutman, membre du service des urgences, n'étaient pas encore sortis de la salle d'opération. Ils avaient procédé à l'ablation de la rate et inséré un drain dans la poitrine. J'appris plus tard qu'Itzhak avait reçu plus de vingt unités de sang.

Shimon Peres est arrivé à l'hôpital, bientôt rejoint par d'autres personnalités : le chef d'état-major, Amnon Lipkin-Shahak, Shimon Sheves, l'ancien assistant d'Itzhak, qui avait été chargé d'organiser la campagne pour sa réélection, le ministre du Travail Ora Namir, le président Ezer Weizman, des membres de la Knesset, et bien d'autres encore. Les visiteurs arrivaient un par un. Un vrai défilé. Le président Bill Clinton m'a appelée au téléphone, et l'ambassadeur des États-Unis en Israël, Martin Indyk, m'a prodigué des paroles d'encouragements et d'amitié.

Tout espoir n'était pas encore perdu. C'est du moins ce qu'on nous a dit, ce que nous voulions croire.

J'ai appris alors que le tireur avait été arrêté. Ce n'était pas un terroriste islamiste, c'était un Juif. J'étais consternée, écœurée, indignée. Je ne songeais plus qu'aux individus qui avaient manifesté devant notre immeuble. Comment avaient-ils pu ?

À l'issue d'une série d'interventions énergiques, les médecins nous ont annoncé que la tension s'était stabilisée. « Nous gardons espoir », a déclaré le professeur Barabash. Ora Namir ne cessait pas de répéter : « C'est une force de la nature, vous savez. Il s'en sortira. »

On m'a raconté que, dans la voiture qui le conduisait à l'hôpital, Itzhak s'était efforcé de rassurer le garde du corps et le chauffeur. « Ça fait mal, mais pas trop », avait-il murmuré avant de perdre conscience. Les petits bobos — une conjonctivite, une côte endolorie — pouvaient le mettre dans tous ses états. Mais, dans les circonstances vraiment dramatiques, Itzhak faisait preuve d'une résistance et d'un courage hors du commun, en même temps que d'une remarquable délicatesse envers autrui.

Cinq minutes ont passé. Le professeur Barabash est revenu. L'état d'Itzhak s'était « détérioré », pour reprendre le terme qu'il a employé.

Il est revenu une dernière fois. Son expression se passait de commentaires.

Tout était fini.

En larmes, je me suis tournée vers le maire de Tel-Aviv, Ronni Milo : « C'est sur moi qu'ils auraient dû tirer, pas sur Itzhak. »

J'ai insisté pour le voir. Je me souviens d'avoir traversé un couloir de vingt ou trente mètres. Ma petite-fille, Noa, se rappelle qu'il faisait très froid dans la salle. C'est possible. Je ne l'ai pas remarqué. Je n'ai senti que le froid de sa peau. L'idée de partir, de l'abandonner là me laissait désemparée. Tous les efforts des médecins avaient été vains. En fait, Itzhak était mort quelques minutes après le coup de feu, après avoir perdu connaissance dans la voiture. La partition tachée de sang de l'*Hymne à la paix* était encore dans sa poche, pliée. La balle avait traversé l'aorte et l'air avait commencé à envahir le cerveau. Les dégâts cérébraux étaient déjà irréversibles. Puis il y a eu la mort clinique, malgré les efforts désespérés des médecins, qui ont tenté un massage cardiaque pendant une heure. S'il avait porté un gilet pare-balles, il serait peut-être encore en vie aujourd'hui.

Abba'le, mon chéri, tu étais étendu sous un drap et l'on a découvert ton visage. Je t'ai donné un dernier baiser. Tu étais si froid, si pâle. Du moins ai-je pu t'embrasser une dernière fois. Je te donne un baiser d'adieu, mais tu es déjà dans un autre monde. Tu ne sais pas ce qu'ils t'ont fait. Tu ne sais pas que tu as été assassiné. Tu ne le sauras jamais. Et nous ? Nous ne mesurons pas encore toute la signification de leur geste. Pour quelle raison t'ont-ils arraché à nous pour toujours ? Et puis... il nous a fallu quitter l'hôpital, retourner chez nous sans toi, dans cette maison que nous avions quittée quelques heures auparavant, comme nous le faisions tous les samedis, mais, cette fois, pour ce merveilleux rassemblement où tu débordais de vie, d'enthousiasme et d'allégresse.

2

Shalom, chaver !

Nous sommes rentrés à la maison le dimanche, aux premières heures du jour. Des centaines de personnes, debout, attendaient devant notre immeuble. Il y avait tant de monde que, contrairement à notre habitude, nous avons dû passer par-derrière. Les gardes du corps nous ont conduits par l'entrée de service, près du local à poubelles. Ces manifestations de sympathie et de compassion étaient évidemment réconfortantes, mais le service de sécurité n'a pas voulu nous faire affronter la foule après l'épreuve que nous avions subie à l'hôpital.

Les enfants et moi avons regagné l'appartement ensemble, silencieux, tout à notre peine. Quelques amis intimes nous ont rejoints dans le salon, mais je ne me rappelle pas exactement qui était présent de si bonne heure en ce dimanche matin ni ce qui s'est dit. Nous sommes restés assis un bon moment — deux heures, peut-être. Je ne me souviens pas d'avoir dit grand-chose. J'écoutais...

Je gardais le silence, essayant de maîtriser mon chagrin. Soudain un éclair de conscience terrifiant m'envahit : si j'étais victime de la plus terrible tragédie personnelle qu'on pût imaginer, la nation venait d'être précipitée dans une catastrophe historique sans précédent. Du fond de ma mémoire, malgré ma prostration, une scène étrange s'imposait à moi...

...Un soir de juin 1933. Il est dix heures. Un couple se promène sur la plage de Tel-Aviv. Cela ne fait que quelques jours que je suis arrivée en Palestine ; je suis encore une petite fille. Deux hommes s'approchent. L'un braque une lampe de poche. L'autre sort un revolver et tire sur le mari, sous les yeux horrifiés de sa femme. Les agresseurs

disparaissent aussitôt. On emmène l'homme à l'hôpital. Il a perdu trop de sang. Il meurt...

Chaïm Arlozoroff, trente-quatre ans, l'un des chefs de file du Mapai[1] , était la bête noire des révisionnistes[2] d'extrême droite. Ceux-ci l'accusaient de collusion avec les nazis. Ce jeune et brillant politicien, également à la tête de la section politique de l'Agence juive en Palestine, venait en effet de faire un voyage en Allemagne, où il s'était efforcé d'obtenir des autorités des facilités d'émigration pour les Juifs et l'autorisation de transférer leurs biens en Palestine. Le meurtrier n'a jamais été identifié, mais on a imputé ce crime à trois révisionnistes ultranationalistes. L'un d'eux, Abraham Stavsky, a été reconnu coupable, mais il a finalement été relaxé.

Nous avions souvent discuté de l'affaire Arlozoroff, Itzhak et moi. Il le considérait comme un jeune leader très prometteur qui aurait pu jouer un rôle de premier plan dans la lutte pour l'indépendance. Itzhak était presque convaincu que Stavsky était l'assassin. C'était d'ailleurs l'opinion courante, et nous avions tous de bonnes raison de le croire. Peu importait d'ailleurs qui avait tué Arlozoroff : les révisionnistes avaient créé un climat propice à son assassinat en répandant des calomnies et en publiant des articles l'accusant de collaboration avec les nazis.

Le souvenir d'Arlozoroff a sans doute été ma seule pensée vraiment lucide cette nuit-là. Mes amis m'ont dit par la suite que je n'avais pas quitté ma chaise, tandis que, tout autour de moi, on commençait à se préoccuper de l'organisation des funérailles. Il n'y avait pas de précédent : c'était la première fois qu'on assassinait un Premier ministre israélien. Itzhak était encore à l'hôpital, et le cercueil devait partir pour Jérusalem le lendemain matin. Danny Yatom, l'aide de camp de confiance d'Itzhak, a proposé de repousser les obsèques jusqu'au lundi pour permettre au président Bill Clinton et aux autres chefs

1. Le Parti des ouvriers d'Israël, parti de gauche, fondé en 1930 par David Ben Gourion, qui sera intégré en 1968 dans le parti travailliste. *(N. d. T.)*

2. Il s'agit des membres de l'Alliance des sionistes révisionnistes créée par Jabotinski en 1925 et qui entend réviser la politique sioniste dans un sens plus radical et antisocialiste. *(N. d. T.)*

d'État d'y assister. J'entendais des voix, tout autour de moi. Je disais : « D'accord. » L'enterrement aurait lieu au mont Herzl ? « D'accord. » *Mais pourquoi est-ce arrivé ?* Nous irions le lendemain à Jérusalem pour l'exposition du corps devant la Knesset. « D'accord. » *Mais pourquoi ? Je n'arrive pas à comprendre...*

Dormir..., je n'y songeais même pas. Vers quatre heures du matin, le médecin m'a administré un léger sédatif. L'épuisement a fait le reste. Nous nous sommes blotties, Dalia, Noa et moi, dans le même lit. J'ai sombré dans une sorte de torpeur.

— Il est arrivé quelque chose de terrible, non ? Tels ont été les premiers mots que j'ai prononcés à mon réveil. J'ai cru un instant qu'il s'agissait de Dalia, qui avait eu de gros ennuis de santé récemment. Puis je me suis souvenue : *Itzhak.*

Je me suis rappelé alors un incident survenu deux semaines plus tôt à l'institut Wingate, un centre sportif situé près de Netanya. Itzhak y avait été invité pour une fête, mais sa visite avait été interrompue par un groupe de Juifs d'extrême droite très vindicatifs. Un homme avait réussi à monter à la tribune et à s'approcher d'Itzhak. J'avais entendu cette information à la radio, et le reporter semblait dire qu'Itzhak avait été attaqué. Je lui téléphonai, très inquiète, pour savoir ce qu'il en était. Itzhak minimisa l'affaire : « Un type a simplement essayé de s'approcher de moi, m'a-t-il dit, les journalistes ont exagéré. »

J'ai vu ensuite le reportage télévisé qui montrait un garde du corps empoignant le type par le collet pour l'éloigner d'Itzhak. Il l'avait soulevé comme un paquet. L'incident m'avait laissée mal à l'aise. Il était donc facile de s'approcher d'Itzhak. On aurait dû y voir un avertissement. Il est vrai qu'Itzhak ne se sentait pas vraiment en danger. Quand on l'interrogeait à ce sujet, il répondait : « Je ne pense pas que quiconque veuille sérieusement s'en prendre à moi. » De même, quand des journalistes de la télévision lui demandaient ce qu'il pensait des gens qui juraient d'avoir sa peau, il conjurait les menaces d'un simple : « Allons, allons... »

Tout s'était passé très différemment la nuit précédente. Pas d'interruption bruyante, juste un rôdeur tapi dans l'ombre du parking. Il y aurait traîné plus d'une demi-heure. Il avait même bavardé avec les policiers. Il semblait inoffensif. Juste un Juif, qui cherchait à entrevoir le Premier ministre. Il avait écouté les haut-parleurs diffuser la voix d'Itzhak chantant l'*Hymne à la paix.* Il avait l'allure de quelqu'un qui avait envie de lui serrer la main. Il aurait aussi bien pu être un agent des services secrets du Shin Bet. Après tout, il y avait bien un millier d'inspecteurs en civil qui quadrillaient la place. Mille hommes chargés de sa sécurité, qui n'ont pas empêché Itzhak de mourir à l'hôpital. Jusqu'à ce cauchemar, personne n'avait pris la menace au sérieux, personne ne pouvait croire qu'un Juif serait capable de tuer le Premier ministre.

Nous avons appris plus tard que l'assassin d'Itzhak l'avait déjà filé. Il aurait même suivi un entraînement rudimentaire auprès de groupes juifs dans l'ex-Union soviétique. Certains pensent que c'est là qu'il avait appris à hurler que c'étaient des cartouches à blanc, alors même qu'il tirait de vraies balles. Aujourd'hui encore, personne ne sait si c'est bien lui qui a crié ou s'il avait un complice. Après tout, qu'est-ce que cela changerait ?

Le meurtrier a avoué trois autres tentatives d'assassinat contre mon mari en 1995. Il était prêt à frapper le 22 janvier, devant le monument à la mémoire des victimes de l'Holocauste à Yad Vashem. Mais, finalement, Itzhak n'a pas pu assister à la commémoration du cinquantième anniversaire de la libération d'Auschwitz : sa présence était requise ailleurs. Un attentat suicide à la bombe venait en effet d'avoir lieu à la gare routière de Beit Lid, où vingt-neuf de nos soldats avaient été tués. La deuxième tentative d'assassinat devait avoir lieu le 22 avril à l'occasion d'une fête folklorique marocaine qui se tenait dans la salle du Nof Yerushalaïm à Jérusalem : faute d'invitation, le meurtrier avait été refoulé par les agents de la sécurité. Le 11 septembre, lors de l'inauguration d'un échangeur d'autoroute à Kfar Shmaryahou, il avait essayé à nouveau, mais il n'avait pu se frayer un passage à travers la foule.

L'idée que l'assassinat aurait pu survenir plus tôt m'a fait réfléchir. Tout avait été calculé, prémédité. La persévérance de l'agresseur m'a rappelé la formule de Lea Goldberg, la poétesse : « La victime fait toujours preuve de moins d'imagination que le meurtrier. » Qui aurait pu imaginer qu'un Juif pouvait traquer méthodiquement le Premier ministre d'Israël ?

Le 4 novembre, la quatrième tentative en moins d'un an a réussi. Depuis l'hôpital, Eitan Haber, le chef de cabinet d'Itzhak, a annoncé à la presse la mort de mon mari. Israël a appris la disparition d'Itzhak par la bouche de Haïm Yavin, le présentateur du journal télévisé, samedi, à vingt-trois heures quinze — un petit peu plus d'une heure et demie après l'agression.

Le dimanche matin, j'ai vu les gros titres des journaux, les photos à la une. J'avais du mal à en détacher mon regard. Mais non, je ne voulais pas les voir. Je savais ce qu'Itzhak aurait dit : « C'est trop tard. Qu'est-ce que tu peux y faire ? » Qu'aurions-nous pu faire ? Il ne nous restait plus qu'à lui rendre hommage, à honorer sa mémoire, son combat, sa personnalité hors du commun. Il ne nous restait plus, comme l'a dit mon fils Yuval dans son oraison funèbre, qu'à poursuivre « le chemin de la paix et de la sécurité, à emprunter cette route ensemble — pour que le sacrifice de mon père n'ait pas été vain ».

Nous sommes restés silencieux dans la voiture qui nous conduisait à Jérusalem, le dimanche matin. Il n'y avait pas grand-chose à dire. Nous étions tous en état de choc : nous avions encore l'impression de faire un mauvais rêve. Le cercueil était exposé devant la Knesset, le Parlement israélien. Nous sommes restés assis pendant une heure près d'Itzhak, tandis que les personnalités — essentiellement les membres du gouvernement et de la Knesset — défilaient devant nous. Ils sont venus un à un nous serrer la main, exprimer leur sympathie, sans avoir encore vraiment pris conscience du drame. J'aurais préféré éviter certaines personnes, mais il y a des obligations auxquelles on ne peut se dérober.

La vue de ce cercueil recouvert du drapeau bleu et blanc d'Israël avec sa fière étoile de David, sur le tissu noir du catafalque, exposé là, sur la place de la Knesset, m'a obligée à affronter une réalité terrible, inconcevable.

Plus d'un million de personnes se sont inclinées devant ton cercueil en vingt-quatre heures. Toi, dans un cercueil ! Toi, qui ne tenais pas en place, enfermé à jamais dans un cercueil...

Nous étions assis en face de toi. Quelle épreuve ! Des gens étaient venus de partout, il y avait un monde fou. Les membres du cabinet, les députés, et nous — les enfants et moi —, si près de toi. Il ne manquait que toi, enfermé dans cette caisse. C'était insupportable.

Les gens ont fait la queue pendant des heures pour te rendre un dernier hommage, pour être près de toi, pour te dire un dernier adieu. Tu n'es plus là et tu ne peux te rendre compte de l'étendue de la douleur et du désarroi de notre peuple. Tu ne peux pas savoir l'immensité du vide que tu laisses... Un abîme. Tu faisais planer sur nous une ombre gigantesque, et ta disparition a bouleversé le pays tout entier, le monde entier — comme moi.

Je n'avais aucune conscience des responsabilités auxquelles je devais faire face. Le chagrin m'avait anéantie. Les enfants ressentaient autant que moi le poids de cette perte immense, tant la forte personnalité de leur père avait marqué leur vie.

À notre retour, plusieurs centaines de personnes nous attendaient devant notre immeuble. J'ai tenu à leur parler en ces instants difficiles. Il y avait tant de monde. J'en voyais encore qui se hâtaient d'arriver. Les caméras et les micros se tendaient de tous côtés. La presse voulait communiquer à la nation et au monde ce que nous ressentions.

Tout en retenant mes larmes, j'ai déclaré à la foule : « Deux balles ont tué ce grand homme, cet homme merveilleux... Quel dommage que vous tous, vous qui êtes là aujourd'hui, vous n'ayez pas été présents au moment où d'autres manifestants, de l'autre côté de la rue, le traitaient de traître et d'assassin ! Je le regrette. Mais votre présence aujourd'hui, cet hommage magnifique et respectueux que vous rendez à sa mémoire, votre désir de paix nous apportent un grand réconfort, à mes enfants, à mes petits-enfants et à moi-même. Merci infiniment d'être venus. J'y attache beaucoup d'importance. Recevez en son nom toute mon affection. »

Je n'étais pas en colère, j'étais honnête. Ma souffrance était inimaginable. La leur aussi, je le voyais bien.

La voix de tous ceux, si nombreux, qui avaient soutenu le processus de paix et tout ce qu'Itzhak avait tenté de faire ne s'était pas fait entendre. Elle ne s'était pas opposée aux manifestations violentes, aux menaces. Elle n'avait pas cherché à couvrir les cris de ceux qui traitaient Itzhak d'assassin, de traître, de nazi. La majorité silencieuse, tellement silencieuse, croyait peut-être que la vérité s'imposait d'elle-même. Et elle avait laissé la rue aux hurlements de violence et de haine. Itzhak lui-même n'avait pas protesté, trop occupé qu'il était à parvenir au but, à gagner la paix. La majorité silencieuse avait confiance en Itzhak et en ses capacités, elle croyait qu'il réussirait seul.

Quatre-vingt-sept chefs d'État ont atterri à l'aéroport Ben Gourion. Le grondement des avions, comme un lointain rugissement de douleur, s'est fait entendre tout au long du dimanche et du lundi matin. Les hommes d'État arrivaient de tous les coins de la planète afin de rendre hommage à l'homme qui était devenu un symbole de paix.

Le président Bill Clinton, le roi Hussein, les anciens présidents George Bush et Jimmy Carter ont assisté aux funérailles. Le président Reagan, souffrant, s'est fait représenter par l'ancien secrétaire d'État, George Shultz. John Major et Helmut Kohl étaient là... Jacques Chirac et Václav Havel... Hosni Moubarak, Viktor Tchernomyrdine et Boutros Boutros-Ghali. La plupart d'entre eux portaient des *yarmulkes**. Le roi Hussein avait coiffé le keffieh jordanien traditionnel à carreaux rouges. Dans la foule en deuil, on distinguait çà et là des casquettes de baseball bleues, que distribuaient les femmes de Tsahal*, les kippas crochetées des Juifs orthodoxes et des turbans druzes.

La presse a déclaré qu'il s'agissait de funérailles grandioses, d'un événement historique. Je ne sais pas, j'étais ailleurs. Le bras de mon fils Yuval autour de mes épaules m'a aidée à rester debout, à tenir le coup. Mon petit-fils Jonathan, en uniforme kaki et béret rouge, réconfortait de la même façon Dalia, sa mère. Les funérailles ont commencé par une cérémonie devant la Knesset. Puis le long convoi s'est ébranlé en direction du mont Herzl.

Les sirènes ont retenti en ta mémoire. Cette longue plainte qui m'a toujours glacé le sang — la veille de la journée à la mémoire de l'Holocauste ou de la commémoration des soldats morts au combat — résonnait pour toi. Deux minutes de silence dans tout le pays. J'étais figée : se pouvait-il que ce fût pour toi ?

Puis nous t'avons accompagné pour ton dernier voyage. Notre voiture suivait ton cercueil. Comment y croire ? On avait placé la bière dans un véhicule militaire. Nous te suivions, les enfants et moi. Et je me demandais, encore et toujours : Est-ce Itzhak ? Est-ce possible ?

Des milliers de gens se tenaient le long du trajet, silencieux, en pleurs.

J'avais si souvent accompagné Itzhak au cimetière du mont Herzl pour des cérémonies funèbres. Dix-huit mille Israéliens sont morts à la guerre depuis la fondation de notre État en 1948. Nous avons beaucoup de cimetières militaires, en Israël. Mais le mont Herzl est le plus prestigieux d'entre eux. C'est là que sont inhumés Levi Eshkol, Golda Meir et d'autres géants fondateurs de l'État d'Israël. Le mont Herzl, une colline qui surplombe Jérusalem, doit son nom au site qui a accueilli la tombe de Theodor Herzl, le fondateur du sionisme moderne, mort en Europe en 1905 et dont les restes ont été transférés en Israël en 1949.

C'est là, porté par six généraux, que mon mari a rejoint sa dernière demeure.

L'oraison du président Clinton a parfaitement traduit la noblesse de la cérémonie et l'émotion dont elle était empreinte. Ses paroles étaient pleines d'un immense respect et d'une amitié sincère, tout en exprimant la douleur que lui causait ce qu'il considérait comme une perte personnelle. Ses paroles m'ont profondément touchée. « Lea, je sais que vous avez dû, bien des fois dans la vie de ce pays, apporter réconfort et soutien aux mères et aux pères, aux maris et aux épouses, aux fils et aux filles qui ont perdu des êtres chers, victimes de la violence et de la vengeance. Vous leur avez insufflé de la force. C'est à nous, maintenant, à des millions de gens dans le monde, en toute humilité, de vous rendre hommage et de vous offrir notre force. Que, parmi tous les endeuillés de Sion et de Jérusalem, Dieu vous apporte son réconfort. »

« Bien que nous ne puissions plus entendre sa voix grave et sonore, c'est lui qui nous a tous rassemblés ici pour la paix » — ces quelques mots illustraient d'une façon très poignante cette tragique absence. « Votre Premier ministre est un martyr de la paix, une victime de la haine » — Bill Clinton avait parfaitement compris la nature des forces qui avaient abattu Itzhak et avait conscience du rôle irremplaçable qu'il jouait dans son pays. « Depuis des temps immémoriaux, chaque génération de Juifs, dit la légende, a vu se dresser un chef capable de protéger son peuple et de lui montrer la voie du salut. Le Premier ministre Rabin était un chef de cette trempe. » Puis il prononça ces paroles d'adieu : *« Oseh shalom bimromav hu ya'aseh shalom aleinu ve'all kol Yisrael, ve imru amen. »* (« Que celui qui fait régner la paix dans les cieux la fasse régner sur nous et sur Israël, amen. »)

« Shalom, chaver ! » (« Que la paix soit avec toi, mon ami ! ») Tels ont été les derniers mots du président Clinton.

L'éloge du roi Hussein a été lui aussi très émouvant. « Madame Lea Rabin, ma sœur, mes amis, je n'aurais jamais pensé que viendrait l'heure de pleurer la perte d'un frère, d'un collaborateur et d'un ami — un homme, un soldat que nous estimions comme il nous estimait.

« Tu as vécu en soldat, a poursuivi le roi, tu es mort en soldat de la paix. Je crois qu'il est temps de parler ouvertement de la paix, pour aujourd'hui et pour demain... Prions pour que Dieu nous inspire, chacun à notre manière, la meilleure façon de parvenir à cet avenir meilleur qu'Itzhak Rabin a recherché avec courage et détermination...

« Quand mon heure sera venue, j'espère que ma mort ressemblera à celle de mon grand-père et à celle d'Itzhak Rabin. »

Cette remarque audacieuse faisait allusion à l'histoire de la dynastie hachémite. En juillet 1951, alors qu'il venait d'avoir seize ans, le roi Hussein avait assisté à l'assassinat de son grand-père, le roi Abdullah, dans la mosquée Al-Aksa de Jérusalem. L'homme qui avait tiré sur lui était un Arabe qui craignait que le roi ne tente de faire la paix avec Israël. Depuis la mort de son grand-père, c'était la première fois que le roi Hussein remettait les pieds à Jérusalem.

Les paroles émouvantes de notre petite-fille Noa nous ont replongés dans l'intimité de notre deuil. Shimon Sheves, le collaborateur d'Itzhak, avait demandé à Noa d'écrire un éloge de son grand-père. Dalia, sa mère, l'y avait également encouragée. C'est ainsi qu'elle a exprimé toute l'ampleur de la détresse familiale. « Pardonnez-moi de ne pas parler de la paix, a-t-elle commencé. Je voudrais parler de mon grand-père... Je sais que les gens parlent de tragédie nationale et du chagrin d'un pays tout entier, mais c'est quand nous entendons grand-mère pleurer que nous nous rendons compte du vide énorme que laisse ton absence. » Ce sont nos regrets à tous qu'elle a formulés en disant : « Toi qui n'abandonnais jamais personne, voilà qu'on t'abandonne. » Il était notre colonne de feu, comme l'a si joliment dit Noa. Elle a évoqué le souvenir de notre *Abba'le* avec tant de tendresse, tant de vie : « Ton demi-sourire qui me racontait tant de choses, glacé dans la tombe avec toi... Je n'ai pas d'autre choix que de te dire adieu, mon héros. Repose en paix, pense à nous, ne nous oublie pas, ici-bas, nous t'aimons tant. J'imagine que les anges t'accompagnent à présent, et je leur demande de prendre soin de toi, car tu mérites leur protection. Nous t'aimons à jamais, Saba. »

Je n'oublierai jamais l'image de Noa prononçant son oraison funèbre avec un amour et une tendresse infinis. Elle a cherché à retenir ses larmes jusqu'à la limite de ses forces, stoïque et courageuse, comme son grand-père aurait aimé la voir.

Yuval, notre fils, a récité le *kaddish**.

À l'issue du service religieux, j'ai dû assister au spectacle affreux de son cercueil disparaissant à jamais sous terre. Les gens passaient un à un près de nous. Je serrais les mains, j'embrassais ceux qui venaient nous consoler et mêler leur peine à la nôtre, indicible. Ils ont été nombreux, si nombreux à partager nos larmes et notre douleur.

Le sénateur Edward Kennedy accompagné de son fils, le député Patrick Kennedy, a répandu sur la tombe d'Itzhak de la terre provenant de la sépulture de ses frères Robert et John, à Arlington.

Beaucoup de gens ont comparé la mort et les funérailles d'Itzhak à celles du président Kennedy, en 1963. L'Amérique avait aimé John Kennedy pour ce qu'il incarnait : l'espoir, l'optimisme, l'avenir. Et le monde avait été frappé d'horreur à l'annonce de son assassinat. Le président Kennedy n'a pas eu le temps d'accomplir son grand projet.

La nation israélienne, quant à elle, aimait Itzhak pour ce qu'il avait accompli. Itzhak a eu la chance de pouvoir faire ses preuves à la fois comme soldat et comme homme de paix, comme dirigeant sérieux et pragmatique et comme visionnaire. Dieu a jalonné de succès sa longue vie. Itzhak avait toujours considéré comme un privilège d'avoir pu accéder une seconde fois au poste de Premier ministre. Il avait pu ainsi mener à bien sa tâche, grâce à toute l'expérience qu'il avait acquise auparavant.

Beaucoup d'enfants de notre pays voyaient en Itzhak un grand-père. Les adultes, un père. Les plus âgés, un ami ou un frère. J'ai lu d'innombrables lettres commençant par ces mots : « Je ne crois pas avoir autant pleuré à la mort de mon propre père... » Notre fille, Dalia, a traduit ce sentiment en s'adressant à son père disparu, au septième jour de deuil : « Tu étais un père toujours présent : tu étais le père de tous. Une présence chaleureuse et aimante, qui pouvait se passer de mots. Une présence rayonnante de sagesse, de sécurité... Ils l'écrivent tous : tu étais notre père à tous. »

En sa qualité de Premier ministre, Itzhak était amené à se déplacer beaucoup à travers notre petit pays. Beaucoup de gens avaient eu l'occasion de le rencontrer personnellement. Tout le monde le connaissait. Pour les enfants, c'était la plus grande figure nationale — un héros de livre d'histoire, et leur dirigeant du moment.

Nous sommes rentrés chez nous après l'enterrement. La *shiva** avait commencé. Pendant sept jours et sept nuits, la vie de la nation tout entière s'est arrêtée pour rendre hommage à mon mari. Le pays entier s'est joint à notre deuil. Les boutiques, les bureaux, les entreprises sont restés fermés pendant une semaine entière. Dans toutes les vitrines, on pouvait voir le portrait d'Itzhak orné d'un ruban noir. Chaque Israélien a vécu cette semaine comme une période de deuil personnel. C'était implicite mais incontestable. Quant à nous, sa famille, nous n'avons pas pu le pleurer comme une famille ordinaire, dans l'intimité, en nous ménageant des instants de recueillement. Nous sommes entrés dans une autre dimension, où le temps n'a plus la même signification. Dans les instants les plus graves de l'existence, mon instinct naturel, mon réflexe de survie, me conduit à me détacher de moi-même, et à me voir de l'extérieur. Au commencement de la *shiva,* j'étais donc là... et ailleurs.

Une procession interminable défilait devant la porte de notre appartement, de l'aube jusqu'à une heure tardive de la soirée. On me serrait les mains, on m'embrassait. *« Toda raba »,* (« merci »), répétais-je sans cesse. On pleurait avec moi. On pleurait pour moi. Tout cela était tellement irréel...

Je recevais des gens que je ne connaissais pas ou que j'avais perdus de vue depuis des années, des amis de jeunesse. Ils n'arrivaient pas à admettre l'affreuse réalité. Peut-être espéraient-ils, en serrant la main des enfants ou la mienne, établir un contact avec mon mari et comprendre enfin. Sans parler de ceux qui n'ont même pas pu arriver jusqu'à notre porte tant il y avait de monde.

Les sacs de courrier s'accumulaient. Des lettres, des chansons, des poèmes, envoyés par la poste, par fax, ou recueillis en divers lieux : la place des Rois, le cimetière, ou simplement devant chez nous. On nous a offert de belles photos que nous avons accrochées un peu partout aux murs. La maison regorge désormais de portraits d'Itzhak, qui nous regarde d'un peu partout.

Pendant la *shiva,* de nombreuses délégations d'Arabes israéliens sont venues nous voir de leurs villages ou de leurs bourgades. Ils avaient voyagé en groupe. Ils faisaient la queue et entraient dans notre salon en exprimant leurs condoléances avec beaucoup d'affliction. « Nous avons perdu notre frère, notre chef, notre père », m'ont dit beaucoup d'entre eux.

Des fleurs, encore des fleurs. Elle s'accumulaient sur sa tombe, sur le lieu de l'assassinat, dans l'entrée de l'appartement. On avait allumé des bougies partout. La nuit, dehors, elles répandaient une lumière si vive que le salon, au huitième étage, en était tout illuminé. La rue était couverte de la cire des bougies consumées. Ceux qui pleuraient mon mari et manifestaient leur désarroi et leur douleur ne sont pas tous venus chez nous. La place des Rois attirait la foule, nuit et jour : enfants et adultes venaient y pleurer, chanter, allumer des milliers de cierges.

On m'a dit plus tard que mon attitude avait été admirable de sang-froid tragique au moment de l'exposition du cercueil et des funérailles. En réalité, je titubais dans un univers de douleur. J'étais complètement perdue. Les entrevues avec les journalistes m'ont un peu aidée à reprendre pied. La télévision israélienne a fait les premières démarches le lundi, jour des obsèques. Mais, dès le troisième ou quatrième jour, des journalistes du monde entier ont demandé à me rencontrer. Au cours des sept jours de deuil, j'ai été interviewée par CNN, CBS, NBC, les deux chaînes israéliennes, la télévision égyptienne et bien d'autres. Je crois que ces interventions télévisées ont toutes contribué à honorer la mémoire d'Itzhak, à l'exception de *Nightline,* l'émission de Ted Koppel — quelle déception, alors qu'Itzhak et moi le connaissions depuis des années ! La salle avait été remplie de spectateurs honteusement favorables aux thèses d'extrême droite et aux idées ultra-orthodoxes...

Au moment de faire une déclaration, j'essayais toujours d'imaginer comment Itzhak aurait réagi. S'il avait pu parler de sa propre mort, il n'aurait pas passé son temps à accuser des individus ou à rester paralysé de peur. Il aurait cherché tout naturellement à analyser l'événement et à définir ce que la nation devait faire désormais. Voilà comment il aurait agi, et j'ai essayé de suivre cet exemple.

À ma grande surprise, ma seule présence réconfortait beaucoup de gens, soulagés d'avoir devant eux une image, une personne sur qui reporter leur douleur. « Soyez forte, tenez bon, nous avons besoin de vous », me disaient-ils. Je me considérais et me considère encore avant tout comme un symbole. J'ai choisi de m'exprimer publiquement parce que cela correspond à mon tempérament et aussi, je crois, parce que Itzhak l'aurait souhaité. Je n'ai pas hésité à dire que j'avais la certitude que le geste de l'individu qui avait tué Itzhak de sang-froid avait été provoqué par une campagne idéologique éhontée. Je n'ai fait aucun effort pour dissimuler la véhémence de mon amertume sous les euphémismes élégants de la rhétorique politique. Il fallait que tout le monde comprenne que c'était ce climat de haine qui avait rendu le crime possible. Notre petit-fils Jonathan a résumé ce sentiment en une seule phrase : « Le meurtrier n'était qu'un revolver. »

Je me suis également fait un devoir de prendre la défense des gardes du corps qui avaient exercé toute leur vigilance pour essayer de protéger Itzhak. Ils auraient donné leur vie pour lui. Mais j'ai eu beau le répéter tant et plus, on n'a pas cru à ma sincérité. Je tenais à soutenir ardemment ceux qui avaient été impliqués dans la tragédie — qui était la nôtre, mais aussi la leur.

J'avais besoin d'un rayon de lumière en ces instants tragiques. Nous étions plongés dans une crise, prisonniers d'un drame national et personnel. Quand on aborde un carrefour, il faut choisir une direction. En l'occurrence, il fallait aller dans le sens de la paix. Peut-être ce drame ne serait-il pas arrivé si les partisans de la paix s'étaient exprimés plus bruyamment, plus énergiquement. Les seules manifestations qui avaient eu les honneurs de la presse étaient celles qui s'opposaient au processus de paix. Désormais, la majorité silencieuse ne pouvait plus se permettre de se taire. Notre peuple devait prendre conscience qu'un silence indifférent peut être aussi dangereux que la violence verbale.

La *shiva* a été marquée par quelques instants solennels et inoubliables.

Un visiteur inattendu est venu nous voir, chez nous, au cours de ces sept jours de deuil. Il n'était encore jamais venu. Il portait un pardessus, des lunettes noires et un chapeau. En entrant dans le salon, il m'a appelée « ma sœur » et m'a embrassée trois fois sur le front. Il était arrivé dans le plus grand secret à Tel-Aviv, uniquement pour nous rencontrer, les enfants et moi.

Il s'agissait, on l'aura compris, de Yasser Arafat, accompagné de ses plus proches collaborateurs, Mahmoud Abbas (Abu Mazen) et Ahmed Qurei (Abu Ala'a). C'était la première fois qu'Arafat pénétrait dans l'État d'Israël.

Des raisons de sécurité avaient rendu sa présence impossible aux funérailles. C'était compréhensible. Mais c'est au cours de sa visite à la maison que j'ai découvert l'aspect chaleureux et authentique de l'être humain derrière la façade de l'homme politique. Mes enfants et quelques amis nous ont rejoints au salon. Il a embrassé tous les enfants, comme il m'avait embrassée. On aurait pu croire que nous n'avions jamais eu le moindre désaccord avec notre voisin palestinien, que nous poursuivions un dialogue que n'aurait jamais troublé la moindre querelle.

Yasser Arafat nous a raconté qu'il avait téléphoné à Yossi Genosar, le collaborateur d'Itzhak, après avoir appris qu'on avait attenté à sa vie. À maintes et maintes reprises, il lui avait demandé : « Je vous en prie, donnez-moi de bonnes nouvelles. Rassurez-moi. » Le dimanche qui a suivi le meurtre, entre une heure et deux heures du matin, Souha, l'épouse d'Arafat, m'avait appelée personnellement pour m'exprimer sa terrible consternation.

Arafat nous a dit à quel point cet assassinat l'avait bouleversé. Il était désespéré d'avoir perdu son partenaire dans le processus de paix. Il nous a relaté les heures terribles qu'il avait passées lors de la nuit du meurtre. La mort d'Itzhak l'avait anéanti. Nous avons parlé de sa famille. Quand sa fille Zahina était née, en juillet, je leur avais envoyé un mobile d'argent en forme de colombe à suspendre au-dessus du berceau.

— Je n'ai pas le temps de la voir, s'est plaint Arafat, je ne rentre jamais avant deux heures du matin.

— Mais c'est l'heure où les bébés se réveillent, a rétorqué la femme de notre chef d'état-major, Tali Shahak.

Le président Clinton m'a téléphoné pendant qu'Arafat était là. Je l'ai mis au courant de cette visite et lui ai confié à quel point j'en étais émue. Quelques heures plus tard, les photos du président Arafat installé dans notre salon faisaient le tour du monde, illustrant les relations d'estime réciproque que les deux anciens adversaires avaient forgées.

Itzhak, mon cher époux,

Sept jours ont passé et me voici de retour au cimetière, sur ta tombe. Rien n'est plus douloureux que de la regarder et de savoir que c'est là que tu te trouves désormais, à jamais. Tu nous as quittés — tu es parti pour toujours.

La tombe est couverte de fleurs et entourée de centaines, de milliers de cierges éteints. Je tourne autour, refusant d'y croire, refusant de comprendre.

Nous sommes là, debout, en train de pleurer. C'est l'instant de la prière *El Male Rachami* (« Dieu plein de miséricorde »). Puis notre fils Yuval récite une dernière fois le kaddish. Une fois de plus, nous te disons adieu, une fois de plus nous passons par le rituel des mains serrées, des embrassades, des baisers aux amis et aux proches. Au revoir, Itzhak ; nous nous quittons, mais tu resteras présent pour l'éternité.

Nous émergeons de la *shiva.* Nous émergeons littéralement de ces sept journées pendant lesquelles je suis restée prostrée sur la même chaise, dans le même coin de la pièce, à recevoir les milliers de personnes venues me présenter leurs condoléances. Au moment où je me lève, mes sentiments sont très proches de ceux qu'exprime la chanson qu'Arik Einstein a écrite à mon sujet, moins d'une semaine après le meurtre : « Elle se lave le visage, met son plus beau sourire, se farde les yeux et revient parmi les vivants. » Mais je suis si loin d'être revenue parmi les vivants...

Au septième jour de la *shiva,* un rassemblement a été organisé à la mémoire d'Itzhak à l'endroit même où il a été tué. La foule a envahi une fois de plus l'esplanade et les rues alentour. Mais, cette fois, quel silence ! Une semaine auparavant, ce n'étaient que banderoles, chansons, réjouissances. Désormais règnent le deuil et la tristesse. Une immense affiche représentant le portrait d'Itzhak porte les mots suivants : « Tu as commencé la chanson. Nous devons la finir. »

Ils étaient venus pour communier avec Itzhak... je devais trouver les mots qui les toucheraient à travers lui. J'avais pris la précaution de lire au préalable mon discours aux enfants et aux collaborateurs d'Itzhak, Shimon Sheves et Eitan Haber, pour leur demander conseil, pour avoir leur approbation. Mes paroles allaient être diffusées dans le monde entier, et j'en portais la responsabilité. Surtout, ne pleure pas, me disais-je, tu n'as pas le droit de craquer.

Shalom, chaverim,

Il était ici il y a une semaine à peine. Ici, à cette heure-ci, c'était un homme heureux, mais c'est ici que la mort l'attendait. Maintenant, si vous me l'accordez, je voudrais lui parler, ce que je ne peux plus faire en ce monde.

Depuis cet instant tragique, des centaines de milliers, des millions de personnes sont venues... Et il y a eu ce terrible cortège. J'ai suivi ton cercueil en compagnie de nos enfants et de nos petits-enfants. Puis il y a eu les funérailles — quatre-vingts nations sont venues te rendre un dernier hommage. Regarde, Itzhak, regarde, ils sont tous là.

Et, depuis, il y a eu cette ferveur, immense, gigantesque, stupéfiante, à la mesure de tout ce que tu représentais pour eux. Peut-être avais-tu perçu un peu de cet amour, mais tu n'en as jamais imaginé l'ampleur. Ils sont venus, ils viennent et viennent encore. Cela fait une semaine, déjà, que tout un pays est en deuil. Tout un pays s'est arrêté de vivre pour pleurer. On continue à venir sur ta tombe, jour et nuit, et à la couvrir de fleurs. On y allume des cierges et on y laisse des lettres qui te sont adressées.

Chez nous, à la maison, nous — les enfants, les petits-enfants et ta sœur Rachel — sommes noyés sous les lettres et les télégrammes. Des milliers de lettres pour nous consoler ou pour chercher quelque réconfort, des milliers de lettres pour te dire adieu. Ceux qui les envoient sont juifs ou musulmans, chrétiens, druzes ou circassiens, enfants, jeunes ou vieux. Lettres et dessins arrivent de tous les coins du pays.

Itzhak, peux-tu y croire ? Je t'en prie, crois-moi, il s'est passé ici quelque chose que personne n'a jamais vu, ni dans ce pays ni ailleurs. Le choc de l'assassinat s'est répercuté au-delà des frontières de ce pays. Des gens te pleurent à travers tout le Proche-Orient, partout dans le monde.

On me demande d'où je tire ma force. De toi. De toi, Itzhak, car pendant des années j'ai vécu dans l'ombre de ta force immense. Aujourd'hui, au moment où je te parle, je sais que c'est ainsi que tu aimerais me voir : forte. Le torrent d'amour et d'affection qui nous atteint t'est destiné. Mais nous devons lui répondre avec gratitude. C'est pourquoi je suis ici pour remercier, remercier tout le monde.

Je tiens à te dire que tes gardes du corps sont venus, eux aussi. Ils pleurent, et nous tentons de les réconforter, et nous leur disons : Itzhak a travaillé pendant toutes ces années en ayant pleinement confiance en vous. Il n'a jamais pensé qu'il pouvait lui arriver quelque chose parce que vous le protégiez. Je ne m'inquiétais pas non plus, puisqu'ils étaient là. Aujourd'hui, je leur jure, sur tout ce qui m'est sacré, que jamais je ne leur reprocherai ce qui est arrivé. Je te connais si bien que je sais que tu leur dirais la même chose si tu le pouvais. Le drame est arrivé, tes gardes du corps ont fait l'impossible, et nous aurons toujours confiance en eux, parce qu'ils sont formidables. Ils sont tous formidables, chacun d'entre eux. Ils ont fait preuve d'un total dévouement et ils nous sont chers.

Itzhak, tu me connais. Tu sais que je vois toujours le bon côté des choses. Et, aujourd'hui, je crois que cette tragédie qui nous a tous atteints, ce prix monstrueux que tu as payé, que nous avons payé, n'a pas été un vain sacrifice. Car nous sommes sortis de ce cauchemar pour entrer dans un monde différent, un monde qui compte sur toi, un monde pour lequel tu symbolises ce qui est bon et juste, où tu es source d'espoir. Car ils savent que tu représentais un espoir de paix, l'espoir d'un monde meilleur.

Mais ils se sont trop reposés sur toi, et ils t'ont laissé combattre seul — seul dans la tourelle du canon. Ils sont restés trop silencieux devant les graffiti sur les murs, devant ceux qui hurlaient des insultes et des appels au crime que tu avais choisi d'ignorer. Ils sont restés silencieux. Ce dernier soir seulement, ici, sur la place des Rois, des milliers et des milliers de personnes sont venues t'apporter leur soutien, te dire qu'elles voulaient suivre avec toi ce chemin semé d'embûches qui conduit à la paix. Leurs encouragements t'ont rempli de bonheur.

Aujourd'hui, notre merveilleuse jeunesse, mais aussi les enfants, et tout le pays, savent qu'on ne peut plus se taire. Désormais, la voix de la raison et de la justice se fera entendre. La majorité silencieuse ne sera plus silencieuse. C'est cette majorité-là qui donnera courage à ceux qui suivent le chemin de la paix, ton chemin.

Sans réfléchir et, bien sûr, sans avoir pu t'en parler, j'ai téléphoné à Shimon Peres pour lui dire : « Nous avons commencé le voyage ensemble. Tenez bon ! Nous vous aiderons tous, mes enfants et moi, le gouvernement et tous ceux qui tiennent à la paix. Je compte sur vous, Shimon Peres, pour conduire l'État d'Israël vers la paix dans l'esprit d'Itzhak. »

Shalom, chaver, *adieu, mon ami. Mon compagnon si cher, mon bien-aimé. Le père de mes enfants, le grand-père de mes petits-enfants, le père et le grand-père de tant d'enfants et d'adolescents merveilleux. Je ne te quitte pas. Repose en paix — car tu vivras près de nous pour toujours.*

Notre fille Dalia a également pris la parole, et son adieu m'a profondément touchée. Nous cherchions encore à nous convaincre que tout cela n'était qu'un rêve, une illusion. « D'accord, papa, on a compris. Tu peux revenir, maintenant », disait-elle en privé. Au septième jour de deuil, elle a décrit le vide que nous ressentions tous.

Sept jours et sept nuits depuis la catastrophe. Trois coups de pistolet sur cette place où s'étaient rassemblés les amoureux de la paix — et le chaos. Depuis, comme dans un épisode de la Genèse, nous essayons de sortir du brouillard, de rassembler nos forces, de regarder devant nous — vers cet autre monde, bizarre et étrange, froid et effrayant qui referme sur nous ses ombres noires.

Sept jours et sept nuits de deuil. Au milieu d'une souffrance dont nous ne touchons pas encore le fond. Alors, je te parle. Je te parle sans cesse. La nuit surtout, dans ce grand lit si doux qui nous a toujours accueillis. Je te parle plus que je ne l'ai jamais fait, car tu n'étais pas un père qui encourageait l'introspection ou les bavardages futiles. Et je te dis combien notre mère est forte et digne, combien tu serais fier d'elle.

Tu as toujours été, et tu seras toujours, le père auquel on peut faire appel en toutes circonstances, un grand homme. Toujours présent et prêt à dispenser des trésors de gentillesse, de tendresse et d'amour. Les mots étaient inutiles. Une étreinte, un regard, un baiser suffisaient. Beaucoup de baisers. Ta sagesse te donnait le dernier mot. Tu dispensais une force rassurante, sécurisante. Tu demeures à jamais en moi, père adoré.

Les mots sont pauvres, vains, impuissants. Le chagrin a pénétré les moindres fibres de nos corps, et nous ressentons, encore et toujours, cette douleur insoutenable. Nous sommes devenus intouchables. Tout est si fragile. Si facile à briser.

Et nous assistons aux effusions de tout petits enfants, nous voyons leurs larmes. Je m'interroge : comment se fait-il que tu aies été si entièrement à nous, notre bon, notre magnifique père ? Tant de gens ont écrit. Tu étais leur père à tous.

Pendant des années, je n'ai pu m'empêcher de penser que les autres étaient trop aveugles, leurs sens trop émoussés pour voir et sentir à quel point tu étais grand et merveilleux. Je sais maintenant que je me trompais.

Ils le sentaient. Ils le savaient. Ils le voyaient. Ton immense tendresse avait atteint les enfants de tout âge, tous ceux qui ont une âme. Et je reste inconsolable.

Le monde entier est venu. Le monde entier s'est tu. Le monde entier a pleuré avec nous. On savait que tu étais l'intelligence et l'espoir. Tu étais l'immense digue contre le mal, celui à qui l'on s'adressait en premier et en dernier recours contre les abus et l'injustice. Tu étais le garant de l'équité.

Mon père adoré, c'est la première fois depuis quarante-cinq ans que tu n'as pas tenu ta promesse. Tu m'avais promis que rien ne pouvait t'arriver. J'ai perdu le sentiment inexprimé qu'auprès de toi rien ne pouvait nous arriver. Je t'ai perdu, et je refuse de l'accepter, de l'admettre.

Mon père tant aimé, sept jours seulement ont passé, et la route qui m'attend est si difficile.

L'assassinat d'Itzhak a affecté le cours de la vie des Juifs du monde entier. Les fêtes ont été annulées ou ajournées. Presque toutes les décisions prises ont été pesées soigneusement. Sauf une. Un dîner de gala, organisé à New York au profit de l'université Bar-Ilan et qui devait avoir lieu dans la semaine qui a suivi l'assassinat d'Itzhak, a été repoussé au mois de janvier 1996. Le jour venu, on a disposé une brochure à la place de chaque invité. Deux semaines plus tard, le contenu de cette publication a été divulgué en Israël. Les organisateurs de cette manifestation avaient fait figurer sur la couverture un portrait de mon mari recevant un diplôme de docteur honoris causa en 1993. Mais, à l'intérieur, il n'y avait pas moins de douze photos du meurtrier, étudiant modèle de l'université.

Israël Segal, un journaliste de la télévision israélienne, a révélé l'affaire en février. Les réactions ont été très modérées, et les responsables n'ont pas jugé bon de présenter leurs excuses. L'université Bar-Ilan a déclaré que c'était une simple erreur technique, une négligence. Ils pensaient apparemment que personne ne s'en rendrait compte. Le seul résultat tangible a été le licenciement de la personne chargée des relations publiques à New York.

Lorsque cette information a été diffusée à la radio, le recteur de l'université, Shlomo Eckstein, et son président, le professeur Moshe Kave, m'ont écrit pour me demander de les recevoir. On ne pouvait rejeter, disaient-ils, la faute d'un étudiant isolé sur l'ensemble de l'université. D'un étudiant isolé ? Pas si isolé que cela, à mon avis ; il ne manque pas d'admirateurs dans notre pays..., dont toutes ces lycéennes qui continuent à lui écrire des lettres d'amour.

Je suis persuadée que l'assassinat d'Itzhak est le résultat d'une conspiration. Je ne sais pas si l'acte criminel lui-même est le fruit d'un complot, mais peu importe : Itzhak a certainement été la victime d'une conspiration idéologique dont tous les détails ont été soigneusement calculés. Un groupe de rabbins extrémistes (pas de professeurs, je tiens à le préciser) de l'université Bar-Ilan notamment a inspiré des comportements conduisant au crime. Ces gens-là portent la responsabilité de l'assassinat d'Itzhak, car le meurtrier était convaincu de remplir une mission divine, qu'ils approuvaient — pour eux, la « Terre sainte » de Judée et de Samarie était plus sacrée que la vie d'un homme, d'un Premier ministre prêt à accepter des compromis pour parvenir à la paix.

J'ai tout de même invité le président Kave et le recteur Eckstein à venir chez moi avec quatre étudiants, membres de la section universitaire du parti travailliste. Je voulais qu'ils viennent exprimer leur point de vue, sous mon toit. Le président a monopolisé la parole et a consacré la moitié de cet entretien à l'affaire de la brochure : les photos n'avaient pas été insérées intentionnellement, il s'agissait d'une simple négligence, personne n'avait pu commettre délibérément une telle maladresse. Chaque fois que les étudiants intervenaient, il leur répondait de façon cassante, voire agressive. Il paraissait sur la défensive.

Mon fil Yuval, qui était également présent, s'est adressé au président Kave.

— Puis-je vous poser une question ? Pensez-vous que le fait que mon père ait été assassiné par un étudiant de Bar-Ilan n'est qu'une coïncidence ?

— L'assassin aurait pu venir de n'importe quelle autre université, répondit le président.

À mon avis, il ne s'agissait pas d'une coïncidence. Cette mauvaise herbe avait poussé sur un terrain empoisonné, sur leur terrain.

Nous avons respecté la tradition du *shloshim**. Pendant toute cette période, le pays tout entier a continué de pleurer Itzhak. Les gens continuaient de défiler au cimetière. Ils allumaient des cierges, écrivaient de longues lettres, laissaient des dessins, tant était profond leur besoin d'exprimer leur chagrin.

Au trentième jour, nous, la famille, sommes retournés au cimetière.

Et voici que ce jour est arrivé, lui aussi. Trente jours et trente nuits de cauchemar ont passé. Il nous reste à répondre à une montagne de lettres, aux propositions de commémoration qui arrivent du monde entier, aux appels téléphoniques qui n'en finissent plus et aux visiteurs qui n'ont pas réussi à venir pendant la shiva. *Ces trente jours et ces trente nuits ont passé comme un éclair, mais, quand je pense à ce qui est arrivé juste avant, j'ai l'impression d'avoir parcouru deux mille années-lumière.*

Rien ne sera plus jamais comme avant ce 4 novembre, ce jour où l'on t'a arraché à moi, aux enfants, à ce peuple qui n'en finit pas de réciter ton oraison funèbre et de pleurer ta mort.

Nous revoilà dans un cortège qui se dirige vers le cimetière. La tombe a été arrangée avec goût en attendant que la pierre tombale soit achevée. Itzhak, ta tombe est couverte de fleurs, de cierges, de lettres. Il y a même une raquette de tennis et deux boîtes de balles. C'est Raphy Weiner, notre ami, avec qui nous jouions si souvent au tennis, qui les a déposées. Il t'aimait tant.

Une enfant t'a laissé son ours en peluche, le trésor qui lui tenait le plus à cœur.

Je suis près de toi, devant ta tombe, devant les caméras. Odieuse présence. Le monde entier est témoin de nos larmes, mais comment demeurer ici sans pleurer...

Shimon Peres et le chef d'état-major Amnon Lipkin-Shahak ont prononcé de nouvelles oraisons funèbres. Les paroles d'Amnon nous ont bouleversés. Il paraît décidé à suivre ta trace. Il est conscient des liens profonds que tu as tissés avec l'armée et les soldats, et il est sensible à la grande cause à laquelle tu as consacré ta vie.

Une fois de plus, nous te quittons, nous nous éloignons de ta tombe, encore à demi incrédules.

Tant de larmes, Itzhak, tant de larmes...

Notre amie Niva Lanir a passé plusieurs semaines à organiser une cérémonie au palais des congrès de Binyanei Ha'Huma, au centre de Jérusalem, pour marquer la conclusion du *shloshim*.

Le programme de la cérémonie comprenait un très beau film sur la vie d'Itzhak ainsi que quelques séquences en huit millimètres qu'Itzhak avait tournées à l'époque où il se passionnait pour le cinéma et la photographie : on y voyait des scènes de pique-nique avec les enfants pendant le shabbat, et des portraits de famille pris à Washington.

Deux artistes très populaires en Israël, Shlomo Artzi et Boaz Sharabi, sont venus chanter. Le poète Yehuda Amichai et l'écrivain Meir Shalev ont lu des textes qu'ils avaient écrits à la mémoire d'Itzhak. Amichai a récité l'un de ses poèmes, *Dieu a pitié des tout petits enfants.*

Dieu a pitié des tout petits enfants,
Pour les écoliers, Il en a moins déjà.
Quant aux adultes, qu'ils ne comptent pas sur Sa pitié.

Il les abandonne.
Et ils rampent
dans le sable brûlant
cherchant à atteindre le poste de secours,
tout ruisselants de sang.

Mais peut-être
aura-t-Il pitié de ceux qui aiment vraiment,
peut-être veillera-t-Il sur eux,
étendant sur eux Son ombre,
comme un arbre sur le dormeur du banc public.

Peut-être saurons-nous, nous aussi, leur donner
les dernières bribes de tendresse
que nous avons héritées de notre mère,

de sorte que leur propre bonheur nous protégera
aujourd'hui et demain.

Puis vint le tour de Meir Shalev.

Que reste-t-il après les belles paroles, l'examen de conscience, la conciliation, le legs, l'unité ? Des vérités élémentaires : le mépris, la colère et la douleur. Des mots qu'aucune unité illusoire ne saurait effacer. Ni la division ni la guerre civile. La colère et le mépris, oui. La colère contre le sol d'où le meurtrier a surgi. Le mépris pour les idées qui ont couvert le meurtre.

Restent les regrets. La nostalgie d'un homme que nous n'avons pas su soutenir assez franchement. D'un homme honnête, qui ne mâchait pas ses mots. Nous n'étions pas forcément d'accord avec toutes ses idées, avec toutes ses actions, mais nous savions qu'il était pur, sincère, et c'était l'essentiel.

Reste la nostalgie d'un homme qui ne s'enfermait pas dans le camp retranché de ses opinions. D'un homme qui, à un âge avancé, à un âge où les convictions sont gravées dans la pierre et les idées figées, où l'on ne s'égare plus hors des chemins balisés, a su soudain, avec un élan formidable, bondir hors du sillon de sa vie pour emprunter une nouvelle voie. Et les racines de ce revirement, pour ceux qui s'en souviennent, étaient déjà présentes dans le discours que le jeune Itzhak Rabin prononça sur le mont Scopus après la guerre des Six-Jours, lorsqu'il déclara que les Juifs ne sauraient se réjouir d'être des conquérants et des vainqueurs. Telles ont été ses paroles et voilà qu'ici un Juif s'est dressé pour assassiner son âme.

La nostalgie d'un homme qui faisait également partie d'une génération en train de s'éteindre sous nos yeux. Une génération différente et magnifique — celle du Palmach[1]*. Ce n'était pas une génération de parasites et de tire-au-flanc. Bien au contraire. Elle avait horreur du décorum, elle fuyait l'extrémisme comme la démagogie et n'avait rien de messianique. Une génération qui se moquait des panégyriques. Et voici pourtant venue l'heure de la grandiloquence... Toute cette camaraderie, toute cette adoration qui se déverse sur les compagnons encore en vie qui se voilent la face, et sur les morts qui n'ont plus rien à voiler. L'ironie du destin est terrible : il faut ajouter à toutes les couronnes dont on a auréolé Itzhak Rabin la plus horrible, la plus inutile qui soit — celle qui salue la mort du dernier combattant du Palmach. Et, parmi tous ces regrets, comment ne pas regretter, enfin, ce que nous avons été, ces valeurs de droiture et d'honnêteté, de morale et de courage qui ont été les nôtres et qui sont en train de s'éteindre dans nos âmes.*

Restent les regrets les plus douloureux, ceux de sa famille. L'irrémédiable nostalgie d'un amour. La douleur d'une épouse, la tristesse d'une sœur, le désespoir d'un fils et d'une fille, la peine d'un ami proche, d'un petit-fils, d'une petite-fille. Le lit vide, la chaise orpheline à la table familiale, l'absence d'une caresse, l'album de photos, les souvenirs, autant de souffrances indicibles. Ici se tenait un mari, là s'asseyait un père, un frère, et c'est là qu'un grand-père est tombé.

Et maintenant ? Le souvenir, le dernier baiser du mort. C'est ainsi que, dans les mémoires, il assouvira sa vengeance. Non pas dans des guerres fratricides, non pas dans la défaite de tribus déchirées. Mais avec la vieille arme, la bonne vieille arme des Juifs, celle qui a déjà fait

1. Il sera question du Palmach dans les chapitres suivants. *(N. d. T.)*

ses preuves si souvent : leur mémoire, précise et infinie. Nous, qui nous souvenons de toutes les morsures de chiens de notre histoire, nous nous souviendrons aussi de ce crime. Nous nous souviendrons de celui qui a été assassiné. Nous nous souviendrons de celui qui a tué. Nous nous souviendrons du pourquoi et du comment. Nous n'oublierons pas...

3

Une patrie juive

Je suis venue au monde le 8 avril 1928, à Königsberg. J'étais donc une *Yecke**, une Juive allemande. Ce port de la mer Baltique était situé en Prusse-Orientale, séparée du reste de l'Allemagne par le couloir de Dantzig. Après la Seconde Guerre mondiale, Königsberg a été rebaptisée Kaliningrad et intégré à l'Union soviétique. Je ne suis jamais revenue dans cette ville que j'ai quittée dans mon enfance, et n'en éprouve pas le moindre désir. Je n'y ai plus de racines, pas plus qu'en Allemagne.

Mon père, Fima Schlossberg, était négociant en articles de mercerie. Je le revois, du plus loin que remonte ma mémoire, penché sur l'enfant que j'étais, avec son grand sourire, me disant : « Lea, et si nous allions compter les lentilles ? »

Autant que je m'en souvienne, ma famille était d'un milieu bourgeois très aisé. Nous habitions un immeuble de trois étages en face d'un parc magnifique, et les nombreuses pièces de notre appartement donnaient sur un vaste couloir. Mais je passais le plus clair de mon temps reléguée dans une chambre en compagnie de ma *Kinderfräulein,* ma gouvernante, et je voyais très peu mes parents. À cette époque, je me souviens surtout d'eux en tenue de soirée, car ils avaient l'habitude de venir me dire bonsoir avant de se rendre au concert ou au théâtre. Comme la plupart des enfants juifs de cette époque, je ne fréquentais pas le jardin d'enfants. Au lieu de quoi Trüdel, ma *Kinderfräulein,* m'emmenait promener par tous les temps au parc ou au zoo. Parfois, nous rendions aussi visite à mes petites amies juives, chacune flanquée de sa nounou. J'adorais les jeux de plein air et j'ai appris très tôt à skier et à faire du patin à glace.

Puis arriva un événement qui dépassait totalement mon entendement.

Le 31 janvier 1933, j'avais alors près de cinq ans, Adolf Hitler est devenu chancelier.

Quel était l'aspect le plus inquiétant de l'accession de Hitler au pouvoir ? Mon père vous aurait répondu : son élection. Hitler incarnait la volonté du peuple allemand, et que pouvait attendre une famille juive d'une Allemagne dirigée par ce psychopathe ? En homme de décision, mon père a rapidement compris de quoi il retournait. (Cela n'a malheureusement pas été le cas de tout le monde. Le pogrom de la Nuit de cristal aurait lieu cinq ans plus tard.)

Il a fait sa valise le lendemain de l'élection de Hitler et a pris le train pour Trieste. De là, il a embarqué sur un bateau pour la Palestine où il a pris des dispositions pour notre installation. Ma mère, ma sœur aînée Aviva, notre gouvernante allemande Trüdel et moi avons pris le train pour Riga la même nuit. Nous avions de la famille en Lettonie et comptions rester là jusqu'à ce que tout soit prêt pour nous accueillir en Palestine. Mon père est venu nous rejoindre à Riga pour la Pâque. À Tel-Aviv, il avait pris la gérance du Palatine Hotel — une initiative audacieuse, car il n'avait aucune expérience commerciale en ce domaine. Mais l'hôtel devait être notre premier foyer dans ce nouveau pays. Nous sommes revenus à Königsberg faire nos bagages et dire adieu à nos amis, avant d'appareiller pour la Palestine au mois de juin.

Les amis de mes parents trouvaient que j'étais une fillette polie, bien élevée, dans la bonne tradition allemande : je récitais mes prières à genoux tous les soirs et obéissais au doigt et à l'œil à ma gouvernante. Celle-ci veillait à ce que je n'écarte pas les coudes à table et prenait soigneusement la température de mon bain. J'embrassai ma chère Trüdel une dernière fois à la gare, et nous nous quittâmes en pleurant. Mon père m'avait prédit que je deviendrais un vrai petit diable en Palestine : « Attends seulement qu'il n'y ait plus de nounou allemande. » La « libération » a commencé par des poursuites échevelées sur le pont du bateau.

Le navire est entré dans le port de Jaffa le 5 juin. Je ne suis pas près d'oublier la chaleur suffocante qui nous accueillit. Le port retentissait de clameurs dans une multitude de langues inconnues, et des petits bateaux dansaient sur l'eau en attendant de nous transporter à terre.

Sans crier gare, on m'a lancée par-dessus bord, et mes cinq ans ont atterri dans les bras d'un grand docker arabe. Mon chapeau tomba à l'eau. « J'ai perdu mon chapeau, mon chapeau ! » hurlai-je. Ma poupée arriva saine et sauve à côté de moi, mais plus de chapeau... Bien pis, plus de parents. J'étais certaine de ne plus jamais les revoir..., mais je les ai retrouvés dans les bureaux des services d'immigration où les médecins nous ont infligé une douloureuse piqûre contre la typhoïde.

Le tintamarre des quais de Jaffa, leurs odeurs pimentées...

La route poussiéreuse de Tel-Aviv...

Des femmes voilées, des chameaux, du sable à l'infini... Tout était exotique.

Notre nouvelle demeure, enfin. Le Palatine Hotel m'a conquise sur-le-champ. Après l'étuve du port de Jaffa, le marbre frais du hall de l'hôtel m'a fait l'effet d'une véritable bénédiction. Les dalles luisantes, la lumière tamisée, les tapis persans aux motifs raffinés prêtaient une agréable touche orientale au vestibule du Palatine, surtout en été, quand la chaleur embrasait la ville.

Les deux superbes serveurs noirs, Tewfik et Ahmad, originaires du Soudan, sont rapidement devenus mes amis malgré l'obstacle de la langue. J'explorais à ma guise les longs couloirs de l'hôtel, ce qui me donnait un sentiment d'aventure et de liberté. Nous avons vécu six mois à l'hôtel. Je jouais au ballon et sautais à la corde dans le vestibule, les corridors. Mon père devenait fou. Mais où pouvais-je aller ?

J'ai appris l'hébreu lentement, avec ma nouvelle gouvernante et mes camarades de jeu. Mais je me suis obstinément refusée à le parler avant d'être sûre de moi. Puis on m'a laissée progressivement explorer le monde, et Tel-Aviv est devenu pour moi une vaste cour de récréation. On y construisait partout. Les tas de sable et les excavations des chantiers nous offraient mille occasions de grimper, de sauter, de jouer à cache-cache.

Pastèques, épis de maïs, bâtons glacés... Plage et salons de thé...

Le Tel-Aviv du bord de mer et de l'enfance, quels souvenirs merveilleux !

En émigrant en Palestine, mes parents avaient emporté de nombreuses traditions d'Europe centrale. Nous étions des *Yec-*

kes, je l'ai dit, mais mes parents étaient nés en Russie. Ils étaient arrivés très jeunes en Allemagne avec leurs propres parents — mon père à Königsberg, ma mère à Dantzig.

Papa était un homme très cultivé et éprouvait notamment une profonde admiration pour la culture allemande. Ses goûts imprégnaient notre vie quotidienne. Mes parents avaient beaucoup voyagé quand ils vivaient en Allemagne et nous parlaient longuement de ce qu'ils avaient vu et visité. Les théâtres et les musées de Berlin leur étaient familiers et ils les évoquaient avec enthousiasme. Ils vouaient une passion au théâtre, à l'opéra, au cinéma. Le nom des grands chanteurs et des gens de théâtre — Tito Gobbi, Lotte Lenya, Bertolt Brecht, Helena Thimig — n'avaient plus de secrets pour nous. Après leur installation en Palestine, ils n'ont plus guère eu l'occasion de retourner en Europe — pour le plaisir du moins.

Mais mon père n'a jamais oublié l'Europe, si chère à son cœur. Mes parents n'ont jamais possédé de tableaux de maîtres et se contentaient de reproductions de la chapelle Sixtine ou de copies. Une reproduction de l'*Olympia* de Manet était accrochée dans notre salon. La seule toile originale en leur possession représentait un petit port de pêche français, qui orna un temps les murs du Palatine Hotel et se trouve aujourd'hui chez ma sœur Aviva. À Tel-Aviv, quand nous avons été un peu plus grandes, papa a pris l'habitude de nous lire des poèmes de Goethe et de Heine en allemand, le samedi matin. Il était loin de parler couramment hébreu en arrivant en Palestine, ce qui ne l'empêchait pas d'aller régulièrement au théâtre et d'y prendre beaucoup de plaisir. Tous les samedis soir, ma mère et lui se rendaient au vénérable musée de Tel-Aviv pour assister à des concerts de musique de chambre. Dès leur création, ils se sont abonnés aux concerts symphoniques. En 1936, Toscanini a dirigé le premier concert de l'Orchestre symphonique de Palestine (qui est devenu depuis l'Orchestre philharmonique d'Israël) dans un lieu réservé aux fêtes foraines. Les musiciens jouaient dans un hangar au toit de tôle ondulée. On raconte que, quand il pleuvait, on se serait cru au milieu d'une centaine de caisses claires. Il y avait des fuites d'eau. Mais tout le monde était enchanté !

Mes parents m'ont permis d'acquérir de solides bases culturelles : je me suis initiée grâce à eux à la peinture, à la musique, au théâtre, à la littérature et même à l'opéra — malgré quelques réticences initiales. Un soir, j'avais huit ou neuf ans, et mes parents sont venus me dire bonsoir. Ils avaient manifestement l'intention de sortir. Or je détestais rester seule à la maison.

— Où allez-vous ? demandai-je.

— Au concert.

— Quel est le programme ? poursuivis-je d'un ton impatient.

— La septième symphonie de Beethoven.

— Mais vous l'avez déjà entendue ! Pourquoi y retournez-vous ?

Les goûts culturels de mon père ne l'avaient pas empêché d'embrasser très tôt la cause sioniste. Sa jeunesse en Allemagne, où les Juifs se trouvaient en butte à de nombreux préjugés, ne lui avait pas laissé de très bons souvenirs. À quinze ans, il était déjà militant sioniste et membre de l'un des groupes Herzl. Ces formations avaient vu le jour pour reprendre le flambeau de Theodor Herzl, journaliste autrichien, promoteur de l'idée d'un État juif.

Mon père a acheté des biens fonciers en Palestine dès son premier séjour sur cette terre, en 1927 : une maison à Jérusalem, une orangerie dans la région de Benyamina, quelques lopins ici ou là. Après notre installation en Palestine en 1933, la vie est devenue plus difficile. Quand nous manquions d'argent, papa vendait un bout de terrain. Comme mes parents, la plupart des immigrants européens en Palestine exerçaient des professions libérales. C'étaient des gens cultivés, habitués à mener une vie confortable. Ce qui ne les empêchait pas de sarcler des patates douces dans un kibboutz ou d'actionner la sonnette de la réception de l'hôtel pour faire prendre les bagages d'un client. Après tout, ils faisaient cela pour l'amour de la Palestine.

La Palestine. C'était la véritable vocation de mon père. Il était le deuxième de quatre enfants. Ses deux sœurs, Esther, qui exerçait la pédiatrie et ne s'était pas mariée, et Nettie, dont le beau-père, Leon Kellner, avait été l'ami de Herzl, étaient parties pour la Palestine au début des années vingt. Son frère aîné, David, était un intellectuel brillant mais instable. très bon orateur, il militait pour une organisation sioniste à Berlin. Il n'a quitté l'Allemagne pour la Palestine qu'en 1938, après la Nuit de cristal. David était sans le sou à sa descente du bateau, et mon père s'est occupé de lui, comme il l'a fait pour bien d'autres, qu'ils soient membres de la famille ou non.

Papa a exercé une grande influence sur moi. Je l'adorais et il me le rendait bien. Il m'a légué son franc-parler. C'était un homme honnête, d'une grande franchise. Il pouvait même se montrer cinglant. Ma mère — Gusta, diminutif d'Augusta — était plus diplomate, plus tolérante. Je me sentais très proche d'elle. J'ai toujours su que je pouvais entièrement compter sur l'affection de mes deux parents. Leurs portraits, dans leurs cadres argentés, occupent toujours une place d'honneur sur le buffet de notre salle à manger. Papa irradie la passion et la joie de vivre. Ses traits trahissent sa vive intelligence et son intrépidité. Il a d'épais cheveux noirs, un visage énergique. Ma mère, quant à elle, est l'image même de la douceur, avec ses boucles vaporeuses encadrant des traits fins et angéliques. À Tel-Aviv, elle était célèbre pour son charme, sa beauté et son allure juvénile. Elle est morte à quarante-huit ans. Au cours de sa dernière maladie, son médecin avait noté, pour l'amuser, « 36 ans » sur la feuille de température accrochée à son lit. C'était parfaitement crédible. Ma fille Dalia a hérité certains traits de ma mère, notamment cette fraîcheur.

Sous sa fragilité apparente, ma mère était une femme résistante, dotée d'une grande force de caractère. C'était une excellente nageuse, qui n'hésitait pas à se baigner dans une mer houleuse. Tous les matins, elle se levait à l'aube pour allumer l'étuve où l'on faisait bouillir le linge de l'hôtel. Après notre arrivée en Palestine, ma mère a conservé son sourire et sa gaieté, malgré une situation totalement nouvelle pour elle, et souvent difficile. Quand l'argent manquait, elle se débrouillait. Je la vois encore, occupée à recouvrir des fauteuils ou à coudre des housses d'édredon. Elle n'était absolument pas préparée à des travaux manuels de ce genre. Cela ne l'empêchait pas de mettre la main à la pâte en cas de nécessité. Gusta Schlossberg était une femme pragmatique, capable de faire face à n'importe quelle situation.

Avec l'aide occasionnelle de ma mère, la collaboration permanente d'un sous-directeur égyptien et de plusieurs employés, papa faisait tourner l'hôtel et y prenait beaucoup de plaisir. Avec parfois, certes, quelques mésaventures. Un voyageur prévoyant de faire un long séjour chez nous avait demandé si l'hôtel faisait de la cuisine kasher.

— Oui, je crois, avait répondu mon père, alors que ce n'était absolument pas le cas à l'époque.

— Quel dommage, avait soupiré le client potentiel. Le docteur m'a prescrit une épaisse tranche de *Schinken* (de jambon) fumé tous les jours.

Aujourd'hui, les hôtels à la mode de Tel-Aviv sont situés en bord de mer. À l'époque, ils étaient au centre-ville. Le Palatine ne faisait pas exception. C'était l'hôtel le plus chic de Tel-Aviv. Grands mariages, étrangers célèbres..., il drainait une clientèle élégante. Le Palatine lançait les modes et donnait le ton. Un jour, le maire de la ville, Meir Dizengoff, a invité l'impératrice d'Éthiopie à déjeuner dans l'un des salons privés, à l'écart de la grande salle à manger. Tout le monde leva subrepticement les yeux à leur passage. On leur servit des asperges en entrée. Le maire attaqua avec ses couverts, tandis que l'impératrice prenait délicatement le précieux légume avec les doigts et le portait à sa bouche avec grâce. Délaissant fourchette et couteau, le maire a fini par manger avec les doigts lui aussi.

Il n'était pas dans l'intention de mon père de nous faire vivre définitivement à l'hôtel. Quand nos caisses de déménagement arrivèrent enfin d'Allemagne (dont une précieuse valise contenant une dizaine de poupées que j'adorais), elles furent déballées dans notre nouvel appartement, à dix minutes de voiture du Palatine. Je m'amusais beaucoup à l'hôtel, mais j'avais une bonne raison d'être contente de déménager. L'hôtel était situé juste à côté de la caserne de pompiers. Quand j'étais seule et que la sirène se déclenchait, j'étais terrorisée et sortais de ma chambre en hurlant. Aujourd'hui encore, je suis prise de panique dès que j'entends une sirène — dans la rue, lors de la fête de l'Indépendance..., n'importe où, n'importe quand.

Nous n'y habitions plus, mais il m'arrivait de retourner au Palatine en certaines occasions. Pour la fête de Pourim*, les enfants juifs se déguisent. C'est un peu comme Halloween[1] ou mardi gras. Chaque année, le joyeux cortège, conduit par le maire à cheval, descendait la rue, devant l'hôtel. Les clients se pressaient aux balcons. Je devais avoir à peu près sept ans quand ma mère m'a confectionné un beau costume de liftier vert bouteille avec une toque sur laquelle elle avait brodé Palatine en lettres d'or. J'étais même censée actionner l'ascenseur. Mais j'ai

1. Veille de la Toussaint. *(N. d. T.)*

dû renoncer rapidement à mon nouvel emploi car je ne parlais pas anglais, langue indispensable pour communiquer avec la clientèle cosmopolite de l'hôtel. C'était un très joli costume. Mais, chaque année, je rêvais de me déguiser en reine Esther, l'héroïne de la fête. Ma mère préférait un déguisement plus amusant.

Au sein de l'hôtel régnait un climat de paix internationale. En Palestine même, c'était moins évident. À la fin des années trente, Juifs et Arabes coexistaient le plus souvent pacifiquement. Mais les deux populations ne se mêlaient jamais et ne résidaient pas dans les mêmes lieux. Jaffa, la ville arabe, et Tel-Aviv, la ville juive, étaient voisines. À Jérusalem, les quartiers des uns et des autres étaient séparés, un peu comme aujourd'hui. Quand nous nous rendions en voiture chez ma tante Nettie, à Benyamina, nous traversions des villes et des villages arabes étrangement silencieux, où je me sentais toujours un peu mal à l'aise. Mon père, lui, avec une belle insouciance, sautait joyeusement de voiture pour demander son chemin dans un arabe hésitant. Mais, en 1936, le renforcement de la présence juive a provoqué les premières émeutes arabes en Palestine. Les voyages tenaient désormais plus de l'aventure que de la partie de plaisir.

À la suite des échauffourées et de l'incendie de Jaffa, Papa a renoncé à l'hôtellerie, jugeant qu'à Tel-Aviv le tourisme était sérieusement compromis. Il a été engagé dans une entreprise du nom de Ha'Avara (ce qui signifie « transfert » en hébreu). La société en question aidait les Juifs allemands à transférer leurs capitaux en achetant en Allemagne des matériaux de construction et des matières premières qui étaient ensuite expédiés en Palestine. Quand les réfugiés arrivaient en Palestine, on leur remboursait l'argent qu'ils avaient dépensé. C'était une filière de transfert de fonds très au point. Mais la guerre, qui a éclaté en 1939, a mis fin à cette affaire.

À Tel-Aviv, mes parents souffraient beaucoup de la chaleur. Nous avons eu notre premier réfrigérateur en 1936. À l'époque, l'air conditionné n'existait pas, du moins en Palestine. L'été, les gens cherchaient un peu de fraîcheur en dormant sur leurs balcons. J'avais pris l'habitude de dormir par terre. À la recherche sans doute d'un appartement mieux aéré, mes parents déménageaient presque tous les deux ans. Mais nous n'avons jamais quitté le quartier du boulevard Rothschild. Mon père affectionnait les voitures décapotables, qui lui permettaient de profiter de la brise nocturne.

La vie était plutôt difficile, et tous ces changements étaient éprouvants. Mais mes parents n'ont jamais ressenti la moindre nostalgie et n'ont jamais regretté d'avoir quitté l'Allemagne. Le Reich nazi se faisait de plus en plus menaçant, et ils se félicitaient d'être partis à temps.

La discipline de vie à laquelle ils étaient attachés les a, je crois, aidés à tenir bon. Fidèle à son éducation européenne, mon père exigeait que nous prenions nos repas à la salle à manger. Les cuisines de l'époque n'étaient pas conçues comme des « coins repas ». On dressait donc la table dans la salle à manger trois fois par jour, avec une nappe damassée et des serviettes assorties. Ma mère n'avait emporté avec elle qu'un service de porcelaine — un très joli Rosenthal — et une superbe ménagère en argent. Nous avions aussi un service à café en argent et nous sortions le tout trois fois par jour. Le rituel était immuable, qu'il y eût des invités ou non.

Cette rigueur nous a certainement aidés à nous adapter à notre nouvelle patrie. Mais l'atmosphère amicale et chaleureuse de notre entourage y a également contribué. Mes parents avaient toujours été très sociables. On se recevait alors sans façons, plus facilement qu'aujourd'hui : les amis passaient prendre le café, grignoter quelques gâteaux, ou venaient passer la soirée à bavarder. En famille ou entre amis, on se comportait de la même façon. J'écoutais avidement tout ce qui se disait autour de moi. Les discussions étaient intéressantes, souvent de haute tenue. On évitait les banalités. La conversation portait sur des questions politiques et économiques, comme la valeur de la potasse de la mer Morte ou la dernière controverse politique. On exprimait souvent son point de vue avec passion. Ce cercle amical, qui incluait désormais mes parents, militait avec ardeur pour le développement de la nouvelle patrie juive, qui n'était pas encore un État.

Chaque *aliyah** avait été brocardée pour ses habitudes étranges, mais aucune ne l'a autant été que celle des *Yeckes*. Les Juifs allemands étaient fréquemment la cible de plaisanteries. Il faut dire que les adultes mettaient un temps fou à apprendre l'hébreu et ne réussissaient jamais à se débarrasser de leur inimitable accent germanique. On riait moins sans doute de leur langage que de leur politesse excessive de gens trop bien élevés, de cette manière qu'avaient les hommes de soulever leur chapeau pour dire bonjour, et de leurs interminables *danke schön* et *bitte schön*. Ce comportement avait le don de mettre en joie les Juifs d'Europe de l'Est.

Mon père s'exprimait plus facilement en hébreu que ma mère, qui ne s'est jamais vraiment faite à cette nouvelle langue. Mon père faisait venir un répétiteur deux fois par semaine pour travailler avec ma mère. Mais je crois que celle-ci n'était pas vraiment motivée. Quoi qu'il en soit, elle n'a jamais parlé correctement hébreu, contrairement à mon père, qui n'a reculé devant aucun effort. Il a commencé par s'obliger à lire le journal en hébreu, avant de passer aux classiques, avec des auteurs comme Mendele Mocher Sefarim et S. Y. Agnon. Mais c'est encore en bavardant avec ses amis qu'il a fait le plus de progrès. Il a fini par parler hébreu parfaitement, tandis que ma mère, malgré toutes ses qualités et tout son charme, n'a jamais réussi à prononcer correctement une seule phrase dans cette langue.

Quant à moi, c'est évidemment à l'école que j'ai perfectionné ma connaissance de l'hébreu. À six ans, je suis entrée à l'école Balfour, une institution privée très bourgeoise. Mes parents en pensaient le plus grand mal. Ils la comparaient à une entreprise privée, dont la seule vocation était de faire de l'argent.

Malgré le côté collet monté de cette institution, l'école m'a apporté davantage que de simples connaissances élémentaires. C'est en effet auprès de mes camarades de classe que j'ai fait mon éducation sociale et politique. Et c'est l'école qui m'a introduite pleinement au sein de la société juive palestinienne. Papa n'avait jamais été socialiste. Comme beaucoup d'immigrants de sa génération, il faisait partie des Sionistes généraux, un mouvement modéré. Mais il admirait beaucoup Pinhas Sapir et Levi Eshkol — futur Premier ministre —, ainsi que les autres fondateurs du Mapaï*.

À l'exemple de ma sœur Aviva, mon aînée de sept ans, j'ai adhéré au HaShomer HaTzair (un mouvement de jeunesse socialiste et sioniste) quand j'étais en quatrième. J'en ai adopté l'uniforme, jupe ou short et chemisier bleus. Nous avions des réunions obligatoires deux fois par semaine, ainsi que les vendredis et samedis soir. Nous faisions des randonnées à travers la Palestine. Nous discutions idéologie. Nous nous grisions de récits du mouvement ouvrier, de révolutions gigantesques et, bien sûr, d'histoire du sionisme. Le vendredi, c'est mon meilleur souvenir, nous chantions en chœur jusqu'à une heure avancée de la nuit.

À la fin du mois d'août 1939, mes parents se trouvaient en Europe. Mon père était parti le premier pour un voyage d'affaires dans les Balkans, et ma mère avait décidé de rendre visite à ses parents qui résidaient alors à Milan. On nous avait confiées, ma sœur et moi, à une gouvernante et à son mari. Nous devions rejoindre nos parents deux semaines plus tard à Milan. Peu avant le départ de ma mère, mon père était convaincu que la guerre n'était pas imminente.

VIENS — STOP — PAS DE GUERRE EN VUE — STOP, lui télégraphia-t-il. Dans son esprit, la guerre n'éclaterait pas de sitôt.

Elle a été déclarée alors que le bateau sur lequel se trouvait ma mère traversait la Méditerranée. À son arrivée à Gênes, on l'a informée que les frontières risquaient d'être fermées avant qu'elle n'atteigne Milan : elle ne pourrait plus quitter l'Italie. Elle s'est donc rendue directement à Budapest pour rejoindre papa, sans se douter des événements tragiques qui attendaient ses parents : mes grands-parents allaient partir pour Bergame après le bombardement de Milan par les Alliés. Ma grand-mère y mourrait d'une crise cardiaque, tandis que mon grand-père serait déporté à Auschwitz. Ma mère ignorait à ce moment-là qu'elle ne reverrait plus ses parents.

Ma mère ou mon père ont-ils cherché à convaincre mes grands-parents de fuir l'Europe devant la montée des périls ? Je n'en sais rien. La conjoncture avait changé. Pendant longtemps, Mussolini s'était montré mieux disposé envers les Juifs que les autres dirigeants européens. Mais en 1940, quand l'Italie est devenue l'alliée effective des nazis, il était certainement trop tard pour réagir.

Nous craignions, Aviva et moi, d'être séparées de nos parents pendant toute la durée de la guerre en Europe. Je n'avais que onze ans, mais je me rappelle que les gens avaient commencé à faire des stocks d'huile, de papier toilette, de sacs de sucre et de farine... dans l'éventualité où la guerre arriverait jusqu'à nous. Nous ne possédions que deux billets de bateau et un peu d'argent liquide. J'étais moins pessimiste que ma sœur, mais je dois avouer que j'ai bondi de joie comme elle quand, trois semaines plus tard, nous avons reçu un câble de nos parents : PRENONS ORIENT-EXPRESS POUR LA GRÈCE, PUIS BATEAU JUSQU'À TEL-AVIV.

Mais les menaces ne se limitaient pas à l'Europe, comme j'allais le découvrir par un jour de canicule de septembre 1940. J'étais partie avec une amie rendre visite à une cousine. Nous devions prendre l'autobus n° 6 à l'angle de la rue King-George et de la rue Dizengoff. Nous avions décidé de boire une limonade en l'attendant, quand nous l'avons vu arriver. Valait-il mieux finir notre limonade ou attraper l'autobus ? Nous avons opté pour l'autobus.

On entendait au loin le faible grondement des avions. Deux minutes plus tard, une bombe a éclaté au carrefour que nous venions de quitter. Il ne restait plus rien du kiosque à limonade. Le bus s'est arrêté net. Nous nous sommes précipitées dans un abri, au 4 de la rue Shatz. Nous nous sommes blotties l'une contre l'autre, terrorisées. Deux gosses de douze ans, tremblantes de stupeur... Il y avait de quoi avoir peur. Cette attaque aérienne a fait plus de cent morts et d'innombrables blessés. L'aviation de Mussolini avait bombardé Tel-Aviv, et j'avais bien failli être victime de cette guerre lointaine dont mon père suivait toutes les péripéties à la radio !

Le danger immédiat passé, nous avons attendu en vain un autobus pour rentrer à la maison. Dans toute la ville, c'était la débandade. Nous avons fini par persuader un chauffeur de taxi de nous conduire à la maison en lui promettant que ma mère le paierait à notre arrivée. Celle-ci s'était affolée en apprenant qu'une bombe était tombée sur la rue Dizengoff. Elle était sortie et avait accosté un ami : « Lea est allée au nord de la rue Dizengoff, et je suis très inquiète. Pourrais-tu m'emmener chez ma belle-sœur ? Je veux savoir si Lea est arrivée. » Je n'y étais pas. Ma mère est alors partie pour l'hôpital, où elle m'a cherchée désespérément au milieu des blessés et des morts. Personne... Elle a fini par rentrer à la maison, où je l'attendais. Quel soulagement ! Mais nous n'étions pas au bout de nos émotions. Le même jour, mon père nous a emmenées en voiture constater les dégâts. Arrivés au niveau de l'hôpital Hadassah, nous avons entendu par les fenêtres ouvertes les gémissements et les pleurs des proches des victimes. Je n'oublierai jamais ces cris affreux.

On voyait toujours plus d'uniformes dans les rues de Tel-Aviv. Des jeunes gens, de plus en plus nombreux, se portaient volontaires dans l'armée de Sa Majesté puis, plus tard, dans la Brigade juive pour riposter contre l'agression hitlérienne. La Seconde Guerre mondiale faisait rage depuis plus de deux ans, quand ma vie a pris un nouveau tournant avec mon entrée au lycée. Comme je l'ai déjà dit, mes parents ne faisaient pas partie de la classe ouvrière. Mon père était avant tout un homme d'affaires. Mais ils tenaient à me donner une éducation libérale et ouverte. Ce que mes parents avaient entendu dire de Toni Halle, directrice de la Tichon Hadash, le Nouveau Lycée, les avait enthousiasmés. Elle était, elle aussi, d'origine allemande et elle appartenait au Berit Shalom[1], une organisation très à gauche, plus à gauche en tout cas que ne l'étaient mes parents. Mais ceux-ci appréciaient ses idéaux humanistes. Elle militait énergiquement pour la tolérance et la liberté d'expression, des qualités que son école encourageait au plus haut point. Pour ma part, je n'avais pas la moindre envie d'entrer au Tichon Hadash ; mon ancienne école me convenait parfaitement. Je m'y plaisais. Mais, une fois dans mon nouvel établissement, j'ai vite compris que Toni était une personnalité exceptionnelle. Elle-même enseignait l'histoire et l'histoire de l'art. J'ai tiré un immense profit de son enseignement, grâce à son ouverture d'esprit, à la rigueur de sa pensée et à sa passion pour l'histoire grecque et romaine ainsi que pour la civilisation de l'Europe moderne. Les bases qu'elle nous a inculquées nous ont permis d'apprécier ensuite par nous-mêmes une foule de sujets.

La plupart des enfants de Tichon Hadash appartenaient à des milieux ouvriers syndicalistes. Les classes étaient toujours surchargées, et les places étaient rares. Ces quatre années de lycée m'ont laissé des souvenirs impérissables. Et c'est avec un sentiment de gratitude que j'évoque, aujourd'hui encore, le privilège qui m'a ainsi été donné. L'aspect de l'école n'avait rien de très prestigieux. C'était un bâtiment d'un seul étage, d'allure modeste, sinon austère. Le seul ornement des salles de classe se résumait aux graffitis gravés sur les pupitres par des générations

1. Terme hébreu correspondant à « Mouvement pour la paix ». Il s'agissait d'une association fondée en 1925 par un groupe d'intellectuels prônant la fraternisation entre Juifs et Arabes. Ce groupe préconisait la création d'un État « binational » dont Juifs et Arabes partageraient à égalité l'administration sans tenir compte de l'importance de leurs populations respectives. *(N. d. T.)*

d'élèves. Pas une reproduction aux murs, pas une plante verte. La cour de récréation n'était même pas pavée. Il y avait du sable partout.

Pendant la première année que j'ai passée à Tichon Hadash, nous avions le droit de quitter l'école pour aller nous promener sur la plage. C'est là que nous passions nos récréations. Mais, avec le renforcement de la présence militaire britannique et australienne, la rue Ha-Yarkon est devenue le haut lieu des cercles de soldats et d'officiers. Les bars ouvraient à midi et l'on y servait de la bière. Évidemment, les soldats s'enivraient plus souvent qu'à leur tour. Un jour, l'un d'eux a ouvert la porte de notre classe et est venu embrasser notre professeur sous nos yeux. La première surprise passée, nous avons éclaté de rire. Mais, à dater de ce jour, les portes qui donnaient sur la rue Ha-Yarkon ont été fermées.

En 1941, sur la route de Haïfa, un fringant officier britannique m'a fait monter, avec une amie, à bord d'un camion de l'armée qui transportait des soldats indiens. Ce capitaine anglais était né en Inde et y avait été élevé. Il aimait la musique et l'opéra mais ne connaissait pas Tel-Aviv. Je l'ai donc invité à tout hasard à passer nous voir. L'hospitalité à l'égard des militaires était chose courante, mais, sincèrement, je ne pensais plus entendre parler de lui. Or, quinze jours plus tard, il m'écrivit pour me demander s'il pouvait nous rendre visite. Je n'avais que treize ans. « Lea, que veulent dire ces relations avec un officier britannique ? » m'ont demandé mes parents.

Le capitaine Buck est arrivé chez nous un samedi après-midi et s'est révélé un polyglotte accompli. Mon père et ma mère se sont immédiatement entichés de lui. Quant au capitaine, il est tombé amoureux de ma sœur Aviva, qui ne l'a guère payé de retour. Par la suite, il a été muté dans l'Unité de commando britannique et affecté à la « section allemande » du Palmach : il y a appris toutes les subtilités de l'argot et des chants allemands en vue d'une mission derrière les lignes ennemies dans le désert occidental.

Capturé par les Allemands et confiné dans une cellule, il nous a écrit qu'il s'était mis à l'étude du chinois. La guerre finie, il devait se marier avec une jeune fille qu'il avait connue avant-guerre. Mais l'avion de la RAF qui le transportait s'est écrasé au cours d'un vol à destination de l'Allemagne. Je tiens le dernier épisode de sa vie d'Itzhak Ben Aaron, un dirigeant du parti travailliste qui s'était lié d'amitié avec le capitaine Buck pendant sa captivité en Grèce au cours de la Seconde Guerre mondiale. En ces temps agités, la réalité dépassait toutes les fictions mélodramatiques de Hollywood.

La présence accrue des troupes britanniques sur notre sol montrait que la guerre était devenue un conflit mondial. Mon père avait réussi à échapper à l'Allemagne nazie, mais la menace nazie planait toujours sur nous. Durant toute la guerre, il a passé ses nuits à régler le bouton de la radio pour essayer de capter les toutes dernières nouvelles. Pour la plupart des gens, la guerre était loin et les affaires continuaient comme d'habitude. J'étais jeune, et je n'avais pas suivi de très près ce qui s'était passé en Europe avant le début des années quarante. Mais papa était très angoissé. « Pourquoi les Juifs restent-ils là-bas ? demandait-il. Mais pourquoi diable restent-ils en Allemagne ou dans les Sudètes ? Pourquoi n'essaient-ils pas de fuir ? Qu'attendent-ils ? »

En 1942, l'Afrikakorps placé sous le commandement du maréchal Erwin Rommel, le « renard du désert », fonçait vers la Palestine. Les forces de Rommel menaçaient l'Égypte et le canal de Suez, la Palestine et la Syrie. L'une de nos amies a entendu un jour papa déclarer :

— Ils arrivent. Tout est fini !

Optimiste invétérée, elle n'était pas prête à accepter ce pronostic.

— Fima, arrête ! répliqua-t-elle. On ne me fera jamais croire que quarante années de sionisme n'ont servi à rien.

Au fond de moi-même, je lui donnais raison.

Comme des centaines d'autres enfants de Tel-Aviv, j'ai été évacuée vers Jérusalem que l'on pensait à l'abri des attaques italiennes en raison de la présence de sites religieux catholiques. Mon séjour à Jérusalem s'est passé à Maaleh, une école religieuse — rétrospectivement, je dois dire que j'y ai appris beaucoup de choses, car mon éducation familiale ne m'avait guère initiée aux rites de la religion juive. Juifs pratiquants ou non, nous formions un même peuple, et personne n'avait besoin de nous rappeler notre identité en ce monde de 1942 où les fours crématoires de l'Holocauste faisaient rage.

La Seconde Guerre mondiale a changé à jamais l'âme juive. Elle a changé la mienne, comme celle d'Itzhak.

En introduction à la projection de son film sur l'Holocauste, *Shoah,* Claude Lanzmann s'est exprimé ainsi : « Quand ils se dirigèrent vers les chambres à gaz, ils étaient seuls. Nous n'étions pas avec eux. » Non, nous n'étions pas avec eux. Le monde s'est détourné, il a regardé ailleurs. Il refusait de vivre en face d'une horreur indicible.

Ma famille a été personnellement touchée par l'Holocauste. D'ailleurs, combien y a-t-il de Juifs, aujourd'hui, qui peuvent dire que leur famille n'a pas été frappée ? Nous avons appris ce qui est arrivé à nos proches bien longtemps après. Le père de ma mère, Moshe Nachmanzon, est au nombre des victimes de l'Holocauste. Il s'était installé en Italie après avoir quitté Dantzig en 1933, au moment où toute la famille avait fui l'Allemagne nazie. Le 5 avril 1944, on l'a évacué du camp de concentration de Fossoli, où se trouvait également l'écrivain italien Primo Levi, déporté lui aussi, pour le faire monter dans l'un de ces trains atroces. Moshe Nachmanzon est arrivé à Auschwitz le 10 avril et a été envoyé à la chambre à gaz le jour même. Mon grand-père avait soixante-dix-huit ans lorsque son âme a rejoint Dieu.

Il est allé à la mort seul, et nous, sa famille, nous n'en avons rien su. Si seulement la clairvoyance d'un Theodor Herzl, ou de mon père Fima Schlossberg, avait été partagée par beaucoup d'autres Juifs ! Quel infini trésor d'humanité aurions-nous pu sauver ! Mais, sans cet Holocauste monstrueux, les Juifs auraient-il obtenu un État à eux ? J'en doute fort.

Une chose est claire, pourtant : cette tragédie épouvantable a certainement apporté une motivation supplémentaire à tous ceux qui souhaitaient la création d'une patrie et d'un refuge permanents pour les Juifs du monde entier.

4

Le roi David et le Palmach

J'étais en seconde quand j'ai rencontré Itzhak pour la première fois. C'était l'été 1943. Il avait vingt et un ans, j'en avais quinze. Je l'avais remarqué dans un salon de thé, rue Allenby, à Tel-Aviv. Je l'avais trouvé beau comme le roi David. Il avait les cheveux châtain doré, le regard gris-vert, d'une étonnante intensité. Et, surtout, il appartenait au Palmach avec tout ce que cela impliquait — disparaissant pendant des semaines, pour réapparaître inopinément. Les hommes du Palmach faisaient battre le cœur des lycéennes, c'est un fait, mais leur pouvoir de séduction dépassait nos simples rêveries d'adolescentes. Ils étaient la jeune garde clandestine, les vaillants combattants dont l'idéalisme et le courage allaient créer un État juif et en assurer la sécurité.

Le Palmach était une branche de la Haganah. La Haganah elle-même avait été créée en 1920 par les partis ouvriers juifs. C'était la milice défensive juive de Palestine. En 1941, la Haganah a donné naissance au Palmach, une unité d'élite dont le commandement a été confié à Itzhak Sadeh. Le terme « Palmach » est l'acronyme de *Plugot machaz* — « force de frappe » en hébreu. La vocation première du Palmach était purement défensive. Il s'agissait de protéger les *yishuvim** contre les attaques de maraudeurs arabes. Mon cher Itzhak a rejoint les rangs du Palmach l'année même de sa création et a participé à sa première opération militaire dès le mois de mai 1941. Itzhak affirmera plus tard que cette mission — une incursion en Syrie qui l'a conduit à grimper sur des poteaux téléphoniques pour couper les lignes, dans le cadre d'une opération britannique contre les forces de Vichy — avait définitivement changé son optique. Les questions de défense sont devenues sa préoccupation première.

Peu à peu, nos rencontres, fortuites d'abord, se sont transformées en rendez-vous. J'ai découvert en lui une personnalité hors du commun. Je commençais à mieux comprendre ses motivations, auxquelles ses origines familiales n'étaient pas étrangères.

Les parents d'Itzhak s'étaient connus dans les ruelles du vieux quartier juif de Jérusalem pendant les émeutes arabes de 1920. Sa mère, Rosa Cohen, avait quitté son kibboutz de Galilée après avoir contracté la malaria. Son père, Nehemiah Rabin, se trouvait à Jérusalem en tant que membre du comité de défense au moment où les violences avaient éclaté. Ils se sont tous deux portés volontaires pour protéger la communauté juive.

Rosa, qui était née et avait grandi en Russie, était une personne remarquable. Son père était un marchand de bois prospère, mais elle avait choisi de défendre la cause de la classe ouvrière, sans pour autant devenir communiste ni adhérer au Bund, l'Union générale juive des travailleurs. Elle resta fière de sa judaïté toute sa vie. Ne supportant plus les bolcheviques, Rosa décida de quitter la Russie en 1919 et se dirigea vers la mer Noire. Elle avait l'intention d'y prendre un bateau pour la Suède ou les États-Unis. Changeant d'avis sur un coup de tête, elle embarqua à bord du *Rosslen,* le premier paquebot russe appareillant pour la Palestine depuis la fin de la Première Guerre mondiale. Arrivée en Palestine, elle commença par vivre dans un kibboutz mais n'y resta pas longtemps. Excellente comptable, elle travailla pendant des années comme cadre dans de prestigieuses entreprises. Elle n'adhéra jamais à aucun parti politique et ne commença à militer en faveur de la création d'un État juif qu'après son arrivée en Palestine. En 1921, Rosa prit le commandement de la Haganah de Haïfa. Son travail de bureau achevé, elle partait à cheval transmettre des messages d'une ville juive à l'autre, à la suite des sanglantes émeutes de la Nabi Musa[1] l'année précédente. Elle constitua des groupes de Juifs armés de cannes aux extrémités effilées qu'elle avait

1. La Nabi Musa est la fête du prophète Moïse, vénéré par la religion musulmane comme par la religion juive. À l'occasion de cette fête, le dimanche 4 avril 1920, une violente émeute a éclaté à Jérusalem à la suite de l'arrivée de très nombreux pèlerins musulmans de la région d'Hébron. *(N. d. T.)*

achetées en prévision de nouvelles flambées d'antisémitisme. Plus tard, pendant les troubles de 1936, elle monta la garde avec son mari à Tel-Aviv, où ils finirent par s'installer.

Nehemiah était né en Ukraine dans une famille modeste. Fuyant les pogroms de 1905, il s'était installé à Chicago, où il avait trouvé un emploi de tailleur dans une entreprise de confection, tout en suivant des cours du soir à l'université. Il adhéra au syndicat des tailleurs juifs et devint sioniste. Un officier recruteur de l'armée britannique le persuada de se rendre en Palestine comme membre de la Légion juive. Nehemiah ne retourna jamais aux États-Unis. L'officier en question n'était autre qu'Itzhak Ben Zvi, qui allait devenir le deuxième président de l'État d'Israël.

Les relations entre Rosa et Nehemiah étaient complexes, c'est le moins qu'on puisse dire. À l'issue de sa journée de travail, Rosa se consacrait beaucoup au bénévolat. Elle s'occupait activement de l'éducation des enfants de la classe ouvrière et, devenue membre du conseil municipal de Tel-Aviv, elle a défendu avec ardeur la cause de l'enseignement. Dans son esprit, les revenus du ménage se partageaient en deux : une part pour la famille, l'autre pour secourir ceux qui étaient dans le besoin. Les Rabin aidaient régulièrement et discrètement un nombre considérable de familles.

Exigeante envers elle-même, la mère d'Itzhak l'était également envers le reste de la maisonnée. Itzhak et Rachel, sa jeune sœur, devaient aider aux tâches ménagères, car il n'y avait pas de domestiques. Je crois qu'Itzhak ne s'y est jamais habitué... Plus tard, au cours de notre vie conjugale, il a toujours évité autant que possible de participer aux corvées domestiques. Je ne m'en suis jamais formalisée, car il travaillait très dur par ailleurs. Pourquoi l'ennuyer avec des tâches auxquelles il répugnait ?

Ce n'était pas le cas du père d'Itzhak, qui ne rechignait pas à tenir la maison, à faire les courses et à garder les enfants. Rosa souffrait d'une maladie cardiaque et sa santé avait fini par se détériorer. Le téléphone était rare à l'époque, et Itzhak n'a jamais oublié les jours où sa mère sentait les premiers symptômes d'une attaque et où il courait comme un fou pour essayer de trouver un médecin. Elle est morte en 1937. Sa maladie de cœur s'était compliquée d'un cancer. Itzhak n'avait que seize ans. Les larmes qu'il versa allaient être les dernières de sa vie, à une exception près. Il aurait pleuré, m'a-t-on dit, en apprenant une tragédie poignante le jour même où on lui a annoncé qu'il avait obtenu le prix Nobel. Mais j'en reparlerai plus loin.

Le rôle de Nehemiah n'était pas facile face à une épouse aussi volontaire et sûre d'elle-même que Rosa. Rappelons qu'à cette époque on considérait que la place des femmes devait être très différente de celle des hommes. Mais Itzhak adorait son père et il le défendait toujours. Il lui a rendu plus tard un vibrant hommage, en soulignant publiquement avec quel dévouement et quelle abnégation il avait veillé au bien-être de sa famille et à l'éducation de ses enfants.

Après ses exploits au cours de la guerre des Six-Jours, la radio israélienne a invité Itzhak à participer à une émission intitulée « La maison de mes parents ». On lui a demandé de comparer la vie qu'il avait menée dans son enfance avec celle de ses propres enfants.

— En raison de leurs activités, vos parents vous laissaient souvent seuls à la maison, votre sœur et vous, et vous en avez souffert, lui a fait observer le journaliste.

Il lui a demandé ensuite s'il ne regrettait pas d'être si souvent séparé de ses enfants.

— Il y a une grande différence, a répondu Itzhak. C'est que mes enfants ont leur mère à la maison.

Je crois qu'inconsciemment, Itzhak avait tendance à minimiser le rôle essentiel que sa mère avait joué dans sa petite enfance, espérant rendre ainsi hommage à son père, qui vivait encore. Mais, loin de réagir comme il le pensait, Nehemiah lui a reproché de se montrer injuste envers sa mère.

Le sens de la discipline, le mépris pour toute forme de gaspillage et un engagement de chaque instant au service de la collectivité : telles sont les grandes lignes de l'éducation que Rosa et Nehemiah ont donnée à Itzhak. Ce sont des valeurs auxquelles il est resté attaché toute sa vie.

Rosa et Nehemiah n'étaient pas toujours d'accord. L'un de leurs sujets de controverse portait sur l'éducation du jeune Itzhak. Les premiers héros de l'État juif de Palestine étaient des soldats et des paysans. Rosa aurait voulu que son fils réalise le rêve sioniste en se consacrant à l'agriculture, en transformant le désert en terre fertile. Nehemiah, quant à lui, voulait l'envoyer au lycée le plus prestigieux de Tel-Aviv. C'est Rosa qui a obtenu gain de cause. En fait, elle a participé à la création du collège agricole Givat Hashlosha aux environs de Tel-Aviv. Itzhak y a suivi ses premières années d'enseignement secondaire. C'est dans cette école également qu'il a suivi sa première formation militaire, assez rudimentaire il faut bien le dire : il a appris à tirer au fusil et à monter la garde. En 1937, Itzhak a manifesté le désir d'entrer au lycée agricole Kadoorie, un établissement d'élite de basse Galilée créé par l'autorité mandataire britannique, mais où l'on n'enseignait pas l'anglais. L'enseignement qu'on y dispensait correspondait aux aspirations d'Itzhak. Il voulait en effet devenir ingénieur hydraulique spécialisé dans l'irrigation, une compétence qui permettrait de transformer la Palestine en cette terre fertile dont rêvait Theodor Herzl. Il y avait cependant un inconvénient : comme je l'ai dit, il n'y avait pas, notamment, de cours d'anglais. Mais ce lycée agricole excellait dans d'autres domaines et inculquait à ses élèves un certain nombre de valeurs essentielles, telles que l'honnêteté. Les étudiants passaient leurs examens sans la moindre surveillance. Les professeurs leur faisaient toute confiance, sachant que personne ne copierait sur son voisin ou n'utiliserait de notes personnelles. C'est grâce aux relations qu'Itzhak s'est faites à Kadoorie qu'il est entré ensuite au Palmach (comme la plupart des anciens élèves), une remarquable pépinière de dirigeants.

Dès son adolescence, tout le monde s'est accordé à considérer Itzhak comme quelqu'un d'exceptionnel. Ses facilités scolaires forçaient l'admiration. Mais l'armée l'a rapidement fasciné, bien avant l'époque du Palmach. Rétrospectivement, il est évident que ses premières expériences militaires l'ont profondément marqué. En 1937, Kadoorie a été la cible de terroristes arabes. Itzhak s'entraînait sous les ordres d'un autre étudiant très doué de l'école, Yigal Allon, son ami et son modèle, qui allait devenir commandant du Palmach. En 1938, Yigal Allon a inscrit Itzhak à un stage d'entraînement intensif au kibboutz Genosar.

La première fois qu'on m'a présentée à Yigal Allon, quelques années plus tard, j'ai eu l'impression de me trouver devant un dieu vivant. Nous étions tous subjugués par sa prestance, par son regard pénétrant, ses traits qui respiraient la franchise, ses qualités innées de chef, et ses remarquables compétences stratégiques. Itzhak a effectué avec lui la mission militaire la plus périlleuse qu'on puisse imaginer. Par la suite, l'avancement d'Allon a été freiné, essentiellement parce qu'il n'appartenait pas au Mapaï, le parti de David Ben Gourion. Moshe Dayan — futur chef d'état-major et ministre de la Défense — devint le favori de Ben Gourion. Allon se trouva écarté à son profit, malgré tous les exploits qu'il avait accomplis au cours de la guerre d'Indépendance.

Après avoir quitté l'armée, Allon a poursuivi ses études à Oxford, où il a beaucoup impressionné un certain nombre d'éminents intellectuels, notamment le professeur Isaiah Berlin. Yigal Allon était remarquablement chaleureux et extrêmement ouvert. Il inspirait confiance et savait instinctivement mettre les autres en avant pour leur faire partager ses succès. Dans la vie privée, il avait un faible pour les belles voitures, les vêtements de bonne coupe et les bons repas entre amis. Itzhak et Yigal ont entretenu une profonde amitié qui n'a été interrompue que par la mort de ce dernier, le 29 février 1980. Cette estime mutuelle a conduit Itzhak à désigner Yigal Allon comme ministre des Affaires étrangères durant son premier mandat de Premier ministre.

Itzhak est sorti de Kadoori en 1940 dans les tout premiers de sa promotion. Les réalités de la vie allaient parfaire sa formation. Les événements qui se déroulaient à l'époque faisaient de l'autodéfense l'une des priorités absolues des Juifs de Palestine. Itzhak s'y est donc consacré sur-le-champ. Plus tard, sa remarquable intelligence allait profiter de la discipline et des expériences acquises au cours de ces années. Itzhak possédait de remarquables facultés d'assimilation et était capable de mémoriser tous les détails d'une situation donnée. Mais ses aptitudes allaient bien au-delà. Il était doté d'une étonnante capacité à structurer les informations, à les vérifier et à discerner ce qui était essentiel.

C'est le Palmach qui lui a permis d'exercer sur le terrain son intelligence pratique, en particulier dans le domaine du commandement et de la stratégie militaires.

Aux débuts du Palmach, les intérêts de la communauté juive et de l'autorité britannique de Palestine se rejoignaient. En 1937, avant même la création du Palmach, le capitaine britannique Orde Charles Wingate avait mis sur pied les SNS (Special Night Squads, escouades de nuit spéciales), composées de soldats de l'armée britannique et de la Haganah, pour contrecarrer les raids arabes et organiser des missions de reconnaissance. En 1941, pendant la Seconde Guerre mondiale, les Britanniques avaient vu d'un bon œil la naissance du Palmach. Ils le considéraient comme une force de résistance auxiliaire (quoique juive) contre toute tentative d'invasion de la région par les Allemands ou les Italiens. Ses missions de reconnaissance et de sabotage en Syrie devaient préparer l'arrivée des Alliés. Les SNS ont été dissous en 1939. La même année, les Britanniques s'en sont pris à la Haganah, dont ils ont arrêté plusieurs membres pour possession illégale d'armes à feu. La Haganah a retrouvé grâce aux yeux des Britanniques un an plus tard, en 1940, au moment où les bombardements allemands menaçaient de s'étendre à la Palestine. Mais quand le vent a tourné en faveur des Alliés en Afrique du Nord, après la victoire décisive de Montgomery contre Rommel à El Alamein en novembre 1942, les Britanniques sont redevenus hostiles à la Haganah. Pourquoi soutenir activement une organisation militaire dont la vocation était de lutter pour l'existence d'un État juif, alors que les puissances de l'Axe ne menaçaient plus la Palestine ?

Dès le milieu de l'année 1942, les Juifs de Palestine avaient commencé à s'interroger : le meilleur moyen de soutenir la cause sioniste était-il de rejoindre les forces britanniques ? La plupart des jeunes gens avaient décidé de s'engager effectivement dans l'armée britannique ou, un peu plus tard, dans la Brigade juive, qui en dépendait. Mais les chefs de la Haganah se disaient qu'il valait mieux former un noyau de combattants susceptibles d'assurer la sécurité des Juifs et leur bien-être en Palestine. C'est ainsi que les plans des Britanniques et des Juifs en Palestine divergèrent peu à peu. Le Palmach commença à défier l'autorité britannique. Les Britanniques allaient-ils tenir leurs promesses et soutenir la création d'un État juif ? De plus en plus de gens se prenaient à en douter. Voyant la fin de la guerre se profiler en Afrique du Nord, les Britanniques se mirent à trouver le Palmach encombrant, avant de le considérer purement et simplement comme une menace. En 1945, ils prononcèrent la dissolution du Palmach.

On raconte aujourd'hui que l'existence du Palmach reposait sur l'improvisation. Au cours de l'entretien qu'il avait eu avec Itzhak avant de l'admettre au sein du Palmach, en 1941, Moshe Dayan lui avait posé cinq questions : savait-il conduire une moto, conduire une voiture, tirer à la mitrailleuse, utiliser un fusil et lancer une grenade ? Itzhak avait répondu non aux trois premières. En revanche, il avait déjà tiré avec un fusil et lancé une grenade. « Vous ferez l'affaire », avait conclu Moshe Dayan. Cela lui suffisait. Le Palmach comptait beaucoup sur l'improvisation, c'est vrai. Mais l'improvisation n'était pas tout. Itzhak a toujours pensé qu'il ne fallait se résoudre à improviser que lorsqu'on avait épuisé toutes les autres solutions et qu'on était à bout de ressources.

Puisque le Palmach devait se résoudre à mener une existence clandestine, la vie en kibboutz pouvait constituer un excellent camouflage et une précieuse source de financement. En 1945, j'avais terminé mes études secondaires. J'ai décidé d'entrer moi-même au Palmach — à la vive inquiétude de mes parents. J'ai été envoyé au kibboutz Tel Yossef, près d'Ein Harod.

Les premiers kibboutzim — au départ, ce terme désignait simplement des fermes collectives de grande taille — ont vu le jour en 1910 à Degania. Ils étaient issus de communautés plus modestes et ont pris véritablement leur essor lors de la troisième *aliyah,* la troisième vague d'immigration qui a suivi la Première Guerre mondiale. (Les deux vagues précédentes dataient respectivement de 1882-1891 et de 1905-1914.)

La priorité économique du futur État d'Israël, s'il devait jamais voir le jour, était l'agriculture. La viabilité des kibboutzim était donc essentielle. En outre, comme Itzhak le rappellerait souvent par la suite, ce contact avec la terre nous apportait une connaissance du terrain indispensable à tout mouvement de résistance engagé dans une guerre de libération. Les groupes de jeunes qui labouraient la terre et effectuaient d'interminables randonnées accomplissaient un travail précieux et salutaire, tout en acquérant des connaissances topographiques irremplaçables. On accordait beaucoup d'importance, pendant nos stages d'entraînement, aux longues marches à travers les collines et les vallées, sur les routes de Palestine. On nous apprenait à reconnaître le terrain en mémorisant tout ce que nous avions observé au cours de ces randonnées.

Itzhak a parcouru littéralement le moindre centimètre carré de notre pays, il l'a observé de tous les points stratégiques imaginables. Il connaissait sa patrie sur le bout des doigts ! Il était capable de vous indiquer la résistance du terrain, les routes carrossables et les endroits où des tireurs isolés pouvaient s'embusquer. Il n'ignorait rien de la température nocturne des régions désertiques ni des problèmes de visibilité et de circulation causés par les averses.

À Ein Harod, où j'étais cantonnée, les membres du Palmach dormaient sous la tente. L'été, quand la chaleur était insupportable, on nous invitait parfois à faire la sieste dans les maisons. Au kibboutz, les membres du Palmach ne portaient ni uniforme ni insigne, aucune marque d'identification. Il arrivait aux Britanniques de faire une tournée d'inspection dans un kibboutz, mais il leur était impossible de distinguer lesquels d'entre nous faisaient partie du Palmach.

Les femmes s'efforçaient de se prouver à elles-mêmes qu'elles étaient les égales des hommes dans les travaux quotidiens. La vie était dure, mais cela ne nous pesait pas. Nous dormions sur des paillasses bourrées de feuilles de maïs, autant dire sur des lits d'épines ; nous suspendions la seule robe correcte que nous possédions au mât de la tente ; nous nous levions à six heures du matin. Tous les matins, les garçons parcouraient six kilomètres au pas de course, les filles, seulement trois. Nous nous entraînions au maniement des armes à feu et l'on nous faisait simuler des attaques de commando. La douche du soir, après plusieurs heures de marche, était glacée. Pour ranger ses affaires, chacun de nous disposait d'un cageot à oranges posé à même la terre battue. Il n'était guère question d'intimité, et il valait mieux s'entendre avec ses camarades de tente.

Tous les membres du Palmach — hommes ou femmes — travaillaient vingt jours par mois pour le kibboutz ; restaient dix jours, consacrés à l'entraînement. Nous prenions nos repas au réfectoire du kibboutz et recevions une quantité de vêtements limitée. Les hommes avaient droit à une coupe de cheveux tous les quinze jours. Il n'était pas question de confier à telle ou telle personne l'élevage ou les récoltes, toutes les tâches s'accomplissant à tour de rôle. J'ai travaillé dans les champs, j'ai cueilli des pamplemousses et des oranges. On m'envoyait parfois dans l'une des garderies d'enfants du kibboutz. L'une des premières tâches qui m'a été assignée, et dont je me suis acquittée avec une certaine régularité, consistait à surveiller le samovar du réfectoire, qui est ainsi devenu notre lieu de rendez-vous. Itzhak venait m'y rejoindre le vendredi soir, et nous y passions quelques heures ensemble.

Le kibboutz était à la fois une excellente couverture et une bonne solution économique. Il n'y avait pas d'État auquel nous aurions pu nous adresser pour financer une armée clandestine. Intégré au kibboutz, le Palmach était véritablement autonome. Les kibboutzim permettaient également de définir les futures frontières d'Israël et de les défendre. C'est ce qui s'est passé à Manalra, par exemple, un kibboutz à la frontière du Liban dont Rachel, la sœur d'Itzhak, a été l'un des membres fondateurs en 1943.

Une parfaite connaissance du terrain était la priorité essentielle du Palmach. Et l'on s'attachait à nous l'inculquer. On avait pris l'habitude de camoufler les escouades de reconnaissance de six soldats en leur adjoignant une fille, ce qui permettait de les faire passer pour des groupes de randonneurs. Un jour, notre chef de section, Oded Messer, nous a envoyés pour une mission de trois jours en territoire arabe sur les hauteurs de Gilboa, qui dominent la plaine d'Israël. Sur place, quelques Arabes nous ont repérés. L'affaire risquait de mal tourner. Ils étaient rentrés au village donner l'alerte, annoncer que des Juifs s'étaient infiltrés à Gilboa. Ils sont revenus en nombre, brandissant des gourdins. Notre chef d'escouade nous a crié de courir vers Arabuna — un village voisin considéré comme plus modéré. La petite troupe a foncé dans cette direction. Je courais derrière les garçons aussi vite que je pouvais. Ouf ! Nous étions sauvés ! Mais les Arabes de ce village nous ont demandé d'ouvrir nos sacs à dos pour voir si nous transportions des armes. Ce n'était pas le cas, mais nous avons refusé de nous soumettre à une fouille. Qu'ils fassent venir les gendarmes, s'ils y tenaient. Contrairement à notre attente, ils n'ont pas cédé et ont appelé la police britannique.

Furieux d'avoir dû se déplacer si loin, les gendarmes nous ont soumis à une fouille consciencieuse. Ils ont écrasé nos tubes de dentifrice, répandu le contenu des pots de confiture, à la recherche d'armes et de munitions. Puis ils nous ont emmenés au poste, où l'on nous a interrogés un par un. Nous étions morts de peur ! Quand on m'a fait comparaître devant le commandant, j'ai arboré mon plus beau sourire et lui ai assuré de mon ton le plus charmant que nous nous rendions vraiment à Tirat Zvi. C'est ma carte d'identité qui m'a sauvée.

— J'ai connu quelqu'un qui s'appelait Schlossberg, à Netanya..., dit-il en l'examinant.

— C'est mon père !

— Un homme très bien, un honnête homme.

— Vous voyez bien, monsieur. Mon père n'a rien à se reprocher, pas plus que moi et mes amis.

Il prit le parti de nous libérer. Je n'ai jamais raconté à mon père que j'avais bien failli me retrouver en prison...

Ce qui m'a le plus marquée, au Palmach, a été la qualité inoubliable des relations humaines.

Comment oublier Zohara... Zohara aux cheveux de jais, au regard d'ambre. C'était une brillante élève. Nous étions sorties ensemble du même lycée et avions intégré les rangs du Palmach en même temps. D'une constitution souple et robuste, elle respirait la vigueur et l'énergie. En veine de confidences, elle m'avoua un jour qu'elle enviait ma relation avec Itzhak : elle-même n'avait pas encore rencontré l'homme de ses rêves. Cela n'a pas tardé. Il s'agissait d'un certain Shmuel Kaufman. Ils devaient se marier à la fin de leur service au Palmach. Juste avant leur départ, le chef de Shmuel a demandé à celui-ci de diriger une dernière fois l'entraînement au lancer de grenade. Zohara est allée l'attendre dans sa tente. C'était la veille du shabbat — la chemise blanche de Shmuel l'attendait sur son lit. Ils devaient aller dîner ensemble au réfectoire du kibboutz. La nuit tomba. Zohara attendait toujours, de plus en plus anxieuse. Puis elle s'est résignée à se rendre seule au réfectoire. Là, un *ma'az* (un officier de la sécurité régionale) l'a abordée d'un air sombre : « Zohara, j'ai à te parler. » Il lui a expliqué qu'une recrue placée près de Shmuel avait dégoupillé sa grenade. Mais il ne l'avait pas lancée...

Zohara refusa de croire à la mort de Shmuel jusqu'à ce qu'on lui ait montré son cadavre. Pour la première fois de sa vie, elle se trouvait dans une situation qui la dépassait. Cette tragédie l'a terriblement affectée. Zohara s'est mise à écrire quotidiennement à Shmuel des lettres aussi belles que déchirantes, lui demandant jour après jour comment il avait pu l'abandonner. J'allais retrouver les mêmes réflexes cinquante ans plus tard, à la mort d'Itzhak...

Zohara était encore jeune. Elle est partie faire des études aux États-Unis. Après le vote des Nations unies décidant de la création d'un État juif en novembre 1947, elle s'est inscrite à un cours de pilotage en Californie, à l'issue duquel elle s'est enrôlée pour servir en Israël. À l'école d'aviation, elle était tombée amoureuse d'Amnon Berman, que nous avions tous bien connu à l'unité du Palmach d'Ein Harod. Il avait d'ailleurs été l'ami de Shmuel. (La famille Berman possède toujours l'une des plus grosses boulangeries d'Israël.) Une nouvelle idylle s'annonçait. Mais, au cours de l'offensive sur Lod et Ramla, l'avion d'Amnon a été touché, au-dessus du kibboutz Gezer. Amnon est mort. Quant à Zohara, elle allait perdre la vie six semaines plus tard dans un petit avion qui s'est écrasé au niveau de la vallée de la Croix[1] à Jérusalem.

Quelle succession de tragédies ! Il faut se rappeler qu'à cette époque la jeunesse risquait sa vie tous les jours. Toute une génération était mise au défi, et beaucoup ont payé de leur vie l'existence de l'État juif.

La Palestine était un si petit pays que la mort faisait partie du paysage quotidien. Il suffisait de faire le tour des campements du Palmach à l'intérieur des kibboutzim pour constater que le principal sujet de conversation était de savoir qui n'était pas revenu de mission, la nuit précédente. La première page des quotidiens du matin était consacrée à la liste des dernières victimes. Il s'agissait de jeunes gens, d'un camarade de classe, du vendeur de l'épicerie du coin, de celui qui avait obtenu la meilleure note à l'examen de chimie, ou tout simplement d'un voisin.

Je me souviens des chansons.

Au Palmach, c'était généralement le vendredi soir que nous chantions en chœur autour du feu de camp, en nous isolant du reste du kibboutz. C'était notre façon d'affirmer nos liens dans un monde où nous ne pouvions révéler notre identité. Ces chansons étaient souvent bien tristes et il n'était pas rare que nous pleurions ensemble, en évoquant les amis ou les amants disparus. En 1946, quatorze *palmachniks* ont été tués lors de la « Nuit des ponts », au cours de laquelle le Palmach a fait sauter une dizaine de ponts sur le Jourdain. Fallait-il chanter le vendredi qui suivait ? Nous avons décidé de faire comme d'habitude. La vie devait continuer. C'était indispensable pour garder le moral et reprendre courage.

Au Palmach, je voyais Itzhak acquérir de la maturité. Il était ravi des missions qu'on lui confiait. Mais personne ne songeait

1. Site biblique où seront construits par la suite la Knesset et le musée de Jérusalem. *(N. d. T.)*

alors à faire carrière ou à obtenir de l'avancement. Lui-même ne se préoccupait guère de faire reconnaître ses mérites. Il ne pensait qu'aux épreuves à venir, aux nuits sans sommeil et à ses responsabilités. Il suivait sa propre voie. Car il n'y avait pas d'exemples auxquels se raccrocher. Ce que nous savions, ce que nous avions appris ne pouvait pas nous servir à grand-chose. Comment se battre avec des armes obsolètes, et en si petit nombre ? Comment résister à tous ceux qui se coalisaient contre nous ? Le plus extraordinaire, c'est que la Haganah et le Palmach aient réussi à mener leur tâche à bien, sans jamais perdre de vue les valeurs morales.

Le Palmach a fait de son mieux pour éviter de faire des victimes dans les rangs des Britanniques. Mais il n'était pas le seul groupe armé de la communauté juive de Palestine. L'opposition politique et paramilitaire de droite défendait un autre point de vue. Son objectif consistait à faire le plus de dégâts possibles, et ses membres ne se souciaient pas d'épargner des vies humaines. Des organisations révisionnistes comme Etzel et le LEHI (les Combattants pour la liberté d'Israël, un groupe fondé par Abraham Stern, un admirateur de Mussolini, qui avait commandité des meurtres et des attaques de banques) n'hésitaient pas à tuer les Britanniques qui tombaient entre leurs mains. Elles avaient même essayé d'enrôler Mussolini et certains nazis dans leur croisade antibritannique. Deux membres du LEHI sont allés jusqu'à assassiner lord Moyne, le ministre d'État britannique au Proche-Orient, en novembre 1944.

Rien n'a plus contribué à monter la communauté juive de Palestine contre les Britanniques que la position de ces derniers sur l'immigration. En 1945, ils ont plus ou moins fermé les côtes de Palestine aux immigrants juifs. (En dépit des atrocités de la Seconde Guerre mondiale, soixante et onze mille Juifs seulement ont pu gagner la Palestine sous mandat britannique.) Pis encore, ils ont pris la décision invraisemblable de refouler les rescapés de l'Holocauste. Les Anglais ont installé des camps à Chypre pour accueillir les candidats à l'immigration en Palestine. Ils arrêtaient ceux qui tentaient de débarquer sur nos côtes et les déportaient[1].

1. C'est dans ce contexte que se situe la tragédie de l'*Exodus*. Le 18 juillet 1947, ce navire parti de Sète une semaine plus tôt et chargé de quatre mille cinq cents émigrants juifs tente de forcer le cordon de sécu-

En octobre 1945, Itzhak participa à une mission particulièrement audacieuse pour défendre les droits de ces immigrants. Il s'agissait d'un raid sur Atlit, une petite ville au bord de la Méditerranée, au sud de Haïfa. Deux cents immigrants, « illégaux » selon les autorités britanniques, étaient détenus dans le camp de cette ville côtière. Les Britanniques avaient prévu de les déporter. Le Palmach mobilisa deux cent cinquante hommes pour libérer les réfugiés, les transférer dans un kibboutz voisin avant de les disperser dans la clandestinité.

Je nous vois encore, Itzhak et moi, assis sur les minuscules chaises d'enfant d'une classe du kibboutz. Sa tension était manifeste. Il m'a révélé leur plan en grignotant du chocolat. Nahum Sarig commandait l'opération et Itzhak devait le seconder. C'était la première opération d'envergure à laquelle Itzhak participait. Il n'en a rien dit, bien sûr, mais je savais qu'il craignait d'y laisser la vie. Notre rendez-vous, ce soir-là, juste avant son départ, a été particulièrement poignant et romantique. Le valeureux guerrier venait dire adieu à sa belle... Cette mission passionnait Itzhak : quand on pense que ces gens n'avaient survécu à l'Holocauste que pour se voir refoulés par les autorités britanniques... Le sauvetage devait commencer à la nuit. Ceux qui se trouvaient à l'intérieur du camp cisaillèrent les fils de fer barbelés et déchargèrent les fusils des supplétifs arabes pour les rendre inopérants à l'apparition des insurgés du Palmach.

La première difficulté a été de faire monter le plus rapidement possible les immigrants dans les camions. « Ils ne voulaient pas abandonner leurs baluchons, m'a raconté Itzhak par la suite, c'était tout ce qu'ils possédaient. » Puis il a fallu les conduire au mont Carmel. Les hommes du Palmach ont dû porter sur leur dos, à travers la montagne, plusieurs dizaines d'entre eux, surtout des enfants. Itzhak s'était chargé d'un petit garçon qui s'est soulagé dans son dos pendant la fuite tellement il avait peur. Quand les Britanniques ont voulu s'emparer du kibboutz qui servait de relais, des milliers de Juifs sont descendus de Haïfa. Ils ont formé de véritables barrières humaines dans lesquelles s'étaient fondus les réfugiés. Il était impossible

rité tendu au large de la Palestine par la marine britannique. Transbordés de force sur des bâtiments anglais, ces rescapés de l'Holocauste sont d'abord reconduits à Port-de-Bouc avant d'être débarqués à Hambourg le 8 septembre. *(N. d. T.)*

de distinguer les uns des autres. La manœuvre réussit parfaitement, et il ne resta plus aux Anglais qu'à reconnaître leur impuissance.

J'ai appris le succès de l'opération d'Atlit le lendemain, au réfectoire, où j'attendais les nouvelles. L'officier de sécurité du kibboutz s'est dirigé vers moi et m'a serré la main, tout en faisant l'éloge d'Itzhak pour le succès de la mission. Quel soulagement de savoir qu'Itzhak était sain et sauf et que l'opération avait réussi ! Et, aussi, quelle joie de constater que notre liaison était désormais notoire.

Au cours de ces années 1945 et 1946, l'autorité mandataire britannique a fait l'objet d'une hostilité croissante en raison de son attitude sur l'immigration et de sa réticence à tenir sa promesse en créant un État juif. Comme je l'ai déjà indiqué, dans la nuit du 16 au 17 juin 1946, le Palmach avait fait sauter tous les ponts qui reliaient la Palestine aux pays voisins. (Mon amie Zohara avait été blessée au cours de cette offensive et avait perdu la vue, provisoirement, par bonheur.) Une autre nuit, le Palmach a miné les postes des gendarmes. Il s'agissait de détruire les bâtiments. Itzhak a joué un rôle dans la préparation du raid. Circulant à moto, déguisé en électricien et prétendant faire une tournée d'inspection, il s'était introduit dans le poste de la PMF de Jenin afin de reconnaître les lieux. Sa mission accomplie, il avait enfourché sa moto pour aller rendre compte au commandant. C'est alors qu'il percuta un camion de ciment qui avait coupé un virage. Itzhak n'avait pas réussi à freiner à temps (il faut avouer qu'il conduisait comme un fou depuis qu'il avait cette moto). Il a été éjecté et s'est fait une mauvaise fracture de la jambe. L'aventure s'est terminée à l'hôpital et il a dû passer plusieurs mois chez son père à Tel-Aviv, immobilisé par cette fracture qui a mis longtemps à guérir.

Avec la montée de la tension entre Juifs et Britanniques, les arrestations des membres du Palmach et de la Haganah se sont multipliées. Itzhak n'y a pas échappé. Les rafles ont culminé le 29 juin 1946, que l'on a baptisé plus tard le « Samedi noir ». De fait, je n'ai pas vécu de samedi plus noir avant ce 4 novembre 1995.

Ce jour-là, je participais à une séance d'entraînement au kibboutz Beit Keshet, au pied du mont Tabor. J'avais assisté à un mariage le vendredi soir. Le lendemain matin, j'ai été saisie d'un pressentiment. Prétextant un malaise, j'ai demandé à notre commandant l'autorisation de rejoindre notre base à Ein Harod. Notre camionnette s'était à peine éloignée que nous étions arrêtés par les Britanniques. Une unité des services de renseignement britanniques, installée dans un bureau de fortune au milieu d'un champ, a contrôlé nos identités et arrêté un membre présumé du Palmach qui voyageait avec nous. Le couvre-feu avait été décrété, nous dit-on, avant de nous renvoyer à Beit Keshet. L'un des hommes qui se trouvaient dans notre camionnette a décidé de rentrer à pied chez lui, à Kfar Yehezkel (non loin d'Ein Harod) et je lui ai demandé si je pouvais partir avec lui. C'était à une quinzaine de kilomètres. Du haut d'une colline, nous avons vu les blindés britanniques foncer d'un village à l'autre. Les soldats bouclaient les hameaux à grand renfort de barbelés et les fouillaient de fond en comble.

J'ai fait une halte à Kfar Yehezkel pour prendre une douche et me reposer un peu. Arrivée à Ein Harod vers sept heures du soir, je suis tombée sur Neria, une amie, qui s'est écriée : « Mais où étais-tu passée ? » Deux cent soixante-dix hommes, me dit-elle, venaient d'être arrêtés à Ein Harod. Ce coup de filet contre le Palmach et la Haganah avait permis aux Britanniques de s'emparer de trois mille hommes. Alertés à temps par des agents de renseignement, un grand nombre de dirigeants, comme Moshe Sneh, Yigal Allon et Itzhak Sadeh, ont pu éviter l'arrestation.

Mais Itzhak était en convalescence chez lui, et la direction du Palmach avait oublié de l'avertir ! Les Britanniques l'ont arrêté en même temps que son père, Nehemiah : ils n'imaginaient pas qu'à vingt-quatre ans Itzhak pût jouer un rôle majeur à la tête du Palmach. Ils ont cru que l'homme recherché était Nehemiah. Je n'ai appris leur arrestation qu'un ou deux jours plus tard. Le père d'Itzhak n'avait même pas eu le temps de mettre son dentier. Heureusement, ils ne l'ont gardé que deux semaines. Mais Itzhak a passé plusieurs mois en prison, où il est resté jusqu'à la fin de l'année 1946. Il ne m'a pas écrit, mais j'ai pu lui faire parvenir quelques lettres et un pull-over que je lui avais tricoté. Pendant ce temps, Itzhak a envoyé à son père, depuis son camp de détention à la frontière égyptienne, une lettre d'un prosaïsme touchant.

Camp de détention de Rafah,
6 octobre 1946

Shalom, père,

J'ai bien reçu ta lettre et le paquet que tu m'as envoyé. Je n'ai rien de bien nouveau à t'apprendre. Ici, c'est la routine... Je ne suis toujours pas allé à Gaza faire les radios, mais j'espère que cela ne va pas tarder. Il fait de plus en plus froid, mais la fracture n'est pas trop douloureuse. Par contre les articulations, surtout la cheville, sont toujours faibles et sensibles. Comme il n'y a pas moyen ici d'entreprendre une rééducation sérieuse, il paraît que ma cheville va me faire souffrir tout l'hiver. Mais ne t'inquiète pas. Ce n'est pas trop dur, et ce ne sont pas les quelques pas que nous faisons ici qui posent problème.

Envoie-moi une autre paire de pantalons bleus, taille 40/80, c'est ce qu'il y a de mieux pour ici. Et aussi deux chemises ordinaires foncées (surtout pas des blanches ou quelque chose dans le genre), et mon stylo — ce n'est jamais agréable d'avoir à demander aux autres. Si possible, adresse-toi au rabbin, qui vient ici tous les vendredis depuis le siège de la Confédération syndicale. Il me connaît et me donnera le tout. Je n'ai pas bien compris la nature de ta maladie[1]*. Je me suis renseigné ici auprès de gens qui s'y connaissent. Ils disent qu'en faisant attention et en te couvrant bien cela devrait aller bientôt mieux. En tout cas, tiens-moi au courant...*

J'ai eu de tes nouvelles par l'intermédiaire de gens qui t'ont vu. Il paraît que tu te fais beaucoup de souci. Tu connais le régime ici, et, comme je te l'ai déjà écrit, tu n'as vraiment pas de raisons de t'en faire. Cela fait longtemps que je n'avais pas disposé d'autant de temps pour étudier... Tu verras, je serai un véritable érudit en revenant chez nous.

Shalom,
Itzhak

Je trouvais que sa jambe mettait bien longtemps à guérir et cela m'inquiétait. Lui-même craignait de rester infirme. Mais les Britanniques l'avaient prévenu : ils ne le libéreraient pas, même s'il se cassait les deux jambes. À Ein Harod, je passais mes soirées avec les autres femmes du kibboutz qui, depuis ce samedi noir, fonctionnait presque sans hommes ! Du jour au lendemain, nous avons dû nous charger de toutes sortes de tâches exténuantes. En ce qui me concerne, j'étais chargée de nourrir

1. Aujourd'hui, malheureusement, aucun d'entre nous ne se souvient de quoi Nehemiah souffrait.

les poissons de l'étang, ce qui m'obligeait à porter des seaux très lourds. Celles qui, parmi nous, avaient un mari ou un compagnon détenus s'étaient baptisées « Les joyeuses commères de Windsor ». Nous plaisantions beaucoup pour moins souffrir de l'attente et de l'anxiété. Itzhak et ses compagnons de détention avaient mis sur pied un plan d'évasion, mais de toute évidence sa jambe ne lui permettrait pas de suivre. Il n'était pas question de l'abandonner, en dépit de son insistance, et ses camarades ont fini par renoncer au projet. Ils ont été finalement libérés en novembre 1946, après avoir passé quatre mois et demi comme « prisonniers de guerre ».

Itzhak est rentré chez lui en s'appuyant sur une canne. Par la suite, il a pu marcher normalement et n'a subi aucune séquelle. Il a même pu faire du parachutisme. (Sa jambe cassée était tout de même devenue plus courte que l'autre d'un centimètre et demi et il fallait faire attention chaque fois qu'il s'achetait un costume. Combien de fois le tailleur n'a-t-il pas raccourci la mauvaise jambe !)

La lutte pour l'indépendance a redoublé de violence dans les quelques mois qui ont suivi la guérison d'Itzhak. L'État pour lequel nous avions si désespérément lutté était sur le point de se constituer. Mais comment accéder à l'indépendance sans soutien ni ressources ? Nous étions cernés par des États arabes : l'Égypte, la Syrie, la Jordanie et le Liban. Il étaient tous économiquement indépendants, ils disposaient de forces armées et étaient tout prêts à encadrer et à approvisionner en armes les ennemis intérieurs d'Israël. Les chances étaient inégales.

Le 29 novembre 1947, à Flushing Meadows, dans l'État de New York, les Nations unies ont approuvé, lors d'un vote historique et mémorable, la création de l'État d'Israël et ont défini les lignes de démarcation qui en constitueraient les frontières. La réaction arabe à cette simple déclaration d'intention a été aussi prompte que meurtrière. Le 30 novembre, le lendemain, mes parents avaient invité quelques amis à dîner. L'un des convives a décidé de prendre un taxi pour se rendre de Tel-Aviv à Jérusalem. Il a été tué par un Arabe en traversant Ramla — une pierre l'a atteint à la tête. L'une des principales tâches des unités du Palmach et de la Haganah a consisté désormais à surveiller la route entre Tel-Aviv et Jérusalem.

En raison de la multiplication des agressions arabes, de plus en plus de gens voyageaient dans des autobus blindés ou en convoi, sur des trajets comme celui de Tel-Aviv à Jérusalem. Des hommes du Palmach montaient généralement à bord des bus ou se dispersaient au milieu des voitures de la file. Mais les autorités britanniques ont continué à s'opposer à l'armement des Juifs, qui était devenu une véritable nécessité. C'est là que les filles ont joué un rôle stratégique : elles cachaient les armes dans les plis de leurs vêtements. Le procédé était efficace, car les Britanniques étaient trop bien élevés pour soumettre les femmes à une fouille corporelle. Le peu d'armes et de munitions dont disposait le Palmach était stocké dans des endroits bien camouflés.

En avril 1948, Itzhak a été nommé commandant de la brigade Harel (« Montagne de Dieu », en hébreu). Il n'était pas encore général — il ne l'est devenu qu'en 1954, lorsqu'il a été chargé de la formation au sein de Tsahal* —, mais il avait déjà sous ses ordres quelque mille six cents soldats. Jusque-là, le Palmach n'avait été composé que d'un seul corps d'armée, avant d'être divisé en trois brigades — celles d'Yfftach, de Harel (que commandait Itzhak) et du Néguev. La mission d'Itzhak consistait à mener l'« opération Nachshon », le plus grand déploiement de forces de la Haganah à ce jour. Il s'agissait d'assurer la sécurité de la route de Tel-Aviv en éliminant toutes les bases arabes qui pouvaient s'y trouver. Ils ont effectivement réussi à dégager la voie. Restait au Palmach à assurer durablement la liberté de circulation, ce qui exigeait beaucoup d'astuce. On s'attacha le concours de personnalités tout à fait inattendues. C'est ainsi qu'Itzhak m'a annoncé un jour :

— Sais-tu quel est mon plus précieux collaborateur, en ce moment ? Hari Yoffe !

— Hari Yoffe ?

Je me souvenais parfaitement de Hari Yoffe, un jeune dandy toujours vêtu à la dernière mode, arborant un feutre vert orné d'une plume. La famille Yoffe possédait la concession Ford en Palestine, et Hari Yoffe était l'incarnation même du play-boy de la bonne bourgeoisie de Tel-Aviv. Il se trouve qu'il s'était engagé dans l'armée britannique, où il dirigeait une unité de transport. Qui aurait pu imaginer qu'un jour ces deux hommes issus de milieux si différents s'entendraient comme larrons en foire pour défendre la même cause ? Ils éprouvaient une grande estime l'un pour l'autre. Hari considérait Itzhak — issu d'une famille modeste imprégnée de valeurs solides et sérieuses — comme un type formidable. Et il a contribué à mettre sur pied les convois du Palmach.

Hari et les hommes comme lui prenaient autant de risques que les autres. Un jour, il devait se rendre au quartier général de Harel pour y contacter Itzhak. Son adjoint, Bronek Shemer, conduisait la voiture. Et ce fut l'accident. Hari s'en sortit avec une mauvaise fracture du fémur. On le conduisit à l'hôpital de Jérusalem. Il souffrait le martyre. Il n'était pas question de se procurer de la pénicilline dans cette ville en état de siège. La gangrène s'est déclarée. Mais Hari a refusé obstinément qu'on l'ampute. Sa jambe allait continuer à le faire souffrir atrocement jusqu'à sa mort, en 1974.

La collaboration entre Itzhak et Hari illustrait déjà la facilité avec laquelle Itzhak était capable de travailler avec des gens des horizons les plus divers, lorsqu'il s'agissait d'atteindre le même objectif. C'est cette disposition qui lui a permis plus tard de faire un excellent diplomate, alors qu'il n'avait derrière lui qu'une expérience militaire. Et je pense que c'est également ce qui lui a valu le respect et l'admiration de chefs d'État de pays aussi différents que le Japon, le Maroc ou l'Italie au cours de son second mandat de Premier ministre. La diversité et la qualité de ses compétences se sont évidemment considérablement accrues au fil des ans, mais elles trouvent leurs racines dans la guerre d'Indépendance, dans cette époque où il fallait résoudre les problèmes pratiques dans l'urgence.

Je me demande encore comment Itzhak a pu éviter d'être blessé comme Hari, voire plus gravement, au cours des opérations qu'il a organisées dans la région de Jérusalem. Les dangers étaient grands. Il risquait constamment sa vie en faisant la navette entre le poste de commandement et les unités qu'il dirigeait. J'avais déjà été très inquiète pendant son incarcération ; mais, à présent, les menaces étaient bien pires. Les francs-tireurs pullulaient et l'on était constamment à la merci d'un coup de feu. Il y avait des victimes presque tous les jours.

Après avoir passé huit mois dans une école normale, j'ai réintégré le Palmach en novembre 1947, après la proclamation des Nations unies. De toute évidence, nous nous dirigions vers la guerre. Je travaillais au quartier général du Palmach à Tel-

Aviv — le « Conseil », comme on l'appelait avant l'indépendance — pendant qu'Itzhak était à la tête de la brigade Harel. Je m'occupais notamment de la publication d'un mensuel contenant des articles sur le Palmach, les origines de la guerre ainsi que sur les pays arabes voisins. Le journal publiait chaque mois une liste des victimes. Je devais me rendre chez leurs proches pour obtenir des photos et des renseignements qui me permettraient de rédiger une notice personnelle sur chacun des soldats disparus. J'étais constamment témoin de la douleur des familles, mais mon souvenir le plus poignant concerne un jeune homme du nom de Pessach, qui travaillait avec moi comme assistant technique. Rescapé de l'Holocauste, il avait perdu toute sa famille et faisait partie des « enfants de Téhéran », qui avaient été acheminés en Palestine en passant par l'Iran. Au cours de la bataille de l'*Altalena,* dont je reparlerai plus loin, il a été touché par une balle à la tête et est mort après sept jours de coma. Assistant à ses obsèques, je me suis interrogée : vaut-il mieux laisser derrière soi une famille en larmes ou n'avoir personne pour vous pleurer ?

Les combats étaient âpres, et les pertes quotidiennes. Bien souvent, nous n'en étions informés que plusieurs heures après, voire le lendemain. À l'époque, je vivais chez mes parents, et le quartier général du Palmach était proche de chez nous. En arrivant au bureau chaque matin, je cherchais anxieusement à m'assurer que rien n'était arrivé à Itzhak la veille, sans poser la moindre question, bien entendu. Je me contentais de traverser les bureaux en regardant les gens dans les yeux. S'il lui était arrivé quelque chose, à Dieu ne plaise ! je l'aurais compris à leur expression. Je faisais la « revue des regards » chaque matin. Je n'ai jamais autant craint pour sa vie, durant toutes les années que nous allions passer ensemble. Il est vrai qu'à cette époque on n'était jamais sûr de rien.

En cette funeste nuit du samedi 4 novembre 1995, à l'hôpital Ichilov, j'allais une fois encore effectuer cette « revue des regards » : restait-il un espoir après le coup de feu qui avait atteint Itzhak ?

Après la mort d'Itzhak, on a organisé une reconstitution de la bataille pour la route de Jérusalem. À la fin de l'année 1995, le maire de Jérusalem, Ehud Olmert, a décerné à Itzhak le titre posthume de citoyen honoraire de la ville, et l'on m'a demandé de prononcer un discours à cette occasion. En relisant les Mémoires d'Itzhak, j'avais relevé une constante de sa pensée stratégique qui m'a paru de toute première importance, et dont la portée dépassait largement l'opération du Palmach : Itzhak s'était toujours efforcé, dans la mesure du possible, d'éviter les batailles frontales, préférant trouver des solutions détournées pour atteindre le même objectif. Et c'est exactement ce qu'il a fait pour la route de Jérusalem.

Le site stratégique de Latroun, entre Tel-Aviv et Jérusalem, avec son monastère et son poste de police, était tombé entre les mains des Arabes. C'était le principal point de contrôle de la route de Jérusalem : impossible d'assurer la sécurité de la circulation sans tenir Latroun.

L'ouverture de la route de Jérusalem a été l'occasion de la première entrevue majeure d'Itzhak avec David Ben Gourion. Un patriarche à la crinière blanche, voilà l'image qu'en donnent les livres d'histoire. Mais le personnage qu'Itzhak a connu n'avait pas grand-chose à voir avec la légende. Ils entretenaient des rapports complexes. Mon mari éprouvait un profond respect pour ce Juif né en Pologne. Il partageait également avec lui une même passion pour l'Amérique, que son propre père lui avait transmise à grand renfort de souvenirs et d'anecdotes. Mais des barrières séparaient les deux hommes. Itzhak, comme Yigal Allon, n'était pas membre du Mapaï, le parti de Ben Gourion, et, comme Allon, il lui manquait la formation militaire britannique que Ben Gourion prisait tant chez un commandant.

Comment résumer en un mot la personnalité de Ben Gourion ? C'est une tâche impossible. Sa curiosité était immense, il s'intéressait aussi bien à la philosophie grecque qu'au bouddhisme et à bien d'autres systèmes de pensée. Quand il se rendait à New York ou à Londres, il passait son temps dans les librairies. Il voulait absolument passer pour un intellectuel, pour un penseur. Harcelé par des problèmes de dos, il se pliait à une gymnastique astreignante, et sa femme, Paula, veillait à ce qu'il suive un régime alimentaire strict tout en lui ménageant les heures de repos indispensables.

Quand David Ben Gourion avait décidé quelque chose, bien malin qui aurait pu le faire changer d'avis. Or Ben Gourion tenait à ce que la voie de Jérusalem fût ouverte, mais par la route la plus directe. Les forces israéliennes, inexpérimentées, mal équipées et dotées d'un armement médiocre, ont tenté par trois fois de s'attaquer au bastion arabe, en vain. Les pertes étaient considérables. Ben Gourion commençait à s'énerver, et sa colère a pris pour cible Yigal Allon, qui était alors à la tête du Palmach. Un jour que Ben Gourion était particulièrement exaspéré, il confia à Itzhak — à la grande stupeur de ce dernier — qu'il aurait aimé coller une balle dans la tête d'Yigal Allon. Il avait le sentiment qu'Allon n'était pas à la hauteur de la situation.

Itzhak, pour sa part, jugeait qu'il ne servait à rien de « foncer dans un mur la tête la première ». Il le fit savoir à Ben Gourion, ce qui eut le don de mettre celui-ci hors de lui : le problème devait se résoudre frontalement.

Un petit groupe d'officiers de la brigade Harel a alors proposé une autre solution : il convenait de dégager une autre voie. La route de Burma — comme ils l'ont appelée — faisait un détour de dix à douze kilomètres, à l'ouest de Latroun et à l'est de Bab el-Ouad. Je n'oublierai jamais le jour où la Jeep couverte de poussière et criblée de balles est arrivée de Jérusalem, ni l'expression triomphante de ses occupants — Amos Chorev, futur général de l'armée israélienne, et Gabriel Rappoport, qui allait être promu commandant du Palmach. Dès lors, les forces israéliennes se sont attachées à améliorer l'état de cette route et à la fortifier.

La « bataille des routes » a commencé à la fin de 1947 pour s'achever en juin 1948. L'opération la plus audacieuse qu'Itzhak ait été appelé à diriger durant cette campagne a eu lieu en avril 1948 : en un seul jour, il a dû convoyer vers Jérusalem plusieurs centaines de véhicules. Je me trouvais au quartier général du Palmach au moment où le convoi a quitté Hulda, un kibboutz proche de Latroun, où tous les véhicules avaient été rassemblés. Quelqu'un est venu me transmettre le bonjour d'Itzhak et m'annoncer qu'il venait de prendre la route. Le convoi comprenait trois cents véhicules blindés. Itzhak était à bord d'une Jeep, à découvert, tout au bout de la file. Cette opération a été un immense succès, mais le prix en a été élevé. Le convoi a subi une violente attaque à Shaar Hagai. Il y a eu vingt-deux morts et un nombre de blessés encore plus important.

On a coutume de dire que l'épisode de Latroun a marqué un tournant dans la vie et la carrière d'Itzhak. C'est vrai, mais la raison en est souvent mal comprise. L'élément essentiel de cette victoire n'était ni l'audace ni le courage. Il en avait fallu, bien sûr. Mais le plus important avait été la volonté tenace de trouver une solution réaliste à un problème chronique. Itzhak a toujours reconnu que cette bataille des routes l'avait profondément marqué. Il n'avait que vingt-six ans, et il avait conduit à la mort des centaines d'adolescents. Cette expérience allait le transformer à jamais.

L'exploit de la route de Burma a donné à Itzhak une réputation de bon stratège. Elle illustrait son obstination à rechercher des solutions de rechange fructueuses. Tout au long de sa carrière de soldat et de chef d'État, Itzhak a toujours su reconnaître les passages de moindre résistance, ceux qui exigeaient le moins de vies humaines. La vie était sacrée pour lui, et il a toujours fait tout son possible pour éviter les pertes humaines.

Israël est devenu un État indépendant le 14 mai 1948, et, le jour même, les États-Unis ont reconnu notre souveraineté. Quand David Ben Gourion a lu la proclamation d'indépendance à la radio, Itzhak se trouvait dans une salle bourrée de soldats épuisés, au kibboutz Ma'ale Hachamisha, près de Jérusalem. Gêné par le bruit, quelqu'un avait crié : « Baissez le son ! » Les hommes étaient si fatigués qu'ils n'avaient même pas compris ce qui se disait.

La surprise est venue de l'URSS, dont les relations avec Israël allaient être pourtant si difficiles et si ambiguës au cours des années suivantes : l'Union soviétique a en effet reconnu Israël dès le 16 mai. Il est vrai qu'au cours de la guerre d'Indépendance Israël avait profité de livraisons de fusils tchèques, que Prague nous avait expédiés avec l'autorisation des Soviétiques à partir du mois d'avril 1948.

Jusqu'à la mi-mai 1948, nous avions dû faire face à des révoltes et à des troubles à l'intérieur même du pays. À la suite de la création officielle de l'État d'Israël, la situation a changé ; désormais, nous avons dû essayer de contenir les forces arabes qui déferlaient sur nous. La première invasion a eu lieu le 15 mai, avec l'offensive conjointe des armées du Liban, de la Syrie, de l'Irak et de l'Égypte. Attaques d'artillerie, de blindés, d'infanterie — rien n'a été épargné à Israël. Notre situation paraissait désespérée. Nous n'avions à opposer aux tanks syriens que des canons conçus à la fin du XIXe siècle ! La survie de chacun et celle de la nation étaient en jeu.

Je n'ai pas beaucoup vu Itzhak à cette époque. Je lui envoyais de temps en temps de courts messages, et nous ne nous téléphonions jamais. C'était impossible. Mais nous nous connaissions depuis trois ans, et nos liens étaient solides. Itzhak faisait la guerre ; moi, je l'attendais. Il restait absent pendant de longues semaines et réapparaissait à l'improviste. J'ai déjà raconté qu'à mes débuts au Palmach il venait me retrouver autour du samovar dont j'étais chargée. Plus tard, quand il « réapparaissait », il savait qu'il me trouverait chez mes parents ou au quartier général du Palmach, où je rédigeais la prochaine édition du journal. Tout le monde travaillait beaucoup. Nous vivions tous au jour le jour.

La guerre d'Indépendance a été une lutte pour notre survie. Notre objectif était d'instaurer la paix civile avec les Arabes qui avaient décidé de rester sur le nouveau territoire de l'État d'Israël et de résister aux attaques des pays arabes voisins.

À la veille de la guerre d'Indépendance, Itzhak n'avait cessé de déplorer la médiocrité de notre équipement. Comment mener un conflit pareil sans avions, sans bateaux ni tanks ? Nous n'avions guère plus de dix mille fusils et disposions de moins de huit cents pièces de mortier. Un peu plus tard, au cours d'une grande opération dans le désert du Néguev, tout au sud d'Israël, notre armée ne disposait que de deux chars — l'un avait des chenilles en bon état mais un canon inutilisable..., l'autre avait un canon en état de marche, mais son moteur était en panne. Combien de fois ai-je entendu Itzhak raconter cette anecdote ! Il ne s'en lassait pas. Avec un sens de l'improvisation typiquement israélien, les deux tanks avaient été amarrés l'un à l'autre pour n'en faire qu'un. L'un avançait, l'autre tirait !

Le jeune État d'Israël (qui n'avait pas encore procédé à ses premières élections — celles-ci n'auraient lieu qu'en janvier 1949) n'était pas seulement la cible des Arabes : il devait également faire face à l'hostilité de Juifs de l'intérieur. La nécessité de s'approvisionner en armes a servi de camouflage à une curieuse tentative de coup d'État. Le 22 juin 1948, l'*Altalena,* un navire chargé de fusils français et transportant cinq cents hommes, appareilla de France en direction de Tel-Aviv. Les révisionnistes qui avaient organisé l'expédition prétendirent que les armes et les recrues étaient destinées à la lutte pour l'indépendance. Mais de toute évidence, ils avaient l'intention de prendre le pouvoir, qu'exerçait alors le gouvernement provisoire.

L'affrontement eut lieu en juin 1948, au cours de la première trêve de la guerre d'Indépendance. Ce matin-là, Itzhak m'avait proposé de l'accompagner dans sa tournée des champs de bataille de la brigade Harel. Pour des raisons stratégiques, le quartier général du Palmach avait été installé dans un hôtel, sur la plage de Tel-Aviv. Itzhak y a fait un saut avant de partir pour prendre connaissance d'éventuelles dépêches. Le commandant du Palmach, Yigal Allon, avait été convoqué au siège de la Haganah. C'est ainsi que, par le plus pur des hasards, Itzhak se trouvait être l'officier le plus gradé de la place. Il ne connaissait pas tous les tenants et les aboutissants de l'affaire de l'*Altalena*. La veille au soir, le bateau avait jeté l'ancre juste en face du quartier général du Palmach. Après un échange de propos peu amènes, Itzhak a senti venir l'affrontement et a pris les choses en main. Il a commencé par donner l'ordre à tous les non-combattants (dont je faisais partie) de quitter les lieux. Une violente bataille d'artillerie s'ensuivit. Douze membres du contingent de l'*Altalena* ont trouvé la mort en cherchant à débarquer sur la plage. Et l'ironie de l'histoire voulut qu'Abraham Stavsky, soupçonné d'avoir assassiné Arlozoroff, fît partie des victimes. L'*Altalena* prit feu dans la soirée à la suite d'un tir de barrage ordonné par David Ben Gourion. Les hommes qui étaient encore à bord gagnèrent la plage à la nage. Les forces gouvernementales prirent le contrôle du navire et confisquèrent les armes.

La guerre d'Indépendance se poursuivait. Il y eut deux cessez-le-feu, l'un en juin, l'autre en août. C'est entre ces deux trêves que notre armée a lancé l'« opération Danny », qui a libéré Lod et Ramla du contrôle arabe. La vie n'en continuait pas moins. Nous avons profité du second cessez-le-feu pour nous marier. À chacune de ses visites, Itzhak passait tout son temps avec moi et nous nous sommes dit que le moment était sans doute venu d'officialiser notre liaison. Évoquant notre mariage dans ses Mémoires, Itzhak parlera de « réorganisation personnelle » de sa vie.

La cérémonie s'est déroulée le 23 août 1948 à l'arrière de Beit Shalom Hall, au nord de la rue Dizengoff, à Tel-Aviv. Il faisait une chaleur épouvantable et ma pauvre mère souffrait le martyre ! Nous avions invité la famille et quelques amis intimes. Itzhak et ses compagnons d'armes, dont Yigal Allon, étaient en uniforme. Je portais une robe blanche, des sandales et des bas de coton blancs. Peu avant le mariage, je m'étais offert des sandales grecques dont les lanières montaient à mi-mollet. Ma tante Nettie m'a fait remarquer que le rabbin refuserait d'officier si je restais jambes nues. J'ai donc enfilé mes bas blancs juste avant la cérémonie. Les bas de soie ou de Nylon étaient tabous. (J'en ai porté pour la première fois dans les années cinquante : Itzhak les a trouvés affreux.)

La cérémonie religieuse officielle sous la *chupa** mettait Itzhak mal à l'aise. Il avait donc indiqué une fausse heure à ses amis, préférant que ce rite se déroulât en privé. Mais son stratagème n'a pas fonctionné. Le rabbin est arrivé en retard, si bien que tout le monde était là à temps. « C'est la dernière fois que je me marie », a déclaré Itzhak. Il n'a jamais changé d'avis.

Nous espérions pouvoir aller en voyage de noces à Nahariya, mais nous avons dû repousser notre départ de six mois ; Itzhak a en effet été convoqué à une réunion urgente pour préparer l'opération de libération du sud du pays. Il nous arrivait de passer quelques heures ensemble le vendredi soir ou tôt dans la matinée du shabbat, mais la guerre d'Indépendance ne nous accordait guère plus. Pour finir, notre voyage si attendu a été plutôt morose. Itzhak souffrait d'une rage de dents, l'hiver était pluvieux et sinistre. Mais nous avons fait contre mauvaise fortune bon cœur.

L'une des cérémonies les plus joyeuses de 1948 fut sans doute celle qui a eu lieu par une belle nuit étoilée, au milieu des murs de sable aggloméré de la vieille ville de Beersheba, dans le désert du Néguev, juste après que les forces israéliennes eurent libéré la cité. Leonard Bernstein est venu diriger un concert dont il était également le soliste, et dont le programme comprenait *Un Américain à Paris,* de Gershwin. J'étais encore au Palmach, et nous portions tous l'uniforme. L'orchestre avait fait le voyage jusqu'à Beersheba pour célébrer avec la troupe le courage avec lequel notre jeune État avait su défendre les frontières définies par l'ONU. Ce concert illustre bien ce qui était devenu notre préoccupation majeure. Notre nation partait de rien, ce qui conférait à l'armée un rôle déterminant. Soixante-dix pour cent du PNB d'Israël étaient consacrés à la défense, et il allait en être ainsi pendant bien des années.

La guerre d'Indépendance a coïncidé avec une nouvelle arrivée massive d'immigrants et une période de rigoureuse austérité économique. Nous formions une communauté de six cent mille individus, sans véritable infrastructure. L'hiver, nous avions des citrons, des choux-fleurs, des pommes de terre et des choux. L'été, du raisin, des pastèques, des bananes ainsi que des concombres et des tomates. L'agriculture restait traditionnelle, et les systèmes de congélation inexistants. Les kibboutzim pratiquaient l'irrigation et disposaient de moissonneuses-batteuses, mais le reste du travail agricole était très primitif, reposant sur un travail manuel éreintant. Les rares produits frais, comme les tomates, les bananes et les œufs, étaient destinés en priorité aux enfants. À cette époque, toute mère israélienne était persuadée que son enfant ne pouvait ni grandir ni survivre sans sa banane ou son œuf quotidiens ! Donner une pomme à un enfant malade était un luxe, car ces fruits venaient de Californie. Quant aux poires et aux abricots, nous n'y songions même pas.

L'odeur des filets de poisson finissait par nous donner la nausée, mais c'était notre principale source de protéines. On faisait la queue pour tout, et on pouvait attendre des heures pour se procurer une malheureuse livre de tomates. En 1949, à l'issue de négociations de paix qui s'étaient tenues à Rhodes, Itzhak est revenu avec une boîte de beurre, produit ô combien convoité. Ma mère n'en revenait pas. Cette époque de pénurie m'a marquée au point qu'aujourd'hui encore je suis incapable de jeter le moindre morceau de pain.

La liberté s'est accompagnée d'autres changements traumatisants. Une ère s'achevait, celle du Palmach. Entre 1941 et 1948, le Palmach s'était considérablement professionnalisé, et Itzhak avait gravi peu à peu tous les échelons de cette organisation. En octobre 1947, il avait été nommé responsable adjoint des opérations militaires. La constitution de l'État d'Israël en 1948 a entraîné la création officielle de Tsahal, les forces de défense d'Israël. En octobre 1948, David Ben Gourion a convoqué les officiers de l'état-major du Palmach. Après les avoir félicités pour leurs bons et loyaux services, il leur a expliqué qu'un État et une nation modernes ne sauraient tolérer la coexistence d'une armée officielle et de forces officieuses. La dissolution du Palmach n'a été proclamée en bonne et due forme qu'un mois plus tard, et ses unités ont été progressivement intégrées dans la nouvelle force de défense d'Israël.

En janvier 1949, Itzhak a accompli sa première mission diplomatique. Il était membre de l'équipe israélienne envoyée à Rhodes pour négocier un accord d'armistice avec l'Égypte. Yigael Yadin, commandant en chef des opérations de Tsahal, conduisait la délégation israélienne. Itzhak était plutôt réticent, car il estimait qu'Israël avait interrompu prématurément son offensive contre l'Égypte, ce qui nous avait empêchés de remporter une victoire décisive dans le Sinaï. De même, l'accord obtenu avec l'Égypte ne l'a pas satisfait : selon lui, Israël avait accepté trop de compromis, notamment en se résignant à ce que les forces égyptiennes occupent la bande de Gaza. Il refusa donc d'apposer sa signature au bas du document — geste symbolique qui n'invalidait pas l'accord mais ne laissait aucun doute sur le point de vue d'Itzhak.

C'était la première fois qu'Itzhak se rendait à l'étranger... et la première fois qu'il portait une cravate. Un ami lui avait fait le nœud avant son départ, et Itzhak avait pris grand soin de le laisser intact en se déshabillant. Mais le valet de chambre s'empara de la précieuse cravate pour la faire repasser et la livra évidemment dénouée le jour où les pourparlers devaient commencer. Itzhak était affolé. Il a même envisagé de manquer la première séance. Par bonheur, Yigael Yadin a fait irruption dans sa chambre et s'est chargé du nœud fatal. L'honneur d'Itzhak était sauf.

Cet automne-là, Itzhak a été promu colonel et a pris la responsabilité de l'école de guerre de Tsahal.

Sept mois après l'annonce de la dissolution du Palmach, ses chefs ont organisé une grande réunion, pour se retrouver mais aussi pour marquer leur mécontentement. En effet, s'il n'avait tenu qu'à eux, on n'aurait pas touché au Palmach, qui serait resté une force armée distincte, un peu à la manière des marines américains. Mais les choses ne s'étaient pas passées ainsi. Je suis sûre qu'Itzhak regrettait la dissolution du Palmach ; mais il était trop réaliste pour ne pas admettre que c'était une formation désormais inadaptée, voire anachronique. Le rassemblement était prévu un vendredi soir et devait se terminer par un défilé le samedi à Tel-Aviv. Le commandement de Tsahal a publié une directive interdisant à tous ses membres d'y participer. Il s'agissait de mettre leur loyauté à l'épreuve. Mais Itzhak attachait trop d'importance aux liens qu'il avait tissés avec ses compagnons du Palmach pour renoncer à assister à ces retrouvailles. Tant pis si cela l'obligeait à désobéir à un ordre.

Or, ce même vendredi après-midi, David Ben Gourion convoqua Itzhak chez lui pour une réunion de travail. La réunion des anciens du Palmach fut évidemment évoquée. Itzhak déclara à Ben Gourion qu'il trouvait injuste qu'on considérât la participation au défilé comme un acte d'insubordination. La discussion se prolongea après le coucher du soleil, et Ben Gourion, à la grande surprise d'Itzhak, l'invita à dîner. Ses intentions étaient manifestes : l'empêcher de participer au rassemblement. Itzhak déclina l'invitation, courut à la maison se changer et se précipita pour rejoindre ses camarades. Il participa également au défilé du lendemain.

Le dimanche matin, tous les officiers de Tsahal qui avaient pris part à cette réunion ont été convoqués chez le chef d'état-major. J'ai bien cru que c'était la fin de la carrière militaire d'Itzhak, mais il en a été quitte pour un blâme. Lors d'une réception, bien des années plus tard, la conversation a porté sur le rassemblement en question. Ben Gourion a prétendu ne pas être au courant du blâme infligé à Itzhak et a déclaré qu'il trouvait la sanction injuste ! Sans doute un exemple de mémoire sélective...

Le 30 novembre 1995, les vétérans du Palmach sont venus se recueillir sur ta tombe. Ils étaient là, avec leurs cheveux blancs, leurs rides, leurs dos voûtés.

Ils sont ici, sans toi. Toi, tu es là... Je ne peux détacher mes yeux de ta tombe. Comment oublier que tu y es enseveli pour l'éternité et que tu nous manqueras jusqu'à ce que nous fassions partie de cette éternité, nous aussi ?

Nous parlons de toi, nous chantons pour toi, nous évoquons ta mémoire, mais tu n'es plus.

Des tombes, des cimetières...

Je me suis si souvent trouvée à tes côtés pour enterrer des amis, des soldats. Aujourd'hui, je suis seule, sans toi, à l'endroit où l'on enterre nos dirigeants, et je tente de comprendre. Cela fait déjà près de quatre semaines, et je ne comprends toujours pas.

Qu'elle est déchirante, cette cérémonie du souvenir... Haïm Chefer, Haïm Guri, Amnon Lipkin-Shahak et Shimon Peres ont tous parlé avec leur cœur, tendres, chaleureux, rassurants, et si tristes. Ils ont entonné les chants du Palmach, son hymne. Ils ont chanté Hatikvah. *Je n'ai pas cessé de pleurer, je ne pouvais plus m'arrêter.*

Tes amis sont là, ceux avec qui tu as fait tes premières armes de combattant, déterminé à défendre le peuple juif et à protéger son État.

Tu t'es battu à leurs côtés pendant la guerre sanglante de l'Indépendance. Vous avez perdu ensemble vos meilleurs amis. « Seuls ceux qui ont perdu leur meilleur ami peuvent nous comprendre », disent les paroles d'une chanson du Palmach. C'est au Palmach que vous avez vu des adolescents tomber au combat. C'est au Palmach que vous avez acquis la volonté de construire une puissante armée capable de protéger la jeunesse de l'avenir.

En ce jour froid et limpide à Jérusalem, les grands cyprès ont ployé sous la bise et mon âme s'est mise à pleurer. Une dernière minute près de ta tombe couverte de roses et d'œillets, et nous sommes partis. Ton combat est terminé. Tes vieux compagnons te disent adieu.

En pensant au Palmach, à la guerre d'Indépendance et à la création de Tsahal, le père d'Itzhak était certainement fier de tout ce que son fils avait accompli. Quant au mien, il pensait que je n'avais pas à m'inquiéter pour mon avenir : il était persuadé qu'Itzhak réussirait tout ce qu'il entreprendrait. Ma mère éprouvait elle aussi beaucoup d'estime pour Itzhak et appréciait sa sensibilité envers autrui.

Malheureusement, aucun de mes parents n'a vécu assez longtemps pour voir Itzhak auréolé de gloire, au lendemain de la victoire de 1967.

Après notre mariage, j'avais proposé à Itzhak que nous allions nous installer chez mes parents, à l'angle du boulevard Rothschild et de la rue Cremier. Nous y sommes restés jusqu'en 1952. C'est à cette époque, en septembre-octobre 1949, que ma mère fut atteinte d'un cancer du pancréas, une maladie cruelle et très douloureuse. Elle est morte en décembre. Dès lors, nous ne pouvions que rester auprès de mon père. Le choc avait été terrible pour lui. La disparition de ma mère a sensiblement changé mon rôle dans la famille. Jusque-là, je n'avais aucune notion de cuisine. C'est à peine si je savais faire cuire des œufs au plat et préparer le petit déjeuner. Je vivais dans un monde imaginaire, persuadée qu'il n'arriverait jamais rien à mes parents. Je n'arrivais pas à me faire à l'idée que ma mère était morte. Dans ma candeur, je croyais qu'elle manquerait moins à mon père si j'assumais toutes les tâches dont elle s'était chargée. Évidemment, je me trompais lourdement.

Pour ajouter à la tension, j'étais enceinte de Dalia. Elle est née en mars 1950 à Tel-Aviv. L'accouchement a été difficile — Dalia était un très gros bébé — et j'ai mis longtemps à m'en remettre. Je souris encore en pensant au jour où je suis partie pour l'hôpital. Quand je m'étais rendu compte que la naissance était proche, j'avais dit à Itzhak : « Tu sais, je vais aller à l'hôpital à pied. » Curieusement, il ne s'y était pas opposé. Je me rappelle avoir rencontré quelqu'un dans la rue, qui m'avait demandé si tout allait bien.

— Oui, je me rends de ce pas à l'hôpital, avais-je répondu.

— Vous allez avoir des jumeaux, il n'y a pas de doute, m'avait-il répondu avec un grand sourire.

J'avais repris mon chemin lentement, précautionneusement.

Et Itzhak ? Il roulait au ralenti derrière moi, le regard fixe, surveillant le moindre de mes pas, aussi concentré que dans la Jeep qui escortait le convoi de trois cents véhicules vers Jérusalem.

La naissance et la mort. La maturité, et tant de bouleversements.

En l'espace de moins de deux ans, l'indépendance d'Israël avait été proclamée, une guerre avait été menée et gagnée, et six mille jeunes Israéliens — parmi les meilleurs — avaient perdu la vie. Un pour cent de la population de notre jeune pays avait péri !

Et, en l'espace de moins de deux ans, j'avais achevé mes études, terminé mon service dans les forces armées, je m'étais mariée et j'étais devenue mère. Je me préparais désormais, durant ce bref intermède de paix, à être la compagne d'un officier promis à un brillant avenir.

5

Le héros du mont Scopus

Après tant d'années d'affrontements avec les Britanniques, les hasards de la vie allaient nous conduire en Grande-Bretagne. Une fois la guerre d'Indépendance terminée, il a bien fallu que la nation se rende à l'évidence : la formation théorique de nos chefs militaires laissait à désirer. Or nous étions encerclés par des voisins hostiles. Les choses étaient claires : notre survie allait dépendre durablement de nos capacités à nous défendre et à assurer notre sécurité. Les autorités ont alors offert aux officiers les plus prometteurs la possibilité d'aller étudier à l'étranger : en Grande-Bretagne, en France ou aux États-Unis. Itzhak avait le choix entre l'École supérieure de guerre de Camberley, en Grande-Bretagne, ou une formation militaire pour officiers supérieurs dispensée au fort de Leavenworth, dans le Kansas.

Il s'est décidé pour Camberley, dans le Surrey, à quarante-cinq kilomètres de Londres. Il devait suivre un cycle d'un an, de 1953 à 1954. Fondée en 1801, l'École supérieure de guerre de Camberley a commencé à assurer la formation des officiers d'état-major du Commonwealth et d'autres pays en 1945. J'ai suivi Itzhak en Grande-Bretagne avec Dalia. Nous avons passé nos premières semaines à Londres. Les dimensions impressionnantes de la ville, ajoutées au froid et à la pluie, ne m'ont guère incitée à m'éloigner de notre domicile. Itzhak, quant à lui, a immédiatement déplié le plan de Londres et a entrepris d'explorer la ville centimètre par centimètre, comme s'il partait en reconnaissance d'un territoire inconnu.

À Camberley, nous nous sommes installés dans un vieux manoir, dans lequel on avait aménagé plusieurs logements. Il y avait une cheminée dans chaque pièce et la maison donnait sur un grand jardin où nous pouvions observer le cycle des saisons. Quelle découverte, pour nous qui arrivions d'Israël ! Itzhak passait la plupart de ses soirées plongé dans les livres. Nous nous sommes familiarisés, l'un comme l'autre, avec le mode de vie anglais. Le couronnement d'Élisabeth II a eu lieu en juin 1953. Je me souviens d'avoir enfilé des gants et coiffé un chapeau pour aller déguster des fraises à la crème à la garden-party annuelle de Buckingham Palace. L'ambassade israélienne nous avait fait profiter des invitations qu'elle avait reçues. Itzhak avait édifié sur son assiette une véritable montagne de fraises (un fruit inconnu chez nous !) quand l'orchestre a attaqué *God Save the Queen*. Que faire de cette assiette ? Avisant un amiral qui tenait habilement son assiette d'une main et faisait le salut militaire de l'autre, Itzhak l'imita consciencieusement.

Pour Itzhak, l'école de guerre a également été une école de modestie. Son expérience des combats lui avait valu le grade de colonel, mais il s'est trouvé rétrogradé à celui de lieutenant-colonel pour être au même niveau que ses condisciples. Ces derniers, pour la plupart, discutaient de stratégie en termes purement théoriques, alors qu'Itzhak parlait en homme de terrain. L'école de Camberley nous a permis de nous faire des amis venus d'horizons géographiques très divers. Nous nous sommes ainsi liés au colonel indien B. P. Singh et à son épouse, Kavita. Je dois avouer pourtant qu'Itzhak n'aimait guère dîner chez eux, car il trouvait la cuisine indienne trop épicée. Quant à moi, j'en raffolais et je m'étais prise d'amitié pour Kavita, que je voyais très souvent. J'ai beaucoup appris sur l'Inde grâce à elle.

Un jour qu'elle recevait des amies pour le thé, le fils d'une invitée, indienne elle aussi, est tombé dans le bassin du jardin. L'eau était glacée et le petit garçon n'avait que quatre ans. Kavita et son amie ont été prises de panique en entendant la gouvernante hurler : « Madame Singh, le petit est tombé dans le bassin ! » Ayant moi-même une fille, j'ai sans doute eu plus de présence d'esprit que les autres et je me suis précipitée. J'ai sorti le petit garçon de l'eau en le tirant par une jambe. J'étais une héroïne...

Dans mon esprit, Camberley restera également lié à jamais au joyeux colonel italien Ruffino, qui se moquait de l'absence d'audace des Britanniques pour tout ce qui touchait à la cuisine ou à la mode. Nos filles avaient le même âge, ce qui a évidemment rapproché nos familles. Itzhak s'est également lié avec un Irakien, le colonel Faik — un Kurde. Ils étaient convaincus l'un comme l'autre que la paix était la seule solution à long terme aux troubles du Proche-Orient.

Un officier jordanien, le colonel Fawaz Maher — d'origine circassienne — ne nous adressait même pas la parole à l'époque. Et, pourtant, nos relations allaient devenir très chaleureuses bien des années plus tard. Le fringant Jordanien possédait une rutilante voiture de sport et était l'ami du roi Hussein, qui avait alors dix-huit ans et étudiait à l'académie militaire royale de Sandhurst, la localité voisine. Le colonel Maher et son épouse turque avaient une fillette d'environ un an et attendaient leur deuxième enfant. Quand Mme Maher donna le jour à une deuxième fille, le colonel refusa d'aller la voir à l'hôpital tant il espérait un garçon. Il la tenait pour responsable. C'est du moins la rumeur qui courut à l'école de guerre.

Quelque temps plus tard, j'ai rencontré Mme Maher chez Woolworth, dans High Street. « Lea Rabin, me dis-je, voilà une femme que son mari n'est même pas allé voir à l'hôpital le jour de la naissance de leur enfant. Tu vas aller la féliciter, quoi que puisse en penser son mari. » Mme Maher était très malheureuse. Je lui ai dit que c'était merveilleux d'avoir une deuxième fille et qu'elle avait tout le temps d'avoir un fils. Maher décida alors de renvoyer femme et enfants en Jordanie. Lors de la fête d'adieux des étudiants étrangers, Faik, l'Irakien, s'est approché d'Itzhak et lui a demandé l'autorisation de me parler. Itzhak lui a répondu que, dans notre société, un homme pouvait s'adresser à l'épouse d'un autre sans son autorisation. Faik était porteur d'un message de Mme Maher. Le colonel Maher n'avait pas voulu me le transmettre lui-même mais l'avait prié de bien vouloir me le remettre : « Faik, vous qui parlez aux Israéliens, dites à Mme Rabin que ma femme lui envoie son bon souvenir. »

Nos relations avec Maher allaient en rester là pour une quarantaine d'années. Nous suivions régulièrement dans les journaux la progression de sa carrière. Il a ainsi accédé au grade de chef d'état-major adjoint dans l'armée jordanienne, puis à celui de chef d'état-major, un peu avant qu'Itzhak n'obtienne la même promotion en Israël. Nous avons appris qu'il avait été ambassadeur à Taïwan, en Union soviétique et en Turquie, avant de perdre sa trace.

En octobre 1994, une semaine avant la signature du traité de paix avec la Jordanie dans le désert d'Arava, à la frontière israélo-jordanienne, mon mari était venu retrouver le roi Hussein dans son palais de Hashemiyah, à Amman. Ils avaient dîné en tête à tête pour peaufiner les derniers détails du traité, et Itzhak avait raconté à Son Altesse qu'il avait connu Maher à Camberley.

— Je sais qu'il était votre ami. Qu'est-il donc devenu ?

— Il est toujours mon ami, avait répondu le roi avec un large sourire.

Une demi-heure plus tard, Maher se présentait sur le seuil. Itzhak s'est levé d'un bond et les deux hommes ont échangé une chaleureuse accolade. Cette rencontre a été très émouvante. Itzhak m'a dit ce soir-là que je n'aurais pas reconnu Maher : « Il est gros et chauve. Si tu voyais comme il a vieilli. Quand je songe à sa prestance d'autrefois ! »

Après l'accord de paix avec la Jordanie, Itzhak, les enfants et moi sommes partis pour Pétra, l'antique cité nabatéenne taillée dans la roche rose foncé. Nous avons été accueillis par une longue rangée d'officiers et de ministres. S'inclinant devant l'un des dignitaires, Itzhak m'a chuchoté : « C'est Maher. »

Il avait été très malade et marchait avec une canne. Il est venu nous embrasser comme si nous étions des amis intimes. Au cours de la réception donnée à l'hôtel, j'ai prié nos hôtes de m'excuser et je suis partie à la recherche de M. Maher. J'étais curieuse d'apprendre ce qui s'était passé après la naissance de sa deuxième fille. Je le trouvai seul, assis sur la terrasse :

— À vous de commencer, ai-je dit. Racontez-moi tout.

— Figurez-vous que ma femme a encore eu *deux autres* filles, m'a-t-il confié. Alors je lui ai dit : « Ma chère, si la cinquième fois, c'est encore une fille, je te répudie et je prends une nouvelle épouse dans la semaine. »

— Enfin, monsieur Maher, vous êtes un homme moderne. Vous savez bien que...

— Non, non, non, m'a-t-il interrompu. Balivernes. C'est *sa* faute.

Je sais bien qu'il n'aurait jamais abandonné sa femme, car ils s'adoraient. Quoi qu'il en soit, leur cinquième et dernier enfant fut un garçon.

Nous avons ensuite quitté l'hôtel pour visiter les sites archéologiques. Notre conversation s'est poursuivie sous une tente de réception que l'on avait dressée pour les visiteurs. Nous avons évoqué le passé.

— Je ne vous ai jamais oublié, lui dis-je. Vous étiez si beau, avec vos boucles blondes et vos yeux bleus.

— Et si méchant, compléta-t-il.

Il nous a invités à venir lui rendre visite chez lui, à Amman.

Quelles merveilleuses retrouvailles, pour deux personnes qui ne s'étaient jamais parlé ! Des barrières apparemment insurmontables nous avaient séparés, et voilà qu'elles s'effondraient comme un château de cartes depuis que l'heure du changement avait sonné. Je me retrouvais quarante ans plus tard à poursuivre notre dialogue silencieux, et je découvrais que nous étions les meilleurs amis du monde.

Mais l'histoire de Maher ne s'arrête pas là.

En 1995, lors d'une visite à Kiev, en Ukraine, nous avons appris que Maher avait été victime d'une attaque. Son Altesse le roi Hussein l'avait conduit à l'hôpital Hadassah de Jérusalem à bord de son hélicoptère personnel. De retour en Israël, le mardi de la même semaine, j'ai rendu visite à Maher en compagnie de deux amies. Nous étions également venues saluer l'épouse de l'ambassadeur d'Égypte en Israël, qui venait de subir une opération.

En entrant dans la chambre de Maher, j'ai vu son épouse en compagnie d'Ali, son fils, le fameux cinquième enfant. Il avait trente-cinq ans. Mme Maher m'est tombée dans les bras, en larmes. Elle avait à peine changé. Maher pleurait lui aussi. Son attaque l'avait beaucoup affaibli, mais, manifestement, ma visite le bouleversait. Ils m'ont présentée à Ali, qui était aussi beau que son père l'avait été.

Ali, ce merveilleux jeune Jordanien, dirige le centre culturel d'Amman. Passionné d'art contemporain, il a fréquenté une école d'architecture à Moscou. C'est un jeune homme très moderne, d'une exquise courtoisie. Il est venu avec moi rendre visite à l'épouse de l'ambassadeur égyptien, d'origine syrienne. Son mari, l'ambassadeur Bassiouni, était auprès d'elle. En cette veille de shabbat, nous étions tous réunis dans une chambre d'hôpital de Jérusalem : une Syrienne, un Égyptien, un Jordanien et moi-même avec mes deux amies juives. Qui aurait imaginé une chose pareille, il y a dix ans ? C'était l'illustration vivante d'une nouvelle réalité, la paix au Proche-Orient.

Je suis revenue à l'hôpital le dimanche matin et j'ai emmené Ali au Musée d'Israël de Jérusalem. Je l'ai confié aux bons soins du directeur. On lui a fait visiter ensuite le nouveau et superbe bâtiment de la Cour suprême, qui l'a beaucoup impressionné. Un jour sur deux, pendant toute la durée du séjour de Maher, Charlie, mon chauffeur, apportait un panier de provisions à notre malade, sachant combien la nourriture est exécrable dans les hôpitaux, même les plus prestigieux. Charlie me faisait penser au petit Chaperon rouge.

Après l'assassinat d'Itzhak, Maher m'a écrit et Ali est venu me rendre visite en compagnie de sa jeune femme. Quel couple adorable ! Nous nous entendons si bien. Il n'existe pas l'ombre d'un fossé culturel entre Ali, sa femme et moi. Pas la moindre barrière. Tous les remparts sont tombés. Voilà, je le sais, comment on arrivera à créer une nouvelle forme de coexistence au Proche-Orient.

Et dire que c'est à Camberley que cette saga a commencé !

Nous sommes retournés à Camberley, Itzhak et moi, en 1993. L'extérieur du manoir où nous avions résidé avait été entièrement refait, et le bâtiment avait perdu beaucoup de son charme. Le distingué commandant de l'école avait pris sa retraite depuis longtemps et avait déjà eu plusieurs successeurs. Le commandant du moment nous a semblé si jeune ! Mais sans doute était-il aussi âgé, sinon plus, que celui de ses prédécesseurs que nous avions connu. C'est nous qui avions quarante ans de plus ! En l'honneur de notre visite, l'école avait fait un effort particulier pour rassembler les nouveaux et les anciens élèves. Mon mari a prononcé un discours devant les étudiants de l'école, et cette fois-ci tout le monde était là pour l'écouter, y compris les représentants de pays musulmans.

Quel changement spectaculaire depuis l'époque où l'on parlait d'étudiants « indigènes », pour reprendre la terminologie en vigueur dans l'Empire britannique. À l'époque, Itzhak m'avait relaté les joutes verbales qui se déroulaient pendant les cours. L'instructeur lui demandait, par exemple, de présenter un plan de bataille de blindés, puis, après l'avoir écouté, répliquait avec dédain : « Fort intéressant, j'en conviens. Mais, au fait, de combien de divisions blindées l'armée israélienne dispose-t-elle, lieutenant-colonel Rabin ? »

Le commandant de l'école avait servi en Palestine, et les officiers savaient qu'Itzhak avait fait partie du Palmach. Je suis persuadée qu'ils considéraient Itzhak comme le type même du terroriste de cette petite communauté juive prétentieuse qui avait chassé les Britanniques de Palestine. Son mauvais anglais ne plaidait pas en sa faveur. Au demeurant, les Britanniques avaient toujours été subjugués par le charisme des chefs arabes. Il suffit de songer à T. E. Lawrence *(Lawrence d'Arabie)* et aux rapports étonnants qu'il avait entretenus avec les chefs de la révolte arabe durant la Première Guerre mondiale.

La prédilection des pères fondateurs d'Israël pour les officiers supérieurs formés par les Britanniques n'a certainement pas été étrangère à la décision d'Itzhak de se rendre à Camberley plutôt qu'ailleurs. Mais je ne crois pas qu'il en soit sorti avec un solide « vernis » britannique... Il y a tout de même appris beaucoup de choses sur les grandes formations militaires et y a approfondi ses connaissances stratégiques. En outre, cela nous a permis de découvrir l'immense richesse culturelle de Londres.

Après Camberley, Itzhak a posé sa candidature pour suivre deux ans de formation à la prestigieuse London School of Economics. Sa demande a été acceptée. Son objectif était moins de poursuivre des études d'économie que d'élargir son expérience internationale et de se préparer à une carrière de haut fonctionnaire dans l'éventualité où il quitterait l'armée. Mais Moshe Dayan, devenu chef d'état-major, a réussi à convaincre Itzhak de regagner Israël pour s'occuper de l'instruction militaire au sein de l'armée israélienne, avec la promesse d'un grade de général.

Sa première tâche consistait à créer une école de guerre. L'expérience acquise en Grande-Bretagne allait évidemment lui être fort utile. Parmi tout ce qu'Itzhak a appris à Camberley, je retiendrai essentiellement trois choses : un sens subtil de l'analyse stratégique, la méthode britannique de déploiement de blindés sur un champ de bataille, et, avant tout, le système de formation des officiers. C'était totalement nouveau en Israël, dont les chefs militaires s'étaient formés sur le tas. À son retour en Israël, Itzhak et son équipe allaient discuter longuement chaque soir du programme de l'école de guerre et de ses structures à venir.

Nous avons retrouvé notre maison de Zahala, dans la banlieue nord-est de Tel-Aviv où nous nous étions installés peu avant de partir pour Camberley. Cette maison n'était qu'un modeste logement de plain-pied, avec trois chambres à coucher, mais c'était la nôtre. Pendant les vingt ans qu'Itzhak a passés dans l'armée, nous n'avons pour ainsi dire pas quitté Zahala. Mon père nous avait rapporté d'un voyage d'affaires aux États-Unis toute une panoplie d'appareils ménagers qu'il avait fait acheminer par bateau. Nous disposions ainsi de plus de confort que la moyenne des foyers israéliens : nous avions une machine à laver, quelques robots électriques, sans parler d'un grille-pain. Ce qui n'empêchait pas cette maison d'avoir quelques inconvénients. L'hiver, je devais ainsi me lever à l'aube tous les matins pour allumer les poêles à kérosène dans chacune des pièces, afin qu'il fasse assez chaud quand tout le monde se levait. L'isolation était sommaire. On cuisait en été, on gelait en hiver.

Zahala était en pleine campagne, et nous habitions à la lisière du lotissement. Ce qui voulait dire des mulots — d'innombrables mulots. Même après des années de vie à la dure au kibboutz, j'ai toujours une sainte horreur des souris ! Un jour, j'en ai vu une détaler sur le plancher de la maison, ce qui m'a plongée dans la panique la plus totale. Mon premier réflexe a été d'appeler Itzhak à l'état-major. J'ai réussi à le joindre : « Itzhak, s'il te plaît, viens, viens vite, implorai-je, au bord de la crise cardiaque. Il y a... une souris ! »

Il s'est montré plein de compréhension. Malheureusement, il devait partir pour la base de Sarafan, et il lui était impossible de venir à mon secours. J'ai donc appelé mon père au siège de son entreprise commerciale, Haspaka, qui vendait notamment des produits agricoles, dont des pesticides.

« Papa, hurlai-je dans le combiné, apporte-moi tes poisons et viens me sauver ! Il y a une souris à la maison ! »

Mon père est venu. Il a disposé un peu partout des soucoupes de bière empoisonnée, qui ont eu raison du rongeur en un rien de temps. Mon poste de commande, c'était la maison, et mon rôle consistait à résoudre tous les problèmes qui survenaient, par tous les moyens.

La carrière d'Itzhak continuait à progresser. Mais il avait le sentiment que chacune de ses promotions était plus que méritée et que son avancement piétinait quelque peu. En effet, il n'appartenait pas au Mapaï de Ben Gourion. Lorsqu'il a été promu général, en 1954, j'étais assise à côté de Moshe Dayan lors de la cérémonie : « Votre mari a bien de la chance de m'avoir comme chef d'état-major. Quel autre membre du

Mapaï aurait osé donner à Itzhak le grade de général et demander aux autres candidats, tous du Mapaï, d'attendre sagement leur tour ? » Dayan considérait qu'il avait fait preuve de beaucoup de courage en nommant Itzhak général, ce qui, somme toute, n'était pas faux, vu la manière dont les choses se passaient à l'époque.

Itzhak minimisait toujours les risques qu'il courait. En 1955, Dayan et lui ont décidé que tous les généraux devraient suivre un stage de parachutisme. Ils venaient en effet d'apprendre que tout officier américain était obligé de savoir sauter en parachute ou de faire de la plongée sous-marine afin d'éprouver sa forme physique et son courage. Itzhak ne m'en a rien dit, car j'étais alors enceinte de Yuval, et il ne voulait pas m'inquiéter. Mon mari a obtenu son brevet, mais Dayan s'est blessé à la main et a dû renoncer à l'entraînement.

En 1956 — notre fils Yuval avait un an —, Itzhak s'est vu confier le commandement des armées de la zone nord. Il est resté à ce poste pendant la campagne du Sinaï qui a eu lieu la même année, à la suite de l'occupation du canal de Suez par l'Égypte. Nous n'avons donc pas été mêlés à cette guerre. De 1956 à 1958, nous nous sommes installés provisoirement à Haïfa, les enfants et moi, pour être plus proches d'Itzhak.

En 1956, Ben Gourion détenait à la fois le poste de Premier ministre et le portefeuille de la Défense. Dayan était chef d'état-major. L'année précédente, Nasser, le président égyptien, avait soutenu des attaques de fedayin palestiniens au sud d'Israël, qui avaient fait près de quatre cents morts. À l'automne de 1956, Nasser a poursuivi ses manœuvres de harcèlement en fermant à Israël l'accès au canal de Suez ainsi que le détroit de Tiran, qui contrôle le golfe d'Akaba. Avec l'appui des forces aériennes françaises et britanniques, Israël a répliqué en lançant la campagne du Sinaï, qui a duré du 29 octobre au 5 novembre et a permis à notre armée de s'emparer du Sinaï. Les détroits ont été rouverts, mais, sous la pression des États-Unis et les menaces de l'Union soviétique, l'ONU a exigé qu'Israël se retire du Sinaï et le restitue à l'Égypte. C'était chose faite au printemps 1957.

Itzhak a passé toute cette semaine de guerre à son quartier général. Personne ne savait quelle tournure allaient prendre les hostilités, ni si les autres pays arabes s'engageraient dans le conflit. Toutes les forces militaires avaient été envoyées dans la zone sud, ce qui rendait la surveillance de la zone nord d'autant plus capitale. Le mari de ma sœur Aviva, Avraham Yoffe, commandait la 9e brigade qui avait été transférée dans le sud, vers le détroit de Tiran. Aviva et ses enfants sont restés avec nous pendant toute la durée du conflit. Nous avions occulté les fenêtres et nous nous préparions à l'éventualité d'une guerre totale. Aviva était convaincue qu'Avraham avait été tué, ce qui, heureusement, s'est révélé faux.

Israël s'était retiré du Sinaï à la fin de la guerre d'Indépendance. Itzhak pensait ce que c'était une erreur, et la décision de Nasser de fermer les détroits montrait à quel point mon mari avait eu raison. En cette période de l'histoire d'Israël, le sud du pays était le terrain d'opérations privilégié des officiers en quête d'avancement, car la principale source de friction était l'Égypte. Itzhak ne faisait pas partie de la clique du Mapaï, à qui l'on confiait les missions les plus prestigieuses, mais il en a pris son parti. Haïm Laskov, qui avait dirigé l'offensive de Rafah, la plus grande bataille de cette campagne, est devenu chef d'état-major quand Dayan a quitté l'armée, en 1958.

Contre toute attente, le commandement de la zone nord a permis à Itzhak de faire de précieuses expériences, qui allaient se révéler fort utiles aux postes de ministre de la Défense et de Premier ministre. À cette époque-là, en effet, le principal sujet de préoccupation de l'armée israélienne ne concernerait plus le sud du pays, mais le nord et l'est. Ces frontières deviendraient en effet un enjeu majeur dans le conflit entre forces israéliennes et terroristes arabes. Lors de son affection dans la zone nord, Itzhak a acquis une bonne connaissance des accrochages frontaliers — les incidents étaient constants —, de l'administration des zones démilitarisées et de l'importance stratégique du plateau du Golan. Itzhak a appris à prendre des décisions en tenant compte des moindres détails, qu'il s'agisse de mobiliser des tracteurs blindés pour labourer la plaine longeant le plateau du Golan ou d'empêcher l'armée syrienne de s'en prendre à nos bateaux de pêche sur le lac de Tibériade.

Après la nomination du général Laskov comme chef d'état-major, Itzhak a voulu retourner à l'étranger, et plus exactement aller étudier l'administration publique à Harvard. Il visait moins une spécialisation quelconque que l'approfondissement de sa compréhension des affaires internationales. Il venait d'être admis à Harvard, quand un étrange retournement de situation s'est produit. En avril 1959, l'armée a procédé à un exercice de mobilisation de grande envergure. L'alerte était fictive, mais tout le monde s'y est laissé prendre : la radio nationale a diffusé des messages appelant tous les soldats à rejoindre leur unité en différentes langues, dont l'hébreu, le français, l'espagnol et l'anglais, car il y avait beaucoup d'immigrés récents parmi les soldats. Cette fausse alerte déclencha une véritable panique dans la population. En tant que ministre de la Défense, Ben Gourion limogea le chef des opérations et celui des renseignements militaires. C'est ainsi que le poste de chef des opérations échut à Itzhak, qui enterra ses beaux projets d'études à Harvard.

Ses nouvelles fonctions permirent à Itzhak de mettre en pratique deux de ses compétences particulières : d'abord, sa bonne compréhension des rapports entre l'armée et les services de renseignements, ensuite, son excellente connaissance de l'armement. L'Union soviétique jouait un rôle de plus en plus important au Proche-Orient, fournissant conseillers et technologie. Elle approvisionnait les États arabes en armement à un rythme qu'Israël et ses alliés européens traditionnels, notamment la France, ne pouvaient suivre. Itzhak enviait aux Américains leur technologie militaire de pointe, en particulier leurs radars d'alerte avancée. Au début de l'année 1960, l'armée israélienne a réagi avec un certain retard à une menace d'attaque égyptienne. Itzhak s'est saisi de l'occasion pour faire valoir qu'Israël avait besoin de s'équiper en systèmes d'alerte avancée plus performants, du type de ceux que fabriquaient les Américains. Il tenait également à ce que le choix des armes incombât aux militaires, qui sont appelés à s'en servir, et non à l'administration civile. Ce parti pris lui a valu quelques démêlés avec le ministre adjoint de la Défense, Shimon Peres. Ce dernier était membre du Mapaï. Ben Gourion l'avait nommé directeur général du ministère de la Défense puis ministre adjoint. Il avait été envoyé en mission à l'étranger, en particulier pour obtenir des armes. Itzhak comme Peres avaient leur rôle à jouer dans la politique de défense israélienne, mais chacun voyait la question sous un angle différent, Peres du point de vue de l'administration, Itzhak du point de vue militaire.

À notre retour à Zahala, en 1958, j'ai enseigné l'anglais à l'école Neve Magen. Un professeur m'y emmenait en voiture. Pour le retour, j'avais le choix entre deux bus ou une promenade à travers les champs et les orangeraies odorantes. Un trajet agréable, mais qui prenait quarante minutes. Cela a duré deux ans, mais je dois avouer que mon expérience de professeur ne m'a pas laissé un souvenir impérissable. J'étais mal payée, le trajet était long, et les conditions d'enseignement très médiocres. Mais cela me faisait sortir de chez moi, et j'étais heureuse de pouvoir mettre en pratique ce que j'avais appris durant mes études. En revanche, les inconvénients étaient nombreux, et Itzhak n'approuvait guère cette idée. J'ai fini par me ranger à son avis et j'ai démissionné. À vrai dire, je n'ai jamais regretté d'avoir renoncé à faire carrière. J'avais mes enfants à élever — ce que j'appelais notre « division du travail ». Quand les enfants étaient petits, il arrivait à Itzhak de m'aider, de les faire manger quand je le lui demandais. Mais jamais, au grand jamais, il n'a changé une couche ! En revanche, il tondait le gazon et s'occupait du jardin avec plaisir.

Les enfants étaient en pleine forme. Dalia était vive et intelligente. C'était une excellente élève, et mon père — qui s'était fait construire une maison près de chez nous — l'adorait. Yuval était très attaché à Itzhak. Le vendredi, les pères rentraient généralement du travail entre deux et quatre heures de l'après-midi, pas plus tard. Si Itzhak n'était pas encore là à cinq, six ou sept heures, Yuval sortait l'attendre. Je le vois encore revenir, tout déçu, en disant : « Tous les pères sont rentrés, sauf le mien. »

Nous discutions beaucoup de l'éducation de nos enfants, Itzhak et moi. Nous n'avions pas de véritable méthode, préférant transmettre les valeurs qui nous paraissaient essentielles par l'exemple, par notre façon de vivre. Les enfants ont assimilé nos idéaux d'une façon très concrète. Ils voyaient leur père servir son pays, et son dévouement leur inspirait le même comportement. Ils ne l'ont jamais vu rechercher des avantages matériels. Nous étions parfois à court d'argent, mais personne n'a jamais formulé le souhait que sa carrière militaire ou politique nous rapporte davantage. Pour Dalia et Yuval, Itzhak était au service de la communauté. C'était sa seule et unique vocation.

Tous deux savaient — je n'ai jamais eu besoin de le leur dire — que le statut de leur père ne leur conférerait jamais le moindre privilège. Ils ont toujours su qu'il ne serait jamais question d'abuser de sa position, d'en tirer avantage, ni de prétendre à des faveurs particulières. Itzhak leur offrait le vivant exemple d'une modestie profonde et d'un immense respect d'autrui.

Nous avons toujours pris notre petit déjeuner ensemble, autour d'une table bien dressée. Nous déjeunions et dînions rarement avec Itzhak, sauf la veille du shabbat, où le repas du soir, que mon beau-père partageait avec nous, était sacré. Le jour du shabbat, nous restions à la maison ou nous partions pique-niquer, mais toujours ensemble. C'était la seule façon de rester en contact avec la vie de chacun. Itzhak était chargé de conduire les enfants à l'école, dans sa voiture de fonction. C'était un rituel quasi quotidien. Le trajet n'était pas long, mais cela leur permettait d'être ensemble un peu plus longtemps. Je tenais à ce que la famille prenne son petit déjeuner en commun, et nous avons continué à le faire après le départ des enfants. J'ai toujours tenu compagnie à Itzhak à ce moment-là, même quand il se levait à six heures du matin.

Dalia et Yuval se chamaillaient dans la voiture, comme tous les enfants. Cela irritait Itzhak, qui leur demandait de se taire. Dans certaines circonstances, on avait l'impression qu'il y avait un « ne pas déranger » imaginaire au-dessus de sa tête. Mais, quand les enfants ont grandi, il n'a jamais été avare de son temps. Le week-end, nous partions souvent pique-niquer avec des amis sur la plage ou les coteaux de Jérusalem.

Itzhak n'a jamais exigé des enfants qu'ils soient les meilleurs. Il était heureux quand ils réussissaient, moins quand ils échouaient, mais il se montrait toujours encourageant. Il leur donnait le sentiment d'être là pour eux, qu'ils aient tort ou raison. Il leur faisait toujours confiance et le leur montrait volontiers.

Les enfants ont grandi dans un environnement militaire. Ils ont mûri dans un milieu dont les objectifs étaient parfaitement clairs : servir le peuple d'Israël, fonder l'État d'Israël, construire son armée — autant de tâches qu'il était urgent d'accomplir.

Les *ma'abarot** étaient des logements provisoires construits pour accueillir le nouvel afflux d'immigrants. Les immigrants de fraîche date y vivaient dans des conditions très sommaires, et il leur arrivait de devoir attendre deux ans pour pouvoir s'installer dans un appartement ou une maison que l'État, le plus souvent, mettait à leur disposition. Il y avait une *ma'abara* près de chez nous. Nos enfants ont grandi juste en face. Ils ne pouvaient ignorer que bien des familles étaient loin d'avoir notre niveau de vie. Je vois encore Dalia allant jouer l'après-midi avec les enfants de ce quartier pauvre, à qui elle apprenait l'hébreu. Dès leur plus jeune âge, Dalia et Yuval ont pris conscience de leurs responsabilités et ont compris qu'il était nécessaire d'aider les autres.

Mon père avait eu son premier infarctus en 1941, à quarante-sept ans. L'alerte avait été sérieuse, et il avait eu du mal à s'en remettre. Ses troubles cardiaques avaient persisté, sans l'inciter pour autant à changer de mode de vie et d'habitudes — il avait continué à travailler, à voyager et à fumer comme si de rien n'était. « Je veux profiter pleinement des années qui me restent. Je n'ai pas la moindre intention de renoncer à ces petits plaisirs. Et tant pis si je vis un peu moins longtemps ! » Telle était sa philosophie. Il allait en subir les conséquences dix-huit ans plus tard, en 1959. Comme chaque été, il était parti pour l'Europe avec sa seconde épouse, Hilda. Il avait prévu de rentrer de Zurich sur un vol d'El Al le 1er septembre, tandis que Hilda resterait quelques jours de plus en Europe.

Je devais aller le chercher à l'aéroport de Lod. Avant de partir de Zahala, j'ai téléphoné pour m'assurer que son avion n'avait pas de retard. On m'annonça qu'il avait déjà atterri.

« Voudriez-vous avoir l'obligeance de prévenir un passager du nom de Schlossberg que sa famille sera là dans un instant ? ai-je demandé à l'employé de la compagnie aérienne. Il est cardiaque et je ne voudrais pas qu'il s'inquiète. » Mon interlocuteur resta muet quelques secondes. Puis, d'une voix crispée, il me conjura de faire vite.

L'avion avait décollé de Zurich depuis une dizaine de minutes à peine quand mon père avait été pris d'étouffements. Il demanda un masque à oxygène à l'hôtesse. Devant son teint cireux, la jeune femme s'inquiéta, mais mon père la rassura : « Ne vous en faites pas, mon petit. On ne meurt pas comme ça. » Quelques secondes plus tard, tout était fini. Ce fut un mort que j'accueillis à Tel-Aviv. J'étais bouleversée. La disparition de mon père marquait véritablement la fin d'un chapitre de mon existence. La page était tournée. Je n'avais plus de parents, j'étais seule désormais.

Entre 1949 et 1964, Itzhak a gravi lentement mais régulièrement les échelons de la hiérarchie militaire. Chaque nouvelle étape a exigé une énergie et une abnégation hors du commun, deux qualités dont Itzhak n'a jamais été avare. Il a également mis ces années à profit pour nouer des liens étroits avec des officiers étrangers, ce qui l'a conduit à entreprendre de nombreux voyages en Italie et en France et à entretenir des échanges d'informations permanents. Il s'est rendu en Afrique orientale et au Congo et a fait un long séjour en Extrême-Orient. Il a été reçu par les plus hautes autorités militaires et par les chefs d'État de Birmanie, de Corée du Sud, de Thaïlande, du Japon et de Singapour.

En 1960, le général Zvi Tsur a été nommé chef d'état-major, et Itzhak a eu le sentiment d'être, une fois encore, injustement laissé sur la touche. Ils étaient du même âge, mais Itzhak avait plus d'expérience en matière de commandement. De toute évidence, l'appartenance de Tsur au Mapaï avait été décisive. Ben Gourion a confié à Itzhak qu'il comprenait parfaitement son dépit, tout en lui rappelant qu'il avait enfreint autrefois un ordre formel (une allusion à sa participation à la réunion du Palmach, en 1949). Pour Itzhak, les choses étaient claires. Ben Gourion exploitait cet épisode pour freiner sa carrière. Cela n'avait rien d'agréable, mais que faire ? Ben Gourion promit cependant à Itzhak qu'il serait le prochain titulaire de ce poste — dans trois ou quatre ans — et veilla à ce qu'Itzhak fût nommé chef d'état-major adjoint le 24 janvier 1961.

David Ben Gourion allait tenir sa promesse. Pourtant, lorsque Itzhak a reçu sa nomination de chef d'état-major, le 1er janvier 1964, Ben Gourion n'était plus Premier ministre. Levi Eshkol lui avait succédé en juin de l'année précédente. C'était un excellent choix. Eshkol était un administrateur et un organisateur de grand talent, qui a admirablement su définir les modalités d'immigration en Israël. Eshkol décida également de conserver le portefeuille de la Défense, comme l'avait fait Ben Gourion. Mais il s'intéressait plus aux aspects budgétaires et administratifs de la défense qu'aux questions de stratégie et aux opérations militaires. À cet égard, Itzhak le complétait à merveille.

À son poste de chef d'état-major adjoint, Itzhak a exercé une influence croissante sur les forces armées israéliennes. Son avancement allait encore renforcer cette empreinte. Itzhak a ainsi exigé que les soldats fassent l'exercice contre des armes et des chars soviétiques et que les manœuvres tiennent compte de la doctrine militaire soviétique. En cas de conflit, en effet, les ennemis d'Israël seraient armés par le bloc de l'Est et formés par des conseillers militaires soviétiques. Il a également préparé notre pays à l'éventualité d'une guerre sur plusieurs fronts. Jusqu'à cette époque, Israël manquait de « profondeur stratégique », pour reprendre l'une de ses expressions favorites. Itzhak a cherché à renforcer l'armée de l'air pour lui permettre de venir rapidement à bout de l'aviation ennemie : anéantir les forces aériennes d'un adversaire priverait son armée de terre de toute protection. Une autre priorité d'Itzhak a été de mettre sur pied des unités de chars et de blindés légers extrêmement mobiles, capables de progresser rapidement une fois la couverture aérienne de l'ennemi détruite. En 1956, Israël avait disposé de l'appui aérien de la Grande-Bretagne et de la France. Désormais, le pays devait pouvoir assurer lui-même sa protection aérienne.

Sur le plan administratif, Itzhak a révolutionné l'armée israélienne en matière d'instruction, d'organisation, de logistique et d'informatisation. Il a incité les officiers à prendre leurs décisions en fonction d'une doctrine de défense nationale clairement définie. Itzhak a toujours été un homme pragmatique. Il a envoyé Ya'acov Heifetz, alors directeur du budget de la Défense, en Amérique afin d'y étudier les systèmes informatiques. « Allez aux États-Unis pour en étudier les principes, lui a-t-il dit, et au Canada pour observer la réalisation. » Les États-Unis étaient à la pointe de la technologie, mais l'importance des besoins et les ressources financières d'Israël étaient plus proches de celles du Canada. À son retour, Ya'acov a recommandé de ne pas informatiser le système de paie de l'armée — comme presque tous les États du tiers-monde s'efforçaient alors de le faire pour prouver le haut niveau de civilisation qu'ils avaient atteint. En effet, l'essentiel de nos soldats étaient des appelés, qui servaient dans des territoires frontaliers ; ils avaient besoin de liquidités, et l'informatisation du système de paie aurait compliqué les choses inutilement.

Itzhak a donné une nouvelle preuve de pragmatisme à la suite d'une bataille qui avait permis à Israël de s'emparer de plusieurs centaines de chars soviétiques hautement perfectionnés. Itzhak a formé une unité spéciale chargée d'apprendre à utiliser ces nouveaux véhicules blindés. Hostile à l'existence de fiefs plus ou moins indépendants, il a centralisé les services de logistique et la direction du matériel et des dépôts, qu'il a placés sous l'autorité directe du haut commandement de Tsahal. Conjuguées à l'amélioration et à l'accroissement de l'armement (notamment dans le domaine aérien) ainsi qu'à une discipline sans faille, ces mesures ont doté Israël d'une défense nationale qui correspondait parfaitement au concept du « ressort tendu » cher à Itzhak. Sous son autorité, l'armée s'est dotée d'un excellent équipement d'origine américaine, française et britannique.

Au printemps de 1967, notre frontière avec l'Égypte était protégée par une force d'urgence des Nations unies. Cela faisait dix ans qu'il n'y avait pas eu le moindre incident frontalier. Au Nord, en revanche, l'aviation syrienne couvrait des attaques de guérilla contre Israël. En avril, au cours d'une seule journée, Israël avait abattu six avions syriens par représailles. La République arabe unie, qui rassemblait l'Égypte, la Syrie et le Yémen, avait été dissoute en 1961, mais la Syrie et l'Égypte conservaient une alliance militaire. Une mauvaise interprétation d'un communiqué de presse israélien persuada l'Égypte qu'Israël s'apprêtait à attaquer la Syrie. Elle exploita l'affaire pour susciter une vague d'hostilité contre Israël dans d'autres États arabes, qui ont alors décidé de mettre des troupes à la disposition de l'Égypte.

Le 15 mai 1967, le jour où Israël célébrait le dix-neuvième anniversaire de son indépendance, le président égyptien Abdel Gamal Nasser déclara l'état d'urgence et entreprit de déployer cinq cents chars dans le désert du Sinaï. Ce n'était pas l'unique menace lancée en direction d'Israël. À la télévision — nous pouvions capter les émissions égyptiennes sur le poste d'un voisin —, Nasser hurlait, jour après jour : « Mort aux Juifs ! Nous les jetterons à la mer ! »

Le temps passant, il a bien fallu nous rendre à l'évidence : la guerre était imminente. Huit jours plus tard, le 23 mai, un peu avant quatre heures du matin, Nasser a fermé le détroit de

Tiran, isolant ainsi Eilat, notre port sur la mer Rouge. Cela revenait à une déclaration de guerre. Je vois encore Itzhak franchir en toute hâte le seuil de notre maison, à quatre heures du matin, en enfilant son pantalon. Il venait de recevoir un appel téléphonique l'informant du blocus imposé par Nasser.

Itzhak avait une telle confiance en Tsahal qu'il était prêt à mener une guerre à outrance contre les États arabes voisins. Il était convaincu qu'Israël pouvait gagner la guerre, mais il prévoyait de lourdes pertes et conseillait une attaque préventive ou une contre-offensive anticipée : il s'agissait d'éviter à Israël le coût exorbitant d'un conflit de longue durée. Cela faisait quatre ans déjà que David Ben Gourion avait cédé la place à Levi Eshkol, ce qui n'a pas empêché l'ancien Premier ministre de faire savoir le scepticisme que lui inspirait l'idée d'Itzhak. Dans l'esprit des gens — et dans celui d'Itzhak —, Ben Gourion restait une autorité respectée. On le considérait comme le grand-père politique de l'État d'Israël. Mais ses connaissances de l'armée israélienne et de la situation stratégique du Proche-Orient dataient un peu, ce qui explique l'obstination avec laquelle il insistait sur la nécessité d'une couverture aérienne britannique et française.

Le 22 mai, au cours d'une réunion, il s'en est pris directement à Itzhak : « Comment osez-vous mettre Tsahal seule aux prises avec l'ensemble du monde arabe ? » En 1956, a rappelé Ben Gourion, Israël n'était passé à l'action qu'après s'être assuré du soutien des Britanniques et des Français. Itzhak a répliqué que, si Israël n'était pas prêt à se battre pour défendre sa liberté de navigation, « la capacité de dissuasion de Tsahal aura fait la preuve de son inutilité ».

Ben Gourion n'a pas été le seul à exprimer sa désapprobation. Moshe Haïm Shapira, le ministre de l'Intérieur, a lui aussi reproché sa témérité à Itzhak. Le lendemain, le 23 mai, il a laissé entendre que l'équipe Eshkol-Rabin cherchait à tout prix à rivaliser d'« audace » avec le duo Ben Gourion-Dayan. Shapira était convaincu qu'« une guerre mettrait en péril l'existence d'Israël ». Le ministre de l'Intérieur ne se rangeait pas à l'avis de Ben Gourion pour défendre la ligne du Mapaï. En effet, Shapira était membre du parti national religieux. Il s'agissait donc de deux points de vue indépendants, qui se rejoignaient dans la même conclusion lourde de menaces.

Dans ses Mémoires, Itzhak reconnaît qu'à aucun moment de sa vie il n'a été aussi près de la dépression. Le 23 mai 1967, il était au bord de l'épuisement et fumait cigarette sur cigarette. Les attaques de Shapira et, surtout, le scepticisme de Ben Gourion l'avaient déstabilisé. « Et s'il avait raison ? » se demandait-il tout haut en arpentant le couloir de notre maison. Ce matin-là, il était parti à trois heures et demie du matin pour ne rentrer qu'à six heures du soir. Il avait espéré que Ben Gourion le soutiendrait et lui accorderait un vote de confiance. Mais Ben Gourion l'avait laissé en proie à des doutes taraudants. Il avait l'air de penser que le chef d'état-major et le ministre de la Défense, c'est-à-dire Eshkol, n'étaient pas à la hauteur. Un autre facteur qui, j'en suis sûre, tracassait Itzhak était les pertes en vies humaines qu'une telle guerre ne manquerait pas de provoquer. Tout en jugeant le conflit inévitable, il s'attendait à plusieurs milliers de victimes. Connaissant le prix qu'il attachait à la vie humaine, je suis certaine que ce fardeau pesait lourdement sur ses épaules. Rétrospectivement, je ne puis évidemment qu'avancer des hypothèses, car il ne m'a pas confié tous ses soucis. Il était visiblement épuisé et profondément troublé, troublé comme peut l'être quelqu'un qui doit affronter seul un problème complexe, accablant et pressant.

C'est dans cet état d'épuisement et de tension manifestes qu'Itzhak m'a annoncé son intention de se rendre à Beersheba, le quartier général du commandement sud. Les hélicoptères n'étaient pas courants à l'époque, et cela représentait un trajet de deux heures en voiture. J'ai cru bon d'intervenir : « Tu ne vas pas aller là-bas ! lui ai-je dit en le regardant droit dans les yeux. Ni ailleurs, du reste. Il faut que tu te reposes. Tu es épuisé, bouleversé. Essaie de dormir un peu. »

Je voulais faire venir son médecin, le docteur Gilon, pour qu'il l'examine et lui prescrive éventuellement un somnifère. Avant d'accepter, Itzhak a exigé de téléphoner à Ezer Weizman (l'actuel président d'Israël), qui était alors son adjoint. Il lui a demandé de venir le voir. Je crois qu'Itzhak avait besoin de s'épancher auprès de quelqu'un qui connaissait parfaitement la situation militaire. Ils ont discuté sans témoin. Itzhak n'a pas parlé à Weizman de ses démêlés avec Ben Gourion et Shapira, mais il lui a demandé s'il le tenait, lui, Itzhak, pour responsable de l'épreuve qui attendait Israël et s'il jugeait que sa démission s'imposait. Itzhak a raconté plus tard que Weizman lui avait prodigué des encouragements et lui avait conseillé de rester à son poste.

Itzhak confia à Weizman que l'heure était grave, mais qu'il avait absolument besoin de quelques heures de sommeil. Itzhak avait suffisamment le sens de ses responsabilités pour ne pas se permettre d'aller se reposer dans une situation aussi explosive sans en avertir quelqu'un. Il fallait maintenir un point de contact dans la chaîne de commandement. Weizman a prétendu plus tard qu'Itzhak était à bout de nerfs, en pleine dépression, et qu'il lui avait confié les « clés de la voiture » — en d'autres termes, qu'il l'avait invité à prendre la direction des affaires. J'en doute fort. Du reste, Itzhak savait pertinemment qu'il ne pouvait pas prendre une telle décision unilatéralement. Un chef d'état-major n'est pas habilité à nommer son successeur. Pour quelle raison Weizman a-t-il présenté cette version des faits ? Ce n'est un secret pour personne qu'au moment où Itzhak a quitté le poste de chef d'état-major il n'a pas appuyé la candidature de Weizman, ce que ce dernier ne lui a, semble-t-il, jamais pardonné.

À son arrivée, le docteur Gilon a diagnostiqué un « grave surmenage » et a fait à Itzhak une injection de somnifère. Itzhak a dormi toute la nuit et a passé la moitié de la journée suivante à somnoler.

Le 25 mai, il s'est levé, a enfilé son uniforme et est parti travailler comme d'habitude. Je n'ai jamais vu de vraie dépression et je n'en connais pas les symptômes. Mais ce que je sais, c'est que personne ne s'en remet en une journée et demie. Je connaissais suffisamment Itzhak pour être sûre qu'il ne pourrait pas continuer indéfiniment à ce rythme. Mais je savais aussi qu'une bonne nuit de repos suffirait à lui rendre toute son énergie et sa lucidité. Si on ne lui a pas administré de soins plus énergiques, c'est tout simplement qu'il n'en avait pas besoin. Il ne souffrait pas de dépression, mais d'un cas bénin de surmenage, conjugué sans doute à un excès de nicotine et aux effets d'un stress exceptionnel. La preuve la plus évidente de ce que j'avance est qu'au cours des journées qui ont suivi Itzhak allait réaliser un exploit sans commune mesure dans toute l'histoire de notre pays.

Le 25 mai, le roi Hussein de Jordanie a autorisé les troupes irakiennes à entrer dans son pays et à se déployer le long de la frontière israélienne. Le 30 mai, Hussein a signé un accord de défense avec l'Égypte. L'Irak a rejoint le pacte le 3 juin. À la fin du mois de mai, les forces arabes s'élevaient à cinq cent quarante sept mille hommes. Comprenant ce qui se préparait, Itzhak a rendu plusieurs visites aux troupes israéliennes, dans les derniers jours de mai, pour leur remonter le moral.

Le 3 juin, Moshe Dayan (qui se trouvait être le beau-frère d'Ezer Weizman) a été appelé au gouvernement pour y assumer les fonctions de ministre de la Défense. On craignait en effet qu'en cas de conflit majeur la population n'accorde pas une confiance suffisante à Levi Eshkol.

Le 29 mai, le Premier ministre — visiblement angoissé — avait prononcé un discours radiodiffusé. Il avait si bien bégayé que tout le monde avait eu l'impression qu'il était incapable de faire face au danger imminent. Le 1er juin, Levi Eshkol constituait un gouvernement d'union nationale.

L'entrée de Dayan au cabinet a effectivement redonné courage à la population. Ancien chef d'état-major, le général Dayan était un héros de la guerre d'Indépendance et s'était également illustré au cours de la campagne du Sinaï, en 1956. Avec son bandeau sur l'œil et ses traits rudes, il représentait pour beaucoup d'Israéliens l'incarnation même de la force. L'opinion publique — et surtout les femmes — a accueilli la nomination de Dayan avec soulagement. Malgré quelques réserves, Itzhak savait que la présence de Dayan à la Défense rassurerait la nation et l'aiderait à affronter l'épreuve qui l'attendait.

Eshkol a fini par admettre que la diplomatie avait échoué. Itzhak et Dayan prônaient une intervention immédiate de nos troupes. Itzhak conseillait d'employer la manière forte : lancer des opérations rapides et décisives sur tous les fronts. Aux premières heures du 4 juin, le cabinet a voté la guerre. Lorsque nous sommes allés nous coucher ce soir-là, Itzhak ne m'a rien dit. Mais j'ai compris à son regard que la guerre était imminente.

Je n'oublierai jamais le hurlement des sirènes, à huit heures du matin, le lundi 5 juin 1967. Nos enfants étaient partis pour l'école comme tous les jours — et comme tous les autres enfants. Ce matin-là, Itzhak était allé sur la piste d'envol encourager nos pilotes sur le point de décoller pour leur mission en Égypte. L'aviation israélienne est passée à l'attaque à sept heures dix du matin. Nos appareils frappèrent simultanément les principales bases aériennes de ce vaste pays qu'est l'Égypte. Il n'a fallu que cent soixante-dix minutes à nos pilotes pour détruire les bases aériennes les mieux équipées, bombarder les pistes et clouer au sol trois cents avions de combat sur les trois cent quarante que possédait l'Égypte. Vingt autres appareils égyptiens ont été abattus en vol ce matin-là. Trois heures après avoir quitté la maison, Itzhak m'a téléphoné : « Pour le moment, tout va bien. L'aviation égyptienne est anéantie. » Je suis allée acheter des légumes chez Naji, l'épicier, et j'ai préparé le déjeuner de Yuval et de Dalia exactement comme n'importe quel autre jour. En des heures aussi graves, j'ai toujours jugé essentiel de préserver coûte que coûte la routine quotidienne.

Une fois l'armée de l'air égyptienne mise hors d'état de nuire, Itzhak déploya des chars dans le Sinaï. Puis il lança avec succès une opération défensive dans le Nord contre l'aviation syrienne. Les chars passèrent ensuite à l'action. À huit heures et quart, trois offensives furent lancées contre Gaza et le Sinaï. Notre aviation attaqua ensuite la Jordanie, la Syrie et l'Irak avec le même succès. Itzhak attachait un grand prix aux services de renseignements, et les agents israéliens infiltrés dans les pays arabes lui avaient fourni de nombreuses informations sur les mouvements de troupes et sur l'importance des effectifs. La stratégie générale de la guerre a su en tirer le meilleur parti.

Dans les quelques semaines qui avaient précédé la guerre, les écoliers eux-mêmes n'étaient pas restés inactifs. À Zahala, des équipes de scouts avaient creusé des abris individuels. En rentrant du lycée, Dalia enfilait sa tenue kaki et maniait la pelle pour aider à creuser les tranchées qui sillonnaient tout le quartier militaire de Zahala. Nous nous sommes réfugiés dans notre abri dès le premier soir de guerre, au moment où des obus se sont mis à siffler au-dessus de nous. Yuval n'était pas convaincu de la sécurité qu'offrait notre refuge. « Je veux être avec mon père », ne cessait-il de réclamer, faisant allusion à la salle de guerre du quartier général de Tel-Aviv — une pièce souterraine, aux murs renforcés, qu'on appelait le « trou » — l'endroit le mieux protégé d'Israël. Cette nuit-là, des obus sont tombés sur des quartiers proches de notre maison et ont même touché la place Masaryk, à Tel-Aviv. Quand nous avons enfin pu rentrer chez nous, j'ai téléphoné à Itzhak pour l'avertir que sa famille venait de subir un bombardement. Il m'a répondu : « Oui. Je sais. D'ici à demain matin, tout sera rentré dans l'ordre. » Il disait vrai.

Itzhak passa les premiers jours de la guerre dans le « trou ». Nous n'avions que la radio pour nous tenir informés du déroulement des opérations. Chaïm Herzog, futur président d'Israël, était un excellent commentateur ; il exposait et analysait les actions et la progression de Tsahal. Il a été une précieuse source d'informations pour de nombreux Israéliens — nous comme les autres.

Itzhak a lancé une attaque pour s'emparer des sommets entourant Jérusalem. Le 6 juin au matin, c'était chose faite. Le mercredi 7 juin, troisième jour de guerre, l'armée égyptienne était définitivement écrasée. L'arrivée des parachutistes israéliens devant le mur des Lamentations — unique vestige du temple de Salomon — a consacré la prise et la réunification de Jérusalem. Dans le monde entier, on a pu voir des photographies de Moshe Dayan, d'Uzi Narkiss et d'Itzhak franchissant la porte des Lions, dans la Vieille Ville. À la radio, dans la minute qui a suivi cet événement historique, on a entendu un parachutiste hurler : « La colline du Temple est à nous ! » Les soldats pleuraient à l'antenne, sanglotant de joie et d'incrédulité. Itzhak avouerait plus tard que son arrivée au mur des Lamentations avait marqué le « sommet de [sa] vie » et l'« accomplissement d'un rêve ». Le même jour, Charm el-Cheikh et le détroit de Tiran étaient à nous. Le jeudi, le canal de Suez tomba entre nos mains.

Au moment où la guerre avait éclaté, le roi Hussein de Jordanie avait reçu, par la voie diplomatique, le conseil de ne pas intervenir. Mais des informations erronées venues d'Égypte et faisant état de victoires égyptiennes écrasantes dès le premier jour l'avaient incité à s'engager dans le conflit. Pensant que les Arabes avaient une chance de mettre fin à la partition de Jérusalem et d'en faire une ville musulmane, il fit porter l'essentiel de ses efforts sur la prise de cette cité et sur les bombardements de Tel-Aviv. Les obus qui avaient sifflé au-dessus de notre abri étaient jordaniens. En fait, cette guerre allait faire perdre à la Jordanie le contrôle de la moitié de Jérusalem qu'elle occupait depuis 1948 et celui de la Cisjordanie (dont la conquête fut achevée le 7 juin). L'armée jordanienne a eu à déplorer quinze mille victimes. Toute son aviation a été détruite. Il faut bien avouer que les victoires des 6 et 7 juin ont étonné tout le monde, à commencer par Itzhak. En l'espace de quatre jours, sept divisions égyptiennes, soit cent mille hommes, avaient été écrasées. Un cessez-le-feu avec l'Égypte a été annoncé dans la soirée du 7, et Hussein a accepté l'arrêt des combats peu après.

Au moment de l'entrée historique de nos troupes dans Jérusalem, je me trouvais dans un hôpital où j'étais venue rendre visite à nos soldats blessés. Le chauffeur d'Itzhak m'a apporté un message contenant ces quelques mots : « Itzhak et Dayan donneront une conférence de presse à dix-huit heures. Soyez là. » Au cours des deux journées qu'avait duré la bataille de Jérusalem, une voisine était venue me demander à plusieurs reprises : « Est-ce que nos troupes approchent vraiment du Mur ? » Je lui avais confirmé la nouvelle. En me rendant à la conférence de presse, j'ai vu des gens rassemblés à tous les coins de rues, discutant avec animation. Tout le monde avait peine à croire en la victoire. Comme le dit une prière juive, *hayinu kecholmin* (« nous avions l'impression de rêver »). J'arrivai à la conférence de presse. Nous étions mercredi — je n'avais pas vu Itzhak depuis le lundi. Pendant toute la durée de la guerre, je ne l'ai du reste vu que deux fois. J'étais remplie de fierté. Les yeux d'Itzhak étaient rougis par le manque de sommeil, mais de toute évidence il avait confiance et tenait la situation bien en main. Nous n'avons échangé que quelques mots et je ne l'ai plus revu jusqu'au lendemain soir.

Je me souviendrai toujours d'un document filmé que j'ai vu plus tard. Il montrait un événement qui s'était produit moins de deux jours après la prise du Mur. Un groupe de soldats convalescents, en pyjama et en robe de chambre, la tête bandée ou le bras en écharpe, ont été conduits en bus jusqu'au Mur depuis l'hôpital Hadassah — ils agitaient leurs bras et leurs béquilles par les fenêtres ouvertes. Ces soldats légèrement blessés avaient participé au combat. Ils venaient voir le Mur, et Itzhak était là pour les accueillir. Quand ils l'aperçurent, ce fut du délire : ils se jetèrent sur lui, le serrant dans leurs bras, le bousculant à qui mieux mieux. Le pauvre Itzhak était là, tirant son képi sur ses oreilles, essayant désespérément de rester entier..., mais le visage rayonnant de fierté.

Le 7 juin allait pourtant être marqué par une erreur tragique. Un de nos navires a torpillé par erreur le *Liberty*, un bâtiment de la VIe flotte américaine. Ce navire, qu'on avait cru égyptien, était chargé de surveiller les messages radio qu'échangeaient les quartiers généraux. Il y a eu trente-deux morts. Les Américains avaient reçu l'ordre de ne pas s'approcher des côtes pendant la durée des hostilités, mais le *Liberty* n'en avait pas été informé, en raison d'une défaillance des services de transmission américains. Au moment où le commandement israélien s'était rendu compte de l'erreur qui avait été commise, il avait d'abord craint que le bâtiment torpillé ne fût soviétique : une telle provocation aurait pu être à l'origine d'une troisième guerre mondiale. « Avec des amis, on peut toujours discuter, s'expliquer et on peut présenter des excuses », a écrit Itzhak dans ses Mémoires. Mais je sais que le chagrin et le remords que lui ont causés cet incident ont un peu terni l'allégresse de la victoire.

Le jeudi soir, au terme du quatrième jour de guerre, Itzhak est enfin rentré à la maison. Il avait le visage grave. À l'affliction que lui causaient les victimes israéliennes et la tragédie du *Liberty*, s'ajoutait un problème d'importance stratégique : Moshe Dayan refusait toute progression de nos troupes sur le plateau du Golan, de peur de provoquer un conflit avec la Syrie, soutenue alors par l'Union soviétique. Or Itzhak savait que si nous ne nous emparions pas de ces hauteurs les attaques frontalières dont nous faisions l'objet depuis des années se poursuivraient. Il harcelait Dayan à ce sujet. La Syrie n'était pas prête à faire la guerre et elle ne s'était pas précipitée au combat comme la Jordanie. Ce qui ne l'empêchait pas d'envoyer des obus en Galilée du Nord. Mais Itzhak ne pouvait pas riposter sans l'autorisation de Dayan.

Le vendredi 9 juin, à sept heures du matin, Dayan a réexaminé la question. Au lieu de suivre la voie hiérarchique et de contacter le chef d'état-major, c'est-à-dire Itzhak, Dayan a appelé directement le général de brigade David Elazar et lui a donné l'ordre de prendre le plateau. L'affront était flagrant, mais Itzhak était tellement heureux de voir son conseil enfin suivi d'effet qu'il ne s'en est pas formalisé. Il s'est rendu sur le front nord en hélicoptère et a pris le commandement des opérations. Il a visité les troupes du Golan le 9 juin et supervisé lui-même le plan de bataille d'Elazar. Le 10 juin, tout était terminé. L'opération avait duré vingt-sept heures. Elle avait fait deux mille cinq cents victimes du côté syrien. Nous avions nous-mêmes perdu deux cents hommes.

Cette guerre a été une tragédie pour la Syrie : un peu plus d'une journée de guerre lui a coûté deux mille cinq cents morts et cinq mille blessés, le tiers de ses chars et la moitié de son artillerie. Le cessez-le-feu a pris effet le 10 juin à dix-huit heures trente.

Mais rien n'a égalé la joie et la fierté causées par la réunification de Jérusalem. Israël était un État à part entière depuis presque vingt ans déjà, mais la partition de Jérusalem en faisait un État privé de cœur. La *Haggada* * contient une prière remplie de nostalgie et d'espoir qu'on lit à la fin du *séder** pascal : « L'an prochain à Jérusalem ». La reconquête de Jérusalem était une mission sacrée depuis près de deux mille ans. Et, soudain, ce rêve est devenu réalité. Quel triomphe, et surtout quelle émotion ! Tout s'est passé si vite, de manière si inattendue. Pourtant, même heureuse, une trop grande émotion peut vous étourdir, vous laisser prostré.

La guerre des Six-Jours[1]. L' armée israélienne s'était mesurée aux nations arabes sur trois fronts simultanés. Depuis quatre ans, Itzhak commandait l'armée israélienne. Il avait paré à toute éventualité sur toutes nos frontières. Il avait formé un tigre prêt à bondir à la moindre provocation. Et il avait gagné. Mais au lendemain de la guerre, malgré cette victoire, Itzhak n'était pas un homme heureux.

Pour lui, la vie humaine a toujours passé avant le reste ; et, aussi bien exécutée qu'ait été la guerre, Israël n'en déplorait pas moins huit cents morts. Le gouvernement en avait redouté davantage et n'a annoncé les pertes que lorsque la guerre a été terminée. La liste des victimes a été publiée intégralement, en un seul jour.

À l'époque de la guerre des Six-Jours, nos enfants ont probablement pris conscience du génie de leur père : il avait accompli des prodiges. Mais je suis certaine que son seul talent n'aurait pas suffi. Je pense que les enfants ont compris à ce moment-là que la victoire était également le fruit de l'immense travail que leur père avait abattu, jour et nuit. Et ils s'en sentaient un peu récompensés.

Le samedi qui a suivi la fin de la guerre, j'ai trouvé Dalia — elle avait alors dix-sept ans — sur son lit, en larmes.

1. C'est Itzhak qui a donné à la guerre ce nom dans une interview accordée à un magazine le 5 juin 1967.

— Maman, ce n'est pas juste, a-t-elle balbutié. Pas au lycée, quand même, pas partout...

— Que veux-tu dire ?

— Tout le monde raconte que c'est Dayan qui a gagné la guerre, et pas papa...

— Dalia, laisse-les dire ce qu'ils veulent. Ne pleure pas. Tu sais, on dit que le succès a plusieurs pères. L'histoire montrera quel rôle ton père a joué dans cette guerre.

Je lui ai expliqué ensuite que les familles qui avaient perdu des êtres chers allaient en être informées le lendemain et qu'elles auraient, elles, de vraies raisons de pleurer. Je ne crois pas que les hommages rendus à Dayan aient beaucoup importuné Itzhak. Du reste, il y avait largement assez de gloire pour deux. Et Itzhak avait confiance dans l'histoire : la vérité finit toujours pas s'imposer et elle l'a fait.

Le dimanche qui a suivi la guerre a été une journée extrêmement pénible. En tant que chef d'état-major, Itzhak a dû superviser la notification des pertes aux huit cents familles endeuillées. En ce 11 juin, tous ceux qui, à Zahala et dans tout Israël, avaient un enfant ou un mari dans l'armée ont tremblé à l'idée de voir s'arrêter devant chez eux des taxis transportant des représentants du ministère de la Défense.

L'état-major a eu la sagesse de décréter trente jours de deuil national avant toute célébration de la victoire. Au cours de cette période, l'une de mes amies m'a offert une robe de cocktail qu'elle m'avait rapportée des États-Unis. J'ai mis un certain temps à me décider à aller la chercher chez elle. Et, lorsque je l'ai enfin essayée, je n'ai pu m'empêcher de me demander si je reporterais un jour des tenues aussi élégantes, aussi pimpantes. Le temps des frivolités semblait si loin, au cours de ces tristes journées de deuil.

Dès que la guerre a été terminée, la population israélienne a déployé des trésors d'imagination pour manifester sa reconnaissance envers Itzhak. Mon mari a toujours eu un faible pour les sucreries, et pendant les conseils de guerre du « trou » il avait passé son temps à grignoter des tablettes de chocolat aux noisettes. Après la victoire, il a reçu une véritable montagne de tablettes de chocolat ! Et puis des lettres à n'en plus finir, des fleurs..., tant de témoignages d'admiration et d'amour !

L'armée israélienne ne décerne de médailles ou de décorations que pour récompenser les actes de bravoure sur le champ de bataille. Mais les exploits d'Itzhak au cours de la guerre des Six-Jours lui ont valu un hommage bien plus précieux que toutes les décorations que lui avaient déjà rapportées ses faits d'armes. L'Université hébraïque lui a en effet remis un diplôme de docteur honoris causa en philosophie, au cours d'une cérémonie organisée sur le mont Scopus, le 28 juin 1967. Vingt ans plus tôt, juste avant la guerre d'Indépendance, je m'étais rendue sur ce même sommet avec quelques amis pour assister à une matinée de ballets donnée par la troupe de Rina Nikova. Mes regards s'étaient alors portés vers l'est, par-delà les colonnes de l'arrière-scène et les collines de Judée, vers la mer Noire. Pendant le spectacle, je m'étais tournée vers l'ouest, pour contempler le soleil couchant qui teintait de rose les collines de Jérusalem.

Cela faisait vingt ans que je n'étais pas retournée sur le mont Scopus. Pendant deux décennies, les Israéliens n'avaient pu s'y rendre qu'en empruntant des convois spéciaux de l'ONU, et rares étaient ceux qui l'avaient fait. Une foule d'amis de l'Université hébraïque venus du monde entier nous entouraient ; ils s'étaient rassemblés après la guerre pour célébrer notre retour historique en ce lieu. Nous étions là, tous ensemble. Mais je me sentais affreusement tendue — la veille au soir, dans l'intimité, Itzhak m'avait fait part des doutes que lui inspirait le discours qu'il allait prononcer : « Ça ne coule pas. » Il était convaincu que son allocution allait être médiocre.

Quand il a pris la parole, j'ai senti qu'il se passait quelque chose. J'ai regardé autour de moi. Ce n'étaient pas les collines de Judée qui ont attiré mon attention cette fois. Ce n'étaient pas les couleurs magiques du couchant. C'étaient les larmes d'émotion qui emplissaient les yeux des gens et qui ruisselaient sans fausse pudeur sur leurs visages. Trente ans plus tard, notre cher ami Norman Bernstein a remarqué : « Itzhak, si modeste, si passif même en apparence, était capable en certaines occasions de créer, par ses paroles, une intensité dramatique telle qu'il touchait sa cible comme un rayon laser. » Ce jour-là était indéniablement l'une de ces « occasions ». Retransmis à la radio nationale, le discours de réception d'Itzhak a bouleversé tout le pays.

David Ben Gourion, qui avait entendu son allocution à la radio, a adressé une belle lettre de félicitations à Itzhak.

Cher Itzhak,

J'étais en voiture quand j'ai entendu le discours que vous avez prononcé à l'Université à la suite de votre réception de docteur honoris causa. Vous avez eu raison d'exprimer votre fierté à l'égard des officiers et des soldats de Tsahal. Quant à moi, c'est de votre discours que j'ai été fier. J'ai compris qu'on vous ait applaudi plus que les autres. C'était le premier discours de vous que j'entendais, et il était plus que réussi. Vous avez eu le privilège d'être chef d'état-major pendant les plus grandes heures de notre glorieuse armée. Et vous le méritez bien.

Cordialement vôtre,
David Ben Gourion.

Pourquoi ce discours a-t-il su émouvoir autant de gens ? Ces brefs extraits rappellent les valeurs chères à un État d'Israël qui n'avait pas encore vingt ans mais qui avait déjà accompli bien des exploits.

La guerre est toujours dure et cruelle. Elle s'accompagne de sang et de larmes. Mais la guerre que nous venons de mener nous a permis d'assister à de rares et magnifiques exemples de courage et d'héroïsme, elle a suscité d'émouvantes manifestations de fraternité, de camaraderie et même de grandeur spirituelle.

Qui n'a pas vu l'équipage d'un char poursuivre son attaque alors que son commandant avait été tué et ses chenilles gravement endommagées..., qui n'a pas été témoin des efforts hors du commun accomplis dans l'angoisse par toute l'armée de l'air pour sauver un pilote tombé en territoire ennemi ignore ce que peut être le dévouement entre compagnons d'armes.

Notre peuple tout entier a battu d'un seul cœur, et bien des gens ont pleuré en apprenant que la Vieille Ville était reconquise. La jeunesse née sur cette terre et surtout nos soldats répugnent au sentimentalisme et n'aiment guère se livrer en public. Mais la tension du combat, l'angoisse qui le précède, le sentiment de salut et le contact direct avec l'histoire juive ont brisé cette carapace et laissé s'épancher des flots d'émotion, une spiritualité frémissante. Les parachutistes qui se sont emparés du mur des Lamentations se sont appuyés à ses pierres et ont pleuré. Je doute que l'on trouve beaucoup de gestes aussi symboliques dans toute l'histoire de l'humanité.

Ce n'est pas tout. L'allégresse de la victoire s'est emparée du peuple tout entier. Mais on peut observer chez nos soldats un curieux phéno-

mène : leur joie est incomplète et leur gaieté ternie par le chagrin et le bouleversement. Certains même préfèrent ne pas assister aux cérémonies de victoire. Les combattants des premières lignes ont vu, de leurs propres yeux, la gloire de la victoire, mais aussi son prix. Leurs camarades sont tombés à leurs côtés, noyés dans leur sang. Et je sais aussi que le prix terrible payé par l'ennemi a touché le cœur de beaucoup de nos hommes. Peut-être le peuple juif n'a-t-il jamais appris et ne s'est-il jamais habitué à céder à la joie de la conquête et de la victoire. C'est pourquoi l'événement a été accueilli avec des sentiments mêlés. [...]

Nous avons toujours exigé pour Tsahal *la crème de notre jeunesse. Nous avons forgé le slogan* Hatovim latayis *(les meilleurs pour l'armée de l'air), et cette expression est passée dans le langage courant. Il ne s'agit pas seulement de talents techniques et pratiques. Ce que nous voulons dire, c'est que pour être capables d'écraser en quelques heures les forces de quatre pays ennemis nos pilotes doivent être pénétrés de valeurs morales et de valeurs humaines.*

Tout cela jaillit de l'esprit et retourne à l'esprit. Nos combattants ne l'ont pas seulement emporté par leurs armes. Ils ont gagné grâce au sens de leur mission, à la conscience de servir une juste cause, à un profond patriotisme et à la pleine compréhension de la tâche difficile qui leur était imposée : assurer l'existence de notre peuple dans sa patrie, protéger, au prix de leur propre vie, le droit du peuple juif à vivre dans un État à lui, libre, indépendant et en paix.

6

Un sabra entre en politique

Nous nous sommes rendus ensemble aux États-Unis pour la première fois (Itzhak y était déjà allé, mais sans moi) en novembre 1963, juste avant la nomination d'Itzhak à la tête de l'état-major. Pour se préparer à ses nouvelles fonctions, il avait décidé d'aller étudier ce qui se faisait aux États-Unis. Je me rends mieux compte aujourd'hui de l'importance qu'a pu avoir ce voyage, à ce moment précis. Nous sommes allés à New York et à Washington, et Itzhak s'est rendu dans plusieurs autres villes pour y visiter des centres et des installations militaires. Tous ces lieux passionnants et impressionnants lui inspirèrent de nombreuses idées nouvelles.

Dans l'avion qui nous ramenait en Israël, Itzhak m'a lancé, d'un ton désinvolte : « Tu sais, quand j'aurai quitté l'état-major, je serai prêt à remplacer Abe Harman. » Harman était alors ambassadeur d'Israël à Washington. Itzhak ne croyait pas si bien dire...

Notre voyage de 1963 a duré trois semaines. Le gigantisme de New York et l'agitation effrénée qui régnait dans les rues m'ont laissée bouche bée. Les gens passaient leur temps à courir, et leur mode de vie ne ressemblait à rien de ce que j'avais pu connaître en Europe ou en Israël.

À Tel-Aviv, Dalia et Yuval nous attendaient à l'aéroport de Lod en compagnie de plusieurs officiers. Nous avons appris que le président Kennedy avait été victime d'un attentat — on ignorait encore dans quel état il se trouvait. Nous n'avions pas rencontré les Kennedy, mais nous avions senti l'enthousiasme que John Kennedy et les promesses d'avenir qu'il incarnait inspiraient aux Américains, et nous n'avions aucun mal à imaginer le drame qu'une issue fatale représenterait pour son pays. Au moment où nous franchissions le seuil de notre maison, le téléphone a sonné : John F. Kennedy était mort. Cette nouvelle m'a atterrée. Quelques heures plus tôt, Itzhak se trouvait encore à Dallas — par pure coïncidence ; Fort Bliss était en effet l'une des étapes de sa tournée d'information. Sur le point de prendre la tête de l'état-major, Itzhak avait choisi de venir étudier dans le pays le plus puissant du monde les dernières innovations en matière de défense et de sécurité — et nous apprenions qu'un tireur isolé était parvenu à abattre le président de cet État. Il y avait de quoi être déconcerté.

Ce séjour de 1963 a achevé de convaincre Itzhak du rôle essentiel que l'Amérique pouvait jouer pour la défense d'Israël. Quand Itzhak a annoncé à Levi Eshkol son intention de quitter l'armée pour devenir ambassadeur aux États-Unis, le Premier ministre s'est écrié : « Heureusement que je suis assis ! Je crois bien que je serais tombé à la renverse. » Il avait du mal à imaginer Itzhak en frac d'ambassadeur, menant des conversations mondaines au cours de cocktails et de réceptions interminables.

La vérité était qu'Itzhak avait besoin de changement. En 1967, il avait quarante-cinq ans et avait été chef d'état-major pendant quatre ans. Il touchait au terme de sa carrière militaire. En Israël, le poste de chef d'état-major n'est pas un tremplin pour le portefeuille de la Défense, en tout cas pas immédiatement. J'ajouterai que près du tiers des généraux israéliens ont fini par se lancer dans la politique et que le service public intéressait Itzhak bien plus que le monde des affaires.

L'ambassade d'Israël aux États-Unis était sans nul doute la mission diplomatique la plus importante de notre pays. Mais, après tout, Itzhak était chef d'état-major et la guerre des Six-Jours l'avait paré d'un prestige évident. Par ailleurs, les États-Unis l'intéressaient beaucoup, et il était convaincu que les relations avec ce pays allaient être essentielles pour la sécurité d'Israël. Cela faisait neuf ans qu'Abe Harman était en poste à Washington, et il commençait, lui aussi, à avoir envie de bouger.

La seule approbation officielle dont Itzhak eût besoin était celle du Premier ministre. Sans être inutile, celle du ministre des Affaires étrangères n'était pas indispensable. Abba Eban, qui occupait ce ministère après avoir été lui-même ambassadeur aux États-Unis, n'avait pas une grande estime pour Itzhak ni pour ses facultés intellectuelles, et ses lacunes en anglais le faisaient certainement frémir. Il faut préciser qu'Abe Harman était originaire d'Afrique du Sud et parlait évidemment un anglais irréprochable. Quant à Eban, venu lui aussi d'Afrique du Sud, il avait fait ses études en Grande-Bretagne et avait même enseigné à Cambridge. J'imagine bien ce qu'il a dû penser : « Comment Rabin, ce sabra, qui ne connaît presque rien à la diplomatie et qui parle anglais comme une vache espagnole pourrait-il représenter dignement Israël aux États-Unis ? » Le rival le plus sérieux d'Itzhak était Yakov Herzog, le conseiller politique d'Eshkol. Mais, dans l'esprit du Premier ministre, le dynamisme d'Itzhak, la facilité avec laquelle il était capable de travailler avec les gens les plus divers et la force de ses convictions compensaient largement un certain manque d'entregent. Et Itzhak a obtenu cette nomination.

Nous savions où nous allions. Restait à régler ce que nous laissions derrière nous. Yuval nous accompagnerait, mais nous partirions sans Dalia. Elle allait bientôt quitter le lycée pour entrer dans l'armée. Nous avions évidemment le cœur gros à l'idée de la quitter, mais nous avions l'intention de revenir assez souvent. Rien ne l'empêchait, du reste, de venir nous rendre visite de temps en temps aux États-Unis. Quant à moi, je brûlais d'impatience à l'idée de mieux connaître ce pays.

Le jour où Itzhak a quitté l'état-major, il était au comble du bonheur. Je le vois encore arriver à la maison après ses adieux officiels à l'armée, littéralement fou de joie : « Enfin, je ne suis plus responsable de vies humaines ! » s'est-il écrié. Cette responsabilité lui avait été confiée parce qu'il était probablement le mieux qualifié pour s'en acquitter, et il l'avait acceptée car il était prêt à servir son pays corps et âme. Mais la charge avait été lourde. Ce départ pour l'Amérique allait lui permettre de se rendre utile d'une manière tout à fait constructive — et entièrement nouvelle pour lui — en essayant de resserrer les liens entre Israël et les États-Unis.

Jusqu'à la guerre des Six-Jours, Israël avait été extrêmement dépendant de la France, notre principal allié et notre plus grand fournisseur d'armes[1]. Mais, en 1968, Eshkol comme Itz-

1. Jusqu'à l'arrivée de De Gaulle au pouvoir, la France était en effet le principal fournisseur d'armes de l'État hébreu. Mais la politique méditerranéenne de la Ve République, beaucoup plus favorable aux États arabes,

hak étaient convaincus qu'aucun pays européen n'accepterait jamais de courir le moindre risque pour soutenir Israël en cas de conflit. Itzhak était particulièrement désireux d'obtenir ce poste d'ambassadeur, car il était certain qu'Israël avait tout à gagner à nouer des relations plus étroites et plus cordiales avec les États-Unis, qui incarnaient, selon lui, le seul espoir de paix au Proche-Orient. Je n'exclus pas, d'ailleurs, que cette conviction ait favorisé sa nomination à Washington. L'un des grands succès d'Itzhak au cours de sa première année à l'ambassade a été de contribuer à persuader les États-Unis de vendre à Israël des jets Phantom, à la pointe de la technologie, d'une très grande importance stratégique pour notre pays.

L'année 1967 a marqué un tournant dans les relations israélo-américaines. Avant la guerre, les Américains avaient tendance à considérer qu'un séjour en Israël était une aventure périlleuse, une plongée dans le tiers-monde. Les quelques « téméraires » qui entreprenaient ce voyage se plaignaient de la médiocrité des hôtels et des restaurants. Entre 1948 et 1967, nous avions toujours eu la pénible impression que les Juifs américains nous regardaient de haut. Par leur simple attitude, beaucoup semblaient dire : « Nous versons à votre pays des sommes faramineuses, et on ne peut pas dire que vous vous en sortiez très bien. » Les Israéliens, pour leur part, trouvaient les Américains irrespectueux : « Ils signent des chèques, et quand ils viennent ici ils se croient tout permis et nous traitent avec condescendance. Ils prétendent même nous apprendre à administrer notre pays. »

L'incompréhension était réciproque ; une profonde fissure s'était creusée entre les deux pays. Mais la situation a changé du tout au tout après la guerre des Six-Jours. Du jour au lendemain, les exploits accomplis par le minuscule État israélien lui ont valu le respect de tous. Les relations entre la diaspora américaine et Israël ont soudain été au beau fixe — grâce à des événements symboliques comme l'unification de Jérusalem —, et cette réconciliation s'est accompagnée d'expressions touchan-

se fait aux dépens de l'État hébreu. Les liens se distendent peu à peu jusqu'en 1967 : de Gaulle ayant désapprouvé la « guerre préventive » déclenchée par Israël en juin, la France impose un embargo partiel sur les ventes d'armes à destination d'Israël. Cet embargo deviendra total en 1969, à la suite du raid israélien contre l'aéroport de Beyrouth. *(N.d.T.)*

tes d'émotion et de gratitude. Les touristes ont déferlé. Et une nouvelle vague d'immigration américaine — une nouvelle *aliyah* de jeunes et de moins jeunes — a commencé.

Nous avons été accueillis très chaleureusement à notre arrivée aux États-Unis, en février 1968. L'enthousiasme des gens n'avait d'égal que leur admiration. Itzhak était le premier ambassadeur à Washington né en Israël et il était également le héros de la guerre des Six-Jours. Tout le monde voulait le voir et lui serrer la main.

La résidence privée de l'ambassadeur à Washington n'avait pas grand-chose à voir avec notre logement de fonction de Zahala, ne fût-ce que par ses dimensions : la salle à manger pouvait contenir plus de cinquante personnes ! Il faut bien voir que la résidence d'un ambassadeur est un instrument politique, et c'est particulièrement vrai de celle de l'ambassadeur d'Israël en Amérique. En effet, le destin de notre pays dépend pour beaucoup de la bienveillance des dirigeants politiques, des médias et des associations d'intérêt public aux États-Unis. Et, pour s'en assurer, il faut rendre beaucoup de visites et recevoir beaucoup. C'est à Washington que pour la première fois de ma vie j'ai eu à appliquer quelques règles de savoir-vivre extrêmement précises : préparer soigneusement un plan de table, par exemple — ce qui exige un grand doigté, car il faut concilier les impératifs protocolaires et hiérarchiques avec la nécessité de rapprocher des gens susceptibles d'avoir des choses à se dire — et éviter de servir le même menu aux invités à leur deuxième visite. La civilisation israélienne étant une civilisation d'immigrants, notre cuisine est une sorte de pot-pourri de recettes typiques du Proche-Orient, du Bassin méditerranéen et d'Europe, ce qui autorise une grande variété.

Un nouvel ambassadeur doit impérativement réserver sa première tournée de visites aux différentes représentations diplomatiques de Washington. Il y en a près de cent vingt ! Mais la plupart de ces pays n'entretenaient pas de relations diplomatiques avec Israël, ce qui nous a permis de limiter le nombre de ces mondanités et de mieux nous consacrer aux pays qui présentaient une signification ou un intérêt particuliers pour nous.

Si les visites et les dîners de courtoisie sont généralement considérés comme de pures formalités, ils permettent pourtant de faire passer des messages importants. Le Women's International Club — une organisation regroupant essentiellement des épouses de membres du corps diplomatique en poste à Washington — a été pour moi une précieuse source d'informations sur d'autres pays, sur leur architecture, leur patrimoine artistique et leurs spécialités culinaires.

Un jour, en 1970, un député du Nebraska a organisé une réception. Itzhak étant absent de Washington, je m'y suis rendue sans lui. L'ambassadeur Andrew Mossbacher, chef du Protocole au Département d'État, était là.

Mossbacher s'est approché de moi avec désinvolture et a engagé la conversation par une question insolite.

— Madame Rabin, vous êtes souvent invitée chez Joseph Sisco (le vice-secrétaire d'État). Comment y mange-t-on ?

— Fort bien, mais pourquoi cette question ?

— Parce que je suis invité ce soir à un dîner qu'il donne en l'honneur du roi Hussein.

Le message était clair. Mossbacher voulait me faire savoir — et faire savoir à Itzhak — qu'il allait rencontrer le roi.

Deux mois plus tôt, en septembre 1970 — le fameux « Septembre noir » qui donnera son nom à une branche terroriste du mouvement palestinien —, Hussein de Jordanie avait lancé son armée contre les fedayin de l'OLP. De nombreux dirigeants palestiniens (parmi lesquels ne figurait pas Arafat, je tiens à le préciser) avaient en effet réclamé le renversement du roi et la création d'un État palestinien à l'intérieur des frontières de Jordanie. Le roi Hussein avait décidé de riposter énergiquement. Sur ces entrefaites, la Syrie avait menacé d'envoyer des chars en Jordanie. Craignant la chute de la monarchie hachémite, les États-Unis cherchaient à rallier tous les partisans du roi. Israël devait servir d'intermédiaire pour adresser un avertissement à la Syrie et lui conseiller de laisser ses chars hors des frontières jordaniennes. En définitive, la Jordanie s'en est chargée toute seule. J'ai dit à Mossbacher :

— Pouvez-vous, je vous prie, dire au roi Hussein que nous nous sommes rencontrés à un cocktail et que je vous ai demandé de lui transmettre mes respects et de lui faire savoir que les Israéliens admirent profondément le courage et la détermination avec lesquels il lutte contre l'OLP ?

J'ignorais si ce message aurait la moindre utilité, mais il ne pouvait pas nuire.

Le lendemain matin, de bonne heure, Mossbacher m'a téléphoné. De sa voix grave, il m'a dit :

— Madame Rabin, nous avons tous nos problèmes, et le roi Hussein en a peut-être plus que nous. Mais vous lui avez fait très plaisir, hier soir. Il a été si touché qu'au moment où je l'ai raccompagné à sa voiture il m'a répété je ne sais combien de fois : « Je vous en prie, n'oubliez pas de transmettre aux Rabin mes sincères remerciements et mes meilleures salutations. »

Ce séjour aux États-Unis nous a permis de découvrir la vie d'une communauté juive de la diaspora et d'observer par nous-mêmes les différences entre Juifs orthodoxes, conservateurs et libéraux. Nous fréquentions une synagogue conservatrice pour la simple raison qu'elle avait été choisie par l'ambassade et par les ambassadeurs qui nous avaient précédés. En Israël, nous n'étions pas très assidus à la synagogue, mais à Washington le protocole rendait notre présence indispensable. Itzhak en a peut-être un peu souffert, mais il a dû se plier à cette obligation, au moins pour les grandes fêtes et pour certaines occasions particulières, comme les bar-mitsva*.

Yuval avait eu treize ans trois mois après notre arrivée, mais nous avions décidé de repousser sa bar-mitsva jusqu'à l'automne, pour la faire coïncider avec Soukkot* — la fête des Tabernacles. Yuval a commencé à étudier sa Haftarah* — la lecture du passage biblique de la semaine en question — dans un cours spécial dispensé à la synagogue d'Adas Israël à Washington. Le jour venu, Yuval a donné une lecture parfaite, lors d'une cérémonie qui rassemblait cent cinquante personnes. Dalia nous a quittés peu après pour retourner en Israël, où elle devait commencer son service militaire. Toute la famille était désolée de la voir partir. Yuval n'arrêtait pas de pleurer. Je dois dire que cette séparation a vraiment été une dure épreuve pour nous tous.

Stanley Rabinowitz, le rabbin d'Adas Israël — qui a pris sa retraite depuis — est resté jusqu'à ce jour un ami fidèle de la famille. Il prononçait des sermons brillants, qui nous ont apporté un véritable enrichissement intellectuel et religieux. Il les publiait généralement après les grandes fêtes, et je les ai conservés pieusement. Le rabbin Rabinowitz a prononcé en 1976 un sermon auquel j'ai souvent repensé depuis la mort d'Itzhak. Il y disait :

Dans les ghettos juifs d'Europe, un monde aujourd'hui disparu, les affligés, amis ou membres de la famille s'approchaient du cercueil de bois au moment où il était porté vers le caveau. Et, touchant la désolation du bois brut, ils murmuraient [...] d'une voix douce et respectueuse : « Pardonne-moi, je t'en prie, pardonne-moi. »

Cet appel simple et pathétique avait des vertus thérapeutiques, mais nous avons perdu cette pureté d'esprit.

Comment reconnaître nos erreurs ? Nous devons d'abord examiner notre conscience avec une honnêteté impitoyable. En sondant notre âme, nous nous rappellerons peut-être les paroles de colère qui ont pu franchir nos lèvres. Ou les jours où nous avons perdu notre sang-froid pour des raisons qui paraissent aujourd'hui si futiles.

Pour accéder au vrai repentir, il faut avant tout être prêt à se rappeler les circonstances dans lesquelles nous nous sommes rendus coupables de mauvaises paroles. La sincérité est la forme la plus parfaite d'expiation.

Je me demande aujourd'hui combien d'Israéliens auraient dû venir toucher le cercueil d'Itzhak pour lui demander pardon de leurs propos malveillants et hostiles, qui ont alimenté le climat de haine responsable de sa mort. Combien sont-ils — de gauche ou de droite, tacitement ou ouvertement — à éprouver des remords en songeant à l'assassinat d'Itzhak ?

Nous avons évidemment regretté de ne pas être chez nous pour les fêtes, mais il a bien fallu nous y résoudre. De plus, maintenant que Dalia était à l'armée, la possibilité d'avoir nos deux enfants à nos côtés était plus limitée.

La plus grande communauté juive des États-Unis vit bien sûr à New York. On raconte même qu'un New-Yorkais sur deux est juif, et que c'est toujours sur lui que vous tombez... L'arrivée de Yom Kippour* prête une atmosphère particulière aux rues de New York, alors qu'à Washington la vie continue comme si de rien n'était. Quelle drôle d'impression ! Aller à la synagogue la veille de Yom Kippour et voir les autobus rouler et les magasins bondés — je n'en revenais pas. En Israël, la vie s'arrête pour le Grand Pardon.

Chaque année, à la même époque, j'ai souffert du mal du pays. Pourtant, le soir de Yom Kippour, pour l'office de *Kol Nidre**, la place de la synagogue de Washington scintillait sous les feux de puissants projecteurs, et une foule de Juifs se rassemblaient pour prier et écouter le sermon du rabbin. La permanence de l'identité juive qui se manifestait au travers de ces cérémonies m'aidait à ignorer l'animation des rues lorsque je rentrais chez moi, profondément revigorée. Cette expérience nous a aussi fait prendre conscience de l'importance du judaïsme comme facteur d'unité et de cohésion de la diaspora.

À Washington, nous avons consacré beaucoup de temps à la communauté juive. Mais nous n'avons pas négligé pour autant la vie culturelle. Washington possède de nombreux bâtiments superbes. Au printemps, la ville offre un véritable festival de couleurs avec ses azalées flamboyantes, ses cornouillers couverts de boutons rose et blanc et la magnificence de ses cerisiers en fleur. Dans les années qui avaient précédé sa nomination à Washington, Itzhak s'était pris de passion pour la photographie. Il prenait des photos des villes étrangères où il se rendait pour nous en faire profiter à son retour. Cet intérêt est resté très vif pendant toutes les années que nous avons passées à Washington, et les cerisiers en fleur sont devenus l'un de ses thèmes de prédilection.

Washington manquait de salle de spectacle digne d'une capitale de son rang avant la construction du Kennedy Center — qui réunit salle de concert, opéra et théâtre. Alors que les derniers travaux étaient en cours au Kennedy Center, les ambassades étrangères ont été invitées à donner des idées de décoration. On a proposé qu'Israël se charge de l'aménagement d'une des salles de réception, et nous avons choisi une salle jouxtant la salle de concert, au deuxième étage. Comme l'a dit Itzhak, c'était mon « bébé ».

En compagnie de nos chers amis américains Norman et Diane Bernstein, j'ai coiffé un casque de chantier pour visiter le centre encore inachevé et examiner les lieux. Itzhak ne voulait pas demander de participation financière au gouvernement israélien ; après tout, c'était un projet américain. Il pensait par ailleurs que ce serait une bonne chose, à maints égards, que les fonds proviennent de la communauté juive de Washington. Cette salle allait servir aux habitants de la ville, et leurs contributions les rendraient partie prenante de ce présent d'Israël à Washington. J'ai donc téléphoné à cinq ou six amis, qui habitaient tous dans la région, et je les ai invités chez nous.

Joseph Meyerhoff, de Baltimore, a été formidable. « La belle affaire ! s'est-il écrié. Il suffit que chacun de nous verse dix mille dollars et le tour est joué. » Son enthousiasme a été si contagieux qu'en l'espace d'un après-midi l'objectif des cent mille dollars était presque atteint.

J'ai pris un immense plaisir à mener ce projet à bien. L'architecte Rafi Blumenfeld a trouvé que la pièce longue et étroite, très haute de plafond, rappelait un peu la chapelle Sixtine, aussi a-t-il fait décorer le plafond de fresques de Shraga Weil pour le faire paraître plus bas. Rafi a choisi pour thème central des scènes bibliques ayant trait à la musique. Sur le plafond richement coloré de bleu, de blanc, d'écarlate et d'or, Miryam chante son cantique ; les troupes de Josué font tomber les murailles de Jéricho en soufflant dans leurs cornes de bélier, le *chofar* biblique, tandis que David — au centre — joue de la harpe[1].

L'un des quatre murs a été orné de sculptures réalisées dans du bois de noisetier par Nehemia Azaz et représente des instruments de musique décrits dans la Bible, entourant une plaque de cuivre dans laquelle sont gravés des versets du psaume 152. Les autres murs sont recouverts de tentures de laine peintes. Peu après l'inauguration, le directeur du centre a surpris quelqu'un en train de gribouiller sur les murs. Il est intervenu, persuadé d'avoir affaire à un vandale. Il s'agissait en réalité de Yehezkel Kimhi, qui était venu signer ses dessins !

Lors de l'inauguration officielle de la salle, Itzhak a invité le sénateur Edward Kennedy à prononcer le discours de réception. Voici un bref extrait de son émouvante allocution : « Quand nous songeons à l'État d'Israël, c'est généralement dans le cadre de l'aide et du soutien que nous accordons à une jeune nation qui lutte pour son existence. Et voilà que nous découvrons cette superbe salle, qui symbolise tout ce que nous devons à Israël en matière de traditions, de civilisation et de noblesse. » La presse a salué la « victoire israélienne au Kennedy Center », et le critique d'art du *Washington Post* a comparé la salle à un « sanctuaire ». Cette mission a été d'une grande importance pour moi, et son inauguration a rempli Itzhak de bonheur et de fierté.

Notre arrivée aux États-Unis a coïncidé avec une époque troublée. L'été précédent, de terribles émeutes avaient éclaté à Detroit. Un mois environ après notre arrivée au mois de février, Lyndon Johnson a annoncé qu'il ne se représenterait pas aux élections. Les manifestations contre la guerre du Viêt Nam se

1. Scènes tirées respectivement de l'Exode, XV, 20-21, du livre de Josué, VI, et du premier livre des Rois, XVI. *(N.d.T.)*

faisaient de plus en plus violentes. Le 4 avril 1968, Martin Luther King a été assassiné, et les émeutes qui ont suivi ont conduit la municipalité de Washington à décréter le couvre-feu. Deux mois plus tard, le sénateur Robert Kennedy était à son tour victime d'un attentat — quelques jours à peine après qu'Itzhak l'avait rencontré. Nous avons assisté à des scènes de pillage et d'émeute. Les conflits raciaux étaient peut-être ce qui nous inquiétait le plus, Itzhak et moi — tant de haine, tant d'incompréhension... Cette grande et puissante nation, qui m'avait inspiré une admiration si aveugle, était en proie à des problèmes apparemment insurmontables. Je dois dire que cela m'a donné à réfléchir.

La question du Viêt Nam déconcertait beaucoup notre fils Yuval, arrivant d'Israël juste après la guerre des Six-Jours. Il disait : « Je ne comprends pas de quoi ils parlent. Quelle paix ? Où ? La paix pour qui ? Que veut dire ce mot de *paix* ? » Ses questions étaient essentielles. Les États-Unis étaient présents au Sud Viêt Nam pour défendre ce pays. La guerre avec le Nord Viêt Nam était en pleine escalade. Et la paix, dans tout ça ? Les Américains ne voulaient plus de cette guerre. Très bien. Mais croyaient-ils vraiment que leur retrait apporterait la paix au Viêt Nam ? La situation se dégradait rapidement, et le président américain se trouvait devant un terrible dilemme : si les États-Unis se retiraient, leurs soldats auraient versé leur sang pour rien. Itzhak avait le sentiment qu'avant d'envisager un retrait l'Amérique devait obtenir quelque chose, pour elle-même et pour le Sud Viêt Nam. Il était d'accord avec Kissinger et Nixon pour penser qu'un départ signerait l'échec des États-Unis. Mais il pensait également que lorsqu'une situation échappe à tout contrôle il est préférable de limiter les dégâts. Et il était convaincu que Kissinger et Nixon n'avaient pas d'autre objectif.

Itzhak avait fait la connaissance de Richard Nixon en 1966, en Israël. À l'époque, Wally Barbour était ambassadeur des États-Unis dans notre pays. Son chargé d'affaires avait convié quelques personnes à un dîner donné en l'honneur de Richard Nixon, et nous faisions partie des invités. Nous étions au mois d'août, et beaucoup de gens étaient partis en vacances, ce qui n'avait pas été sans poser quelques problèmes au chargé d'affaires. Il avait cependant réussi à réunir une bonne dizaine de personnes.

Nixon était assis à un bout de la table, et Itzhak se trouvait en face de lui, légèrement de biais. La conversation porta essentiellement sur le rôle que l'Amérique pouvait et ne pouvait pas, devait et ne devait pas jouer en Asie du Sud-Est. La précision avec laquelle Nixon exprimait ses idées nous impressionna tous vivement.

À la fin du dîner, Itzhak demanda à Nixon s'il avait des projets pour le lendemain. Il lui offrit l'hospitalité de Tsahal et lui proposa de mettre à sa disposition un petit avion ou un hélicoptère ainsi qu'un guide, qui lui ferait visiter le nord du pays. Nixon accepta avec empressement et fit cette tournée en compagnie du général Aharon Yariv, le chef des services secrets israéliens (l'oncle d'Itamar Rabinovitch qui allait être ambassadeur à Washington à l'époque où Itzhak serait Premier ministre pour la seconde fois). Deux ans plus tard, Nixon était élu président des États-Unis. Il a souvent évoqué avec reconnaissance les jours où il avait été notre invité en Israël.

En janvier 1968, Itzhak savait déjà qu'il partirait pour Washington, mais il n'était pas encore entré en fonctions. C'est donc en Israël qu'il a rencontré Henry Kissinger. Cet Américain né en Allemagne enseignait alors à Harvard et était venu faire quelques conférences dans notre pays. Itzhak lui avait déjà été présenté en 1966, lorsque Kissinger était venu donner des cours au Collège de la défense nationale d'Israël. Lors de leurs entretiens de 1968, Itzhak avait été tellement impressionné par la perspicacité et la clairvoyance de Kissinger qu'il n'avait pas vu le temps passer. Leur entretien avait probablement duré deux ou trois heures. Dans ses Mémoires, Itzhak raconte que Kissinger s'inquiétait à l'idée que le bourbier du Viêt Nam n'ébranle la détermination des États-Unis et ne finisse par entraîner ce pays une nouvelle fois dans l'isolationnisme. Pendant ce temps, l'Union soviétique tirait parti des doutes américains et jubilait en songeant au gouffre financier que représentait l'engagement des États-Unis au Viêt Nam. Que se passerait-il, s'est demandé Itzhak, si Israël se trouvait plongé dans un conflit d'aussi longue durée ? Combien de temps les États-Unis soutiendraient-ils leur allié ? Cette conversation avec Kissinger lui a donné matière à réflexion à la veille de son entrée en fonction au poste diplomatique le plus important d'Israël. Je suis sûre qu'elle l'a aidé à définir ses objectifs et ses priorités. Il est vrai qu'à l'époque aucun des deux n'imaginait que Kissinger allait être le prochain conseiller pour la sécurité nationale du président des États-Unis !

L'admiration était réciproque. Nixon et Kissinger ont appris à respecter le jugement d'Itzhak et à apprécier sa vision de la situation vietnamienne. Le jour où Kissinger lui a demandé quelle forme allait prendre, selon lui, telle ou telle grande offensive du Nord Viêt Nam, Itzhak lui a exposé son analyse stratégique et lui a indiqué la manière dont il prévoyait que le Nord Viêt Nam allait opérer. Kissinger avait déjà interrogé à ce sujet de nombreux responsables dans les milieux informés de Washington. Lorsque l'attaque a eu lieu, Kissinger a fait remarquer d'un ton admiratif que le seul général à avoir correctement anticipé le plan de bataille des Vietnamiens du Nord était l'ambassadeur d'Israël aux États-Unis. Je crois que le président Nixon et le secrétaire d'État Kissinger ont été, à l'échelle mondiale, les personnalités les plus influentes avec lesquelles Itzhak s'est entretenu régulièrement pendant de longues années.

Golda Meir est devenue Premier ministre en février 1969, à la mort de Levi Eshkol, décédé d'une crise cardiaque durant ses fonctions. C'était la première fois qu'une femme occupait ce poste, et Golda jouissait d'une grande popularité en Israël et à l'étranger. Elle a dirigé le pays au cours de l'une de ses périodes les plus glorieuses. Vingt mois après l'installation d'Itzhak à son poste d'ambassadeur, Golda lui a fait savoir qu'elle envisageait de l'inviter à revenir en Israël pour prendre le portefeuille de l'Éducation. Je dois avouer que j'étais heureuse à l'idée de rentrer chez nous et de retrouver Dalia. Itzhak était moins enthousiaste. Un poste ministériel ne manquait pas d'attrait, évidemment, mais le portefeuille de l'Éducation ne le tentait pas beaucoup. De plus, il avait l'impression de n'avoir pas encore accompli toutes les tâches qu'il s'était fixées. Il s'en est expliqué à la fin de 1969, dans une lettre adressée à Dalia, qui devait venir nous rendre visite quelques jours plus tard.

Washington, le 30 novembre 1969

Shalom Dalika,

Je profite du retour d'Arale[1] *en Israël pour te faire parvenir cette lettre. Pardonne-moi de ne pas t'écrire plus souvent. Cela a toujours été un de mes plus graves défauts, et je ne suis jamais arrivé à me corriger.*

1. Responsable des services de renseignements de l'armée israélienne.

Je crois qu'à mon âge il n'est plus guère possible de changer ses habitudes, aussi mauvaises soient-elles. De toute manière, ta mère ne manque pas de talent en la matière et c'est elle qui se charge de maintenir le contact avec les autres membres de la famille, dont nous sommes séparés par l'océan immense. Je me réjouis sincèrement de ton arrivée prochaine et je suis sûr qu'un bon mois ensemble nous fera le plus grand bien à tous.

Comme tu le sais, je n'ai pas grand-chose de neuf à t'apprendre. Ta mère est très contrariée de ne pas savoir où nous allons vivre. Yuval aussi est très tendu. Il meurt d'envie de rentrer à la maison. Mais c'est un garçon secret, qui ne se livre pas facilement. Quant à moi, sans être indifférent à ce que l'avenir nous réserve, je me sens étrangement calme. Peut-être est-ce parce que l'éventualité de devenir ministre de l'Éducation ne m'emballe pas vraiment. Toutefois, si le Premier ministre me demande de rentrer pour occuper ces fonctions, je le ferai. C'est ce que je lui ai dit. Mais je dois avouer ce n'est pas un domaine où je me sens très à l'aise. Ce poste ne me fait pas peur et je rentrerai très certainement en Israël pour l'assumer, mais je ne serais pas déçu d'être maintenu à mon poste actuel.

Mon seul regret serait que nous ne nous retrouvions pas tous à la maison. Je sais que notre séjour ici vous complique beaucoup la vie, à Yuval et à toi. Mais j'espère que même si je ne rentre pas en Israël dans les prochains mois, ce qui est parfaitement possible, nous arriverons à atténuer les inconvénients de cette séparation. Je suis convaincu que ton séjour ici nous sera très profitable à tous, même s'il n'apporte qu'une maigre compensation à nos espoirs irréalisés.

Il ne se passe pas grand-chose ici. J'ai beaucoup de travail, c'est ce qui fait l'intérêt de ce poste. La dépendance d'Israël à l'égard des États-Unis ne fait malheureusement que s'accroître. Nous n'avons pas de plus proche allié qu'eux. La réponse négative des Britanniques concernant la vente d'armes ainsi que l'embargo français[1] *nous obligent à compter presque exclusivement sur les États-Unis pour nos fournitures d'armes à l'extérieur d'Israël.*

Nos prévisions économiques médiocres nous ont conduits récemment à demander aux Américains une aide financière que nous espérons bien obtenir. Elle s'ajouterait bien sûr au soutien que nous apportent déjà les Juifs américains. Ceux-ci sont parfaitement conscients de nos problèmes, et, malgré une situation économique de plus en plus difficile, les dons à l'Appel juif unifié et aux bons de l'État sont en augmentation.

1. Voir note 1, p. 130.

Nous espérons obtenir 25 à 30 p. 100 de plus que l'année dernière. Mieux encore, il n'est pas exclu que les dons de l'année prochaine retrouvent le niveau de 1967. Bref, il y a beaucoup à faire dans des domaines absolument vitaux pour Israël, au cours des temps difficiles qui nous attendent.

Dalika, si tu devais avoir la moindre difficulté à organiser ton voyage, n'hésite pas à nous appeler. Je ferai tout ce qui est en mon pouvoir pour que tu arrives bien le 10 décembre 1969.

Je t'embrasse,
Abba

Après tout le battage fait autour de la constitution du cabinet, Itzhak a appris que le choix de Golda Meir s'était porté sur un autre. Il ne s'en est pas formalisé outre mesure, parce qu'il avait l'impression d'avoir encore beaucoup à apprendre et parce que le nouveau ministre de l'Éducation était plus un camarade qu'un rival : il s'agissait d'Yigal Allon !

En sa qualité d'ambassadeur aux États-Unis, Itzhak a tout fait pour resserrer nos liens avec ce pays. Sous Nixon, les relations israélo-américaines ont pris une importance stratégique sans précédent. Itzhak s'est efforcé de faire comprendre aux dirigeants américains que leurs rapports avec tous les pays — aussi petits soient-ils — doivent se négocier sur une base bilatérale. Il était parfaitement conscient qu'il est impossible d'ignorer les Américains ou de se passer d'eux. Mais il était tout aussi convaincu que nous devions essayer de régler nous-mêmes nos problèmes au Proche-Orient. Les États-Unis devaient donc se tenir à l'écart quand tout allait bien mais être là pour nous aider en cas de difficulté majeure. Nixon et Kissinger ont parfaitement compris ce point de vue, même s'ils ont eu quelquefois du mal à le mettre en pratique.

À Washington, Itzhak a établi un certain nombre de contacts de toute première importance — notamment dans les milieux du Capitole et de la presse. Deux sénateurs démocrates, grands amis d'Israël, lui ont inspiré un immense respect : Hubert Humphrey et Henry Jackson, dit « Scoop ». Les remarquables connaissances de ce dernier dans le domaine de la sécurité ne pouvaient que le rapprocher d'Itzhak. Il a beaucoup travaillé aussi avec Joseph Sisco, le vice-secrétaire d'État, qui lui a toujours apporté un précieux appui. Je n'oublie pas non plus les frères Rostow, qui formaient un véritable duo de choc — Eugene était sous-secrétaire d'État et exerçait également les fonctions de conseiller à la sécurité nationale auprès de Lyndon Johnson. Son frère, Walt, économiste, avait été un conseiller influent de Kennedy et de Johnson. Dans les milieux de la presse, nous avons fait la connaissance de Katherine Graham, de Joseph et de Stewart Alsop, de Rollie Evans, de William Safire, de Max Frankel et de Barbara Walters. Nous avons eu plus de mal, en revanche, à nous lier avec d'autres membres de la communauté diplomatique internationale. Du reste, Itzhak n'a jamais accordé beaucoup d'importance à ses relations avec les autres ambassadeurs. Il avait suffisamment à faire avec les autorités américaines et les communautés juives. Malgré l'absence de relations diplomatiques entre Israël et l'URSS, l'ambassadeur soviétique aux États-Unis, Anatoly Dobrynine, était en bons termes avec Itzhak. Pour ma part, je m'entendais bien avec sa femme, que j'ai rencontrée à plusieurs réceptions.

Une amitié toute particulière nous liait à Rolf Pauls et à son épouse. Pauls avait été le premier ambassadeur d'Allemagne fédérale en Israël et il avait beaucoup fait pour améliorer l'image de son pays en Israël. C'était un homme brillant, très méticuleux et, ce qui ne gâchait rien, excellent danseur. (Les Pauls adoraient danser et organisaient de nombreuses soirées dansantes.) Rolf Pauls a été nommé ambassadeur d'Allemagne aux États-Unis peu après notre arrivée à Washington. Les Pauls connaissaient bien Israël et avaient pris grand plaisir à y vivre, ce qui nous a évidemment rapprochés.

En septembre 1972, au moment des jeux Olympiques de Munich, j'étais rentrée à Zahala pour un bref séjour, pendant qu'Itzhak faisait un voyage à Seattle. C'était un samedi soir, deux jours avant Rosh Hashanah*. J'étais allée chez des amis pour boire un verre et manger une pomme au miel selon la tradition juive. Mais notre petite réunion manquait de gaieté. Nous étions tous préoccupés par le sort de nos athlètes pris en otages sur le sol allemand. Deux d'entre eux avaient déjà été abattus. La tension montait. Les terroristes palestiniens exigeaient la libération de prisonniers arabes détenus en Israël. Enfin, la radio annonça que les neuf athlètes restants étaient sains et saufs. Nous avons poussé un soupir de soulagement, crié *Mazel tov* et *Shanah Tova**, et chacun est rentré chez soi. Le lendemain matin, à sept heures, un ami m'a appelée : « Tu ne vas pas me croire. Ils sont tous morts. » J'étais allée me coucher, persuadée qu'ils étaient tirés d'affaire. Quel cauchemar d'apprendre à mon réveil que les terroristes les avaient tous assassinés ! Itzhak m'a téléphoné : il rentrait immédiatement à Washington pour répondre aux questions des journalistes. Toute la journée, la radio israélienne a diffusé la « marche funèbre » de la symphonie *Héroïque* de Beethoven. Aujourd'hui encore, je ne peux entendre cette musique sans revivre ces heures tragiques.

Comme prévu, j'ai regagné les États-Unis dans la semaine. Cela faisait un certain temps déjà que les Pauls nous avaient invités à dîner. Je dois dire que j'hésitais désormais à accepter, mais Itzhak estimait qu'un refus constituerait un grave manquement aux usages diplomatiques. Itzhak a toujours eu horreur de la provocation, et il ne voulait pas que ce drame compromette nos relations personnelles avec les Pauls. Ceux-ci devaient quitter Washington peu après et c'était un de leurs dîners d'adieu. En définitive, j'ai été contente d'avoir accepté cette invitation : les Pauls ont ainsi eu l'occasion de nous exprimer très ouvertement la tristesse et les regrets que leur inspirait cette tragédie. L'amitié qui s'était développée entre l'Allemagne fédérale et Israël et que les Pauls avaient tant fait pour favoriser rendait ce drame encore plus douloureux pour eux.

Vers le milieu de l'année 1972, Itzhak a dû se rendre à l'évidence : sa carrière politique exigeait que nous rentrions en Israël. Les sentiments qu'il éprouvait à l'idée de ce changement imminent apparaissent bien dans deux lettres qu'il m'a adressées alors que je me trouvais en Israël. À cette époque, aux États-Unis, Itzhak était la cible de controverses et de critiques en raison du soutien manifeste qu'il accordait à la candidature de Richard Nixon à la réélection.

Washington, le 9 août 1972

Shalom Lea,

Je t'écris du bureau après le dernier déjeuner que j'ai pris avec Yuval avant son retour en Israël. Cela me fait un drôle d'effet de voir la famille commencer à battre en retraite. Nous venons de terminer les bagages (conformément à tes instructions) et je suis revenu au bureau.

Yuval a pris ta voiture pour faire un dernier petit tour avant de devoir renoncer aux joies du volant pendant deux ans. Au moment de passer à table, il m'a dit : « Ça fait bizarre de quitter cette maison et de savoir que je n'y reviendrai plus. » C'est un peu triste, c'est vrai, mais c'est comme ça. Le moment est venu de rentrer chez nous, notre vrai chez nous...

Ton coup de téléphone m'a fait bien plaisir. Ne fais pas attention aux comptes rendus abjects des journaux[1]*. Ils sont tous jaloux de mon succès et essaient de me salir par tous les moyens... Dans l'ensemble, je suis satisfait du rôle que j'ai joué jusqu'à présent dans les relations américano-israéliennes. Je n'ai jamais cru que, malgré l'existence de divergences de vues entre pays amis, comme les États-Unis et Israël, il faille les réduire aux dimensions d'une « chasse aux sorcières ».*

Certes, nous avons des différends avec les États-Unis. De sérieux différends, parfois. Il n'empêche que les États-Unis sont le seul pays à nous aider de la sorte, par une assistance et des livraisons d'armes d'une envergure et d'une qualité sans précédent, et par un soutien financier sans égal. Malgré tout le tumulte que nous provoquons, aucun pays au monde n'est politiquement plus proche d'Israël que les États-Unis.

Je ne doute pas que nous ayons à lutter, et à lutter ferme, avec l'Amérique au sujet des armes, de l'assistance économique, etc., mais je ne vois pas pourquoi il faudrait essayer de faire passer les États-Unis pour l'ennemi du genre humain aux yeux de l'opinion publique...

Toutes ces péripéties me préoccupent davantage pour leur contenu que pour la place que j'y occupe. Je ne me soucie pas des attaques de la presse, à ce stade. Elles n'ont fait qu'accroître mon prestige et ma notoriété de manière presque inquiétante. Le président et d'autres personnes ont déjà fait des démarches auprès de Golda pour lui demander de me maintenir à ce poste par égard pour les relations israélo-américaines. Je n'y suis évidemment pour rien et j'imagine qu'elle est fort embarrassée, et ses proches collaborateurs aussi. Je n'ai d'ailleurs aucune envie de rester ici, sinon pour les raisons dont nous avons parlé ensemble. Je dois avouer pourtant que les démarches de Nixon, Kissinger, du ministre de la Justice John Mitchell et du sénateur Jackson ne m'ont pas déplu...

1. La presse américaine en voulait à Yitzhak pour plusieurs raisons. L'une était son soutien déclaré à Nixon. L'autre était l'appui qu'il avait accordé à l'idée de bombardements intensifs à l'intérieur des frontières égyptiennes pour mettre fin à la guerre d'usure. Cette dernière prise de position contrariait particulièrement Abba Eban, le ministre israélien des Affaires étrangères. La presse américaine était allée jusqu'à baptiser Itzhak le « diplomate non diplomate », un surnom dont il était plutôt fier.

J'essaierai de t'appeler samedi soir, à minuit, heure israélienne. Ce n'est pas donné, mais nous pourrons bavarder un peu et tu me diras si Yuval est bien arrivé, etc.

Je t'embrasse,

Itzhak

Au cours du même mois, il m'a envoyé une seconde lettre, à l'occasion de notre vingt-quatrième anniversaire de mariage.

Washington

Le 23 août 1972

Ma chère épouse,

Mon horloge indique minuit une. Nous sommes le 23 août, à Washington. Après t'avoir parlé au téléphone, j'ai écrit une lettre à Dalia (un peu trop sentimentale, je le crains). Sa lettre précédente m'avait profondément touché.

La lettre que m'a envoyée Dalia, à l'aube de sa nouvelle vie[1]*, m'a beaucoup ému par son bon sens, sa sensibilité et son désir ardent de me faciliter les choses, de trouver des paroles encourageantes... Il est difficile d'écrire deux lettres sentimentales le même soir.*

Quand je regarde derrière moi et que je songe à nos vingt-quatre années de mariage, je suis convaincu qu'en dépit de toutes les petites disputes agaçantes on aurait peine à trouver parmi les couples que je connais un meilleur ménage que le nôtre. Je sais que j'ai eu beaucoup de chance de t'épouser et tu sais combien j'apprécie ce bonheur. Je n'arrive pas toujours à le manifester dans la vie quotidienne... Nous avons partagé tant d'épreuves, vécu ensemble des époques si critiques pour nous tous, que j'ai l'impression que le contenu de notre vie suffirait à remplir l'existence de plusieurs dizaines de familles. Je veux parler des aspects positifs et de la richesse des expériences que nous avons faites ensemble.

Je me dis quelquefois que chacun des deux derniers postes que j'ai occupés (celui de chef d'état-major et celui d'ambassadeur) pourrait marquer le couronnement d'une carrière, le sommet de la réussite pour n'importe quel homme à la fin de sa vie professionnelle...

Je sais que la phase de transition ne va pas être facile... Tu as tort de penser que mes premières apparitions en public [en Israël] seront déterminantes. Ce genre de chose n'a qu'un effet limité. Ce qui compte,

1. Elle venait de se marier à Tel-Aviv. Yitzhak avait évidemment assisté à la cérémonie.

c'est la situation concrète, l'endroit où tu te trouves, et la réalité du pouvoir que tu détiens. De ce point de vue, ma situation ne sera certainement pas simple pendant un certain temps. J'en ai conscience, mais je sais aussi que je n'ai pas le choix. Ce n'est pas une situation idéale. Mais c'est celle qui m'a été imposée. Et je dois y faire face.

Je m'arrête là, car je risque d'arriver exténué à Salt Lake City.

Je termine en t'embrassant. Embrasse Yuval de ma part.

Itzhak

Itzhak avait le sentiment d'avoir épuisé l'intérêt de la fonction d'ambassadeur ; personne ne l'obligeait à quitter ce poste. Il savait par ailleurs que, s'il voulait profiter de son expérience diplomatique pour s'engager dans une vraie carrière politique, il devait rentrer en Israël et se présenter à la Knesset. Cette démarche n'était pas sans risque. Une fois, déjà, on lui avait fait miroiter un poste ministériel illusoire. S'il entrait au cabinet, il ne savait pas quel portefeuille on lui confierait. Si, de mon point de vue, ce retour ne présentait que des avantages, les sentiments d'Itzhak étaient moins tranchés. D'où l'incertitude que reflètent ses lettres, malgré la certitude que son avenir politique se jouait en Israël.

L'un des rôles majeurs qui incombent à l'ambassadeur israélien à Washington est d'accueillir les dignitaires israéliens en visite. Les deux personnalités les plus importantes de l'époque étaient indéniablement Moshe Dayan et Golda Meir. Je me souviens d'un dîner que nous avons donné en l'honneur de Dayan. Il s'était assoupi peu avant, et sa fille, Yael, avait hésité à le réveiller. Nous avions invité cinquante personnes. À vingt heures, tout le monde était là, sauf Dayan. Quand il est enfin arrivé, avec une demi-heure de retard, il a lancé négligemment un « *Shalom* » à la ronde et a prié son attaché militaire de le suivre dans la pièce voisine pour un entretien. George Shultz, qui était alors secrétaire d'État au Trésor, était notre convive américain le plus prestigieux, et il était arrivé à l'heure. Itzhak l'avait invité personnellement et lui avait un peu forcé la main, insistant sur l'importance de sa présence à l'occasion de la visite de Dayan. Debout à côté de moi, souriant de toutes ses dents, Shultz ne résista pas à l'envie de me chuchoter : « Vous savez, je n'ai rien contre les divas — à condition qu'elles sachent chanter. Je suis persuadé que Dayan a une voix superbe. »

Golda Meir, en revanche, était toujours d'une ponctualité irréprochable. Chaque fois qu'il nous est arrivé de venir la chercher, nous l'avons trouvée assise, immobile et sûre d'elle, un rang de perles autour du cou, fumant paisiblement sa Chesterfield sans filtre. Elle s'est rendue trois fois à Washington pendant son mandat de Premier ministre — en 1969, 1971 et 1973, et nous l'avons accompagnée au cours de ces trois voyages.

Sa dernière visite officielle à Washington a eu lieu tout à la fin de notre séjour aux États-Unis, le 1er mars 1973. C'était l'anniversaire d'Itzhak, et le président Nixon lui a remis un cadeau en présence de Mme Meir. Itzhak s'apprêtait à être candidat à la Knesset, en tant que membre du parti travailliste de Golda Meir. Plus tard, au cours d'un dîner, le président américain a rendu un hommage appuyé à Itzhak, toujours en présence de notre Premier ministre.

— Nous regrettons vivement de voir ce brillant ambassadeur quitter Washington, a dit Nixon. J'espère que vous en ferez bon usage quand il sera rentré chez vous. Dans le cas contraire, nous serions très heureux de lui offrir un emploi ici, à Washington.

— Tout dépend de sa conduite, rétorqua Meir.

De toute évidence, les lauriers dont le président couvrait Itzhak la hérissaient. Quant à moi, j'ai trouvé sa remarque désobligeante, mais je me suis mordu les lèvres.

Il faut savoir que Golda entretenait des relations très particulières avec la communauté juive américaine, car elle avait passé son enfance à Milwaukee, dans le Wisconsin, et parlait anglais à la perfection.

Les rapports entre Itzhak et elle étaient complexes. Itzhak a toujours admiré sa détermination, et son côté maîtresse femme ne l'a jamais gêné. Personne, au demeurant, n'ignorait que ses qualités rachetaient largement son opiniâtreté. Après tout, Rosa Cohen, la mère d'Itzhak, était de la même trempe.

Mais Golda ne possédait pas l'altruisme ni le désintéressement d'une Rosa Cohen ou, dans la sphère politique, d'un Levi Eshkol. Il lui arrivait de manquer de générosité. Quand elle venait à Washington, elle était généralement munie de sa « liste de commissions », comme disait Itzhak, c'est-à-dire de commandes d'armement. Il s'est toujours demandé si elle se rendait compte que tout avait été négocié bien avant son arrivée. De toute évidence, Golda ne croyait guère en l'avenir d'Itzhak et elle n'a certainement jamais imaginé qu'il lui succéderait un jour. Je crois, en fait, qu'elle avait le plus grand mal à envisager que qui que ce fût pût la remplacer...

Au tout début de l'année 1973, Kissinger est rentré de Paris après avoir négocié un premier accord entre le Sud Viêt Nam et le Nord Viêt Nam. Le journaliste Joseph Alsop adorait recevoir et il avait toujours eu un faible pour les personnalités militaires. Or le départ d'Itzhak et le retour du général Creighton Abrams à Washington étaient une occasion rêvée pour organiser un événement mondain. En 1968, le général Abrams avait pris la succession de William Westmoreland au poste de commandant en chef au Viêt Nam. Il est resté en fonction jusqu'en 1972, date à laquelle il a été nommé chef d'état-major de l'armée américaine.

Au café, j'étais placée à côté d'Henry Kissinger, ce qui m'a permis de bavarder avec lui. Le respect de la hiérarchie a toujours beaucoup compté pour Itzhak, qui n'a jamais pu se décider à appeler Kissinger « Henry » ; suivant son exemple, je l'ai toujours appelé « Dr Kissinger ».

« Dr Kissinger, dis-je, nous avons passé cinq ans aux États-Unis. Nous avons vécu à vos côtés cet effroyable cauchemar de la guerre du Viêt Nam, nous avons pris part à vos angoisses. Vous êtes sur le point de signer un accord pour régler ce conflit. Je vous en prie, accordez-moi une faveur. Signez cet accord avant notre départ de Washington. »

Trois semaines plus tard, le service funèbre à la mémoire du président Lyndon Johnson avait lieu au Capitole. Itzhak a assisté à la cérémonie. Pour ma part, j'ai écouté les éloges funèbres à la radio, tout en faisant nos valises en prévision de notre départ imminent.

Après la cérémonie, Itzhak est allé voir Kissinger, comme il le faisait régulièrement. Kissinger était rentré la veille au soir, après avoir mis la dernière main aux accords de Paris. Itzhak l'a félicité. « Eh bien, Dr Kissinger, vous y êtes arrivé. » Avec un humour caustique bien dans sa manière, Kissinger a regardé Itzhak et lui a dit : « Monsieur Rabin, je n'ai fait qu'obéir aux ordres de votre épouse. »

En avril 1973, peu après notre retour en Israël, Haïm Shur, qui était alors rédacteur du quotidien *Al Hamishmar,* a demandé une interview à Itzhak. Nous avions retrouvé notre maison de

Zahala. Pendant que l'enregistrement avait lieu dans notre salon, le téléphone a sonné. À l'autre bout du fil, une jeune fille a articulé d'une voix tremblante : « Je voudrais parler à Haïm Shur. Son fils a été tué la nuit dernière au cours d'un raid sur Beyrouth. » (Cette action de commando avait été lancée en représailles contre les dirigeants de Septembre noir, à la suite de l'assassinat de nos athlètes à Munich.) Je suis d'abord restée sans voix, puis je lui ai demandé ce que je devais faire. Elle voulait parler à Itzhak. Je me suis réfugiée dans notre chambre pour pleurer, et j'ai entendu Itzhak prendre le combiné et murmurer : « Oui, je comprends. C'est entendu. Merci. Au revoir. »

De retour au salon, Itzhak a dit à Haïm Shur : « Je crois qu'il vaudrait mieux interrompre cette interview. Votre fils a été blessé au cours de l'attaque de la nuit dernière. » Haïm n'a posé aucune question. Comme nous avions tous appris à le faire depuis tant d'années, il s'attendait au pire. Il s'est levé pour prendre congé. J'ai essuyé mes larmes et je suis venue lui dire au revoir. Itzhak lui a proposé de le reconduire à son journal, mais Haïm a répondu qu'il préférait rentrer seul. Il était pâle comme un linge.

Voilà que cela recommençait — la mort ne cesserait-elle donc jamais de faucher notre jeunesse ? Plus tard, Haïm Shur a écrit un livre à la mémoire de son fils. Cet ouvrage est venu rejoindre sur nos rayonnages une trop longue rangée de volumes consacrés aux fils d'Israël morts au combat.

Au cours des années soixante-dix, les actes de terrorisme contre des cibles militaires ou civiles se sont multipliés et sont devenus de plus en plus sophistiqués. Cette question a beaucoup préoccupé Itzhak. Pour lui, tous les actes de terrorisme étaient empreints de la même malveillance et de la même ignominie fondamentales. Pourtant, tous les attentats et toutes les formes de terrorisme ne sont pas identiques. La position de Golda Meir était inébranlable : on ne négocie pas avec les terroristes. Quant à Itzhak, il a toujours privilégié les réponses militaires. Le raid d'Entebbe, dont je reparlerai plus loin, a été l'opération antiterroriste la plus complexe qu'Itzhak ait jamais supervisée ; mais tous les actes de violence ne permettaient pas ce genre d'opération. La philosophie d'Itzhak était simple : s'il existait une option militaire efficace, il fallait l'appliquer. Dans le cas contraire, il fallait négocier, du moins jusqu'à ce que d'autres solutions, plus positives, se dégagent. Il faut bien voir que le terrorisme aveugle de ces années-là, perpétré par des groupes de fedayin, n'avait pas grand-chose à voir avec le type de violences auquel Israël a dû faire face à la fin des années quatre-vingt, quand toute la population arabe des territoires occupés s'est soulevée en masse contre l'autorité militaire israélienne. Il a fallu alors imaginer de nouvelles réponses, et l'attitude d'Itzhak a changé.

Je l'ai souvent entendu comparer l'apparition d'un terrorisme localisé dans des régions comme le Sud Liban et la bande de Gaza aux méthodes qui avaient soutenu l'expansion du communisme mondial, plusieurs décennies auparavant — des opérations locales, liées à un complot général. L'Intifada, le soulèvement palestinien des années quatre-vingt, l'a conduit à reconnaître le pouvoir croissant des médias et l'influence que ceux-ci peuvent exercer sur les actes de terrorisme. Devant ce type de violences, il s'interrogeait : « Qui est le terroriste ? » On ne négocie pas avec des enfants. Il était convaincu qu'on ne peut qu'en pâtir. Les attentats suicides, favorisés par l'essor de l'intégrisme musulman, se sont multipliés au cours des dernières années. Ils se distinguent fondamentalement du terrorisme politique des années soixante-dix et quatre-vingt et exigent, là encore, des solutions différentes. Le terrorisme a plusieurs visages. Et il n'appelle pas une réponse unique.

Après les revers de la guerre de 1967 et grâce à une assistance soviétique considérable, l'Égypte et la Syrie avaient entrepris de relever et de développer leurs armées. Entre 1968 et 1970, l'Égypte a mené contre Israël une « guerre d'usure », laquelle a essentiellement pris la forme d'accrochages le long de la frontière entre le Sinaï et le canal de Suez. Ces incidents frontaliers réitérés ont conduit Israël à construire dans cette région une série de bunkers, la ligne Bar-Lev. Il s'agissait là d'un changement fondamental de conception de la défense israélienne, au profit de fortifications permanentes, un peu dans l'esprit de la ligne Maginot. Convaincus que la force de l'armée israélienne résidait dans sa mobilité, Itzhak et le général Ariel Sharon, un héros de la guerre de 1967, n'ont pas approuvé cette évolution. Itzhak s'inquiétait en effet à l'idée qu'Israël s'assoupisse sur sa ligne Bar-Lev, qui risquait ainsi de se transformer en piège fatal. Mais le ministre de la Défense, Moshe Dayan, prétendait qu'Israël était en mesure de repousser n'importe quelle attaque en moins de trente-six heures.

En 1973, Yuval était élève d'une école d'officiers de marine à Haïfa. La veille de Yom Kippour, alors qu'il était venu passer les fêtes à la maison, il a reçu un appel urgent : il devait rallier immédiatement son unité. Ce n'était pas une affectation à haut risque, et cette mobilisation ne nous a pas beaucoup inquiétés. C'est alors que notre gendre, commandant de blindés dans le Sinaï, a été mis en alerte sur ce site névralgique. Cette fois, Itzhak a commencé à se poser des questions. Mais il ne s'attendait pas à la guerre. Le lendemain matin, le samedi 3 octobre, un appel du chef du parti travailliste, Yisrael Galili, lui a ouvert les yeux. Un conflit majeur se profilait à l'horizon. Itzhak devait rencontrer le ministre de la Défense et d'autres anciens chefs d'état-major à trois heures de l'après-midi. Dans la matinée du même jour, un conseil des ministres a eu lieu, au cours duquel le chef d'état-major, David Elazar, a réclamé la mobilisation générale. Dayan s'y est opposé, considérant qu'il ne s'agissait là que d'une nouvelle fausse alerte — il y en avait déjà eu plusieurs. Ils se sont finalement mis d'accord sur une solution de compromis : ce matin-là, deux brigades seulement ont été mobilisées.

À deux heures de l'après-midi, le hurlement des sirènes a fait voler en éclats le silence de cette grande fête religieuse. Itzhak était à la maison, où il se préparait pour sa réunion de trois heures. Nous sommes restés pétrifiés. La radio a repris ses émissions en dépit du repos obligatoire [1], et a commencé à diffuser des messages codés, appelant les unités à se mobiliser. Soudain, on a vu des gens sortir en courant des synagogues pour rejoindre leurs unités. C'était le branle-bas de combat à travers tout le pays. La guerre avait éclaté ! L'alerte a été donnée si tard que personne n'imaginait qu'une attaque fût imminente. Le mari de Dalia venait de recevoir de ses supérieurs une permission pour subir une opération qui n'avait rien d'urgent, ce qui montre bien à quel point les responsables de l'armée ne s'attendaient pas à cette guerre. Il est rentré en voiture le samedi, sans allumer la radio, qui n'était pas censée émettre ce jour-là. Ce

1. En Israël, le jour du shabbat et à l'occasion des grandes fêtes religieuses, toute activité s'arrête et la radio elle-même interrompt ses émissions. *(N.d.T.)*

n'est qu'en arrivant chez lui qu'il a appris que notre pays était en guerre. Il a dû faire de l'auto-stop jusqu'au Sinaï. N'arrivant pas à rejoindre son unité, il a finalement été intégré dans une autre.

Cette période a été affreusement démoralisante pour Itzhak, condamné à l'inaction, alors que la situation n'était manifestement pas brillante. « Dado » Elazar lui demanda de l'accompagner sur les différents fronts et sollicita plusieurs fois son avis ; mais Itzhak savait mieux que personne combien il est risqué d'essayer de juger les choses de l'extérieur. Pinhas Sapir, le ministre des Finances, a alors prié Itzhak de se charger de lever un emprunt exceptionnel, ce qu'il a accepté de faire, pensant que son expérience diplomatique et ses relations pourraient lui être utiles. Mais il aurait évidemment préféré participer directement à l'élaboration de la stratégie militaire, tout en sachant qu'il y avait fort peu de chances qu'on le lui propose.

Le Namaat, l'Organisation des femmes travaillistes, s'est occupée de transporter les familles qui le souhaitaient auprès de leurs fils blessés soignés dans des hôpitaux éloignés, et j'ai travaillé dans cette organisation. À la fin de la guerre, ayant pris douloureusement conscience de la confusion qui avait régné et de la faiblesse de l'armée, Yuval a renoncé à poursuivre ses deux années de formation d'officier de marine. Il voulait rejoindre le corps des blindés, moins prestigieux, mais où les pertes avaient été plus lourdes. Il avait en effet des scrupules à passer deux ans à piocher ses cours au soleil... Nous avons évidemment été très fiers de lui — d'autant plus qu'il avait pris sa décision pour des motivations personnelles et non parce qu'il était le fils d'un héros militaire. Nous en avons discuté très brièvement, et c'est moi qui ai annoncé la nouvelle à Itzhak. Celui-ci se trouvait alors à l'étranger pour essayer de rassembler des fonds.

Notre neveu Iftach, un fils de Rachel, la sœur d'Itzhak, qui servait dans une unité blindée du Sinaï, a été grièvement blessé par une roquette qui a touché son char. Nous sommes allés le voir à l'hôpital Ichilov. Je n'oublierai jamais l'effroi qui nous a saisis en découvrant l'étendue de ses brûlures. Les médecins ont immédiatement cherché à nous rassurer : son état était moins grave qu'il n'y paraissait. Une de ses mains a tout de même été très abîmée et il a perdu trois doigts. Les médecins ont pu lui rendre sa sensibilité tactile et une partie de sa motricité, et aujourd'hui, il peut même s'en servir pour conduire.

Au lieu de trente-six heures, la guerre du Kippour a duré vingt-trois jours. Israël a réussi à se sortir tant bien que mal d'une situation désastreuse, mais à quel prix ! Deux mille sept cent un morts, sept mille cinq cents blessés, trois cents prisonniers de guerre, une centaine d'avions et huit cents chars détruits — jamais, dans toute l'histoire d'Israël, un conflit ne nous avait coûté aussi cher. Et que se serait-il passé si les États-Unis n'avaient pas organisé un pont aérien, qui nous a permis de recevoir plus de cinq cents avions chargés de munitions et d'équipement ? Je me rappelle être allée à l'aéroport et avoir vu s'ouvrir les avions cargos Galaxy. Des chars sortaient en trombe de l'appareil, l'un après l'autre, pour remplacer tous ceux que nous avions déjà perdus. Cette guerre de dix milliards de dollars a paralysé l'économie israélienne, et l'inflation est montée en flèche. Nous étions arrivés à défendre le territoire d'Israël, mais de justesse.

La guerre n'avait pas seulement rempli les cimetières d'Israël d'un nombre effroyable de jeunes gens et les centres de soins pour anciens combattants d'une foule d'invalides à vie. Elle avait également vidé les coffres de l'État. Mais, surtout, cette guerre a profondément ébranlé la confiance de la population dans le gouvernement, et la manière dont celui-ci a traité les victimes n'a fait qu'aggraver les choses. Tant d'hommes sont morts au cours des deux premières journées — sur le plateau du Golan, sur le canal de Suez et dans le désert du Sinaï... La confusion était telle qu'un grand nombre de corps n'ont pas été retrouvés et que ces morts n'ont été annoncées officiellement que plusieurs semaines, voire plusieurs mois plus tard. Les disparus, les morts et les blessés dont on était sans nouvelles ont provoqué le désarroi et la colère des familles.

L'une de nos voisines à Zahara, Francie Oberlander, avait un fils, Danny. Celui-ci était membre d'une unité qui avait été envoyée sur le plateau du Golan. Francie n'avait reçu aucune nouvelle de lui depuis le début de la guerre. Progressivement, les autres soldats ont commencé à téléphoner à leurs familles. Toujours rien de Danny. Sa mère était folle d'angoisse. Un jour, elle est passée chez nous. Itzhak était à la maison. Elle lui a dit : « Je n'en peux plus. Pouvez-vous m'aider ? » Itzhak est resté désemparé : dans sa situation, il ne pouvait pas faire grand-chose pour elle. Le cri de détresse de cette mère résonne encore aujourd'hui à mes oreilles : « Mais enfin, la terre n'a pas pu l'engloutir ! Il n'a quand même pas disparu ! » Ce n'est que deux ou trois semaines plus tard, me semble-t-il, que nous avons appris qu'il avait été tué dans un char le premier ou le deuxième jour de guerre. La notification officielle de son décès a mis plusieurs semaines à parvenir à sa famille. Les procédures d'enregistrement et de communication des pertes n'avaient tout simplement pas été mises en place. Pendant de longues années, le jour des Morts, je me suis rendue sur la tombe de Danny avec Francie et d'autres voisins.

Eyal, un ancien camarade de classe de Dalia qui avait été mobilisé pendant la guerre, avait épousé une amie de notre fille. Un soir, après avoir dîné avec un journaliste, nous sommes rentrés à la maison, Itzhak et moi. Nous avons trouvé Dalia en train de bavarder avec son amie à la cuisine. Je savais déjà que le mari de cette jeune femme était mort au combat. Mais la famille n'avait pas encore été prévenue, et je ne pouvais rien dire. L'inefficacité des services de l'armée a créé des dilemmes intolérables et nous a placés dans des situations humaines cruelles et douloureuses.

Ce triste épisode de la guerre du Kippour a joué un rôle décisif dans la vie d'Itzhak... mais il était loin de le soupçonner à l'époque, alors qu'il piaffait en coulisse. Il s'inquiétait pour son avenir. « Les guerres forgent le destin des hommes, m'a-t-il confié. Cette guerre forgera aussi le mien, à cause de mon absence. Où serai-je quand tout cela sera terminé ? »

J'ai tenté plusieurs fois de le rassurer : « Tu seras le héros absent. »

7

Première manche

La guerre du Kippour a entraîné un report des élections législatives, qui ont finalement eu lieu en décembre. Je ne peux pas dire qu'Itzhak ait pris plaisir à faire campagne, mais il a bien fait les choses, en y mettant tout son dévouement et toute son énergie. Tous les soirs, il prenait la route pour aller soutenir son parti.

En 1973, lorsque nous étions rentrés des États-Unis, Itzhak n'était plus dans l'armée et n'était pas encore au gouvernement — il était simple candidat à la Knesset. Comme il le disait avec humour, il était ex-soldat et ex-ambassadeur. Pensant avoir peu de chances de se voir proposer un ministère qui lui convînt, il avait même ajouté à ce curriculum vitae « ex-candidat à un portefeuille ministériel ». Il semblait cependant avoir désormais de meilleures chances d'obtenir un ministère, mais il ignorait quel poste on lui offrirait. Son séjour aux États-Unis avait indéniablement facilité son entrée en politique. Au moment où le parti travailliste a établi sa liste de candidats à la Knesset [1], Itzhak a demandé à être placé en vingtième position, ni trop bas ni trop haut.

Les travaillistes ont remporté les élections, mais leur représentation a été plus faible que précédemment, puisqu'ils ont dû

1. En Israël, chaque parti présente une liste unique de candidats. Les élections ont lieu à la proportionnelle stricte à un tour, le pays tout entier étant considéré comme une seule circonscription électorale. Les candidats dont le nom figure en tête de liste ont donc les meilleures chances de siéger à la Knesset.

se contenter de 39 p. 100 des sièges, au lieu des 46 p. 100 qu'ils avaient occupés dans la dernière assemblée.

C'est ainsi qu'Itzhak est entré à la Knesset. Pendant un bref instant, il a même pu croire qu'on lui confierait le ministère de la Défense (ce qui l'aurait évidemment comblé), car Moshe Dayan hésitait à participer au nouveau gouvernement. Bien des gens s'attendaient en effet à sa démission à la suite des critiques d'anciens combattants l'accusant d'avoir mal préparé la guerre du Kippour. L'idée de revenir au gouvernement ne l'enchantait guère, mais il a fini par accepter le portefeuille de la Défense. Itzhak a été nommé ministre du Travail.

Itzhak s'est plongé corps et âme dans les dossiers de son ministère, et les nombreux problèmes à régler ont stimulé sa combativité. Il faut bien avouer qu'a priori ce poste ne l'intéressait pas particulièrement ; mais, en homme efficace qu'il était, il en a profité pour s'initier aux arcanes d'un domaine qu'il connaissait mal. Il lui suffisait désormais de consulter la profession des immigrants qui arrivaient tous les mois pour connaître leur origine géographique. L'afflux régulier d'ingénieurs des mines en provenance d'Union soviétique le faisait grimacer : contrairement à l'ex-URSS, Israël ne possède pas une seule mine de houille ! Il savait que seul le temps et la patience permettraient à ces nouveaux arrivants d'acquérir de nouvelles compétences.

Le nouveau gouvernement travailliste issu des élections n'a pas pu ignorer longtemps le mécontentement populaire. Les gens manifestaient dans les rues, s'en prenant notamment à Moshe Dayan. Le vaillant et charismatique combattant de 1967 s'est trouvé en butte à de vertes critiques. On lui imputait l'impréparation de Tsahal et on lui reprochait de n'avoir pas su réagir promptement aux signaux d'alerte. Certains affirmaient également que la construction de la ligne Bar-Lev avait été une grave erreur, car elle avait entraîné un faux sentiment de sécurité. D'autres encore se demandaient si les services de renseignements s'étaient montrés aussi perspicaces qu'il l'aurait fallu. Sans qu'il ait jamais, en ma présence, analysé la guerre sous cet angle — à cette date, cela faisait cinq ans qu'il avait quitté l'armée —, je suis sûre qu'Itzhak était fermement convaincu que la responsabilité du pouvoir politique était aussi importante, sinon plus, que celle du pouvoir militaire.

Une commission d'enquête — la commission Agranat (du nom du juge de la Cour suprême Shimon Agranat) — a été nommée pour déterminer si les pertes subies pendant la guerre du Kippour étaient dues à des négligences militaires. La commission n'avait pas compétence pour juger des responsabilités gouvernementales : Dayan avait pris soin d'éviter d'être directement mis en cause. Ce qui n'a empêché personne de le tenir pour responsable de ce qui s'était passé. Le rapport final de la commission chargeait l'armée de tous les maux, et le général Elazar a été contraint de démissionner. Itzhak était scandalisé. Comment une commission d'enquête pouvait-elle considérer que le chef d'état-major était seul responsable ? Était-ce là le soutien que le gouvernement israélien accordait au chef de ses armées ? Quand Elazar a quitté le Conseil des ministres, Itzhak est sorti avec lui. Il a été le seul ministre à lui témoigner ainsi sa sympathie.

Golda Meir, et c'est tout à son honneur, n'a jamais cherché à se dérober à ses responsabilités. Le 11 avril 1974, devant le mécontentement de l'opinion publique, elle a annoncé sa démission. Son départ a entraîné la chute du cabinet et, partant, celle d'Itzhak et de Moshe Dayan. Le deuxième gouvernement de Golda n'avait exercé le pouvoir qu'un mois, mais il n'était pas nécessaire d'organiser de nouvelles élections. Les travaillistes sont restés au pouvoir. La seule question était de savoir qui serait le nouveau Premier ministre.

Tout le monde s'attendait à voir Pinhas Sapir, ministre des Finances, l'homme fort du cabinet, accéder à cette fonction. Mais il n'était pas candidat à ce poste. Un soir, en rentrant à la maison, Itzhak m'a confié d'une voix songeuse : « C'est curieux : Sapir prétend que je suis son candidat au poste de Premier ministre. » La nouvelle était surprenante, et nous eûmes du mal à y croire, l'un comme l'autre. Pour quelle raison Pinhas Sapir préférait-il tirer les ficelles en coulisses au lieu de briguer personnellement la tête du gouvernement ? Était-ce parce qu'il était l'un des rares responsables du parti à n'avoir pas été éclaboussé par le scandale de la guerre du Kippour ? Ou était-ce parce que Sapir ressemblait à Itzhak par son patriotisme modeste et altruiste ? Nous ne savions qu'une chose : si le soutien de Sapir était sincère, le seul concurrent sérieux d'Itzhak serait probablement Shimon Peres, un proche de Dayan qui s'est immédiatement déclaré candidat contre Itzhak. Tout en se considérant comme des rivaux, Itzhak et Peres ont décidé d'un commun accord que le vaincu obtiendrait le deuxième poste le plus important du pays, celui de ministre de la Défense.

Il était inutile d'organiser de nouvelles élections législatives pour nommer un Premier ministre : il suffisait que la Knesset vote la confiance au nouveau gouvernement. Restait au parti travailliste à procéder à un scrutin interne, au sein du comité central, pour choisir le successeur de Golda à la tête du parti et au poste de Premier ministre. On a estimé que les liens étroits que Shimon Peres entretenait avec Moshe Dayan l'avaient desservi. Peut-être.

Le soutien déclaré de Sapir ne suffisait pas à assurer la victoire à Itzhak. Il a dû travailler dur pour convaincre le parti de sa supériorité. Heureusement, un petit groupe de volontaires s'est constitué pour lui prêter main-forte. Il a fallu démarcher plusieurs centaines de personnes, ce qui a beaucoup coûté à Itzhak, toujours timide et réticent à demander des faveurs. De plus, tout devait être réalisé en l'espace de quelques semaines — il n'y avait pas une seconde à perdre !

Ezer Weizman — qui était alors membre du parti de droite, le Likoud — a fait tout ce qu'il pouvait pour lui mettre des bâtons dans les roues. Il a répandu des rumeurs, d'abord au sein du parti travailliste puis dans la presse, prétendant qu'Itzhak avait souffert d'une dépression nerveuse juste avant la guerre des Six-Jours. Weizman avait « lâché sa bombe », comme le dit Itzhak. Trois généraux et le médecin personnel d'Itzhak, le docteur Eliahu Gilon, ont immédiatement réfuté ses propos. Mais l'élection d'Itzhak s'est heurtée à un obstacle plus sérieux, son inexpérience politique. Député et ministre du Travail pendant un mois, Itzhak était encore un novice en matière de politique gouvernementale. Tout bien pesé, je me demande encore si cela n'a pas été son plus grand atout. Personne n'a pu mettre en doute son intégrité et son abnégation.

Deux nuits avant le vote, j'ai rêvé que je siégeais à une convention politique. J'étais assise à côté de Nava Arad, une parlementaire qui avait rejoint le groupe de soutien à Itzhak. Mais, dans mon rêve, les résultats du scrutin restaient indécis.

Le lundi 22 avril 1974, j'écoutais la radio avec un groupe d'amis. La nouvelle a été annoncée dès que les journalistes eux-mêmes l'ont apprise : Itzhak avait gagné ! Le parti travailliste l'avait choisi pour former le nouveau gouvernement, à la suite du vote secret du Comité central. Et notre amie Nava a été la première à m'appeler pour me féliciter ! Itzhak l'avait emporté avec une majorité de quarante-quatre voix. Il était désormais assuré d'être nommé Premier ministre d'Israël par la Knesset.

C'est ainsi que, presque du jour au lendemain, le « héros absent » a été appelé à assumer les plus hautes fonctions de l'État. Itzhak était déconcerté — pas mécontent, bien sûr, mais circonspect. Quant à moi, j'étais tout à la fois ravie et abasourdie. Une avalanche de télégrammes, le téléphone qui n'en finissait pas de sonner, des gerbes de fleurs... Mais nous étions trop réalistes l'un comme l'autre pour nous laisser emporter par l'euphorie.

L'élection d'Itzhak l'a obligé à prendre des décisions rapides concernant certaines nominations politiques. Yigal Allon a été proposé pour remplacer Abba Eban au poste de ministre des Affaires étrangères, et Shimon Peres a été nommé à la Défense. Peres n'avait jamais servi dans l'armée, mais il avait déjà été vice-ministre de la Défense. À cette date, sa nomination semblait indispensable si Itzhak voulait obtenir une coalition gouvernementale au sein même du parti. Itzhak a avoué plus tard qu'il regrettait la nomination de Peres : n'ayant jamais combattu dans les rangs de Tsahal, il n'avait aucune expérience pratique, et il lui est arrivé de faire des suggestions qu'Itzhak jugeait malencontreuses.

La constitution d'un gouvernement de coalition n'a pas été une mince affaire. Itzhak a déposé son projet de cabinet sur le bureau du président israélien le 3 juin 1974. Le discours qu'Itzhak a prononcé pour présenter son gouvernement et exposer son programme a été suivi d'un débat à la Knesset. Les discussions ont duré onze heures — ce qui est particulièrement long, même pour Israël. Une fois de plus, nos amis américains Norman et Diane Bernstein étaient à nos côtés ; ils avaient fait le voyage pour assister à la présentation du gouvernement. Après cette longue épreuve, Diane a insisté pour aller au mur des Lamentations, dans la Vieille Ville de Jérusalem. Elle a placé un petit rouleau de papier entre les pierres, comme le veut la tradition, pour demander l'intercession divine. Sa requête a-t-elle été entendue ? Tout ce que je sais, c'est que le gouvernement d'Itzhak a été accepté et qu'il est devenu le sixième Premier ministre d'Israël. Il ne lui restait qu'à retrousser ses manches et à se mettre au travail.

L'inexpérience d'Itzhak en matière de politique politicienne n'était pas le dernier de ses soucis. Malgré toutes ses connaissances dans le domaine de la défense et des affaires étrangères, il ne s'était jamais occupé de politique intérieure. L'un de ses meilleurs professeurs en la matière a été son ministre des Finances, Yehoshua Rabinowitz, l'ancien maire de Tel-Aviv. Tous les samedis matin sans faute, il se présentait à notre domicile, en chapeau haut de forme, un carnet de notes à la main. Je disais en souriant : « Voilà Yehoshua qui vient dire ses prières du matin. » Les prières n'étaient peut-être pas superflues, d'ailleurs. Les pertes financières de la guerre du Kippour représentaient en effet l'équivalent de l'ensemble du PNB d'Israël pour 1973. Itzhak était convaincu qu'un ministre des Finances a absolument besoin du soutien inconditionnel et de la collaboration du Premier ministre. Ils ont travaillé main dans la main, et leurs résultats ont été substantiels.

Itzhak a pris une série de mesures d'austérité, parmi lesquelles la dévaluation monétaire, la restriction des importations et des dépenses de luxe. Il a cherché à transférer des emplois publics vers le secteur privé et à inciter la main-d'œuvre agricole à trouver des postes dans l'industrie. Il a également fait de la formation l'un de ses objectifs prioritaires. Itzhak savait que l'économie israélienne ne pouvait pas se redresser du jour au lendemain, mais l'opinion publique a eu du mal à le comprendre. Des grèves ont éclaté. Tout en cherchant à stimuler la croissance, il s'est efforcé de réduire le déficit budgétaire en lançant une réforme fiscale spectaculaire. Il a augmenté le financement de la Sécurité sociale pour aider les plus démunis et a essayé de remédier aux fractures sociales, qui devenaient de plus en plus importantes et de plus en plus préoccupantes. Le développement d'Israël avait permis l'essor de grandes entreprises agricoles et industrielles et l'enrichissement d'une classe supérieure plus nettement circonscrite que jamais.

Malgré son inexpérience, Itzhak s'est beaucoup préoccupé des problèmes socio-économiques des années soixante-dix — évasion fiscale, corruption et inégalités sociales. Il a également dû régler la question des horaires d'été réclamés par les employés de la fonction publique. Ceux-ci voulaient quitter leur travail à quinze heures, ce qui a inspiré à Itzhak ce commentaire amer : « Pourquoi les employés du tertiaire, qui travaillent dans des bureaux climatisés, mériteraient-ils d'avoir des horaires d'été, alors que les ouvriers d'usine qui travaillent devant des fournaises dans une chaleur effroyable n'oseraient même pas rêver d'un luxe pareil ? »

Au cours de ce premier gouvernement d'Itzhak, certaines personnes (aussi bien au gouvernement qu'à l'extérieur) ont constamment cherché à profiter de son inexpérience politique. Mais il ne faut pas croire que rien n'ait été accompli au cours de ces trois années et demie. Bien au contraire. Le cabinet a été fondamentalement rénové et rajeuni. Presque tous ses membres étaient désormais des sabras : l'ère des « pères fondateurs » était révolue. Itzhak n'avait que cinquante-deux ans quand il a pris la tête du gouvernement — à cette date, il était le plus jeune Premier ministre qu'Israël ait jamais eu. Et la plupart des membres du gouvernement avaient à peu près son âge. C'était une évolution considérable pour Israël, qui jusque-là avait été essentiellement gouverné par ceux que nous appelions les « géants ».

La vie de notre petite famille a beaucoup changé, elle aussi, à cette époque. Dalia était entrée dans l'armée à la fin de 1968 et avait commencé son droit en 1971. Elle s'est mariée en 1972 et ses enfants sont nés en 1974 (Jonathan) et en 1977 (Noa). Au milieu des années soixante-dix, notre fils Yuval était toujours dans l'armée, où il faisait une seconde période.

En décembre 1973, pendant la campagne législative, nous nous sommes installés dans un appartement de la rue Harav Ashi, à Neve Avivim, une banlieue de Tel-Aviv. Cet appartement est resté notre résidence privée à Tel-Aviv après l'élection d'Itzhak. Lorsqu'il est devenu Premier ministre, le 24 juin 1974, nous avons eu le choix entre deux logements de fonction à Jérusalem. Chez nous, la résidence du chef du gouvernement n'a pas le côté officiel de la Maison-Blanche ou de Matignon, par exemple. Il y avait en fait deux logements disponibles, celui de Golda Meir et celui d'Abba Eban, qui quittait son poste de ministre des Affaires étrangères. Nous avons choisi le deuxième : la maison était en bien meilleur état et exigeait moins de travaux de rénovation. Mais le logement où Eban devait emménager après avoir quitté sa résidence de fonction n'a été prêt que plusieurs mois plus tard. Nous nous sommes donc installés provisoirement à l'hôtel du Roi-David, l'un des plus grands hôtels du monde, qui allait servir de cadre aux nombreuses réceptions officielles que nous allions être amenés à organiser.

Itzhak n'était au pouvoir que depuis quelques semaines lorsque Richard Nixon est venu en visite en Israël, en pleine affaire du Watergate. Il était le premier président américain à se rendre dans notre pays. Attaqué de toutes parts, il allait démissionner moins de deux mois plus tard, en août 1974. Itzhak a été navré du départ d'un président des États-Unis aussi sensible aux intérêts israéliens. À son arrivée en Israël, Nixon a été accueilli par les acclamations de la foule. Un dîner officiel a été donné en son honneur. Nixon était peut-être en difficulté aux États-Unis, il n'en avait pas moins gagné une place dans le cœur des Israéliens pour le soutien qu'il nous avait accordé au cours de la guerre du Kippour. Malgré le scandale qui avait éclaté, il n'avait rien perdu de sa prestance et a prononcé un remarquable discours à ce dîner de la Knesset.

En septembre 1974, Itzhak a fait son premier voyage aux États-Unis en qualité de Premier ministre. Gerald Ford était alors président. Ce voyage a été particulièrement émouvant pour nous, après toutes ces années que nous avions passées à Washington. Nous avions un peu l'impression de rentrer chez nous. Nous avons logé à Blair House, et j'en conserve un excellent souvenir : la maison était entretenue par une dame qui s'en occupait depuis de longues années et qui la tenait impeccablement. La moindre pièce d'argenterie étincelait. Les pièces étaient remplies d'antiquités prodigieuses. Et l'on nous a fait comprendre que cette demeure était à notre entière disposition et que nous pouvions y inviter qui nous voulions, quand nous le voulions. L'atmosphère de Blair House a un peu changé lors du départ à la retraite de cette hôtesse, mais cette demeure n'a rien perdu de son charme. Nous allons y résider à plusieurs reprises et, chaque fois, nous aurons l'impression d'arriver à la maison.

Betty Ford m'a proposé de visiter la Maison-Blanche en compagnie de Vivian, la femme de Simcha Dinitz, l'ambassadeur d'Israël aux États-Unis. J'y étais venue auparavant, mais, cette fois, nous avons pu entrer dans le bureau personnel de Nixon, où se trouvait une cheminée. Toute la pièce était imprégnée d'une puissante odeur de fumée. Pendant la crise du Watergate, qui s'était achevée le mois précédent, le président Nixon avait en effet pris l'habitude de se réfugier dans son antre. Il allumait une bonne flambée, tout en faisant fonctionner la climatisation à plein régime. L'odeur était encore aussi forte que si un feu avait brûlé la veille au soir.

C'est également au cours de ce voyage qu'après un dîner donné à la Maison-Blanche Betty Ford a demandé à Itzhak de l'inviter à danser. C'était une grande première — jusque-là, Itzhak était toujours arrivé à éviter cette corvée, même lorsqu'il était ambassadeur. Il a essayé de se dérober cette fois encore, prétextant qu'il était un piètre danseur et qu'il craignait d'écraser les pieds de sa cavalière. Mais Betty Ford a si bien insisté qu'Itzhak a dû s'incliner. Je dois dire qu'il a fait un effort héroïque : il n'avait encore jamais dansé de sa vie ! Un peu plus tard, pendant que je dansais avec le président Ford, j'ai cherché Itzhak du regard et j'ai vu qu'Henry Kissinger était venu à son secours, prétextant avoir une communication urgente à lui faire.

Au cours de ce même séjour, Nancy Kissinger a organisé une réception en mon honneur à bord d'un yacht, sur le Potomac. Nous avions connu Nancy bien avant son mariage avec Henry Kissinger ; c'est une femme que nous aimions beaucoup.

Notre première visite officielle avait également des dimensions diplomatiques beaucoup plus sérieuses. Itzhak — qui avait connu Gerald Ford à l'époque où celui-ci était leader des républicains (alors minoritaires) à la Chambre des représentants — a abordé la question de la poursuite du soutien américain à Israël. Il a fait valoir que la certitude d'obtenir des livraisons d'armes à long terme aiderait Israël à définir un programme de formation et un projet militaire global. Itzhak a également souligné qu'Israël voulait s'assurer d'un « morceau de paix » en échange de chaque « morceau de terre » que nous accepterions de restituer à nos voisins dans le cadre de négociations. Par bonheur pour Itzhak et pour Israël, Henry Kissinger est resté secrétaire d'État pendant toute la présidence de Ford, assurant ainsi la continuité de la politique américaine au Proche-Orient après la démission de Nixon et jusqu'à l'élection de Jimmy Carter.

Vivian Dinitz a organisé un déjeuner en mon honneur dans la salle israélienne du Kennedy Center. Mme Warren Burger, l'épouse du juge suprême, assistait à ce déjeuner. J'avais été profondément impressionnée par une visite que j'avais faite dans un centre pour enfants autistes à Ellicott City, dans le

Maryland. Il se trouve que le traitement de l'autisme est l'une des grandes causes auxquelles je me consacre en Israël. Alors que j'évoquais cette visite en termes passionnés, Mme Burger s'est exclamée : « Vous êtes tellement intelligents, vous autres ! Je n'arrive pas à imaginer que vous puissiez avoir ce genre de problème ! » Je n'en croyais pas mes oreilles : comment pouvait-on penser que l'autisme était lié à la race ou à l'intelligence ! Au fil des ans, j'ai tout de même fini par apprendre que ce « vous autres... » introduit le plus souvent des commentaires pour le moins fantaisistes !

J'ai découvert en la personne de Betty Ford une femme chaleureuse, sensible et sans prétention. Mais elle souffrait d'atroces douleurs qui ont entraîné une dépendance médicamenteuse dont l'opinion publique a fini par être informée. Nous aimions beaucoup les Ford, Itzhak et moi — Gerald Ford était un homme de principes, un homme honnête, un bon président, et Itzhak a noué de solides relations de travail avec lui. Ils avaient indéniablement des atomes crochus.

En 1974, en Israël, le taux d'inflation a dépassé les 50 p. 100. De toute évidence, l'établissement d'une paix durable était la condition sine qua non du redressement de notre économie. Et Itzhak était convaincu que la paix avec l'Égypte serait le pivot de tout accord à long terme au Proche-Orient.

Or, pour faire la paix avec l'Égypte, Itzhak allait devoir se rapprocher d'Anouar el-Sadate. Son prédécesseur, Abdul Gamal Nasser, représentait aux yeux d'Israël le mal absolu, l'homme qui avait juré de jeter les Juifs à la mer. Itzhak avait rencontré Nasser pendant la guerre d'Indépendance. Ce dernier était alors officier d'une unité égyptienne qui s'était rendue à un corps de Tsahal, dans lequel servaient Yigal Allon et Itzhak. Itzhak lui ayant exposé comment les Israéliens étaient arrivés à expulser les Britanniques de Palestine, la réaction de Nasser avait été moins brutale que sa rhétorique à venir. Il avoua à Itzhak d'un ton admiratif : « Vous savez, nous combattons le mauvais ennemi au mauvais endroit et au mauvais moment. » En 1970, Nasser avait succombé à une crise cardiaque, et Anouar el-Sadate lui avait succédé à la tête du pays. Du vivant de Nasser, on avait eu tendance à ne voir en Sadate qu'un sous-fifre sans envergure ; mais la disparition de Nasser a permis à Sadate de donner toute sa mesure. Il a entrepris de développer l'économie égyptienne et s'est engagé sur une voie de plus en plus indépendante de celle des autres États arabes.

Appuyé par Henry Kissinger et par Yigal Allon, le ministre des Affaires étrangères, Itzhak s'est battu pour obtenir un accord provisoire avec l'Égypte en 1975. Il s'agissait d'accorder des concessions territoriales limitées en échange de garanties de non-agression. Il n'était pas encore question d'un traité en bonne et due forme, mais cet accord allait permettre aux deux pays de franchir un pas essentiel en direction de la paix. À cette date, l'idée de devoir accepter des concessions pour obtenir la paix avec les Arabes était loin de faire l'unanimité. Des manifestants descendirent dans les rues de Jérusalem et de Tel-Aviv en scandant : « *Go home, Kissinger !* » et « Rabin, démission ! ».

Itzhak estimait beaucoup les talents d'observateur de Kissinger. Celui-ci entretenait des relations personnelles avec un certain nombre de figures du monde arabe que les dirigeants israéliens ne connaissaient que de réputation. Il nous a aidés à comprendre leur mentalité et leurs motivations et à anticiper leurs réactions à certaines démarches ou à certaines propositions. À la fin de la guerre du Kippour, par exemple, Kissinger a senti qu'il ne fallait pas infliger à Anouar el-Sadate une défaite humiliante qui aurait ultérieurement fait obstacle à toute négociation de paix. L'intuition diplomatique de Kissinger a souvent été mal perçue en Israël. Beaucoup de gens n'ont pas compris, ainsi, qu'il sauve la face à Sadate en lui permettant de dégager la IIIe armée égyptienne, encerclée par les forces israéliennes dans les dernières heures de la guerre du Kippour. Aux yeux de nombreux Israéliens, Kissinger était un traître. Itzhak, bien sûr, le considérait comme un « virtuose » — redoutable, parfois — de la négociation et pensait que le temps montrerait tout ce qu'il avait fait pour la défense et pour la sécurité d'Israël.

Jamais leurs efforts pour rétablir la paix au Proche-Orient n'ont été plus actifs qu'au cours de ce printemps 1975. Un véritable marathon diplomatique ! Chacun sait qu'Henry Kissinger est juif. Mais j'ai l'impression que, tout en ayant toujours les intérêts d'Israël à cœur, il a fait tout son possible pour réfréner ses sentiments personnels. Il a exercé ses fonctions de médiateur entre Israël et les nations arabes avec une impartialité irréprochable — parfois exaspérante pour nous, les Israéliens ! Mais cette attitude a évidemment augmenté son crédit auprès de toutes les parties. Ses discussions avec Itzhak ont été parfois très animées, et leurs relations n'ont pas été exemptes d'un soupçon de roublardise de part et d'autre. C'est ainsi qu'à l'époque où les diplomates américains avaient pris l'habitude de se rendre en Israël l'après-midi après avoir passé la matinée au Caire, Itzhak et les autres membres de l'équipe israélienne avaient décidé de faire la grasse matinée avant de rencontrer les Américains. Ce qui leur a permis de rester en pleine forme jusqu'à une heure avancée de la nuit, alors qu'Henry Kissinger, une force de la nature pourtant, commençait à sentir le poids de la fatigue et ne demandait qu'à conclure au plus vite.

En mars 1975, les négociations ont achoppé sur la question de l'étendue du retrait israélien du Sinaï, et Kissinger s'est vu dans l'incapacité de regagner Le Caire avec un compromis acceptable.

Quand il a reproché à Israël de faire de l'obstruction, Itzhak s'est rebiffé et en a rejeté la responsabilité sur l'« intransigeance égyptienne ». C'était l'impasse. Itzhak et Kissinger se sont rencontrés en privé à l'aéroport avant le départ du secrétaire d'État américain. Pendant qu'ils discutaient, j'ai bavardé un moment avec les journalistes Marvin Kalb et Marilyn Berger. Je me rappelle très bien qu'ils espéraient qu'Israël ne se montrerait pas intraitable, au point de risquer un nouveau conflit. J'ai appris plus tard qu'au cours de son tête-à-tête avec Kissinger Itzhak s'était exprimé avec une passion inhabituelle de sa part : « Je me considère comme responsable de chaque soldat de Tsahal — presque comme de mon propre fils, avait-il dit. Vous savez que mon fils commande une section de blindés sur la ligne de front du Sinaï. Le mari de ma fille y commande un bataillon de blindés. S'il devait y avoir la guerre, je n'ignore pas ce qui les attend. Mais Israël ne peut pas accepter cet accord tel qu'il est, et je me vois contraint d'assumer cette lourde responsabilité — nationale et personnelle. » Lorsque Kissinger s'est adressé à la presse avant d'embarquer, sa voix trahissait son émotion, et des larmes brillaient dans ses yeux. Était-ce la tension ? La menace de guerre ? Une blessure d'amour propre ? Je me demande encore aujourd'hui ce qui a provoqué cet épanchement sentimental d'Henry Kissinger, mais j'ai tendance à penser que le sombre réalisme d'Itzhak n'y était pas étranger. Il s'y ajoutait peut-être une profonde déception : son cher ami Itzhak était prêt à l'abandonner en cet instant critique...

En juillet 1975, une Conférence mondiale a été organisée à Mexico à l'occasion de l'année internationale de la Femme. Le ministère israélien des Affaires étrangères a appris que Jihan, l'épouse d'Anouar el-Sadate, dirigerait la délégation égyptienne. On m'a donc demandé de prendre la tête de la délégation israélienne. Cette conférence pouvait en effet permettre de nouer des contacts non négligeables, dans la mesure où le gouffre entre les pays industrialisés (dont fait partie Israël) et le tiers-monde ne cessait de se creuser. La misère de Mexico mettait encore cet abîme en lumière.

Il faut se rappeler le contexte politique de l'époque : les instances internationales considéraient désormais le sionisme comme une idéologie pernicieuse, tandis que l'OLP — une organisation terroriste beaucoup plus radicale et beaucoup plus meurtrière qu'aujourd'hui — jouissait de toutes les faveurs des Nations unies. En 1974, lorsque le président Arafat, portant encore le holster de son Beretta, s'était levé pour prendre la parole devant l'Assemblée générale des Nations unies, il avait été acclamé comme un chef d'État à part entière et même comme un héros. Malgré des actes de terrorisme ignobles, la libération de la Palestine était devenue une noble cause pour les milieux libéraux et pour la gauche. Au cours de ce même mois de novembre 1974, l'ONU avait adopté deux résolutions reconnaissant le droit du peuple palestinien à l'autodétermination et accordant à l'OLP le statut d'observateur aux Nations unies.

Dès mon arrivée à Mexico, et tout au long de mon séjour, les médias n'ont eu de cesse que de ménager une entrevue entre Mme Sadate et moi. Et nous avons, l'une comme l'autre, répondu invariablement la même chose. J'ai toujours déclaré que j'étais prête à la rencontrer, ce qu'elle a toujours refusé : « Toute rencontre est impossible, a-t-elle déclaré. Les Israéliens occupent des territoires qui nous appartiennent. Ce n'est pas entre nous que seront réglés les problèmes qui divisent nos pays. » Je dois avouer qu'au cours des différentes réunions l'allure de Mme el-Sadate m'a impressionnée, et mon garde du corps m'a confié avoir remarqué qu'elle-même ne cessait de me dévisager. Mais il ne s'est rien passé d'important entre nous au cours de ces séances. Peter Jennings, l'animateur de l'émission d'actualités américaine *Issues and Answers*, a essayé d'organiser une interview dans laquelle nous aurions partagé la vedette, elle et moi. Mme Sadate n'a accepté d'être interrogée que si nous apparaissions dans des séquences enregistrées séparément. Le premier jour de la conférence, elle a prononcé une allocution, et elle a quitté Mexico le lendemain. C'est ainsi que notre rencontre, qui aurait pu se faire si aisément, a été reportée de plusieurs années.

Quelques jours après le départ de Mme Sadate, j'ai moi-même prononcé un discours à Mexico. Lorsque je me suis levée pour prendre la parole, les deux tiers des déléguées, dont celles du bloc communiste et du monde arabe (parmi lesquelles les autres membres de la délégation égyptienne) ont quitté la salle. Il ne restait plus que les représentantes des États-Unis, des pays d'Europe occidentale et d'une poignée d'autres États. Juste avant la réunion, quelqu'un m'avait prévenue qu'un coup d'éclat se préparait. Par précaution, j'avais griffonné à la hâte une nouvelle introduction à mon discours. Cette sortie des déléguées n'a fait que renforcer ma résolution, mais je dois dire que j'éprouvais plus de tristesse que de colère. Pourtant, je n'avais certainement pas l'intention de me laisser intimider et de renoncer à parler. Je me suis tournée vers Kurt Waldheim, secrétaire général des Nations unies, et j'ai dit :

Monsieur le secrétaire général. Si vous le voulez bien, nous attendrons la fin de cet « exode ». Je suis consciente des divergences d'opinion qui existent entre déléguées et entre peuples, mais le refus de s'écouter mutuellement est en contradiction avec tous les nobles objectifs de cette conférence. Quel dommage que les femmes continuent à se prêter ainsi aux manipulations politiques des hommes, et qu'elles n'aient ni le pouvoir ni la faculté d'épargner à cette conférence les conflits politiques qui existent au sein des Nations unies.

Des applaudissements enthousiastes ont accueilli cette petite mise au point. J'ai poursuivi :

Je parle au nom des femmes d'un petit pays qui n'ont cessé de pleurer la perte de leurs fils, de leurs frères et de leurs époux, tombés au combat pour défendre leur patrie. Le prix que nous avons payé pour notre indépendance a été élevé, et les sacrifices considérables. Et nous n'ignorons rien de la souffrance des mères qui vivent de l'autre côté de la frontière.

Le temps est venu pour nous de faire entendre notre voix ensemble. C'est à nous, les femmes, engagées dans la réalité de la vie quotidienne et isolées par des frontières fortifiées par des armes meurtrières, d'essayer de manifester plus de compréhension pour notre détresse mutuelle. La paix est un mot si simple, mais, dans notre région, il est rempli d'illusions. La véritable expression de la paix ne doit pas être l'œuvre de diplomates. Elle doit recouvrir des relations personnelles et humaines entre les peuples.

Nous sommes un peuple ancien. La paix fait partie de notre héritage. Nous avons pour racines la terre où a retenti pour la première fois ce message : « Aime ton prochain. » Les objectifs ultimes d'Israël sont la paix et la sécurité. La guerre ne résout rien, comme l'ont prouvé les vingt-sept dernières années. Notre région a soif de paix, dans l'intérêt de tous les peuples qui y vivent. Nos vrais ennemis sont la pauvreté, l'analphabétisme, la maladie et l'inégalité des chances. Je vous lance un appel : aidez-nous, nous, les femmes d'Israël, à rencontrer nos sœurs par-delà les frontières ; aidez-nous à transformer nos monologues en dialogues de compréhension et de conciliation. N'est-ce pas le but de cette conférence internationale : détruire les barrières, encourager le bien-être, supprimer l'inégalité et créer un monde meilleur, dans lequel nous pourrons élever nos enfants dans le bonheur, la paix et la sécurité ?

Lorsque je me suis tue, tout le monde s'est levé pour m'applaudir. Cette ovation et tous les témoignages de sympathie de celles qui avaient décidé de rester pour m'écouter ont un peu atténué la blessure infligée par le départ des autres. Mais soixante-dix sept pays non alignés, représentés à cette conférence, ont publié une déclaration présentant le sionisme comme un fléau abominable, comparable « au colonialisme, au néocolonialisme, à l'impérialisme, à la domination et à l'occupation étrangères, à l'apartheid et à la discrimination raciale ». Toute cette affaire m'a profondément déprimée et a été pour moi un affreux déchirement. Je représentais l'État juif, et je voyais une grande partie du monde rejeter mon peuple, le fuir comme la peste. Je me suis sentie vraiment isolée, en butte à l'hostilité générale. Mais, vingt ans plus tard, je peux dire que je ne changerais pas un mot des propos que j'ai tenus ce jour-là et que je conserverais aujourd'hui la même attitude.

À cette époque, l'image d'Israël dans le monde entier ne cessait de se dégrader. En novembre 1975, l'Assemblée générale des Nations unies a adopté la résolution 337, qui condamnait

Israël, « régime raciste de la Palestine occupée ». Le sionisme lui-même était assimilé à « une forme de... discrimination raciale ». Itzhak a ressenti cela comme un terrible camouflet : une manœuvre proarabe, pro-tiers-mondiste, prosoviétique et anti-israélienne. Mais je dois dire que cela ne l'a pas surpris outre mesure.

Malgré cette vague d'hostilité, l'accord provisoire entre Israël et l'Égypte a finalement été signé à la fin de l'été 1975, le 4 septembre. Cet arrangement a rendu à l'Égypte une partie du Sinaï et de ses gisements pétroliers et permis la réouverture du canal de Suez. Israël a accepté de reculer encore d'une trentaine de kilomètres dans le Sinaï, abandonnant ainsi les cols de Mitla et de Djidi. L'Égypte a occupé environ six kilomètres du territoire que nous détenions auparavant. Du côté israélien, les gains n'ont pas été négligeables non plus. Les ventes d'armes américaines, interrompues jusqu'alors, ont repris massivement, ce qui nous a permis de nous procurer, notamment, des chasseurs F-16 d'une importance capitale. Mais, surtout, cet accord de paix provisoire a préparé le terrain au voyage historique de Sadate à Jérusalem en 1977, aux rencontres de Camp David à la fin de 1978 et, enfin, à la signature du traité de paix israélo-égyptien en mars 1979. L'œuvre accomplie par Itzhak avec la signature de ce texte a prouvé sa détermination à faire la paix et témoigné de ses efforts constants pour bâtir une structure capable de donner à cette paix une solidité à toute épreuve.

En 1975, nous nous sommes rendus en Allemagne. Je crois que cela a été l'une des visites officielles les plus mémorables que nous ayons faites. Depuis l'établissement de relations diplomatiques entre Israël et la République fédérale d'Allemagne, c'était la première fois qu'un Premier ministre israélien en exercice se rendait dans ce pays. C'était également la première fois que j'y retournais depuis que notre famille l'avait fui, en 1933. Pendant longtemps, j'avais refusé d'acheter le moindre article portant l'étiquette *made in Germany*, mais cette hostilité avait toujours été étrangère à Itzhak. (Dans les années cinquante, il était revenu d'un voyage aux États-Unis avec une chaîne stéréo Grundig. J'avais été interloquée : il avait l'embarras du choix, et il avait fallu qu'il achète un appareil fabriqué en Allemagne !) Bien des années avaient passé depuis. Mais j'étais inquiète à l'idée de retourner en Allemagne et je me demandais un peu comment j'allais réagir sur place.

À l'époque, Helmut Schmidt était chancelier, et je me suis torturé l'esprit pour trouver un cadeau approprié. J'avais d'abord envisagé de lui offrir un beau *hanukiah** polonais — le chandelier que nous utilisons pour la fête de Hanoukka* — mais j'y ai renoncé en songeant au nombre de nos trésors pillés ou détruits pendant la guerre. Il n'y avait aucune raison de rapporter en Allemagne un objet juif aussi précieux que celui-ci. Nous nous sommes finalement décidés pour une pierre d'Eilat, car nous avions appris que le chancelier collectionnait les spécimens géologiques.

Bergen-Belsen a été le premier camp de la mort que j'aie jamais visité — un spectacle effroyable. Sur l'emplacement des fosses communes s'élèvent aujourd'hui des tertres paisibles, recouverts d'herbe. On y a dressé des plaques portant des chiffres allant de cinq mille à vingt mille — estimation du nombre de corps enterrés dans chaque secteur. En contemplant ce site, j'ai songé à mon père : ma famille aurait probablement partagé ce destin s'il n'avait pas décidé aussi rapidement de partir pour la Palestine.

Notre séjour à Berlin m'a inspiré des réflexions d'un autre genre. Tandis que nous gravissions l'échafaudage surplombant la porte de Brandebourg pour jeter un coup d'œil à Berlin-Est, mon esprit s'est reporté au Jérusalem d'avant la réunification, à l'époque où nous apercevions les portes de Jaffa et de Damas du haut du couvent Notre-Dame. Je suis sûre que les Berlinois — et tous les Allemands, en général — ont éprouvé des sentiments très voisins des nôtres avant la chute du mur, en 1989.

Dans notre chambre d'hôtel, nous avons trouvé une édition spéciale du quotidien *Die Welt*. Sur la première page, l'éditeur allemand Axel Springer avait fait imprimer un titre en hébreu : « Bienvenue à Itzhak Rabin ! »

Après Berlin, nous sommes allés à Bonn. Au moment où l'on rendait à Itzhak les honneurs militaires, l'orchestre a entonné l'hymne national qui était déjà celui de l'Allemagne hitlérienne. Nous étions là, Itzhak et moi, à regarder et à écouter, côte à côte... Puis les accents de *Hatikvah* ont résonné tandis que l'on saluait le drapeau israélien. Qu'auraient pensé mes parents de tout cela ? me suis-je demandé. Après la cérémonie, je me suis promenée dans les jardins avec Hannelore, l'épouse du chancelier. « *Hatikvah !* s'est-elle exclamée. Je n'oublierai jamais la première fois que j'ai entendu votre hymne national. C'était au chantier naval de Bremerhaven, au moment du lancement d'un *Zim.* Quand l'orchestre a joué *Hatikvah,* nous avons tous pleuré. »

La culture n'a pas été négligée non plus. Le chancelier Schmidt est un excellent pianiste et un brillant causeur. Au cours de ce séjour, Hannelore Schmidt m'a offert des petits bouquets de pois de senteur ; je lui avais confié que j'adorais ces fleurs, que ma mère plaçait toujours sur la table pour mon anniversaire, au milieu de mes cadeaux. Nous avons logé à la résidence officielle, le « Schloss » Gimnich, à l'extérieur de Bonn, un château construit au XIe siècle et embelli au fil des siècles, entouré de jardins luxuriants, magnifiquement entretenus. Le gouvernement allemand louait ce château à un jeune baron qui nous a fait visiter les lieux. Au cours de la conversation, il s'est dirigé vers une vitrine et en a retiré deux remarquables chandeliers juifs anciens — des répliques de ceux que Titus a volés à Jérusalem dans le temple de Salomon pour les emporter à Rome. Il m'a dit : « Madame Rabin, il me semble que ces deux objets vous appartiennent plus qu'à moi. Je serais fort heureux que vous les emportiez en Israël. »

Ce séjour en Allemagne nous a fait pénétrer dans un univers très différent du nôtre, mais stimulant en un sens — un retour sur les traces d'une tragédie indicible, qui resterait à jamais gravée dans les mémoires, mais qui nous a fait comprendre, dans le même temps, que la réconciliation était indispensable. Itzhak était absolument enchanté de ce voyage. Il était parfaitement conscient de l'importance économique que les livraisons d'armes allemandes pouvaient avoir pour Israël et du poids financier que représentaient les réparations de la Seconde Guerre mondiale — ces versements accordés par l'État allemand aux survivants de l'Holocauste et à leurs familles depuis le milieu des années cinquante. À l'époque, sous la direction de Menahem Begin, le parti du Herout s'y était violemment opposé ; mais Ben Gourion avait accepté ces indemnisations, et Itzhak l'avait approuvé. Bien des années avaient passé depuis, mais cette aide demeurait importante. Itzhak n'ignorait pas, par ailleurs, qu'une alliance avec l'Allemagne ne pouvait que servir l'image de notre pays auprès de l'opinion publique mondiale.

L'une des plus grandes épreuves qu'ait traversées Itzhak pendant ce premier mandat de chef du gouvernement s'est déroulée loin du sol israélien, sur la piste de l'aéroport d'Entebbe, en Ouganda. Le 27 juin 1976, quatre pirates de l'air, deux Allemands et deux Palestiniens, ont détourné un Airbus d'Air France qui se dirigeait vers Paris depuis Tel-Aviv, après une escale de routine à Athènes. Environ le tiers des deux cent trente passagers étaient juifs. La situation a d'abord été extrêmement confuse. Quelles étaient les exigences des pirates ? Où l'avion allait-il se poser ? Apparemment, personne n'en savait rien. J'ai appris la nouvelle par la radio, chez nous. Itzhak était parti assister au traditionnel Conseil des ministres du dimanche. Nous n'avons pas pu discuter de cette affaire avant son retour à la maison, dans la soirée.

N'ayant pas obtenu l'autorisation de se poser au Soudan, l'avion a finalement atterri à Entebbe, d'où il n'a pas redécollé une fois que les terroristes eurent annoncé leurs revendications. Ils exigeaient la libération de cinquante-trois « combattants de la liberté », détenus dans cinq pays différents — en Israël, en Allemagne de l'Ouest, en Suisse, au Kenya et en France. C'était un chantage global — les existences en jeu étaient majoritairement israéliennes, mais les prisonniers étaient détenus dans d'autres pays. La situation était encore aggravée par les mauvaises relations entre l'Ouganda et Israël : personne ne savait comment réagirait l'Ouganda si Israël lançait une opération de sauvetage.

Au moment où cette crise a éclaté, notre famille était sur le point de fêter un événement important. La cérémonie d'admission de Dalia au barreau avait lieu le mardi de cette semaine-là. Dalia nous avait évidemment invités à y assister, mais elle était parfaitement consciente des responsabilités d'Itzhak et lui a dit à plusieurs reprises : « *Abba* (papa), tu n'es vraiment pas obligé de venir ! » Mais Itzhak tenait à être là. La cérémonie a eu lieu dans la salle Neveran, sur le campus de l'Université hébraïque. Les discours n'en finissaient plus, et l'impatience d'Itzhak grandissait. Il ne tenait plus en place et ne cessait de regarder sa montre. Au bout d'un moment, je lui ai fait remarquer que, puisqu'il avait décidé de venir, il devait rester jusqu'au bout. J'ignorais évidemment les dilemmes qui le tourmentaient.

Toute l'opinion publique était préoccupée par le sort des otages. Pendant ce temps, à Paris, les négociations diplomatiques allaient bon train. Le débat à propos des solutions envisageables faisait rage et je me rappelle encore les propos d'Avishai Davidson. Son fils, sa bru et leurs deux enfants étaient dans l'avion. « Vous avez accepté sans discuter le prix qu'on vous a demandé après la guerre du Kippour, a-t-il dit. Vous avez libéré plusieurs milliers de prisonniers de guerre pour obtenir le retour des corps de nos soldats. Attendez-vous aujourd'hui qu'on vous rende des cercueils ? Sauvez-les, tant qu'il en est temps ! La vie de nos enfants n'a pas de prix ! » Fallait-il céder au chantage, et jusqu'à quel point ? Tout le monde ne parlait que de cela. Shimon Peres a cru bon de prendre une position très ferme en Conseil des ministres, réclamant qu'on fasse tout pour sauver les otages. Parfait, a répondu Itzhak. Vous avez un plan ? C'est une chose que d'être, en principe, favorable à une opération. Définir un plan qui se tienne en est une autre. Itzhak a toujours estimé qu'il fallait réagir aux actes de terrorisme au cas par cas. Pour chaque opération militaire de sauvetage lancée, plusieurs autres étaient rejetées en raison du manque de garanties qu'elles offraient ou des lacunes qu'elles présentaient.

On a fini par élaborer un plan qui a été soumis à Itzhak. Toute l'opération était évidemment secret d'État. Le « plan Hercule » prévoyait de faire atterrir discrètement des avions israéliens en Ouganda, entre les atterrissages et les décollages habituels. Ce projet avait été mis au point par des membres de l'état-major militaire, en collaboration avec le Mossad — les services secrets israéliens —, et il a été soigneusement répété. Itzhak a reconnu plus tard que, selon lui, le succès de l'opération devait beaucoup à la précision des informations obtenues par nos services de renseignements sur le site d'Entebbe. « Le moindre détail, la moindre phase de l'opération, a-t-il écrit dans ses Mémoires, étaient gravés dans mon esprit. » Il affirme également qu'il se sentait parfaitement calme avant l'exécution du raid ; il était convaincu que c'était la meilleure solution possible, en dépit des risques évidents.

Itzhak m'a exposé lui-même le plan de l'opération le samedi 3 juillet à dix-huit heures, deux heures avant de quitter la maison pour rejoindre le centre de commandement d'où il devait surveiller la mission. À ce moment-là, nos avions avaient déjà quitté Israël. Les services de renseignements, m'a-t-il expliqué, avaient établi que les otages étaient détenus dans le bâtiment de l'aérogare. Quatre avions cargos Hercule et un Boeing 707 — tous israéliens — se dirigeaient vers l'aéroport d'Entebbe. Le premier Hercule devait se poser immédiatement dans le sillage d'un avion cargo britannique régulier, ce qui lui permettrait d'échapper aux radars. Il déchargerait une Mercedes et deux Land Rover, répliques exactes de l'escorte habituelle du président ougandais Idi Amin Dada. Les soldats qui se trouveraient à bord des véhicules se dirigeraient vers l'aérogare. Pendant ce temps, les autres avions cargos atterriraient, amenant des renforts et offrant une possibilité de repli. L'aérogare devait ensuite être prise d'assaut et les otages libérés conduits vers un appareil en attente.

Cependant, les démarches diplomatiques se poursuivaient à Paris comme si de rien n'était. À dix-neuf heures, Itzhak était au téléphone avec le responsable de l'équipe de négociation à Paris. Il parlait sur un ton parfaitement détaché, faisait traîner la conversation en posant des questions de détails, en demandant des précisions futiles, pour éviter de laisser soupçonner que nos avions étaient déjà en route. Quels nerfs d'acier ! En franchissant le seuil, il m'a dit : « Demain matin, ou bien les actions d'Israël seront au plus haut, ou bien je serai pendu sur la *Kikar HaMedina**. »

L'atterrissage à Entebbe s'est déroulé à la perfection. Nos troupes ont pris l'aérogare d'assaut et tué les terroristes qui gardaient les otages. Libérés, ceux-ci ont été conduits en Israël. On a déploré cinq victimes — trois otages tués pendant le raid, un otage hospitalisé qui fut ensuite assassiné à Kampala, et un courageux commandant d'unité — Yonathan Netanyahou (le frère de l'actuel Premier ministre). Itzhak était profondément désolé de ces pertes, mais cette audacieuse mission a été saluée dans le monde entier comme un remarquable exploit militaire. Dans la presse, le succès du raid rivalisait avec les cérémonies du bicentenaire des États-Unis.

L'opération d'Entebbe a marqué le sommet du premier mandat d'Itzhak à la tête du gouvernement, avant un pénible déclin dont il n'a pas été maître. La situation a commencé à se dégrader en décembre 1976, au moment où Israël a reçu la première livraison de chasseurs américains. À la suite de problèmes de ravitaillement en vol et d'autres complications, les jets

Rosa Cohen, la mère d'Itzhak, était une femme de la trempe de Golda Meir. Pour elle, les revenus du ménage devaient se partager en deux : une part pour la famille, l'autre pour secourir ceux qui étaient dans le besoin. À l'issue de ses longues journées de travail, elle se consacrait activement au bénévolat. Cette photographie la représente en 1927, avec Itzhak et sa sœur Rachel.

« Faire fleurir le désert » : c'est pour réaliser ce vieux rêve sioniste qu'Itzhak (il a ici treize ans) est entré au lycée agricole.

Itzhak adorait son père, Nehemiah, et a toujours rendu hommage au dévouement avec lequel celui-ci a veillé au bien-être de sa famille et à l'éducation de ses enfants. Cette photographie a été prise en 1942.

Le lendemain même de l'arrivée de Hitler au pouvoir, mon père, Fima Schlossberg, a fait sa valise et est parti pour la Palestine afin de préparer notre installation à Tel-Aviv. C'est à sa clairvoyance que nous devons d'avoir échappé à l'holocauste. On le voit ici avec ma mère, en 1919.

J'ai passé les premières années de ma vie à Königsberg, en Prusse-Orientale. Comme la plupart des petites Juives allemandes de l'époque, j'ai été élevée dans les plus stricts principes germaniques par une Kinderfräulein. Pour moi, l'émigration aura coïncidé avec la découverte de la liberté...

J'avais quinze ans quand j'ai fait la connaissance d'Itzhak dans un salon de thé de Tel-Aviv. Il était alors membre du Palmach, une organisation de combattants qui faisait battre le cœur de toutes les adolescentes.

Mon amie Zohara, dont la brève existence héroïque a connu une fin tragique à la veille de l'indépendance israélienne.

Itzhak et moi, peu après notre mariage durant l'été 1948. « C'est la dernière fois que je me marie ! » a-t-il juré ce jour-là. Et il a tenu parole...

Itzhak et Yigal Allon dans le désert du Neguev pendant le guerre d'indépendance en janvier 1949. Itzhak avait seize ans lorsqu'il a fait la connaissance d'Allon, en 1938. Ce brillant général est resté pour lui tout à la fois un modèle et un ami jusqu'à sa mort, en 1980.

Itzhak *(à droite)* à Rhodes, en 1949, pendant les négociations précédant la signature de l'armistice avec l'Égypte. *À sa droite*, Yigael Yadin, qui l'avait aidé à faire son nœud de cravate : c'était la première fois qu'Itzhak en portait une ! Les autres personnages sont Yehoshafat Harkavi et Aryeh Simon.

Les joies de la paternité à Camberley, avec la petite Dalia, en 1953.

David Ben Gourion félicite Itzhak à l'occasion de sa nomination à la tête de l'état-major de Tsahal en 1964.

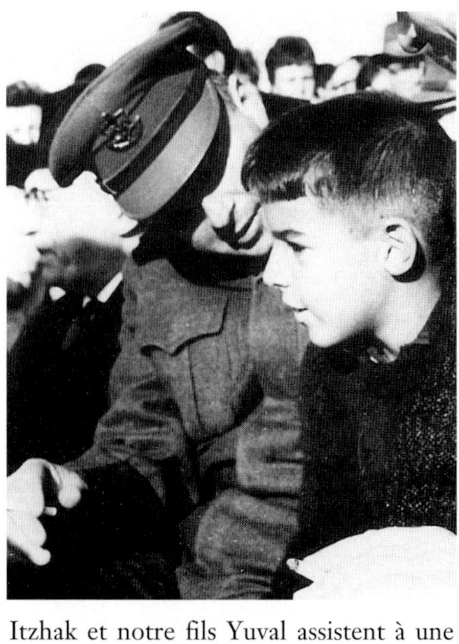

Itzhak et notre fils Yuval assistent à une parade lors de la fête de l'Indépendance en 1964.

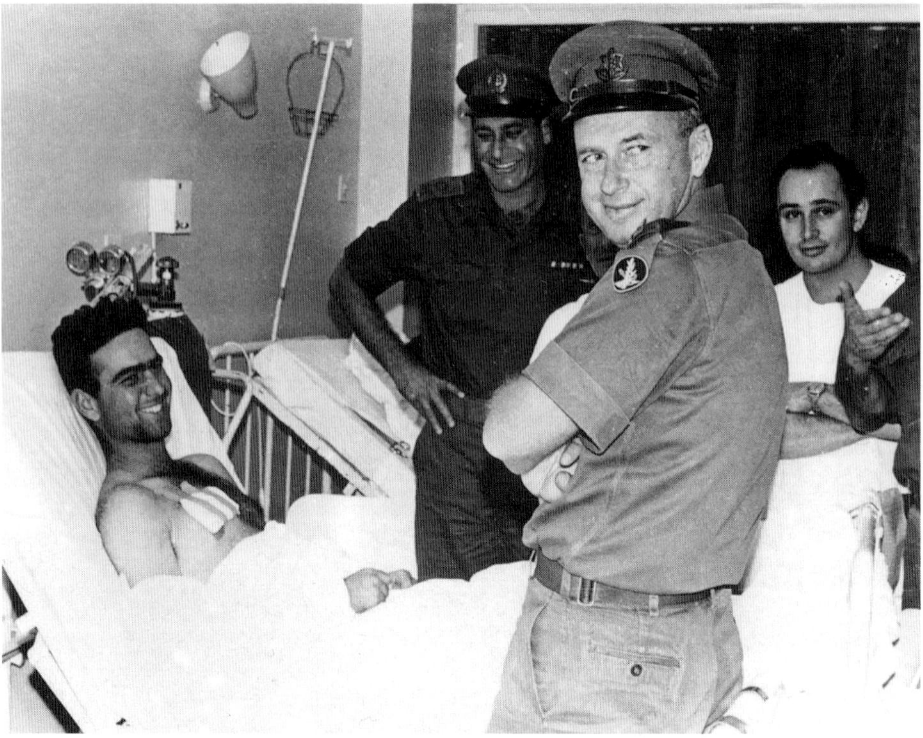

Itzhak rend visite à un soldat blessé après la guerre des Six-Jours. Aucune victoire n'a jamais pu effacer le chagrin que lui causaient les pertes humaines. L'autre militaire est Yeshayahu Gavish, chef du commandement sud.

Itzhak est nommé docteur honoris causa de l'Université hébraïque sur le mont Scopus, quelques semaines après la victoire de 1967.

Itzhak, dans son rôle d'ambassadeur, avec le président Richard Nixon, un homme qui lui inspirait une grande admiration. L'estime était d'ailleurs réciproque, et Nixon regretta explicitement le départ d'Itzhak de Washington.

Avec Henry Kissinger et Golda Meir lors d'une réception organisée en l'honneur de la visite du Premier ministre israélien à Washington, en 1973. À cette date, Golda Meir était certainement loin d'imaginer qu'Itzhak allait lui succéder un an plus tard !

L'unique photo où l'on puisse voir Itzhak danser : ici, avec Betty Ford, à la Maison-Blanche, en 1974.

J'avais trouvé un cavalier plus conciliant en la personne du président Gerald Ford.

Itzhak, pendant son premier mandat de Premier ministre, avec l'ancien ministre des Finances, Pinhas Sapir, qui avait appuyé sa candidature à ce poste. Ils offrent deux rouleaux de la Torah à une synagogue, en 1975. La journée était caniculaire, mais Sapir avait insisté pour porter la lourde Torah. Quelques minutes après ce cliché, il s'effondra et succomba à une crise cardiaque.

Un grand-père affectueux, avec Jonathan, en 1975. Itzhak dispensait des trésors de patience et d'imagination pour le faire manger. Chaque cuillerée se transformait en tank traversant les dunes, pour la plus grande joie de notre petit-fils.

Avec le président Bill Clinton à la Maison-Blanche en 1995. Le rôle actif qu'a joué Bill Clinton dans le processus de paix l'a conduit à nouer de véritables relations d'amitié avec Itzhak.

La signature du traité de paix avec le roi Hussein de Jordanie en juillet 1994, toujours à Washington. Le lendemain, Itzhak a déclaré devant le Congrès américain : « Soixante-dix minutes seulement – et quarante-six années – séparent Jérusalem et Amman. »

La célèbre poignée de main avec Yasser Arafat en septembre 1993 à Washington. « Je ne viendrai pas si Arafat n'est pas là », avait dit Itzhak. Il lui fallut cependant surmonter de profondes réticences pour accepter de serrer la main de son ancien ennemi.

En Espagne, pour la remise du prix du Prince des Asturies récompensant des réalisations en faveur de la coopération internationale, en présence du roi Juan Carlos et de la reine Sofia, de Yasser et de Souha Arafat, en octobre 1994.

Les dames se promènent pendant que les messieurs discutent... La reine Noor de Jordanie, Hillary Rodham Clinton et moi sur la pelouse de la Maison-Blanche.

Itzhak, Shimon Peres et Yasser Arafat lors de la remise du prix Nobel de la paix à Oslo en décembre 1994. Si Itzhak fut évidemment très heureux de ce témoignage d'estime, il attachait davantage de poids à sa poignée de main avec Yasser Arafat ou à la signature de la paix avec la Jordanie, des événements qui ont véritablement changé le cours de l'Histoire.

Avec le président américain George Bush à Kennebunkport, dans le Maine. Itzhak a entretenu d'excellentes relations avec tous les présidents qui se sont succédé à la Maison-Blanche, à l'exception de Jimmy Carter.

Avec le chancelier d'Allemagne Helmut Kohl à Jérusalem. Itzhak a toujours été conscient du rôle que l'Allemagne pouvait jouer sur la scène internationale. Pour ma part, j'aurai mis longtemps à me défaire d'une méfiance viscérale à l'égard de ce pays.

Un an après l'établissement de relations diplomatiques entre Israël et le Vatican, Itzhak s'est rendu à Rome. Il a offert une jarre ancienne au pape Jean-Paul II.

Entre 1992 et 1995, les fonctions d'Itzhak nous ont conduits aux quatre coins du monde, et jusque sur la Grande Muraille de Chine...

Itzhak prononce un discours à l'occasion du cinquantième anniversaire du soulèvement du ghetto de Varsovie, en Pologne, en 1993.

Itzhak chante *L'Hymne à la paix* lors du rassemblement de la place des Rois-d'Israël, le 4 novembre 1995, quelques instants avant les coups de feu fatals.

Les funérailles sur le mont Herzl. Je suis entourée des membres de ma famille. *À ma droite*, Yuval, *à ma gauche*, Noa, notre gendre Avi Pelossof, Dalia et nos petits-fils Jonathan et Michael. Derrière nous, le roi Hussein et la reine Noor de Jordanie.

C'est dans le plus grand secret que Yasser Arafat est venu me rendre visite chez nous pendant la shiva. Entre nous, Yossi Genosar, qui avait servi d'intermédiaire entre Itzhak et Arafat.

Une des manifestations de la « génération des cierges » au cours des trente journées rituelles de deuil, sur le lieu de l'assassinat.

Décidée à marcher sur les traces de son grand-père, Noa s'est engagée dans une école de formation d'officiers l'année qui a suivi la mort d'Itzhak. Lors d'une cérémonie de remise de diplômes, en octobre 1996, elle a fondu en larmes au moment où l'orateur évoquait l'héritage d'Itzhak.

Mon portrait préféré d'Itzhak.

CRÉDITS PHOTOGRAPHIQUES

- *P. 7, en haut; p. 8, à gauche et à droite; p. 10 en haut; p. 11 au milieu* : avec l'aimable autorisation de la Maison-Blanche.
- *P. 7, en bas; p. 10 en haut à droite et en bas; p. 11 en bas, p. 12 en haut, p. 13* : avec l'aimable autorisation du service de presse du gouvernement israélien.
- *P. 11, en haut* : © Dalda Photography, Madrid.
- *P. 12, en bas* : photo Mark Darchinger, Bonn. © *Der Spiegel.*
- *P. 14, en haut* : © Noam Wind.
- *P. 14, en bas* : photo Dan Erlich, © Armée de Défense israélienne.
- *P. 15, en bas à gauche* : © Dan Ilan Israel.
- *P. 15, en bas à droite* : © AP / Worldwide Photos.
- *P. 16* : © Amir Weinberg.

Les photographies qui ne sont pas mentionnées ici proviennent de la collection personnelle de l'auteur.

sont arrivés un vendredi après-midi, veille de shabbat. On avait organisé une cérémonie en présence de nombreuses personnalités venues accueillir cette nouvelle merveille de la technologie. L'un des partis religieux en a profité pour présenter une motion de censure, prétextant une violation du shabbat. La présence d'autres partis religieux dans la coalition dirigée par Itzhak donna à cet incident parlementaire apparemment insignifiant une importance inattendue.

Las d'être soumis à la pression constante des partis religieux, Itzhak et tout son cabinet ont alors décidé de démissionner et d'appeler à de nouvelles élections. « Tu sais, m'a-t-il confié, je ne supporte plus ce chantage perpétuel. » Il espérait bien exclure les partis religieux de la coalition. Suivant les règles de la pratique parlementaire, Itzhak dirigeait désormais un gouvernement intérimaire. Les élections, prévues initialement pour l'automne 1977, ont été avancées au mois de mai. Au sein du parti travailliste, un certain nombre de gens reprochaient à Itzhak d'avoir rompu des liens durables avec le parti national religieux. Mais il faut bien voir que les ultra-orthodoxes avaient fait obstacle à de nombreux projets, tels que la construction d'un bâtiment qui devait abriter les services du mouvement de réforme du judaïsme, ou celle d'une piscine publique ouverte le jour du shabbat.

Entre-temps, en mars 1977, Itzhak s'était rendu à Washington pour rencontrer le président Carter, qui avait prêté serment deux mois plus tôt. Jimmy Carter était le premier président américain dont Itzhak ne partageait pas les vues. Itzhak jugeait en effet qu'un chef du pouvoir exécutif doit s'appuyer sur ses collaborateurs, comme l'avaient fait les présidents Nixon et Ford. Itzhak étudiait évidemment très soigneusement les rapports de ses collaborateurs, mais il avait l'habitude de faire confiance aux professionnels sérieux qui occupaient des postes subalternes. Le président Carter était d'une autre trempe : tous les détails d'une affaire devaient passer entre ses mains.

Itzhak reprochait à Jimmy Carter de ne pas savoir déléguer. Et son caractère imprévisible le déroutait. C'est ainsi qu'au terme d'une longue journée de débats et après un dîner à la Maison-Blanche le président Carter pria ses invités de bien vouloir l'excuser. « Je dois rencontrer le Premier ministre en privé à l'étage », expliqua-t-il. Dès qu'ils furent assis, le président Carter dit à Itzhak :

— Maintenant, monsieur le Premier ministre, dites-moi ce que vous pensez *vraiment*.

Itzhak avait jugé le procédé choquant.

— Monsieur le président, avait-il rétorqué, nous avons eu de longs entretiens aujourd'hui. Je n'ai pas deux programmes ni deux opinions. Je n'en ai qu'une, et je vous l'ai exposée dans le détail, tout au long de la journée.

Le président Carter s'était ensuite étendu sur ses convictions religieuses. Itzhak avait peine à étouffer ses bâillements. Il était tard, il était arrivé d'Israël le matin même et il était épuisé. Avant notre départ de Washington, le président Carter crut bon de faire une déclaration publique au sujet des droits des Palestiniens à disposer d'une patrie.

Pour différentes raisons, le gouvernement américain a donné bien du fil à retordre à Itzhak. Le soutien déclaré qu'Itzhak avait accordé à Richard Nixon en 1972 n'était évidemment pas fait pour arranger les choses. L'appartenance de Nixon au parti républicain et celle de Carter au parti démocrate n'y étaient pour rien — Itzhak avait entretenu d'excellentes relations avec des membres du gouvernement Johnson et s'entendait à merveille avec l'équipe de Clinton. Cela tenait davantage au style politique de la Maison-Blanche sous Carter.

De retour en Israël, Itzhak s'est trouvé en butte à de nombreuses attaques de ses rivaux politiques et des médias. Son statut de Premier ministre par intérim le rendait évidemment plus vulnérable. Il a dû affronter les critiques sévères de Menahem Begin, son adversaire du Likoud ; pour couronner le tout, Shimon Peres a annoncé son intention de briguer l'investiture travailliste au poste de Premier ministre, contre Itzhak. Les deux hommes se heurtaient fréquemment sur des questions politiques, notamment à propos de l'implantation de colonies juives en Cisjordanie, Peres voulant les augmenter massivement alors qu'Itzhak souhaitait les limiter. Itzhak a essayé de négocier un accord avec Peres, lui proposant de lui accorder plus de liberté de parole en échange du retrait de sa candidature. En vain ; ils se sont donc trouvés engagés dans une deuxième bataille pour la direction du parti. Une convention de près de trois mille membres s'est réunie pour choisir la tête de liste travailliste. Le 22 février, Itzhak a battu Peres et obtenu l'investiture du parti, avec une marge étroite cependant — 1 445 voix contre 1 404 et 16 abstentions.

Sur ce, plusieurs scandales financiers ont éclaté, mettant en cause l'Histadrout — la centrale syndicale — et des investissements publics contestables en Grande-Bretagne. Les médias s'en sont donné à cœur joie. Menacé d'enquête judiciaire, le ministre du Logement s'est suicidé. Itzhak n'était mêlé à aucune de ces affaires, mais l'image du parti travailliste en a considérablement souffert. Le mot de corruption était sur toutes les lèvres. Pour finir, on s'en est évidemment pris directement à Itzhak et à moi-même. On lui a reproché d'avoir accepté des honoraires pour des conférences publiques qu'il avait données pendant qu'il était en poste aux États-Unis ; les sommes étaient pourtant insignifiantes, et ses prédécesseurs en avaient fait autant. Puis ce furent les fameuses révélations sur les comptes bancaires américains qui m'ont propulsée sur le devant de la scène. Voici ce qui s'est passé.

En mars 1977, j'avais accompagné Itzhak à Washington. Le lendemain de ses premiers entretiens avec le président Carter, j'avais décidé de passer à la banque clôturer un compte chèques et un compte épargne que nous avions ouverts pour nos dépenses quotidiennes, à l'époque où Itzhak était ambassadeur. En théorie, Itzhak était cotitulaire de ces comptes, mais en réalité il ne s'en était jamais servi. La plus forte somme que nous ayons jamais eue sur ces comptes joints s'élevait à vingt mille dollars, et, en 1977, il n'en restait que deux mille. La procédure de clôture prenait un certain temps, et mes gardes du corps commençaient à s'impatienter. Nous avions en effet rendez-vous à l'université américaine, où Itzhak devait recevoir un diplôme de docteur honoris causa. J'ai donc décidé de conserver le compte chèques et d'y transférer le reliquat du compte épargne. J'avais l'intention de régler cette affaire lors d'un prochain séjour aux États-Unis.

À l'époque, les lois israéliennes interdisaient formellement à un particulier d'avoir un compte bancaire à l'étranger s'il n'y résidait pas. Un journaliste du nom de Dan Margalit a été informé de l'existence de ces comptes[1]. Le 15 mars, la découverte de ce « scandale » a été annoncée au public. Rabinowitz, ministre des Finances, s'est montré inflexible. Quant au procu-

1. Les téléspectateurs israéliens le connaissent bien, car c'est lui qui a animé le débat télévisé entre Peres et Netanyahou organisé juste avant les élections de 1996.

reur Aaron Barak, l'actuel chef de la Cour suprême israélienne, il a réclamé à Itzhak le versement d'une amende et n'a pas hésité à me traîner devant les tribunaux. Il ne s'agissait pourtant que d'une négligence, d'une violation involontaire de la loi, et l'on imagine mal que dans un autre pays un chef de gouvernement, quel qu'il soit — et certainement pas un homme aussi intègre qu'Itzhak —, puisse être mis en difficulté pour un délit aussi minime.

J'ai été jugée le 17 avril pour détention illégale d'un compte bancaire dans un pays étranger où je ne résidais pas. Dalia était à mes côtés mais n'assurait pas ma défense. Itzhak m'avait proposé à maintes et maintes reprises de m'accompagner au tribunal, mais j'ai toujours refusé sa présence. Au cours du procès, j'éprouvai la curieuse impression d'être désincarnée, d'observer les choses de l'extérieur. Le verdict a été beaucoup plus sévère qu'on ne s'y attendait. Le juge m'a infligé un sermon que beaucoup ont trouvé outrageusement impitoyable et m'a donné le choix entre le versement d'une amende de deux cent cinquante mille livres israéliennes — ce qui représentait approximativement le prix d'un bel appartement à l'époque — et un an de prison. Nous avons payé l'amende en empruntant de l'argent à des amis que nous avons remboursés plus tard.

Nous avons reçu plusieurs centaines de lettres de soutien. Certaines personnes nous ont même envoyé des chèques, que nous leur avons évidemment retournés. Un député du Likoud nous a écrit une lettre émouvante, affirmant que notre honneur n'était pas atteint par ce ridicule incident. Itzhak en a été d'autant plus touché que cela émanait d'un membre de l'opposition. Un brave homme est allé jusqu'à me proposer de purger ma peine de prison à ma place[1] !

Peut-on parler de justice ? Un mois exactement après la révélation de l'existence de nos comptes bancaires, on a appris qu'une autre personnalité israélienne possédait un compte à l'étranger, dont le montant s'élevait à six chiffres. Il n'y a pas eu de procès ! La raison était claire : ce n'était pas une cible politique.

Mais Itzhak n'avait pas attendu ma condamnation pour tirer les conséquences de cette affaire.

1. La loi en vertu de laquelle j'ai été jugée a finalement été abrogée. *(N.d.A.)*

Dans la soirée du jeudi 7 avril, dix jours avant mon procès, tout Israël ne pensait qu'au basket. L'équipe de Tel-Aviv, le Maccabi, que personne n'attendait en finale, se mesurait à l'équipe de Varèse, en Italie, pour le championnat d'Europe. Le match se déroulait à Belgrade. Le pays tout entier était devant la télévision, et la victoire du Maccabi par un point a été accueillie par des cris de joie. Mais un autre événement, encore plus sensationnel, allait éclipser cet exploit sportif. Peu après la fin du match, Itzhak et moi sommes apparus à la télévision israélienne.

Itzhak avait décidé d'annoncer sa démission.

La résolution d'Itzhak était à la fois plus complexe et moins douloureuse que beaucoup de gens ne le pensent. Je tiens à préciser qu'elle n'avait rien à voir avec la démission de Nixon ni avec celle de Golda. Personne, en effet, n'avait réclamé le départ d'Itzhak. Il n'avait évidemment pas l'intention de se retirer de la vie politique, et ce n'était pas la première fois qu'il offrait sa démission dans une situation difficile. Le 25 mai 1967, le lendemain de sa fameuse crise d'épuisement avant la guerre des Six-Jours, Itzhak était entré dans le bureau de Levi Eshkol de sa propre initiative pour lui dire qu'il venait d'avoir un coup de pompe, qu'il se sentait de nouveau en pleine forme mais que, s'il le souhaitait, le Premier ministre pouvait recevoir sa démission. Eshkol avait écarté cette idée d'un geste et lui avait dit de ne plus y penser. Cette fois, l'affaire était moins simple, mais Itzhak avait également moins de raisons que dix ans plus tôt de se cramponner à son poste.

J'ignore quel a été le raisonnement d'Itzhak, car il ne me l'a pas confié. Mais, rétrospectivement, j'imagine qu'il a pu faire l'analyse suivante : le parti travailliste était en difficulté. Il n'avait jamais retrouvé la popularité qui avait été la sienne avant la crise du Kippour en 1973. Les récents scandales avaient encore contribué à le déstabiliser. Itzhak venait d'obtenir l'investiture travailliste avec une marge extrêmement étroite. Si le parti perdait les législatives, on allait évidemment imputer cette défaite à Itzhak et surtout à l'affaire du compte en banque, qui deviendrait ainsi un chapitre de l'histoire politique du pays. En revanche, s'il se retirait avant les élections, on pourrait tout au plus lui reprocher d'être scrupuleux à l'extrême, ce qui était parfaitement exact. Les gens l'avaient accusé de manquer d'expérience politique, et il était prêt à accepter cette critique. S'il voulait revenir un jour sur la scène politique, mieux valait démissionner que s'accrocher au pouvoir.

Je peux dire qu'au cours de ces journées j'ai souvent entendu Itzhak tambouriner du bout des doigts sur son bureau, ce qui était généralement le signe d'une profonde préoccupation. Mais, dans l'ensemble, il a gardé ses réflexions pour lui. On lui a souvent fait grief de ne pas s'entourer de quelques proches conseillers. La vérité est qu'il n'avait pas d'amis intimes en qui il eût pleine confiance. Il n'avait pas de meilleur ami que lui-même, et je me flatte d'être arrivée en seconde position. Avant ce mauvais pas, la situation la plus difficile qu'il ait jamais eue à affronter avait certainement été les quelques heures précédant la guerre des Six-Jours. À l'époque, il avait ressenti le besoin impérieux de consulter Ben Gourion puis Weizman. Qu'y avait-il gagné ? Chat échaudé craint l'eau froide... Son attitude en 1977 a été très différente. Comme il l'écrit dans ses Mémoires, « un homme est toujours vraiment seul en de tels moments ».

Itzhak s'était toujours fié à son propre jugement, et il avait encore plus tendance à le faire en 1977 qu'en 1967. Je n'oublierai jamais le jour où, après mûre réflexion, notre fils Yuval, qui devait avoir à peu près neuf ans, a déclaré avec le plus grand sérieux : « Mon père est probablement l'homme le plus sage de tout le pays. » Itzhak était peut-être bien de son avis, lui aussi, et ce n'est pas moi qui dirai le contraire.

S'il n'avait pas de véritables confidents, il pouvait cependant consulter ses conseillers officiels, et il savait qu'il pouvait compter sur moi. Il n'a pas demandé leur avis aux enfants ; sans doute pensait-il qu'ils étaient trop jeunes pour comprendre toute l'ampleur du problème. Il s'est montré inébranlable. « Rien ne me fera revenir sur ma décision », m'a-t-il. Il a du reste déclaré la même chose à d'autres personnes avant d'apparaître à la télévision. « Il est impensable qu'un Premier ministre reste en fonction alors que des membres de sa famille font l'objet de poursuites judiciaires. » Je lui ai dit que je l'approuvais, et je pense que c'est ce qu'il voulait entendre.

La nouvelle a bouleversé l'opinion. L'interview n'a pas duré plus d'un quart d'heure. Dalia, Yuval et quelques amis nous ont retrouvés à la maison à notre retour des studios de télévision. J'étais exténuée, à bout de nerfs, et je ne me rappelle que vaguement avoir servi du café à nos visiteurs.

Itzhak s'est montré irréprochable envers moi tout au long de cette affaire. Il n'a pas douté de moi un instant et ne m'a pas fait le moindre reproche. Il ne m'a même pas demandé comment j'avais pu commettre une telle négligence, alors que la gestion des finances familiales était l'une des tâches qui m'incombaient dans notre « division du travail ». Il ne m'a jamais accusée d'avoir provoqué sa chute. Et, surtout, il m'a toujours accordé un soutien sans faille — comme à un camarade blessé au combat. Il avait le sentiment qu'il devait m'épauler et prendre sa part de responsabilités, alors qu'il n'était pour rien dans cette affaire. Quant à moi, j'étais effondrée, on le comprendra aisément. Mais Itzhak a refusé de s'étendre sur cet épisode. Nous avons poursuivi notre route main dans la main, comme deux camarades bien décidés à affronter l'avenir ensemble.

Si je peux prétendre avoir joué un rôle au moment où Itzhak a pris sa décision, ce serait peut-être en le persuadant de garder une certaine mesure. Pour lui, trois éléments étaient indissolublement liés : il voulait démissionner du poste de Premier ministre, ne pas se représenter à ce même poste, et partager avec moi la responsabilité de l'affaire du compte en banque. Mais il hésitait également à rester à la Knesset. Son conseiller juridique l'avait incité à se démettre tout à la fois de son siège de député et de son poste de Premier ministre. Pour ma part, et je n'étais pas seule de cet avis, je trouvais cela excessif. Nous sommes arrivés à convaincre Itzhak, qui a donc accepté de rester à la Knesset. Quand il a quitté ses fonctions, on lui a attribué un minuscule bureau dans la Kiryah, l'immeuble des services gouvernementaux, et l'on a mis à sa disposition une secrétaire et un chauffeur. Il n'aurait pas eu la place de loger plus de personnel s'il avait voulu en engager. Du jour au lendemain, il était redevenu simple député, après être sorti tout aussi soudainement du néant politique, trois ans et demi plus tôt, pour devenir Premier ministre.

Et maintenant ? Itzhak n'avait pas la moindre envie de se lancer dans les affaires. Il ne connaissait que le service public et venait d'essuyer un grave revers. Aucun de nous ne savait ce que l'avenir lui réservait. Mais il n'était pas homme à se laisser abattre.

Tout au long de ce pénible épisode, des amis intimes nous ont entourés avec beaucoup de chaleur. Et d'autres personnes, plus inattendues, nous ont accordé un soutien réconfortant.

Le jour de la fête de l'Indépendance, nous avons assisté à la réception donnée au ministère de la Défense et nous y avons rencontré Meir et Yona Amir, qui organisent tous les ans une fête à cette occasion. Meir, qui était alors général, allait diriger plus tard le Mossad. Ils nous ont immédiatement invités à leur soirée. « Nous comptons sur vous », ont-ils insisté. Cette invitation pressante nous a profondément touchés et nous y avons répondu avec plaisir.

Au cours de cette même réception, Moshe Dayan s'est trouvé assis avec nous à la table des personnalités et a habilement détourné la conversation sur d'autres sujets ; Dayan était capable de se comporter avec beaucoup d'élégance. Il m'a parlé des Kissinger et m'a demandé si je les considérais comme un couple uni. Je lui ai répondu par l'affirmative et lui ai fait part de la profonde compréhension mêlée de respect mutuel qui les unissait. J'avais remarqué qu'Henry comme Nancy Kissinger se montraient toujours très attentionnés l'un pour l'autre.

— D'accord, mais est-ce qu'ils s'*aiment*? insista Moshe Dayan.

— Que voulez-vous que je vous dise ? répondis-je. L'amour a tant de visages !

Shimon Peres était également à notre table, et il s'est montré particulièrement aimable. C'est alors que d'une voix forte, pour agacer Peres qui n'avait jamais été soldat, Dayan a demandé : « Itzhak, porteras-tu ton uniforme demain, pour la parade ? » Ils endossaient toujours leur uniforme une fois par an, pour le grand défilé du jour de l'Indépendance. Dayan et Peres avaient toujours été proches, mais, en cet instant, Dayan a tenu à affirmer une solidarité avec Itzhak, à laquelle Peres ne pouvait pas prétendre.

Beaucoup d'amis ont fait cause commune avec Itzhak et sont venus lui rendre visite. Son charisme demeurait intact grâce à ses exploits militaires et à son immense talent d'orateur, apprécié en Israël comme à l'étranger. Sa pension d'ancien chef de l'état-major nous mettait à l'abri de tout souci financier. Nous remboursions régulièrement l'emprunt que nous avions contracté pour payer l'amende à laquelle j'avais été condamnée. Itzhak s'accommodait de son mieux de sa nouvelle situation. Lorsqu'il évoquait les scandales qui ébranlaient le gouvernement et le problème de notre compte bancaire, Itzhak disait ironiquement : « C'est bizarre. Je me demande pourquoi tout d'un coup, tous les gens qui m'entourent ont des démêlés avec la justice. » Quand on lui demandait comment il expliquait ses ennuis, il répondait simplement qu'il les attribuait à certaines forces « à l'intérieur et à l'extérieur » de son propre parti.

Pour en revenir aux élections législatives, le parti travailliste a choisi pour candidat Shimon Peres, qui l'a conduit à la première des cinq défaites qu'il allait lui infliger. En mai 1977, le parti travailliste a été renversé après avoir exercé le pouvoir pendant dix-huit années de suite.

Un groupe de jeunes gens s'est rassemblé presque immédiatement autour d'Itzhak. Ils estimaient que son départ du gouvernement était une terrible injustice et étaient convaincus qu'il pouvait encore apporter beaucoup à son pays. Une de nos amies, Niva Lanir, a créé un groupe de débats qu'elle a appelé Urim — « Les Lumières ». Elle était certaine qu'Itzhak était la personne la plus qualifiée pour diriger Israël et voulait lancer un mouvement de soutien pour l'aider à retrouver son poste de Premier ministre. Ce groupe a permis à Itzhak de se tenir au courant des grandes questions du jour et de côtoyer certains des plus grands esprits d'Israël. Ces réunions lui apportaient une grande stimulation intellectuelle, en lui faisant découvrir des idées nouvelles qui pourraient lui être précieuses dans l'éventualité d'un retour au pouvoir.

Le 29 février 1980, Yigal Allon succomba soudainement à une crise cardiaque. Son cercueil fut exposé en grande pompe à Afula, et, le lendemain, nous assistâmes aux obsèques solennelles et à l'inhumation au kibboutz Genosar. On a dit qu'Allon avait été le seul vrai commandant d'Itzhak au cours de sa carrière. Celui-ci avait toujours considéré Allon comme un diplomate de talent et un brillant stratège. Allon avait été ministre des Affaires étrangères dans le gouvernement d'Itzhak. Il se passionnait pour la diplomatie, et il y excellait. Il était adoré en Israël, et, pendant des années, une foule de gens s'est réunie sur sa tombe pour l'anniversaire de sa mort. Ruth, la veuve d'Allon, a encouragé Itzhak à rester fidèle aux idées politiques qu'il avait partagées avec Yigal.

Mais le plus touchant sans doute a été la confiance que la population a continué de témoigner à Itzhak. Le samedi 9 avril 1977, deux jours après sa démission, Itzhak assista à un match de football au stade Bloomfield, où jouait l'équipe du Maccabi de Tel-Aviv. Le stade était comble et tous les spectateurs se sont levés pour ovationner Itzhak. Ils avaient été sensibles à l'honnêteté et à la noblesse d'un grand homme.

Peut-être Israël attendait-il déjà son retour ?

8

Monsieur Défense

Tous les événements qui ont marqué notre existence en ce printemps de 1977 n'ont, par bonheur, pas été aussi déplaisants. Le 20 mars, notre petite-fille Noa naissait à Tel-Aviv. En voyant aujourd'hui sa chevelure luxuriante, on a peine à imaginer le bébé chauve qu'elle était ! Itzhak éprouvait évidemment un amour égal pour ses trois petits-enfants, mais il est vrai qu'il a consacré plus de temps à Jonathan et à Noa. En effet, certaines circonstances familiales les ont conduits à passer beaucoup de temps chez nous, au point qu'ils considéraient notre maison comme la leur. Le fils de Yuval, Michael, a vécu quant à lui près de cinq ans loin d'Israël, d'abord en Allemagne puis aux États-Unis. Après avoir servi dans l'armée, Yuval avait été engagé dans une entreprise de logiciels et envoyé à l'étranger pour la représenter.

Itzhak a appris à nos enfants et à nos petits-enfants quelques leçons essentielles. « Soyez toujours parfaitement en règle avec vous-mêmes, leur disait-il. Il est plus facile d'agir correctement quand on est en accord avec soi-même. Poursuivez les objectifs que vous vous êtes fixés, et ne faites pas trop attention à ce que les autres disent de vous. » La compagnie de ses petits-enfants a toujours été une grande joie pour Itzhak. Quand Jonathan était bébé et refusait de manger, Itzhak se chargeait de le nourrir, retrouvant les gestes qu'il avait eus autrefois avec Yuval. Une cuillerée de purée de pois ou de compote de pommes se transformait soudain en AMX-13, en char Patton ou en transport de troupes traversant les airs devant la chaise haute du petit garçon. La cuillère suivait un parcours accidenté, ondulant, comme si elle franchissait les dunes du désert. Jonathan écarquillait les yeux d'excitation quand l'« unité blindée » s'apprêtait à lancer une attaque de flanc avant de se précipiter par surprise dans sa bouche. C'était une manœuvre dont il ne se lassait jamais, et qui réussissait toujours !

Itzhak pouvait faire preuve d'une patience et d'une sensibilité extraordinaires. Au début de l'année 1995, Jonathan était soldat au Sud Liban. De toute évidence, quelque chose le tracassait. Il avait demandé à Itzhak s'il accepterait, au cours du traditionnel déjeuner du samedi, de répondre aux questions qu'il se posait sur la politique militaire du gouvernement. Mais d'autres sujets monopolisèrent la conversation, et Itzhak n'eut pas l'occasion de discuter avec son petit-fils. Le soir même, nous étions invités chez l'ambassadeur d'Égypte, dont la résidence n'est pas très éloignée de la maison de notre fille. Sur le chemin, Itzhak me dit : « Écoute, Lea, je suis vraiment ennuyé de ne pas avoir pu parler à Jonathan à midi. Si tu veux bien, je vais te déposer chez l'ambassadeur pour aller discuter un peu avec le petit. Je te rejoindrai plus tard. » Une demi-heure après, Itzhak est arrivé, soulagé d'avoir rempli son devoir de grand-père, et d'ancien ministre de la Défense... De la patience, il lui en a fallu également pour apprendre à Noa à jouer aux échecs alors qu'elle n'avait que trois ans !

Cette qualité lui a été précieuse au cours des années où il a été écarté du pouvoir (de 1977 à 1984, puis entre 1990 et 1992). Il a toujours su mettre à profit le temps dont il disposait pour cultiver ses relations et élargir le champ de ses compétences et de ses connaissances. Il ne pouvait évidemment pas savoir s'il redeviendrait Premier ministre un jour, mais il pensait avoir de meilleures chances d'y parvenir s'il se tenait au courant de toutes les grandes questions du jour. Je suis certaine qu'il espérait retrouver, au moins, le portefeuille de la Défense. Toutes les initiatives qu'Itzhak a prises durant cette période — en plaidant pour un règlement de paix progressif au Proche-Orient, en cherchant des solutions à la crise libanaise, en entretenant la confiance du gouvernement américain dans son rôle politique et en élaborant une politique susceptible de répondre aux besoins futurs du Proche-Orient — ont contribué à jeter les bases des réalisations de son second mandat. Combien de fois, au cours de ses entretiens avec des responsables économiques et politiques israéliens, n'a-t-il pas souligné qu'Israël devait absolument redéfinir ses priorités nationales ! Chose surprenante pour un ancien militaire de carrière, Itzhak a réclamé une diminution du budget de l'armée et une augmentation des investissements nécessaires pour doter le pays d'une solide infrastructure — transports, développement industriel, logement et éducation. Tous ces projets exigeaient de la patience, du bon sens, et une vision à long terme.

En mai 1977, Menahem Begin a été élu Premier ministre. C'était la première fois dans l'histoire d'Israël que le Likoud dirigeait le gouvernement. Ezer Weizman s'est vu confier le portefeuille de la Défense et Ariel Sharon a été nommé ministre de l'Agriculture. Begin ayant proposé le portefeuille des Affaires étrangères à Moshe Dayan, celui-ci n'a pu résister à l'envie de restaurer une image désormais bien ternie. Il a donc quitté le parti travailliste pour devenir un « partisan indépendant » du Likoud. Ce revirement a irrité beaucoup de gens. D'autres ont compris ses motifs et admis sa vision des choses. Quoi qu'on pense de son attitude, Dayan a joué un rôle moteur dans le gouvernement Begin.

L'arrivée du Likoud au pouvoir a donné un nouvel élan aux partis religieux. Cette menace de fracture de la société israélienne a profondément inquiété Itzhak. Les partis religieux avaient obtenu davantage de sièges, ce qui leur a permis de faire entendre leur voix plus bruyamment. Ils exigèrent, par exemple, que la circulation soit interdite et les cinémas fermés le jour du shabbat. L'implantation de colonies juives en Cisjordanie, commencée sous le gouvernement travailliste, a été considérablement développée sous celui du Likoud. Cette aventure politique exaspérait Itzhak et imposait une charge intolérable au budget de la Défense. « Ces colons ne sont pas les sionistes de notre temps », m'a-t-il confié bien souvent. Les colonies ne pouvaient vivre en autarcie. Loin d'accroître les capacités de défense d'Israël, comme le prétendaient les colons, elles les compromettaient. Le jugement d'Itzhak sur Begin en tant qu'homme était généralement plus pondéré. Je me souviens notamment d'un discours à la Knesset où Itzhak s'en est pris violemment à la politique du Likoud, sans pour autant critiquer Begin, alors qu'il aurait eu d'excellentes raisons de le faire.

Paradoxalement, les négociations de paix avec l'Égypte ont fait un grand pas en avant sous le gouvernement du Likoud. Le 16 novembre 1977, nous nous trouvions à Washington, chez

Polly Wisener, quand Walter Cronkite, présentateur de la CBS, a demandé à Anouar el-Sadate s'il était effectivement prêt à se rendre à Jérusalem, en admettant bien sûr qu'il y fût invité. Sadate avait en effet annoncé au Parlement égyptien une semaine auparavant son intention de se rendre à Jérusalem ; mais les milieux bien informés de Washington étaient convaincus que cette visite ne se ferait jamais. Les spéculations allaient bon train. Finalement, les médias ont révélé que Sadate arriverait à Jérusalem dans la soirée du samedi 19 novembre. Le jeudi 17, Itzhak se trouvait encore à New York, où il devait donner des conférences. Lorsqu'il a entendu les informations, Itzhak s'est précipité à Kennedy Airport et est arrivé à obtenir une place sur le vol d'El Al pour Tel-Aviv. Le lendemain, j'ai moi-même quitté Washington pour New York, où j'ai embarqué dans un avion de la Swiss Air pour Israël. J'ai manqué de peu l'arrivée de Sadate.

Mais Itzhak était là. Au moment où il a accueilli Sadate à l'aéroport Ben Gourion, il a eu conscience de vivre un chapitre capital de l'histoire d'Israël. Voici ce qu'il a noté dans ses Mémoires.

Lorsque j'ai salué le président Sadate dans la haie d'honneur, nous n'avons guère eu le temps d'échanger que quelques civilités. C'était la première fois que je le voyais en chair et en os, et j'ai été terriblement impressionné par le sang-froid dont il faisait preuve dans des circonstances aussi exceptionnelles. En l'espace de quelques secondes, il a dû saluer l'un après l'autre ses anciens ennemis jurés, et il a pourtant trouvé le moyen de commencer sa visite en disant exactement les mots qu'il fallait à chacun.

Il relate également le brillant discours que Sadate a prononcé devant la Knesset et admire la manière dont il a désarmé son auditoire en reconnaissant : « Je comprends votre besoin de sécurité, mais pas votre besoin de terre. » Aucun dirigeant arabe ne s'était jamais exprimé avec une telle franchise. Sadate a indiqué clairement qu'il était prêt à négocier une paix séparée avec Israël, indépendamment des autres États arabes.

Comment ne pas s'étonner de la facilité avec laquelle les barrières peuvent tomber, quand on songe à la violence du conflit qui a opposé nos deux pays il y a moins de trente ans ! La venue de Sadate en Israël a marqué un tournant majeur. Grâce au courage de cet homme, le pays arabe le plus grand et le plus puissant du Proche-Orient a accepté de nous tendre une main fraternelle.

Itzhak s'en est félicité avec beaucoup d'abnégation. Pour moi, l'ouverture d'esprit qui lui a permis de s'associer sans aucune amertume à cette réussite spectaculaire restera l'une de ses plus grandes qualités. C'était un patriote avant tout. Comme l'a bien dit son assistant, Shimon Sheves, en se référant aux concepts de produit national brut ou net : « Itzhak était "netto Israël", alors que tous les autres hommes politiques étaient "brutto Israël". » Le bien d'Israël a toujours été pour Itzhak une priorité absolue. Il n'a jamais recherché la gloire. Il s'est réjoui de la signature du traité de paix israélo-égyptien en mars 1979 à Washington, à l'époque où Jimmy Carter était président et Cyrus Vance secrétaire d'État, et n'a jamais prononcé un seul mot de regret en voyant le Likoud se glorifier de cette réussite. Il s'est rendu à Washington pour célébrer l'événement avec le gouvernement en place, conscient de vivre un instant historique pour l'ensemble d'Israël. En se rendant à la Maison-Blanche pour assister à la cérémonie de signature, il a même confié au journaliste Ron Ben Yishai : « Si cela s'était produit quand j'étais Premier ministre, le sang aurait probablement coulé dans les rues d'Israël. »

Les accords de Camp David de 1978 et le traité de 1979 représentaient l'application du principe d'une « terre de paix », qui avait sous-tendu la négociation des accords provisoires qu'Itzhak avait conclus avec l'Égypte en 1975. Henry Kissinger a fait une remarque à ce sujet après la mort d'Itzhak. Quand Itzhak « s'était rendu à l'aéroport pour accueillir Sadate, a-t-il dit, il a sans doute éprouvé des sentiments doux-amers, car cet événement aurait dû se produire sous son gouvernement ».

Itzhak n'avait qu'une critique à formuler au sujet des accords de paix — une critique qui paraît bien dérisoire aujourd'hui, face à l'évolution des attitudes. La restitution du Sinaï a entraîné le déracinement d'une colonie de peuplement juive qui avait vraiment un sens, celle de Yamit. Dans cette région, les implantations juives étaient florissantes. Il ne s'agissait pas d'avant-postes factices, de simples déclarations politiques. Les gens y menaient une vie authentique, prospère. Ils étaient profondément attachés à une terre, à laquelle les nécessités de la paix les ont douloureusement arrachés. En paraphant ce traité,

Menahem Begin a accepté le départ de quelque cinq mille colons de Yamit, pour pouvoir restituer le Sinaï à l'Égypte. Itzhak estimait qu'une négociation plus serrée, plus exigeante, aurait pu éviter ce drame.

En août 1979, Itzhak a annoncé la publication de ses Mémoires. Il avait alors cinquante-sept ans. Beaucoup de gens ont admiré la sincérité, la clarté et la perspicacité stratégique dont témoignait ce livre. D'autres lui ont reproché de critiquer trop sévèrement certaines personnalités politiques israéliennes. Il est vrai qu'Itzhak n'a jamais mâché ses mots et n'aimait pas les détours. Il avait pourtant le sentiment de n'avoir rien dit d'injustifié dans ses Mémoires. Les attaques les plus brutales ont été le fait de partisans de Shimon Peres. En parlant de ce dernier, Itzhak l'avait qualifié, de propos délibéré et, pensait-il, avec justice, de « magouilleur invétéré[1] ». Au parti travailliste, beaucoup de gens étaient fous de rage. Dans une interview accordée aux médias israéliens, Itzhak a précisé qu'il avait horreur des insinuations. Il préférait dire les choses franchement — *dougri,* comme nous le disons en argot hébreu. Certains passages de ses Mémoires ont du reste été censurés ; tous les fonctionnaires du gouvernement israélien doivent en effet soumettre leurs récits autobiographiques à une commission de censure. Par la suite, le *New York Times* publia un passage interdit, qu'il prétendait avoir obtenu par l'intermédiaire du traducteur anglais. On pouvait y lire que David Ben Gourion avait ordonné l'expulsion forcée de quelque cinquante mille Arabes des villes de Lod et de Ramla et qu'Itzhak avait exécuté cet ordre. La vérité était que cette expulsion avait été entreprise par Yigal Allon et par Itzhak, au cours de la guerre d'Indépendance, pour protéger les troupes placées sous leur commandement. Ben Gourion avait apparemment approuvé cette action d'un simple geste de la main. Le censeur avait préféré supprimer ce passage. Sorti de son contexte, cet épisode discréditait Itzhak.

À la fin des années soixante-dix et au début des années quatre-vingt, l'intégrisme musulman s'est répandu comme une

1. Cette expression ne figure que dans la version originale en hébreu de ces Mémoires.

traînée de poudre à travers le Proche-Orient. De nouveaux adversaires ont surgi qui, à l'instar de l'Iran, n'avaient pas de frontière commune avec Israël mais ne demandaient qu'à financer des actes de terrorisme et de violence contre nous. Pour Itzhak, le mot « ayatollah » n'était pas seulement le symbole de l'intégrisme religieux, mais également celui d'un régime dictatorial et arbitraire. Ce mouvement soutenait financièrement la révolte des populations locales et évitait soigneusement de prendre les traits d'une campagne internationale. Itzhak a souvent déclaré que, dans ses méthodes d'action, l'intégrisme avait su tirer les leçons du communisme.

La chute du chah a entraîné la rupture d'un lien très fort entre Israël et l'Iran. Du jour au lendemain, un pays ami était devenu hostile. En novembre 1979, des extrémistes chiites ont pris d'assaut l'ambassade américaine à Téhéran. Pendant huit ans, à partir du mois de septembre 1980, l'Irak et l'Iran se sont littéralement pris à la gorge pour obtenir le contrôle du Chatt al-Arab, un fleuve convoité par les deux pays. Ce conflit a fait un nombre effroyable de victimes.

La normalisation progressive des relations entre l'Égypte et Israël a eu pour conséquence de mettre l'Égypte au ban d'un monde arabe de plus en plus touché par le fanatisme. Ce qui a valu à Jihan, l'épouse du président Sadate, d'essuyer à son tour une rebuffade à une tribune internationale. En 1980, la majorité des déléguées de la Conférence des femmes organisée par l'ONU à Copenhague a quitté la salle avant son allocution, en signe de protestation contre le traité de paix que son mari avait signé avec Israël. (Cette conférence, qui a lieu tous les cinq ans, devait initialement se tenir à Téhéran, mais les organisateurs avaient préféré la déplacer au Danemark après la chute du chah.) Sans hésiter, je lui ai adressé un télégramme dans lequel j'évoquais l'expérience similaire que j'avais faite à Mexico : « Quelle honte de voir se poursuivre ces simagrées... »

En juillet 1980, Israël a pris la décision de déplacer sa capitale à Jérusalem. Mais les autres pays n'ont pas reconnu ce nouveau siège, et la communauté internationale a préféré conserver ses ambassades à Tel-Aviv. Quant au Vatican, il n'a établi de relations diplomatiques avec Israël qu'en 1994, et, à cette date, il n'a toujours pas reconnu Jérusalem comme la capitale légitime d'Israël. En décembre 1995, après l'assassinat d'Itzhak, je me suis rendue au Vatican avec mes enfants à l'invitation du pape. Au cours de cette audience, Jean-Paul II a souligné la double importance de Jérusalem — capitale d'Israël et capitale religieuse de trois confessions. Mes enfants ont insisté : « N'oublie pas de transmettre à la presse ce qu'il t'a dit ! » Je n'y ai évidemment pas manqué. La déclaration du pape a beaucoup intéressé les médias. Cette reconnaissance pontificale du rôle de Jérusalem comme capitale d'Israël possède en effet une immense portée politique. Mais peut-être les propos du pape ont-ils dépassé sa pensée. (Immédiatement après, en effet, le Vatican a publié un rectificatif qui tempérait ses paroles.) Il n'en reste pas moins que mes enfants comme moi-même avons entendu le pape parler, sans ambiguïté aucune, de Jérusalem comme de la capitale d'Israël.

En janvier 1981, le paysage politique international a changé une fois encore. Ronald Reagan est devenu président des États-Unis et George Shultz a pris les fonctions de secrétaire d'État. Une des premières conséquences de ce changement a été la libération des otages américains toujours détenus à Téhéran. Tout au long de ses deux mandats, Ronald Reagan a entretenu d'excellentes relations avec Israël. Au cours de la première année de sa présidence, les États-Unis ont vendu à l'Arabie Saoudite des avions de reconnaissance AWACS, ce qui a conduit le Likoud à émettre des protestations véhémentes. Itzhak jugeait que cette livraison n'ayant pas de conséquences directes pour Israël, il était malvenu — et risqué — de chercher querelle aux Américains à ce sujet. Ce genre d'affaire a toujours irrité Itzhak, qui s'est trouvé plusieurs fois en désaccord avec le Likoud ainsi qu'avec les membres les plus agressifs du lobby juif américain.

En Israël, Itzhak avait accordé son soutien à Yigal Allon, rival de Shimon Peres à la tête du parti travailliste. Mais la disparition subite d'Allon a incité Itzhak à briguer lui-même l'investiture travailliste aux élections de juin 1981. Itzhak a été battu par Shimon Peres à l'issue d'un vote du comité central travailliste en décembre 1980. Malgré cette défaite, la popularité d'Itzhak est restée intacte. Trois facteurs ont probablement joué en sa faveur. D'abord, Itzhak n'était pas un politicien professionnel. Deuxièmement, la dignité et l'intégrité dont il avait fait preuve en démissionnant en 1977 inspiraient aux gens un immense respect. Enfin, Itzhak avait toujours manifesté un grand bon sens dans l'analyse des difficultés que devait affronter Israël. Sa candidature à l'investiture avait remporté un nombre de voix non négligeable ce qui devait, en cas de victoire travailliste aux élections, lui assurer un poste ministériel important.

En juin 1981, avant les élections, Menahem Begin et son parti mirent toutes les chances de leur côté en lançant l'opération Babylone : une unité de F-16 est allée bombarder le réacteur nucléaire irakien Osirak à Tammouz, qui aurait permis à l'Irak de produire des matériaux fissibles destinés à la fabrication d'une bombe atomique. Itzhak a approuvé ce raid, car il était conscient des menaces que l'Irak pourrait faire peser sur Israël s'il disposait de l'arme nucléaire. Peres, au contraire, a critiqué cette opération, ce qui l'a considérablement discrédité aux yeux de l'opinion publique. Cette affaire a du reste conduit Shimon Peres à changer temporairement d'avis au sujet de l'avenir politique d'Itzhak : jusqu'à ce moment-là, il avait laissé entendre qu'Itzhak n'aurait pas place dans un gouvernement que lui-même dirigerait. Il céda alors aux pressions de plusieurs de ses conseillers, qui jugeaient qu'après l'opération Babylone Itzhak était bien placé pour postuler le portefeuille de la Défense dans un éventuel cabinet travailliste. Le 25 juin, à cinq jours des élections, Itzhak annonça publiquement qu'il accepterait le rôle de ministre de la Défense si les travaillistes l'emportaient. Il a agi ainsi essentiellement par loyauté envers le parti.

On ne peut que regretter que cette annonce n'ait pas été faite plus tôt. En tout état de cause, c'était trop peu et trop tard. Le 30 juin 1981, Shimon Peres et le parti travailliste ont dû, une nouvelle fois, s'effacer devant le Likoud. Menahem Begin est resté Premier ministre, tandis que le ministère de la Défense revenait à Ariel Sharon.

Au sein du monde arabe, les tensions s'aggravaient — notamment dans les pays qui s'efforçaient de faire la paix avec Israël. Le 6 octobre 1981, le président égyptien Anouar el-Sadate assistait à une grande parade militaire — une cérémonie annuelle qui commémorait le franchissement du canal de Suez par l'Égypte pendant la guerre du Kippour. Sadate était entouré de huit gardes du corps, et un très grand nombre de soldats avaient pris place sur la tribune. Sa sécurité paraissait donc assurée. Mais cela n'empêcha pas un groupe d'officiers intégristes de profiter de l'occasion pour lancer une opération de commando. Les intégristes ont lancé une grenade et tiré plusieurs rafales d'armes automatiques. Sadate a été tué presque sur le coup, en même temps qu'un certain nombre de personnes qui se trouvaient sur la tribune officielle.

Trois présidents américains ont assisté aux funérailles de Sadate et l'ensemble du monde occidental est venu lui rendre un dernier hommage. L'État d'Israël était représenté par Menahem Begin, mais la plupart des pays arabes brillaient par leur absence. La télévision a retransmis dans le monde entier les images de gens dansant et chantant dans les rues de la Libye et d'autres États arabes. Itzhak estimait qu'en la personne d'Anouar el-Sadate l'Égypte avait perdu un dirigeant charismatique, clairvoyant et ouvert sur l'avenir. Je sais qu'il s'inquiétait à l'idée que les immenses progrès réalisés dans les relations israélo-égyptiennes ne soient compromis si le successeur de Sadate n'était pas, lui aussi, un homme modéré, capable de tenir tête aux extrémistes musulmans. Par bonheur, le président Moubarak est resté fidèle à la voie tracée par son prédécesseur, et le retrait progressif d'Israël du Sinaï s'est poursuivi. Mais la fracture du monde arabe n'a cessé de s'élargir, tandis que l'intégrisme islamique se renforçait.

J'ai rencontré Jihan Sadate pour la première fois en juillet 1983 — une vingtaine de mois après l'assassinat de son mari —, à l'occasion d'une Conférence des femmes pour la paix, organisée par les États-Unis, l'Égypte et Israël. Cette manifestation tenait du simulacre et n'a rien apporté de concret. Le nom d'Israël ne figurait même pas dans l'annonce de la conférence. Mais je n'ai pas voulu laisser passer cette occasion de me rendre en Égypte. Les relations israélo-égyptiennes s'étaient refroidies à la suite de l'invasion du Liban par les troupes israéliennes, dont je reparlerai plus loin. Le journal hébreu *Yediot Aharonot* m'a demandé un article sur mon voyage. Voici ce que j'ai écrit.

Il fait nuit noire et je suis au Caire — sur la route qui conduit de l'aéroport au monument. Ici, en face de la tribune où le président Sadate trouva la mort, on a érigé sa tombe. La tribune est illuminée. Le monument se dresse, blême et désert en cette heure nocturne. Seuls les soldats montent la garde. Soudain, une voiture s'arrête. Ses passagers sont venus, comme nous, rendre hommage au défunt.

[...] Sadate a été assassiné et enterré ici, de l'autre côté de cette large avenue. Nos espoirs de paix ont-ils été enterrés avec lui ?

Malgré sa brièveté, ce séjour en Égypte [...] m'a permis d'éprouver la signification de cette paix — une paix qui n'a pas été à la hauteur de nos espérances : un processus qui a commencé par une démarche spectaculaire et s'est interrompu en cours de route — pas de normalisation des relations, pas de visites de délégations, des programmes d'échanges gelés dans les domaines scientifiques, industriels et touristiques.

Mais [les gens se sont montrés extrêmement chaleureux], et j'ai pris conscience d'une réalité stupéfiante : je me promenais dans les rues du Caire comme dans n'importe quelle ville — avec peut-être même un plus grand sentiment de sécurité. Au premier abord, l'Égyptien m'apparaissait davantage comme un partenaire de paix que comme un ennemi. [...] Où était passée la haine accumulée au cours de trente années de guerre ? Quelqu'un l'avait-il dissipée d'un coup de baguette magique ?

Peu après mon arrivée, j'ai fait savoir à Mme Sadate que je serais heureuse de la rencontrer. Elle m'a invitée à venir la voir au palais d'été de la famille à Marmora, près d'Alexandrie. Daniella Shamir, dont le mari, Shimon, dirigeait alors le Centre universitaire israélien du Caire (il allait être plus tard ambassadeur d'Israël en Égypte puis en Jordanie), est venue avec moi.

Cette luxueuse demeure en bord de mer était étroitement surveillée.

Les canapés étaient recouverts de velours bleu pâle et la maison était pleine de portraits d'Anouar el-Sadate. Jihan Sadate portait une élégante djellaba de soie noire. Deux de ses petites-filles — l'une avait quatre ans et l'autre un peu moins de six mois — nous ont rejointes pour quelques instants, ce qui m'a permis de découvrir en Jihan el-Sadate une grand-mère affectueuse. Notre conversation a duré plus de deux heures. Elle m'a confié combien son mari avait été déprimé après la guerre des Six-Jours. (J'ai eu du mal à réprimer un sourire en entendant cela.) Elle s'occupait beaucoup d'œuvres sociales — aussi bien de réinsertion d'anciens combattants blessés que de planning familial et de défense des droits de la femme. Elle m'a raconté une anecdote qui illustre bien les contradictions que la société arabe impose aux femmes de haut rang. Elle consacrait beaucoup de temps aux blessés de guerre, et, un beau jour, son mari a décrété : « Jihan, j'exige que tu sois à la maison à deux heures, pour le déjeuner familial. » Le premier jour, elle a obtempéré, le deuxième aussi. Mais, le troisième, elle est arrivée avec un peu de retard. Elle estimait que le travail qu'elle faisait auprès des anciens combattants passait avant le reste. Son mari s'est fâché, mais elle a tenu bon. Il lui est arrivé parfois de rentrer si tard qu'elle préférait retirer ses chaussures et entrer dans leur chambre sur la pointe des pieds pour éviter de le réveiller.

À Mexico, Peter Jennings, d'*ABC*, m'avait dit : « Si vous vous retrouvez un jour assises sur le même canapé, je suis sûr que vous n'arriverez plus à vous lever. » Comme il avait raison ! Ma visite à Marmora est passée comme un éclair, et j'ai découvert en Jihan une femme extrêmement attachante.

Lassé du terrorisme et de la violence qui faisaient rage sur notre frontière nord, le gouvernement du Likoud a décidé d'envahir le Liban (cette campagne, présentée comme une simple « incursion », était en réalité une véritable guerre). Le 6 juin 1982, trois divisions israéliennes sont entrées au Sud Liban. L'opération avait été baptisée « Paix en Galilée », et ce conflit a provoqué de profonds désaccords en Israël. Jusqu'à cette date, la politique militaire israélienne avait toujours été purement défensive. Mais, cette fois, les objectifs de la mission étaient doubles : expulser l'OLP et les Syriens du Liban et aider à l'instauration d'un gouvernement libanais favorable aux intérêts israéliens. Le Likoud s'est lancé tête baissée dans ce conflit, tout en affirmant au pays que la progression de nos troupes se limiterait à quarante kilomètres et que toute l'opération ne durerait pas plus de quarante-huit heures. Le mensonge était de taille, puisque l'armée israélienne ne s'est arrêtée qu'aux portes de Beyrouth.

Israël allait mettre du temps à se sortir du bourbier libanais. Itzhak était hostile à l'agression israélienne contre le Liban, mais il jugeait également de son devoir de soutenir l'armée. Il n'a jamais pensé qu'on se débarrasserait de la menace palestinienne en envahissant le Liban et en y imposant un gouvernement choisi par Israël. Beaucoup de gens du reste, tant en Israël qu'à l'étranger, ont vu d'un mauvais œil cette nouvelle politique : en juin 1982, à Washington, les sénateurs américains ont réservé un accueil glacial à Menahem Begin en raison de l'offensive israélienne au Liban.

Itzhak n'était plus au pouvoir, bien sûr, mais il n'était pas homme à demeurer les bras croisés sans prodiguer ses conseils. L'idée de devoir rester en coulisses une nouvelle fois, comme il avait été contraint de le faire pendant la guerre du Kippour, le rendait fou. Il estimait que Tsahal devait tirer parti de sa progression vers Beyrouth tout en limitant autant que possible les effusions de sang. Le 4 juillet 1982, au cours d'un entretien avec Begin, Itzhak a approuvé le plan du ministre de la Défense, Ariel Sharon, qui prévoyait de resserrer l'étau autour Beyrouth en privant la ville de son approvisionnement en eau. Sans souscrire au siège de Beyrouth ni à l'invasion du Liban, Itzhak espérait que l'on pourrait ainsi contraindre les Palestiniens et leurs alliés libanais à capituler, sans faire de nouvelles victimes. Il était également opposé à l'installation d'un gouvernement libanais inféodé à Israël, dont notre pays ne pourrait garantir la stabilité. Israël ne devait pas devenir le « gendarme » du Liban. Prenez garde à ne pas vous enliser dans le bourbier libanais, a-t-il répété maintes et maintes fois.

Cela n'a pas été de gaieté de cœur qu'Itzhak a conseillé de couper l'approvisionnement en eau de Beyrouth. Beaucoup de gens n'ont pas compris son attitude et se sont demandé comment Itzhak Rabin pouvait accorder son aval à un conflit aussi atroce. Il n'a jamais approuvé cette guerre, mais il n'ignorait pas non plus que Tsahal avait déjà perdu plusieurs centaines d'hommes, et il voulait éviter que cette campagne inconsidérée ne tourne à la catastrophe. Il espérait que la pénurie d'eau précipiterait une solution. Itzhak était en proie à un profond dilemme : l'armée israélienne lui inspirait un dévouement total, une confiance et un amour absolus ; par ailleurs, il désapprouvait entièrement la politique menée par le Likoud.

Traditionnellement, le Liban était le plus paisible de nos voisins. Mais l'influence croissante des forces musulmanes au sein d'un pays qui avait toujours compté une importante population chrétienne avait mis le feu aux poudres et déclenché une guerre civile sanglante. Celle-ci avait atteint son point culminant en 1976. Le gouvernement israélien aurait dû réagir avec méthode et discernement. Franchit-on un marécage en sautant dedans à pieds joints ou en essayant de le contourner prudemment ? Lorsqu'il avait été Premier ministre, Itzhak avait été soumis aux mêmes tentations et aux mêmes pressions que celles auxquelles Menahem Begin a succombé en 1982. Naïvement convaincu que l'emploi de la force militaire pourrait provoquer un changement de gouvernement au Liban, Begin a choisi l'intervention directe. De l'avis d'Itzhak, cela ne rimait à rien. Alors que le Likoud considérait que le problème libanais pouvait se résoudre en termes strictement libanais, Itzhak était persuadé de l'importance majeure de la Syrie dans cette affaire. Il savait qu'une solution à long terme pour le Liban passait obligatoirement par le règlement de la question syrienne. La mort du président Bachir Gemayel, tué au cours d'un attentat en 1982, prouva à quel point la situation était fragile. Comment Israël aurait-il pu contrôler des événements qui se déroulaient au cœur du Liban ?

Pour Israël, le prix de ces trois années de guerre a été considérable. Nous avons perdu plus de six cent cinquante hommes, et l'on estime que cette campagne a coûté plus de cinq milliards de dollars. Et il ne s'agit là que des conséquences directes, chiffrables. Le monde entier a stigmatisé Israël, État agresseur, auteur d'un génocide. Cette politique a gravement compromis les relations d'Israël avec la diaspora et avec ses plus fidèles alliés, dont les États-Unis. De plus, l'invasion du Liban a favorisé la naissance du Hezbollah, une organisation terroriste musulmane intégriste, d'inspiration iranienne.

En septembre 1983, Menahem Begin a donné sa démission. Le Premier ministre avait été profondément affecté par la mort de sa femme, quelques mois auparavant. Ils avaient traversé tant d'épreuves côte à côte — la guerre en Europe, les années de clandestinité en Palestine (Begin avait commandé l'Etzl, l'une des branches armées du mouvement révisionniste). Les Begin vivaient très modestement à Tel-Aviv, dans un petit appartement en sous-sol, mais ils avaient beaucoup d'amis et d'admirateurs en Israël et à l'étranger et recevaient beaucoup de visites. Comme le dit la Bible, Aliza avait marché à ses côtés à travers une longue étendue de « désert ». Ils formaient un couple extrêmement uni. Aliza souffrait d'un emphysème qui n'avait cessé de s'aggraver — ce qui ne l'empêchait pas de fumer comme un sapeur — et qui a fini par l'emporter.

Itzhak Shamir a succédé à Begin, mais son mandat a été de courte durée. Le gouvernement Shamir est tombé le 25 janvier 1984. Il n'avait exercé le pouvoir que quelques mois. Pendant ce temps, le Liban s'était transformé en un véritable bastion terroriste. En octobre 1983, un commando suicide a fait sauter le quartier général des marines américains à Beyrouth, faisant deux cent quarante et un morts, tandis qu'un camion piégé a fait cinquante-huit victimes au cours d'une attaque contre une caserne française.

Au printemps 1984, le parti travailliste a obtenu quarante-quatre sièges à la Knesset, contre quarante et un pour le Likoud. C'était une victoire, mais les travaillistes ne disposaient pas d'une majorité suffisante pour constituer un gouvernement. C'est ainsi qu'un gouvernement d'union nationale a vu le jour. Cette coalition sans précédent entre les travaillistes et le Likoud reposait sur un principe de partage du pouvoir. La fonction de Premier ministre serait exercée en alternance — Shimon Peres étant Premier ministre les deux premières années, et Itzhak Shamir ministre des Affaires étrangères, avec inversion des rôles en octobre 1986. Deux tâches urgentes attendaient le nouveau gouvernement — sortir Israël du bourbier libanais et juguler l'inflation. L'économie israélienne était au plus bas ; en 1985, l'inflation a atteint plus de 35 p. 100 par mois ! Malgré toutes les compensations financières, le pouvoir d'achat ne pouvait pas suivre ce rythme, et certaines entreprises nationalisées se trouvèrent au bord de la faillite. Il suffisait de se rendre chez l'épicier pour prendre conscience de l'ampleur de la catastrophe.

Le gouvernement d'union nationale devait prêter serment le 13 septembre 1984. J'ai encore à l'esprit la conversation que nous avons eue, Itzhak et moi, à la cafétéria de la Knesset avec ses collaborateurs Niva Lanir et Zvill Ben Moshe et notre amie journaliste Aliza Wallach. Cet après-midi-là, Dalia et son mari, Avi, s'étaient joints à nous. On attendait d'une minute à l'autre la proclamation du gouvernement de coalition. Mais l'ouverture de la session de la Knesset a été retardée jusqu'à seize heures en raison d'ultimes tractations. Un interminable débat a suivi, si bien que nous avons dû attendre jusqu'à onze heures et demie du soir pour apprendre officiellement la nomination d'Itzhak au ministère de la Défense.

Itzhak était d'avis que ce gouvernement d'union nationale était parfaitement viable, et il mourait d'envie d'obtenir la Défense, un portefeuille qu'il n'avait encore jamais détenu. Sa nomination relevait d'une décision interne du parti travailliste, et elle allait de soi. Si Shamir et Peres devaient exercer alternativement les fonctions de Premier ministre et de ministre des

Affaires étrangères, Itzhak apparaissait comme le meilleur candidat possible au portefeuille de la Défense. Les deux camps étaient probablement d'accord sur ce point, et son rôle dans le nouveau gouvernement était plus ou moins décidé d'avance. Shamir n'ignorait pas que le pays tout entier considérait Itzhak comme le « Monsieur Défense » d'Israël, et il lui a donc donné carte blanche dans ce domaine. Itzhak était enchanté. Ce poste lui convenait mieux que tous ceux qu'il avait pu occuper précédemment, et ses relations avec les soldats étaient aussi aisées qu'avec les généraux. C'était vraiment son terrain de prédilection. Tsahal l'adorait, et il le lui rendait bien.

Je n'oublierai jamais la joie qui s'est peinte sur les traits d'Yehezkel — le chauffeur d'Itzhak. Depuis qu'on avait évoqué la possibilité qu'Itzhak fût nommé à ce poste, il rêvait de conduire la voiture officielle du ministre de la Défense. C'est ainsi que, dix-sept ans après avoir quitté l'uniforme, Itzhak a retrouvé le monde de l'armée. Ses cheveux grisonnaient, mais il avait conservé son allure martiale.

Itzhak a prêté serment comme ministre de la Défense le jeudi 13 septembre 1984. Ce poste était traditionnellement considéré comme le deuxième par ordre d'importance dans le gouvernement israélien. Le téléphone ne cessait de sonner, la maison était inondée de fleurs et la réception que nous avons donnée le lendemain soir pour une cinquante d'amis et de partisans a été très gaie. Tout le monde avait confiance dans l'avenir.

Désormais, Itzhak pouvait se consacrer au domaine qu'il connaissait le mieux — la sécurité d'Israël et le bien-être de nos forces armées. Itzhak était un remarquable stratège, mais il n'a jamais été un véritable guerrier. Pour lui, le rôle premier du pouvoir était d'assurer notre existence et notre défense. Tsahal ne devait être, selon lui, qu'une armée défensive. Par ailleurs, toutes les tentatives pour détruire Israël ne pourraient être déjouées que si nous avions une armée forte. Combien de fois l'ai-je entendu dire : « Ils n'accepteront de parler de paix qu'avec un État d'Israël puissant. »

Le nouveau poste d'Itzhak l'a obligé à assimiler patiemment une incroyable masse de données. L'une des tâches de Niva Lanir, son chef de cabinet, était de lire tous les télégrammes et toutes les dépêches qui arrivaient au ministère. Avant de les soumettre à Itzhak, qui devait parapher ces documents, Niva les lisait soigneusement et soulignait les points essentiels au feutre. Notre ambassadeur en Égypte, Moshe Sasson, envoyait régulièrement au ministère de volumineux rapports, des plus intéressants. Un jour, lors d'une rencontre avec Itzhak, Moshe Sasson a entrepris de développer un point technique au cours de la conversation. L'interrompant au milieu d'une phrase, Itzhak a poursuivi son idée en reprenant exactement les termes de sa dépêche.

Sa connaissance approfondie de la topographie de notre pays a considérablement aidé Itzhak à prendre des décisions militaires efficaces. Il en savait plus sur Israël que la plupart des officiers chevronnés. Images ou rapports, il voyait tout, et n'oubliait rien. Un jour, Niva Lanir l'a accompagné à Petah Tiqva, un faubourg situé à l'est de Tel-Aviv, où se trouve un bâtiment du parti travailliste. C'est un endroit plutôt abandonné. Quatre ans plus tard, ils sont revenus sur les lieux. Le même endroit, les mêmes gens, les mêmes discours. Au moment où ils s'apprêtaient à repartir, Niva lui a fait remarquer une fenêtre fêlée.

— Vous avez vu ? Ils n'ont toujours pas remplacé cette fenêtre !

À quoi Itzhak a répondu :

— Et savez-vous que dans le même coin de la même fenêtre la même araignée est tapie sur la même toile, au-dessus de la même poussière ?

Itzhak était convaincu qu'une connaissance approfondie de tous les détails est un gage de sécurité. Aux heures les plus graves de notre histoire, des parents ont écrit à Itzhak pour lui dire que leurs enfants venaient d'être appelés au service militaire et qu'ils étaient soulagés de savoir qu'il était ministre de la Défense. Ils savaient que sous sa direction le moindre détail susceptible de mettre des vies en danger serait vérifié et revérifié. Itzhak a toujours cherché, par ailleurs, à améliorer l'équipement de nos troupes pour les adapter exactement à nos besoins. C'est ainsi qu'il a fait doubler le blindage des châssis de nos chars pour leur permettre de résister aux mines. Quand Israël a acheté des tanks Patton aux États-Unis, il les a fait doter de moteurs Diesel pour faire des économies de carburant et améliorer leur endurance.

En entrant au gouvernement, la priorité absolue d'Itzhak était de résoudre le problème libanais ; mais il s'est refusé à prendre des décisions hâtives, malgré les critiques de tous ceux qui lui reprochaient de perdre du temps. Itzhak a préparé chaque opération avec le plus grand soin, ce qui l'a conduit à renforcer l'armée du Sud, une milice chrétienne libanaise soutenue et ravitaillée par Israël, et à établir une zone de sécurité. Celle-ci était essentielle pour protéger la frontière avec Israël tout en laissant aux Libanais la responsabilité apparente de leur propre territoire. Les troupes israéliennes auraient accès à ce couloir, sans occuper le territoire libanais. En fait, les Israéliens aideraient l'armée du Sud à résister aux attaques des fedayin du Hezbollah soutenus par l'Iran. Tout cela exigeait du temps et — une fois de plus — de la patience.

En janvier 1985, environ quatre mois, donc, après son entrée en fonction, Itzhak a présenté son plan de retrait du Liban. Les opérations devaient durer entre cinq et six mois. En juin 1985, ce retrait était chose faite.

Les progrès enregistrés dans le règlement de la question libanaise ont permis à Itzhak de tourner son attention vers la Jordanie. En mars 1985, il a rencontré le roi Hussein à Londres pour des entretiens secrets. En cette occasion, il a offert au roi un fusil d'assaut Galil de fabrication israélienne, présenté dans un magnifique coffret en bois d'olivier. Il est de notoriété publique qu'Itzhak avait eu plusieurs entrevues avec le roi Hussein avant leur rencontre « officielle » à Washington, en 1994. Le premier de ces entretiens privés datait de 1975 ou de 1976. J'avais accompagné Itzhak jusqu'à Eilat ; de là, il était parti pour une destination secrète — au bord de la mer ou dans le désert. La presse avait tout de même eu vent de quelque chose, et un journal israélien avait publié un dessin humoristique montrant Itzhak à Eilat et le roi Hussein à Aqaba, jouant au tennis de part et d'autre de la mer Rouge. D'Eilat, on peut distinguer les lumières d'Aqaba et réciproquement. En voiture, les deux villes ne sont qu'à dix minutes l'une de l'autre, mais, à l'époque, elles étaient séparées par un océan de divergences.

Itzhak avait toujours beaucoup aimé le roi, et toutes leurs rencontres lui inspiraient le même commentaire : « Charmant, mais sans résultat. » La raison en est simple : pour le roi, c'était tout ou rien, et il n'en démordait pas. Le rien l'a donc emporté jusqu'au jour où la situation s'est débloquée, bien des années plus tard, à l'époque où Itzhak a été Premier ministre pour la deuxième fois.

Mais revenons en 1985. Le 20 mai de cette année-là, Israël a accepté de libérer mille cent cinquante Palestiniens en échange de trois soldats israéliens détenus au Liban par des hommes du dirigeant palestinien Ahmad Jibril. L'inégalité de ce marché a déconcerté beaucoup d'observateurs étrangers, et Itzhak a essuyé de vives critiques. Mais il est resté convaincu d'avoir eu raison d'agir ainsi — une belle déclaration de loyauté à l'égard de Tsahal.

Cette libération de plus d'un millier de terroristes déterminés a-t-elle été responsable, comme certains l'ont prétendu, d'une recrudescence des actes de violence ? Je ne sais pas. Une chose est sûre, c'est que les attentats sont devenus de plus en plus sophistiqués. En 1984, les terroristes palestiniens ont utilisé des ULM pour lancer un raid contre Israël depuis le Sud Liban. Quatre de nos soldats ont trouvé la mort. À Chypre, en septembre 1985, des terroristes de l'OLP ont tué trois Israéliens. Le même mois, Israël a lancé une opération de représailles et a bombardé le quartier général de l'OLP à Tunis, tuant soixante-treize Palestiniens et Tunisiens. Itzhak a participé à toutes ces actions de représailles et a pris des décisions touchant les emplacements et les cibles. Il n'hésitait jamais longtemps, quand l'ennemi s'en prenait à des vies juives.

L'arrestation, en novembre 1985, de Jonathan Pollard, un espion qui travaillait pour Israël aux États-Unis, a jeté un froid sans précédent dans les relations israélo-américaines. Reconnu coupable, Pollard a été condamné en 1987 à la prison à perpétuité. Cette affaire pour le moins délicate pour Israël a beaucoup embarrassé Itzhak, qui n'a appris l'existence de Pollard qu'après l'arrestation de celui-ci. Ses activités avaient reçu l'aval des services de l'ancien ministère de la Défense, à un niveau inférieur, et Itzhak n'en avait pas été informé à son arrivée au ministère. Selon les conclusions d'une commission d'enquête, d'autres hauts dirigeants, dont Shamir et Peres, ignoraient eux aussi les activités de Pollard. Israël a eu du mal à se remettre de cet impair : chercher à surprendre les secrets de la défense du pays qui était son ami et son allié le plus proche manquait pour le moins d'élégance...

Néanmoins, Pollard ayant été employé par Israël, Itzhak ne pouvait faire moins que d'intervenir en sa faveur. Il a écrit à George Bush à ce sujet, mais celui-ci ne prit aucune décision.

Peu avant sa mort, sous la présidence de Bill Clinton, Itzhak a renouvelé ses démarches. La grâce a été refusée en 1996.

En octobre 1986, on a assisté à une inversion des rôles à la tête du gouvernement d'union nationale : Shamir est devenu Premier ministre à la place de Peres, qui a pris le poste de ministre des Affaires étrangères. Quant à Itzhak, il est resté ministre de la Défense et a dû rendre compte directement à Shamir. Ces relations ne lui ont du reste posé aucun problème, car il a toujours été très respectueux de la hiérarchie gouvernementale.

En 1986, la population arabe des territoires occupés dépassait un million trois cent mille individus. Le nombre croissant de Juifs et d'Arabes dans ces régions augmentait évidemment les risques de friction et de violence. En 1987, des terroristes ont jeté un cocktail Molotov contre une voiture où se trouvait la famille d'Abie et Ofrah Moses. Ofrah Moses et l'un de ses enfants ont été tués, Abie et leurs deux autres enfants grièvement brûlés. Itzhak s'est rendu sur les lieux du drame quelques jours plus tard. Une importante manifestation de colons l'attendait. Il leur parla sans détour : « Vous saviez les risques que vous couriez quand vous avez décidé de vous installer ici. » Les colons l'accusèrent alors de froideur et d'indifférence. Abie Moses lui-même s'en est pris à Itzhak dans la presse. Un peu plus tard, sur les conseils d'Eitan Haber, Itzhak a décidé de lui rendre personnellement visite. Il est parti pour Alfei Menasheh, une colonie de peuplement de Cisjordanie, non loin de Kakilya, et a apporté quelques jouets aux enfants Moses. Les deux hommes se sont alors réconciliés et sont restés amis jusqu'à la mort d'Itzhak. Abie Moses figurait sur la longue liste de gens auxquels Itzhak téléphonait régulièrement les jours de fêtes juives. Il se sentait moralement tenu d'entourer ceux qui avaient beaucoup souffert.

La crise la plus dramatique qu'Itzhak ait dû affronter pendant qu'il était ministre de la Défense a été sans conteste l'Intifada (c'est-à-dire le « Soulèvement », en arabe). Les débuts de ce mouvement datent de décembre 1987 : dans la bande de Gaza, le chauffeur d'un camion israélien civil a perdu le contrôle de son véhicule, provoquant la mort accidentelle de quatre Arabes. Cet incident a provoqué une vague de violence et de révolte sans précédent à Gaza et en Cisjordanie. L'Intifada a changé la nature même de l'opposition au gouvernement israélien dans les territoires occupés — ou du moins l'image qu'elle prétendait donner : les actions terroristes organisées et centralisées ont cédé la place à des explosions massives de ressentiment, d'apparence spontanée. L'Intifada a fait comprendre à Itzhak qu'Israël ne pouvait pas gouverner un autre peuple. Beaucoup d'hommes se trouvant en prison ou dans des camps de détention, les Palestiniennes ont joué un rôle plus actif, et la majorité des actes de violence a été le fait d'adolescents et d'enfants qui se sont mis à jeter des pierres contre les soldats israéliens. Malgré les problèmes qu'il a connus à l'époque, je suis certaine qu'Itzhak admettrait aujourd'hui que l'Intifada a contribué à faire avancer le processus de paix. Elle a en effet montré qu'à long terme seule une solution politique avait des chances de l'emporter.

Au moment où l'Intifada a commencé, Itzhak se trouvait dans le Connecticut où il rendait visite à Henry Kissinger. Une fois de plus, on lui reproché d'avoir réagi trop lentement. Mais les grèves et les violences de l'Intifada étaient un fait nouveau, et une réaction précipitée risquait de provoquer des drames. J'entends encore Itzhak dire : « Vous n'obtiendrez rien par la force, en crachant sur nos soldats. Pour aboutir à une solution, il faut que les deux parties se retrouvent autour d'une table et examinent les compromis envisageables. Il faut arriver à mettre en place les conditions d'une coexistence pacifique dans cette région. »

Itzhak n'ignorait pas les problèmes complexes que l'Intifada posait par rapport à l'opinion publique internationale, et, à dater de cet instant, nos soldats ont été formés à réagir le mieux possible à ce type d'agression. En 1988, Itzhak déclara, dans une interview diffusée à la télévision israélienne : « Il est beaucoup plus facile de régler des problèmes militaires classiques. Comment voulez-vous combattre un million trois cent mille Palestiniens qui vivent dans les Territoires, qui ne veulent pas de notre domination et exercent une violence systématique sans recourir aux armes ? » La télévision privilégiait évidemment les images d'adolescents et d'enfants jetant des pierres ou d'autres objets contre des soldats israéliens armés jusqu'aux dents. Ces derniers ne ripostaient qu'en dernière extrémité et n'ont jamais utilisé autre chose que des balles de caoutchouc et des matraques. Il n'en reste pas moins que leurs interventions n'étaient pas photogéniques, et donnaient l'impression qu'Israël menait une répression d'une brutalité excessive. Des soldats se battaient contre des enfants...

Itzhak était très sensible à l'influence des médias. Dès les premiers mois qu'il avait passés aux États-Unis comme ambassadeur, il avait constaté avec étonnement combien les caméras de télévision avaient rendu la politique américaine vulnérable face à l'opinion publique.

Pendant l'Intifada, il nous est arrivé souvent d'aller regarder CNN chez des amis, essentiellement pour avoir une source d'informations différente. Au moment où l'Intifada a commencé, Noa, notre petite-fille, avait à peine dix ans. En regardant les images de cette guerre à la télévision, elle a vu des enfants de son âge, le visage masqué, jeter des pierres contre les soldats israéliens. « *Saba**, demanda-t-elle, pourquoi les soldats frappent-ils des enfants comme ça ? » Itzhak lui a expliqué avec douceur que les Palestiniens mettaient les enfants en première ligne pour leur servir de bouclier, alors que, loin des caméras, ils s'en prenaient aux Juifs bien plus cruellement que les soldats ne traitaient ces enfants. Il n'est pas facile d'expliquer ce genre de chose à une enfant de dix ans, mais Itzhak n'était pas homme à esquiver des questions délicates, même quand elles venaient de sa petite-fille.

C'est vers la même époque que l'on a fallacieusement imputé à mon mari cette célèbre expression : « Brisez-leur les os. » Cet ordre était censé résumer la stratégie d'Itzhak face à l'Intifada. Il a nié à plusieurs reprises avoir prononcé ces paroles et est allé jusqu'à aborder la question quelques mois plus tard devant la Knesset. Sa politique était beaucoup plus subtile que cela. Il a simplement précisé aux officiers de Tsahal qu'ils pouvaient en toute légitimité faire usage de la force — brutalement même, au besoin — pour rétablir l'ordre en cas de manifestation. Mais il a toujours insisté sur le fait que cet emploi devait être soigneusement pesé. En aucun cas, Itzhak n'a conseillé aux soldats israéliens de frapper aveuglément les lanceurs de pierres. Il a même exigé d'eux un discernement dont il n'était pas toujours facile de faire preuve : si vous avez le choix, leur disait-il, entre un coup de fusil ou un coup de matraque pour désarmer un lanceur de cocktail Molotov, n'hésitez pas, utilisez la matraque. Mais la controverse a continué à faire rage. Dans les pages du *New York Times,* A. M. Rosenthal, qui avait longtemps soutenu Israël, a même réclamé la démission d'Itzhak. Officiellement, l'Intifada n'a jamais pris fin, mais l'agitation a considérablement diminué grâce aux progrès du processus de paix.

En janvier 1988, Itzhak a proposé d'expulser d'Israël les meneurs de l'Intifada, et la Knesset a approuvé ce projet. L'Intifada avait gravement terni l'image d'Israël à l'étranger. En pleine insurrection palestinienne, Itzhak a rencontré Margaret Thatcher, le Premier ministre britannique, pour un petit déjeuner. Elle a accusé Israël de maltraiter les Palestiniens et s'est dite profondément préoccupée par leurs souffrances et leur misère. Itzhak n'a pas hésité un instant : « Madame Thatcher, rétorqua-t-il, si la Grande-Bretagne souhaite aider la population de Gaza, nous ne nous y opposerons pas. Désirez-vous construire une école, un hôpital ? Nous ne demandons pas mieux. » Itzhak m'a confié qu'aucun de ses petits déjeuners de travail n'avait jamais été aussi court.

Malgré sa volonté constante d'éviter des pertes inutiles à Tsahal, Itzhak était obligé, dans ses décisions, de tenir compte d'autres éléments. Il lui est arrivé d'avoir à faire des choix risqués ou dangereux. Itzhak n'a jamais pris de décision politique ou stratégique en fonction de nos enfants ou de nos petits-enfants, mais comment aurait-il pu oublier que notre petit-fils était désormais sur le front ? Jonathan était en effet membre d'une brigade d'élite de parachutistes qui avait été envoyée d'abord sur la frontière libanaise, puis en Cisjordanie pendant les heures chaudes de l'Intifada. C'était toujours un bonheur pour Itzhak que de le retrouver le vendredi soir ou le samedi, quand il arrivait à obtenir une permission. Combien de fois l'ai-je entendu demander anxieusement : « Est-ce que Jonathan rentre, ce week-end ? » Il n'était pas rare que Jonathan soit obligé de défendre les positions d'Itzhak. Un jour, par exemple, Israël a entrepris de libérer par petits groupes plusieurs centaines d'activistes du Hamas. Chaque fois que mon mari ordonnait la libération de cinquante prisonniers du Hamas, le commandant de Jonathan le convoquait : « Jonathan Ben Artzi ! Viens ici ! Ton grand-père vient de relâcher cinquante types du Hamas, tu vas me faire faire cinquante tractions devant toute l'unité. »

En 1988, George Shultz a refusé un visa d'entrée aux États-Unis à Arafat, qui devait s'adresser à l'Assemblée générale des Nations unies. Pour le secrétaire d'État américain, Arafat était un « auxiliaire du terrorisme ». En signe de protestation, l'Assemblée générale a alors décidé de se réunir à Genève. Le lendemain, Arafat déclarait que l'OLP renonçait à « toutes formes de terrorisme », ouvrant ainsi la porte au premier dialogue significatif avec les États-Unis.

La médiatisation croissante de l'Intifada a beaucoup compliqué la tâche de l'Appel juif unifié, qui cherchait à récolter des fonds aux États-Unis. Itzhak n'en a pas moins continué à œuvrer activement pour essayer de trouver des sources de financement, essentielles au développement d'Israël. Cette nécessité vitale pour notre pays l'a conduit à multiplier ses apparitions en public. Le soutien que la diaspora nous accorde depuis de si longues années lui inspirait une profonde reconnaissance, et il ne s'est jamais dérobé à ses obligations mondaines. Il a accepté ainsi d'assister à d'innombrables réceptions ou dîners, que ce soit en Israël ou à l'étranger.

L'un des voyages qu'il a entrepris au profit des bons de l'État est resté particulièrement gravé dans ma mémoire. Cela se passait à l'époque où il était ministre de la Défense. Itzhak devait être l'orateur vedette d'une soirée donnée à New York au bénéfice d'Israël, en présence du milliardaire Arthur Balfour. On lui avait demandé d'assister au préalable à plusieurs banquets organisés dans différentes villes, en prélude à la grande soirée de gala qui se tiendrait à New York. Au cours de ces réunions en petit comité, les donateurs s'engageaient à verser telle ou telle somme le soir du gala, lequel devait évidemment y gagner en éclat. Ces dîners permirent à Itzhak de faire la connaissance de nombreuses personnalités : à Philadelphie, il rencontra notamment Walter Annenberg, fondateur de *TV-Guide.* Il passait ses journées en compagnie de hauts fonctionnaires du ministère de la Défense américain, et consacrait ses soirées à essayer de rassembler des fonds.

Au cours du dîner de Philadelphie, Walter Annenberg, qui s'était déjà engagé à verser un million de dollars, doubla la somme. Tout ce voyage promettait d'être un succès. Mais la situation se gâta à Baltimore. L'invité d'honneur de la soirée, Bud Meyerhoff, était un membre actif du comité chargé de la construction de l'Holocaust Memorial Museum de Washington. Il était le fils du regretté Joseph Meyerhoff. Cet homme d'une immense valeur, l'un des représentants les plus éminents de notre peuple aux États-Unis, m'avait déjà généreusement aidée à rassembler des fonds pour l'aménagement de la salle israélienne du Kennedy Center. Le nom de cet immense mécène, qui a tant fait pour l'éducation en Israël, figure sur la liste des donateurs de toutes les grandes universités de notre pays.

Ce soir-là, j'ai accompagné Itzhak à Baltimore. Il avait un rhume épouvantable. Quand nous sommes arrivés à la réception, Bud Meyerhoff n'était pas là. Il venait de partir pour Washington et avait demandé à l'un de ses fils de le représenter à cette soirée.

Itzhak a prononcé un discours, puis nous sommes passés à table. Après le dîner, les organisateurs ont commencé à rassembler les promesses de contributions. Je me suis penchée vers Itzhak : « Écoute, lui ai-je dit, tu es mal fichu, et notre voyage est loin d'être terminé. Tu dois rencontrer demain le secrétaire d'État à la Défense et tu as une longue journée devant toi. Si nous partions après la lecture du cinquième carton ? » Quand Itzhak entreprenait quelque chose, il le menait toujours à son terme. Mais, pour une fois, il s'est rangé à mon avis — ce qui montre qu'il n'était vraiment pas dans son assiette. Le secrétaire d'État à la Défense avait mis à sa disposition un hélicoptère pour nous conduire de Baltimore à Washington. Nous avons donc décollé sans attendre la fin de la récolte de fonds.

Le samedi qui a suivi la grande soirée de gala en présence de Balfour, juste avant notre retour en Israël, le directeur israélien de l'organisation des bons d'État, Yehuda (dit « Georgy ») Halevi, est venu nous faire ses adieux dans notre chambre d'hôtel à New York. Il a eu le front de nous reprocher d'être partis avant la fin de la soirée à Baltimore. Nous avions, a-t-il affirmé, profondément offensé nos hôtes. Je n'ai pu retenir ma colère : « De quel droit ? me suis-je écriée. Qu'est-ce qui vous prend ? Vous savez parfaitement qu'Itzhak était souffrant. Prétendez-vous représenter le peuple des États-Unis ou Israël et son ministre de la Défense ? Le ministre avait une importante réunion le lendemain. C'est la seule fois où Itzhak s'est permis de ne pas attendre la fin d'une soirée, et vous, un Israélien, vous vous permettez d'exprimer votre indignation au nom d'une organisation américaine ! » J'étais hors de moi. Je n'ai pas été étonnée d'apprendre que cet individu est devenu par la suite directeur de l'université Bar-Ilan de New York. C'est un poste qui lui convient sans doute à merveille...

Je dois reconnaître que j'ai fait un certain nombre de curieuses expériences d'hospitalité au cours de mes campagnes de souscriptions au profit d'Israël. À la maison, conformément à nos traditions, je fais de la cuisine kasher. Dans les années soixante-dix, à l'époque où Itzhak était Premier ministre, j'ai été invitée un jour à un dîner de gala juif chez Bookbinder, un célèbre restaurant de Philadelphie. En entrant dans la salle à manger, j'ai été franchement scandalisée de voir les autres convives, presque exclusivement des hommes, assis à table avec des bavoirs en plastique autour du cou, des casse-noix à côté de leur assiette. Manifestement, il y avait du homard au menu. Du homard[1], à un dîner au bénéfice d'Israël ! L'un des convives a fait *Ha-motsi** et a béni le pain, mais cela n'a pas suffi à apaiser ma colère. Prenant la parole, j'ai dit aux personnes présentes : « Je suis heureuse que vous n'ayez pas oublié de faire *Ha-motsi.* Peut-être vous pardonnera-t-on ainsi de manger du homard en présence de l'épouse du Premier ministre d'Israël ! »

Les élections de 1984 avaient abouti, nous l'avons vu, à la formation du premier gouvernement dirigé à tour de rôle par les travaillistes et le Likoud. Quatre ans plus tard, les électeurs accordèrent une légère avance au Likoud. Un nouveau gouvernement d'union nationale fut constitué, cette fois sans rotation du poste de Premier ministre, fonction occupée par Shamir. Itzhak est resté ministre de la Défense, et Peres est passé aux Finances. Ce gouvernement est resté en place jusqu'en 1990. Entre 1988 et 1990, le pouvoir relatif du parti travailliste n'a cessé de décliner.

La communauté juive américaine était l'objet de beaucoup d'attentions. Mais nous n'avons jamais ignoré pour autant les autres communautés juives, notamment celle de Russie, dont les membres réclamaient si bruyamment le droit d'émigrer en Israël. En novembre 1989, la chute du mur de Berlin et la fin de la guerre froide allaient avoir d'immenses conséquences pour les Juifs russes et l'ensemble du Proche-Orient. L'aide que les Soviétiques dispensaient à des pays comme la Syrie s'est brusquement tarie. Je crois que, dans l'esprit d'Itzhak, le déclin du communisme a été l'un des facteurs qui ont favorisé le processus de paix.

1. Les crustacés font partie des aliments prohibés par les prescriptions judaïques. *(N.d.T.)*

Pourtant, la fin de la guerre froide n'a pas eu que des effets positifs pour Israël. Dans une lettre adressée au *New York Times* le 16 janvier 1990, Robert Dole, qui était alors sénateur, a recommandé que 5 p. 100 des trois milliards de dollars que le budget américain consacrait chaque année à aider Israël soient désormais versés aux pays d'Europe de l'Est. Par bonheur, cette mesure n'a pas été appliquée.

L'une des priorités essentielles d'Israël, notamment à l'égard de l'Union soviétique, avait toujours été d'obtenir le droit des Juifs à l'émigration. Après les bouleversements survenus en Europe de l'Est, Israël a joué un rôle majeur en absorbant une importante vague de nouveaux immigrés, dont les premiers sont arrivés en 1989. Depuis 1970, ce sont plus de sept cent mille Juifs qui ont quitté l'URSS et les pays du bloc de l'Est pour venir s'installer en Israël.

Progressivement, l'idée du droit à l'autonomie et à l'autodétermination du peuple palestinien a fait son chemin dans l'esprit d'Itzhak. Au début de 1989, il a présenté un plan de paix qui prévoyait l'organisation d'élections législatives libres pour les Palestiniens, en échange de leur engagement à accepter une trêve de six mois de l'Intifada. Aux élections, les Palestiniens auraient à choisir les membres d'une équipe chargée de négocier avec Israël. En septembre de la même année, Itzhak s'est rendu en Égypte, où il a exposé sa vision sur l'évolution du Proche-Orient au président Moubarak. Mais Israël allait bientôt connaître de graves difficultés politiques, qui n'allaient pas épargner Itzhak.

Au début de 1990, un certain nombre de membres du parti travailliste en ont eu assez de Shamir et du gouvernement d'union nationale. L'intransigeance du Premier ministre à propos des implantations juives en Cisjordanie et l'obstination avec laquelle il refusait de négocier avec les Palestiniens lui avaient aliéné les États-Unis et étaient en contradiction avec la politique travailliste. C'est alors que Shimon Peres a imaginé un stratagème pour briser le gouvernement d'union nationale. Le parti travailliste devait quitter la coalition, provoquant une crise politique. Celle-ci devait, dans son esprit, aboutir à la formation d'une nouvelle coalition dont il serait Premier ministre. Il avait déjà négocié avec les partis religieux bien avant sa démission. Itzhak ne m'a pas caché sa profonde hostilité à l'idée d'une démission préméditée du gouvernement. D'emblée, la sagesse de cette combinaison lui a inspiré des doutes. Peres, m'a-t-il dit, faisait le jeu du Likoud. Mais, par loyauté envers son parti, Itzhak a tout de même soutenu ce plan. Il n'en pensait pas moins que Shimon Peres offrait le gouvernement sur un plateau à Shamir et au Likoud.

Le 12 mars 1990, il a suffi, pour faire tomber le gouvernement d'union nationale, que Peres, en tant que chef du parti travailliste, oppose son veto à la création de huit colonies prônées par le Likoud. Tous les ministres travaillistes ont démissionné, et Itzhak a quitté ses fonctions de ministre de la Défense. Le président de la République, Chaïm Herzog, a alors demandé à Shimon Peres de former un nouveau gouvernement. Peres était persuadé qu'il réussirait à constituer une nouvelle coalition avant le 12 avril au soir, et il comptait bien présenter le nouveau gouvernement le lendemain. Il avait l'intention d'inclure dans sa nouvelle coalition le parti religieux du Shas [1] — sous la houlette de son jeune et charismatique leader Aryeh Deri. Avec d'autres dirigeants travaillistes, il avait même coiffé le *yarmulke* pour rendre visite à des rabbins orthodoxes aussi extrémistes qu'Ovadiah Yosef, le mentor spirituel du Shas. Mais les rabbins, notamment le rabbin Eliezer Schach, chef de file du Judaïsme uni de la Torah, se sont vivement opposés à toute collusion avec les travaillistes.

Le scepticisme d'Itzhak était fondé. Pour commencer, le Shas s'est retiré de la coalition, qui ne disposait plus que d'une marge de voix extrêmement étroite. C'est alors qu'Abraham Sharir, membre de la Knesset, a quitté le Likoud, ce qui semblait assurer la majorité à Peres. Sur ce, quelques heures seulement avant la présentation du nouveau gouvernement, deux membres de l'Agoudat Israël, parti religieux orthodoxe, ont refusé de participer à la coalition dirigée par les travaillistes. La Knesset ayant refusé d'approuver son gouvernement, Peres a demandé et obtenu du président Herzog un délai supplémentaire. L'existence d'un gouvernement travailliste se jouait désormais à une ou deux voix près. Le soir décisif, au journal de vingt et une heures, les deux membres d'Agoudat Israël refusaient toujours de révéler à qui ils accorderaient leur soutien. Je suis

1. Association séfarade des gardiens de la Torah, fondée en 1983. Parti ultra-religieux. *(N.d.T.)*

partie avec Itzhak pour assister à un dîner officiel en l'honneur de Václav Havel, sans savoir comment cette affaire allait se résoudre.

J'étais assise à table en face de Shimon Peres. Vers neuf heures moins cinq, on a remis une note à Shamir et au président Herzog. C'est alors que Shimon Peres a appris que c'en était fait, que les voix d'Agoudat Israël étaient allées au Likoud. Il ne serait pas Premier ministre. Je dois avouer qu'il est resté très maître de lui et a continué à bavarder comme si de rien n'était. Puis il est sorti pour parler aux journalistes, et son humeur a brusquement changé. Quand il est revenu à table, il a craqué : « Qu'ai-je fait de mal ? s'est-il écrié. Je me suis battu pendant quarante-neuf jours pour essayer de former un nouveau gouvernement. »

Le pari de Peres — sa « manœuvre nauséabonde », comme disait Itzhak — a finalement permis à Itzhak Shamir de rester Premier ministre à la tête d'un gouvernement du Likoud de juin 1990 à juillet 1992. Et Itzhak a regagné son petit bureau de la Kiryah...

Sous le Likoud, les relations avec les Palestiniens n'ont fait qu'empirer. Au printemps 1990, Ariel Sharon, qui était revenu au gouvernement en tant que ministre du Logement et de la Construction, s'est engagé à faire passer la population juive des Territoires de cent mille personnes à trois cent mille en l'espace de vingt ans. Cette décision allait à l'encontre de toutes les idées d'Itzhak sur les implantations. Itzhak établissait en effet une distinction très claire entre les implantations *stratégiques* nécessaires à la sécurité d'Israël et les implantations *politiques* qui n'avaient rien d'indispensable, et dont la seule justification était idéologique. Quand, du haut d'un hélicoptère, Itzhak apercevait les installations précaires d'une colonie politique — une « colonie d'un jour » ou « à la petite semaine », comme il disait — il en avait les cheveux qui se dressaient sur la tête. « Si vous appelez ça une colonie, moi je suis un roulement à billes », disait-il en secouant la tête. On ne comptait plus les incidents et les provocations.

Un jour, par exemple, un groupe de Palestiniens a jeté des pierres contre des Juifs qui priaient devant le mur des Lamentations. Pour le maire de Jérusalem, Teddy Kollek, la responsabilité de cet incident incombait en partie à un appel de la direction du Likoud en faveur d'une nouvelle implantation juive dans la partie orientale, c'est-à-dire arabe, de Jérusalem. Au cours des affrontements qui ont suivi, vingt-deux Palestiniens ont été tués, et l'on a déploré plusieurs dizaines de blessés.

Mais une autre épreuve attendait Israël : le 2 août 1990, Saddam Hussein envahissait le Koweït. La guerre du Golfe, qui a commencé en janvier 1991, a fait craindre à beaucoup de nos compatriotes que l'Irak ne fasse usage d'armes chimiques contre Israël. Itzhak n'a jamais cru que Saddam Hussein prendrait ce risque, sachant qu'Israël pouvait rayer Bagdad de la carte en un seul jour. Il faut dire qu'Itzhak savait mieux que la plupart d'entre nous de quel arsenal disposait notre pays.

Le gouvernement israélien a demandé à la population civile de calfeutrer soigneusement une seule pièce de chaque logement avec des emballages de plastique et de porter un masque à gaz pour se prémunir contre une éventuelle attaque chimique. Nous n'avions pas encore de réseau câblé de télévision, mais notre fille et son mari s'étaient fait installer une antenne parabolique. Dès que CNN annonçait qu'il y avait eu des alertes en Arabie Saoudite ou que des missiles irakiens étaient tombés sur Riyad, nous savions qu'Israël serait attaqué dans les minutes qui suivaient. Quand les sirènes mugissaient, nous nous traînions jusqu'à la pièce calfeutrée avec nos masques à gaz. Je me sens encore humiliée aujourd'hui quand je songe à l'image que nous offrions, tapis dans notre refuge avec nos masques à gaz. La première fois qu'une sirène a retenti, il était deux heures du matin. Notre garde du corps a sonné à la porte de notre appartement et nous a rejoints avec son masque à gaz dans notre abri improvisé. Nous entendions les explosions des missiles Patriot américains qui interceptaient les Scud irakiens, mais nous gardions ces ridicules masques à gaz sur le visage.

Les attaques avaient lieu de nuit. C'était l'hiver, et la nuit tombait vers dix-huit heures. Tout le monde essayait d'être à la maison avant, et Itzhak se dépêchait de rentrer, lui aussi. De toute notre vie, je l'avais rarement vu arriver aussi tôt... Le lendemain soir, nouvelle alerte. Nous avions des invités à dîner. J'avais déjà mis les pâtes à cuire. Nous nous sommes tous rendus docilement dans notre pièce calfeutrée. Je me rappelle avoir échangé un regard avec Itzhak, avant de tourner les yeux vers nos invités — quel spectacle grotesque nous offrions tous avec nos masques à gaz ! « Ça suffit ! s'exclama Itzhak. Au prochain raid, nous descendrons dans l'abri antiatomique au sous-sol de l'immeuble. » Notre appartement se trouvait au dernier étage, et Itzhak se disait que le pire qui pût nous arriver était d'être touchés par une roquette — notre pièce calfeutrée au huitième étage offrait un abri bien précaire en cas d'attaque de missile.

Dès que nous entendions les sirènes d'alerte, nous dévalions quatre à quatre les escaliers avec notre garde du corps pour essayer d'atteindre l'abri avant la chute du Scud. Mais, quand nous arrivions, les missiles étaient généralement déjà tombés. Au début, une ou deux familles de voisins nous ont accompagnés, et, pour finir, presque tous les habitants de l'immeuble se sont retrouvés dans l'abri. Nous n'y restions jamais longtemps. À peine arrivés en bas, nous faisions demi-tour pour remonter chez nous.

Le gouvernement avait donné l'ordre que personne ne quitte son domicile sans s'être muni d'un masque à gaz. Je m'y suis toujours refusée. Quel spectacle nous offrons à Saddam Hussein ? me disais-je. Je ne vais quand même pas donner à ce scélérat la satisfaction de m'obliger à porter un masque. Je ne vais pas me laisser humilier par ce tyran !

Un après-midi, Itzhak est passé à la télévision dans une émission populaire. En son nom propre, il a déclaré qu'il refusait désormais de s'enfermer dans une pièce calfeutrée. Il a expliqué pourquoi et a souligné que son point de vue n'avait rien d'officiel, puisqu'il n'était pas membre du gouvernement à cette date. Il n'en reste pas moins qu'il incarnait une certaine autorité et que certains ont douté de la sagesse de son attitude. Mais il a toujours eu l'habitude de dire les choses comme il les pensait.

« C'est la première fois qu'on ne peut pas accuser Israël d'être pour quelque chose dans un conflit au Proche-Orient », m'a fait remarquer Itzhak. La décision américaine de faire obstacle aux visées de Saddam Hussein lui inspirait un profond respect. Et ce respect s'étendait aux plans militaires et stratégiques des généraux Colin Powell et Norman Schwarzkopf. Mais, surtout, Itzhak admirait la détermination du président Bush. Le monde libre et démocratique ne pouvait pas laisser Saddam Hussein envahir le Koweït sans réagir. S'il était préférable qu'Israël reste à l'écart du conflit, toutefois, nous aurions pu déployer certaines unités spéciales, et nous avons effectivement proposé de le faire.

Itzhak a pourtant soutenu sans réserve le refus d'Israël de répliquer. Malgré l'ampleur des dégâts commis sur notre territoire, il était plus raisonnable de se ranger derrière les forces alliées et de leur laisser le soin d'exécuter l'opération Tempête du désert, qui avait été méticuleusement préparée. Les attaques de missiles ont été la cause directe de la mort d'un Israélien. Douze autres ont succombé à des crises cardiaques ou ont été asphyxiés, et nous avons eu plus de deux cents blessés. Plus de quatre mille bâtiments israéliens ont été endommagés. Le danger n'avait rien d'imaginaire : Dalia et notre gendre Avi ont même ramassé un débris de Scud dans leur cour ! L'appui que les États-Unis accordaient à une coalition arabe n'enchantait évidemment personne, mais le soutien américain en faveur d'Israël était, lui aussi, parfaitement clair.

La mort de Menahem Begin le 9 mars 1992, à soixante dix-huit ans, a marqué la fin d'une page de l'histoire d'Israël. Itzhak l'avait toujours considéré comme un honnête homme, et comme un homme d'État doté d'une force et d'une aura indéniables. À l'époque où Itzhak était ambassadeur à Washington, il est arrivé à Begin de se rendre en visite aux États-Unis en tant que chef du parti d'opposition. Itzhak participait de près à l'organisation des entretiens de Begin avec des membres de la Chambre des représentants et du Sénat. Itzhak venait généralement l'accueillir à l'aéroport. Les égards qu'il lui témoignait ne lui étaient pas seulement dictés par le respect des convenances mais également par une estime sincère pour l'homme. Au cours de la crise d'Entebbe, Begin lui a accordé un soutien très actif. Après le succès du raid, il a prononcé un discours à la Knesset, en tant que membre de la Commission des Affaires étrangères et de la Défense. Il a déclaré qu'une telle opération nécessitait bien sûr le concours de nombreuses personnes, qui pouvaient toutes s'enorgueillir de son succès. Mais, en cas d'échec, la responsabilité serait retombée sur un seul homme. Et c'était cet homme, le Premier ministre Rabin, qu'il tenait à féliciter tout particulièrement. Ces propos avaient profondément ému Itzhak.

Revenons à la politique intérieure. Le 22 juillet 1991, le comité central confirma Shimon Peres à la tête du parti travailliste. Pourtant, les travaillistes avaient grand besoin de changement après leur regrettable échec à former un gouvernement en 1990. Peres obtint 54 p. 100 des voix, Itzhak, 46 p. 100. Ce fut une terrible déception pour les enfants et pour moi. Nous n'arrivions pas à croire qu'Itzhak avait perdu une nouvelle fois. Je n'oublierai jamais l'instant où il est rentré à la maison. Il n'était absolument pas abattu. Il nous a conseillé de nous calmer et s'est efforcé de nous remonter le moral. « Ce n'est pas la fin du monde », a-t-il dit. Pour lui, une carrière politique se menait pas à pas, comme le processus de paix. L'un de ses mots préférés a toujours été « patience ». C'est une vertu dont je manque cruellement. *Savlahnout* — patience : un terme essentiel de son vocabulaire, un trait fondamental de son caractère.

Itzhak a tout de même commencé à comprendre que son avenir politique risquait d'être définitivement compromis s'il n'arrivait pas à contourner l'autorité que le comité central exerçait sur les élections à la tête du parti travailliste. Il convenait, pensait-il, d'introduire un véritable système de primaires. Il fallait, pour commencer, modifier les règles de fonctionnement du parti — qui se montrerait peut-être plus réceptif, dans la mesure où les travaillistes n'avaient plus remporté d'élections depuis 1974. Resterait ensuite à établir la liste des membres du parti (soit plus de cent mille personnes), afin de pouvoir organiser ces primaires. Cela impliquait de lancer une campagne de grande ampleur à travers tout le pays pour inciter les militants et les sympathisants du parti à venir s'inscrire. Itzhak n'était évidemment pas certain de remporter ces primaires, mais il sentait que c'était sa seule chance de retrouver sa place à la tête du parti.

Encouragé par un vaste soutien populaire, Itzhak a commencé officiellement sa campagne à la fin de 1991, en prévision des élections de l'année suivante. L'organisation de primaires, qu'Itzhak prônait depuis 1990, a permis à l'ensemble des membres du parti travailliste de participer au choix du candidat au poste de Premier ministre. La confirmation de Peres à la tête du parti suscitait en effet quelques inquiétudes. Arriverait-il à battre le Likoud ? Et si le Likoud l'emportait, qu'adviendrait-il ?

Les dirigeants du parti eux-mêmes commençaient à se dire que les chances de victoire seraient sans doute meilleures avec

Itzhak. Pendant toute la campagne des primaires, Itzhak a recommencé à sillonner le pays, prenant la parole dans les villes et les villages, devant des auditoires souvent hostiles, dans des quartiers pauvres, des enclaves russes et des villes arabes — cherchant à persuader les gens un par un. Il a exposé clairement son programme politique. Et, au fur et à mesure de cette campagne, il s'est rendu compte que ses idées étaient bien reçues. À chaque rassemblement, le public entonnait « Israël attend Rabin » — une allusion à *Nasser attend Rabin,* une chanson populaire pendant la guerre des Six-Jours.

La première primaire du parti travailliste a eu lieu le 19 février 1992. Les résultats ont été parfaitement limpides : 40,6 p. 100 pour Itzhak contre 34,8 p. 100 pour Peres. La victoire d'Itzhak était incontestable. Il était désormais certain d'être en tête de liste et d'être le candidat travailliste au poste de Premier ministre. Toute tractation avec Peres ou un autre était superflue.

Le gouvernement Shamir a dépensé plus d'un milliard de dollars au profit de nouvelles implantations juives. Dans le même temps, notre pays a accueilli un très grand nombre d'immigrants russes, qui ont eu le sentiment d'être laissés pour compte par un gouvernement qui avait d'autres priorités financières. Quant aux négociations de paix, elles stagnaient ; le gouvernement Shamir traînait les pieds. Or les États-Unis, dont le budget avait été lourdement grevé par la guerre du Golfe, continuaient pourtant à verser trois milliards de dollars par an à Israël, un État qui ne semblait pas pressé de régler les problèmes fondamentaux du Proche-Orient.

Les Américains avaient décidé de différer la garantie d'un prêt d'un montant de dix milliards de dollars, destiné à aider Israël à faire face à l'arrivée de plusieurs centaines de milliers de Juifs de l'ex-Union soviétique. Personne n'ignorait à qui allaient les sympathies américaines : de toute évidence, George Bush (au pouvoir depuis janvier 1989) et son secrétaire d'État James Baker en particulier auraient été heureux de voir Itzhak arriver au pouvoir. Ils savaient parfaitement que le gouvernement Shamir utilisait une grande partie de l'aide américaine pour assurer le développement inconsidéré de colonies politiques. Les États-Unis étaient également exaspérés par l'absence de progrès des négociations de paix de Madrid — une conférence parrainée par Moscou et Washington à la suite de la guerre du Golfe, et dont les participants s'étaient retrouvés onze fois entre 1991 et 1993, sans grand résultat. Itzhak n'avait jamais pris part à ces négociations avant les élections ; il n'en connaissait que les comptes rendus présentés au journal télévisé. Contrairement aux initiatives de paix ultérieures qui ont choisi de procéder par étapes, la conférence de Madrid prétendait résoudre simultanément tous les problèmes du Proche-Orient, sur tous les fronts. Israël y était représenté par David Levy, membre du Likoud. Pour Itzhak, cette conférence relevait du grand spectacle : on parlait beaucoup, mais on agissait peu.

La campagne électorale n'a pas été une mince affaire. Itzhak a parcouru tout le pays, et je crois bien qu'il n'a oublié aucune localité dont le nom figurait sur la carte. Il rentrait généralement à la maison réconforté par l'accueil qu'il avait reçu. Cette fois encore, tout le monde chantait « Israël attend Rabin ». Je n'oublierai jamais son sourire radieux lorsqu'il arrivait à la maison. « Tu sais, me dit-il un jour en tapotant l'accoudoir de son fauteuil du bout des doigts, il y avait un monde fou : une organisation du tonnerre. » Il était heureux, mais, surtout, il était étonné. Il lui est arrivé, çà et là, d'essuyer quelques insultes, mais dans l'ensemble la population ne lui était pas hostile. Il n'a jamais cherché à éviter l'opposition et s'est même fait un point d'honneur de se rendre là où l'attendaient des manifestants. Quand il constatait qu'une assemblée ne lui était pas favorable, il essayait de la convaincre par des arguments rationnels.

C'est ainsi qu'au cours de cette campagne nous avons rencontré un groupe de colons dans le réfectoire d'un kibboutz du Golan. Itzhak a refusé de leur promettre qu'il n'y aurait pas d'évacuation de la région. Il a avoué par la suite que cette rencontre avait été l'une des plus pénibles qu'il ait jamais vécues. « Mais ce n'est rien par rapport à ce qui nous attend », a-t-il poursuivi.

Cette période a été épuisante, mais très satisfaisante pour Itzhak. Les réunions électorales commencent généralement en fin d'après-midi et se prolongent tard dans la soirée, pour permettre aux gens qui travaillent d'y assister. Chaque soir, l'un de nos chauffeurs, Charlie ou Yehezkel, conduisait Itzhak à l'endroit où se tenait le meeting, qui durait jusqu'à une heure avancée. Il se rendait ensuite au studio pour visionner les spots de sa campagne télévisée. L'une des dernières réunions électorales a eu lieu dans un amphithéâtre de notre quartier. Je n'y suis pas allée, mais l'ambiance était, paraît-il, extrêmement chaleureuse. Un des lieutenants de campagne d'Itzhak, Itzhak Matalon, a été pris d'une telle émotion qu'il m'a téléphoné sur son portable : « Lea, me dit-il en pleurant de joie, tu ne peux pas imaginer ce qui se passe ici ! »

En 1992, Itzhak doutait toujours de sa victoire. J'étais plus confiante : chaque fois que je me promenais dans la rue ou que je parcourais les travées d'un supermarché, des gens m'interpellaient : « Bonne chance, madame Rabin. Pourvu qu'il soit élu ! » Voilà ce que j'entendais quotidiennement. Il y avait quelque chose en Itzhak qui inspirait une immense confiance. Le 16 juin, au cours d'un débat télévisé opposant Itzhak à Shamir, représentant du Likoud, tout le monde a pu prendre conscience de l'intérêt sincère qu'Itzhak éprouvait pour la sécurité d'Israël. Quant à Shamir, il prétendait ne voir aucun motif d'inquiétude dans les relations entre Israël et les États-Unis. À la fin du débat, Itzhak m'a téléphoné. Je lui ai dit qu'il avait été sensationnel. Il n'ignorait rien de l'importance de ce débat et s'y était préparé soigneusement, développant les idées qu'il allait présenter. Il avait longuement répété avec ses collaborateurs. Ses réponses étaient claires et rationnelles. Lorsqu'il a déclaré que l'heure était venue pour Israël de redéfinir ses priorités et de faire la paix, le pays l'a cru sur parole.

9

« Ils étaient tous ses fils »

Israël a voté le 23 juin 1992. Entourés de nos enfants et de nos petits-enfants, nous nous étions installés devant le poste de télévision de la bibliothèque pour attendre les résultats du scrutin, prévus à vingt-deux heures. Nos amis avaient souhaité être près de nous au moment de la victoire tant espérée, mais Itzhak avait refusé : personne d'autre que les membres de la famille ne serait autorisé à entrer chez nous avant l'annonce officielle des résultats. Les conciliabules étaient incessants, bien qu'à peine murmurés. De temps en temps, Itzhak recevait un bref coup de fil de ses conseillers, qui nous informaient des dernières estimations. Comme toujours, Itzhak tapotait du bout des doigts sur son bureau...

Vingt et une heures cinquante-huit. Vingt et une heures cinquante-neuf. Le silence se faisait pesant. Les yeux rivés sur le petit écran, nous attendions les résultats du scrutin à vingt-deux heures précises.

À vingt-deux heures tapantes, Haïm Yavin, le présentateur vedette de la télévision, apparut à l'écran. Il ne prononça qu'un seul mot : « *Ma'apach.* »

Ce mot nous suffisait — il résumait tout ce que nous attendions pour laisser exploser notre joie et nous jeter dans les bras l'un de l'autre. *Ma'apach* : le mot magique avait déclenché des torrents de larmes de bonheur.

En hébreu, *ma'apach* signifie « retournement ». En 1977, la télévision israélienne avait déjà employé ce mot lorsque le Likoud avait remporté les élections. Jusqu'à cette chaude soirée de juin 1992, *ma'apach* était un terme terriblement lourd de sens pour nous. Mais, aujourd'hui, il ne signifiait qu'une chose : la victoire.

Très vite, notre appartement s'est rempli de visiteurs. Quel chahut ! Mais ce n'était rien en comparaison des cris d'allégresse qui déferlaient depuis la rue. C'était un véritable concert que nous offraient les tours du voisinage, dont les fenêtres largement ouvertes étaient autant d'immenses bouches hurlant leur joie.

Ces clameurs nous ont surpris. Tout le voisinage avait-il vraiment souhaité cette victoire ? Les yeux écarquillés, l'oreille dressée, nous courions de la télévision à la fenêtre, du reportage en direct aux explosions de joie dans la rue. C'était comme si une équipe de football venait de marquer le but vital du match le plus important qu'on pût imaginer. Je repensais à l'ovation qu'avait reçue Itzhak au stade de Bloomfield en 1977, quelques jours après sa démission. Mais, cette fois, les acclamations étaient encore dix fois plus bruyantes et plus joyeuses. Une revanche, oui. Mais cette victoire était bien plus qu'une revanche. J'étais à la fois stupéfaite et émue, mon cœur bondissait de joie dans ma poitrine.

Une seule personne gardait la tête froide. Une seule personne restait impassible... Aucun cri de joie... À peine l'ébauche d'un sourire.

En entendant ce mot, *ma'apach*, Itzhak n'a eu aucune réaction. Il nous a dit qu'il fallait attendre les résultats définitifs. Il avait raison. Les premières estimations avaient donné plus de quarante-sept sièges au parti travailliste. En fait, il en a obtenu quarante-quatre, mais c'était suffisant pour envisager une coalition.

Itzhak restait impassible. À ceux qui l'appelaient pour le féliciter, il répondait simplement : « Merci beaucoup ». Mais, en mon for intérieur, je savais qu'en cet instant Itzhak était un homme comblé. Nous le serrions dans nos bras, nous l'embrassions ; il ne bougeait pas de son siège.

Notre ligne téléphonique était bloquée. En quelques minutes, notre appartement a été rempli d'amis et de militants. J'ai conservé dans un album les photos des nombreux bouquets de fleurs qui nous ont été envoyés dans les jours qui ont suivi. Notre appartement ressemblait à la boutique d'un fleuriste. Un souvenir inoubliable ! Des fleurs éclatantes partout — sur les tables, sur le plan de travail de la cuisine, sur les tapis, et dans tous les coins. Il n'y avait plus un millimètre carré de libre.

Les travaillistes célébraient la victoire à l'hôtel Dan de Tel-Aviv. Lorsque nous sommes arrivés, vers une heure du matin, la fête battait son plein. Il y avait de la musique, les militants dansaient et scandaient : « Israël attend Rabin. » À l'hôtel, Itzhak a prononcé un discours, félicitant et remerciant tous ceux qui avaient travaillé dur pour assurer son retour au pouvoir. Il a conclu par ces quelques mots qui devaient être si souvent cités par la suite : « Je conduirai... Je déciderai... Je ferai... »

À quatre heures du matin, Itzhak est enfin allé se coucher, heureux et confiant, songeant déjà au lendemain. Il avait une manière bien à lui de me souhaiter bonne nuit : « Ishti, réveille-moi à sept heures moins le quart, s'il te plaît. » Le lendemain, Itzhak s'est levé et est allé travailler. C'était tout lui — trois heures de repos, et il était de nouveau à pied d'œuvre, comme si de rien n'était. Il avait tant de projets !

Quelques années plus tard, je me suis souvenue de cette fameuse nuit, alors que je lisais un livre captivant de Doris Kearns Goodwin, *No Ordinary Time*. Je suis tombée sur un passage où elle évoque la nomination de Winston Churchill au poste de Premier ministre de Grande-Bretagne, en mai 1940 : « Et lorsqu'il alla se coucher à la fin de cette journée extraordinaire, il ressentit un profond soulagement. "J'ai enfin le pouvoir de diriger la scène politique. J'ai l'impression de rejoindre enfin mon destin, comme si, jusqu'à présent, toute ma vie n'avait été qu'une longue préparation à cet instant et à cette expérience." »

Dans son nouveau gouvernement, Itzhak devait détenir deux portefeuilles — celui de Premier ministre et celui de la Défense. Il n'ignorait pas qu'il devait garder la haute main sur ces deux ministères pour faire avancer le processus de paix. Cette fois, ce serait son objectif, son programme. Il savait mieux que quiconque qu'il était le plus apte à assumer ces deux fonctions.

Si dans la plupart des autres gouvernements du monde il est rare qu'un ministre se voit confier deux portefeuilles, ce n'est pas le cas en Israël, où la sécurité nationale recoupe en partie les affaires courantes de la nation. Par le passé, David Ben Gourion et Levi Eshkol avaient déjà occupé ces deux postes. Le président des États-Unis est lui-même commandant en chef des armées, et l'on peut dire que la situation américaine est assez comparable à celle d'Israël. Itzhak a toujours eu parfaitement conscience du paradoxe de cette situation et il lui arrivait de dire en Conseil des ministres : « C'est le ministre de la Défense qui vous parle, et je tiens à ce que vous sachiez qu'en ma qualité de ministre de la Défense j'ai quelques difficultés avec le Premier ministre. »

Itzhak devait présenter son gouvernement le 13 juillet. J'ai pris quelques notes le jour où nous nous sommes rendus à Jérusalem pour sa prestation de serment.

Dans la voiture, Itzhak somnole à mes côtés. Je lis le discours qu'il va prononcer devant la Knesset et je le trouve excellent. Je dois admettre que je suis très nerveuse. Est-il possible que nous montions à Jérusalem — au sens propre du terme ?

Cela fait quinze ans qu'Itzhak a démissionné. Si quelque part il existe une force cachée qui répare les injustices, il semble qu'elle soit intervenue cette fois. Itzhak a fait un retour magistral, entouré d'amour, soutenu par des dirigeants du monde entier et admiré par les Juifs de la diaspora. Tous ont le regard tourné vers lui, tous sont emplis d'espoir et d'attente.

Itzhak a conscience de la responsabilité qui pèse sur ses épaules. Il est déterminé... à améliorer les conditions de vie de tous les citoyens, à tous les niveaux. Et surtout, c'est le plus important, il fera tout ce qui est en son pouvoir pour ramener la paix dans notre région.

Nos enfants nous accompagnent. Dalia et Avi, Yuval et Eilat, ainsi que nos trois grands petits-enfants. Ils ont assisté à tous les bouleversements des derniers mois, et aujourd'hui ils sont de la fête. Aliza Wallach nous accompagne, elle aussi, ainsi que quelques amis très proches, Ruthie Goldmuntz, de New York, Diane et Norman Bernstein, de Washington. Diane et Norman sont près de nous aujourd'hui, comme ils étaient présents en ce jour de 1974 où Itzhak a présenté son premier gouvernement. Ma sœur, Aviva, est là elle aussi, et la présence de chacun d'eux contribue à ce climat d'excitation et de fête.

Itzhak avait intitulé son discours-programme : « Un gouvernement déterminé ». Ce fut l'une de ses meilleures allocutions, comme on pourra s'en convaincre à la lecture de ces quelques extraits.

[...] Le gouvernement qui aujourd'hui demande le vote de confiance de la Knesset a parfaitement conscience que chacun en Israël

prie et espère. Nombreux sont ceux qui, ici et à l'étranger, souhaitent aujourd'hui nous voir aborder une voie nouvelle, prendre un nouvel élan, tourner une nouvelle page de l'histoire de l'État d'Israël.

Nous redéfinirons les priorités nationales [...].

Nous ne sommes pas condamnés à être un peuple isolé, et il n'est pas vrai que le monde entier soit contre nous. Nous devons nous libérer de ce sentiment d'isolement qui nous étreint depuis près d'un demi-siècle. Nous prendrons des dispositions énergiques pour mettre un terme au conflit israélo-arabe.

Nous agirons sur la base de la reconnaissance, par les États arabes et les Palestiniens, de la souveraineté de l'État d'Israël, qui a le droit de vivre dans la paix et la sécurité. Nous croyons de tout cœur que cela est possible, que cela est nécessaire, et que nous y parviendrons [...].

Itzhak a ensuite proposé de poursuivre les négociations de paix avec les États arabes dans le cadre de la conférence de Madrid. Il a convié la délégation jordano-palestinienne à une conférence, à Jérusalem, afin d'établir un climat de coopération favorable. (En son for intérieur, il estimait que cette délégation conjointe était une idée ridicule et il aurait préféré engager des négociations directes avec les Palestiniens.) Il rappela à ces derniers que nous partagions la même terre, ajoutant qu'ils avaient tant perdu en termes de vies humaines, de bonheur et de prospérité, que l'autonomie leur offrirait une véritable chance de redressement. Dans le même temps, Itzhak donna sa parole qu'Israël ne céderait ni au terrorisme ni à la violence, et invita les autres chefs d'États arabes — le roi de Jordanie et les présidents de la Syrie et du Liban — à poursuivre sur la voie ouverte par le président Sadate et à venir à Jérusalem s'exprimer devant la Knesset. « Notre visage est tourné vers le soleil levant », déclara-t-il. Il s'engagea à maintenir la collaboration d'Israël avec les États-Unis et conclut par une définition émouvante et profonde de la sécurité.

La sécurité, ce n'est pas seulement un blindé, un avion ou un navire lance-missiles.

La sécurité, c'est aussi, et peut-être avant tout, des hommes et des femmes — les citoyens d'Israël.

La sécurité, c'est l'éducation d'un homme, sa maison, son école, les rues de son quartier et la société dans laquelle il a grandi. La sécurité, c'est aussi l'espoir de cet homme.

La sécurité, c'est la paix de l'esprit et les moyens de subsister pour un immigrant de Leningrad, c'est un toit pour l'immigrant de Gondar, en Éthiopie, c'est l'usine qui emploie les citoyens nés sur cette terre et nos soldats démobilisés.

S'intégrer dans notre histoire et notre culture, y participer. La sécurité, c'est aussi tout cela [...].

Le discours d'« intronisation » d'Itzhak a reçu un excellent accueil, en Israël et dans le monde entier. Après la séance de la Knesset, le vote de confirmation et la présentation du nouveau gouvernement, nous nous sommes attardés quelques instants dans le bureau du Premier ministre. Itzhak a reçu un appel du président Bush qui le félicitait de sa victoire. Plus tard, nous nous sommes installés à l'hôtel King David où nous sommes restés pendant toute la durée des travaux de rénovation de la résidence du Premier ministre à Jérusalem.

Le 14 juillet, Itzhak et son gouvernement ont posé pour la photographie officielle aux côtés du président d'Israël, Chaïm Herzog, dont le second mandat arrivait à son terme. Le lendemain de la prestation de serment du gouvernement, j'ai passé une grande partie de la journée en compagnie de nos amis de Washington, Diane et Norman Bernstein. Notre amitié, forgée durant les années qu'Itzhak avait passées aux États-Unis comme ambassadeur, avait surmonté l'épreuve du temps. Il nous semblait tout naturel de partager ces moments de joie avec eux.

Au cours de la période de transition gouvernementale, jamais le Premier ministre sortant n'est venu présenter ses félicitations et ses vœux de réussite à Itzhak. Nous aurions apprécié ce geste, qui n'aurait été après tout qu'une simple marque de courtoisie de sa part. J'avais également espéré que celle qui était encore la première dame du pays m'inviterait à visiter la maison et me présenterait le personnel.

Sans doute avais-je été frappée par la manière dont les choses s'étaient passées entre le président Bush et Bill Clinton en janvier 1993. Peu avant l'investiture de Bill Clinton, les caméras de télévision du monde entier avaient retransmis l'accueil chaleureux que la famille de George Bush avait réservé au nouveau président et à son épouse. Après la cérémonie d'investiture au Capitole, le nouveau couple présidentiel s'était rendu à la Maison-Blanche, tandis qu'une camionnette transportait les quelques biens personnels de George et de Barbara Bush dans leur nouvelle résidence, à Houston. Nous avons beaucoup à apprendre, me semble-t-il, des pays qui ont établi une sorte d'étiquette pour ces périodes de transition gouvernementale. Je suis certaine que le président et Mme Bush n'ont pas quitté la Maison-Blanche de gaieté de cœur ; néanmoins, ils ont accueilli le nouveau couple présidentiel avec chaleur et cordialité. Ce ne fut pas notre cas : nous n'avons pas reçu le moindre mot de félicitations, pas la moindre invitation à visiter la maison de la part du Premier ministre sortant et de son épouse.

Itzhak n'a jamais accordé une grande importance aux rituels qui accompagnent généralement un changement de pouvoir. Son cabinet s'est mis au travail sans tarder. Dans les deux semaines qui ont suivi sa prise de fonction, Itzhak a rencontré le secrétaire d'État américain James Baker et rendu visite au président Moubarak au Caire. Parmi les nouvelles mesures imposées par le gouvernement, l'une, adoptée en juillet sur l'initiative du ministre de l'Intérieur Benyamin Ben Eliezer, gelait toute nouvelle construction dans les colonies cisjordaniennes. Dès l'automne, Itzhak a suspendu tous les projets d'implantations subventionnés par l'État dans les territoires occupés. Israël ne devait plus financer les « colonies d'un jour ».

L'enjeu de notre première visite officielle aux États-Unis et de la première rencontre d'Itzhak et du président Bush était considérable. Le président Bush et le secrétaire d'État James Baker avaient eu d'excellentes raisons d'en vouloir au régime du Likoud. Les États-Unis allaient-ils désormais accepter de garantir l'emprunt de dix milliards de dollars qu'ils avaient refusé au dernier gouvernement israélien ? Y aurait-il de nouveaux obstacles ?

La première rencontre devait avoir lieu dans la résidence du président à Kennebunkport, dans le Maine. Le président avait réuni une poignée d'hommes d'État dans sa magnifique propriété, et nous étions très honorés de compter parmi ces rares invités. Barbara Bush est une femme très raisonnable, dotée d'un bon sens inébranlable. J'ai très vite découvert cette facette de sa personnalité. Mme Bush m'attendait, et nous avons fait une longue promenade ensemble dans la propriété. Lorsque je l'ai interrogée sur les prochaines élections présidentielles, elle m'a fait la réponse suivante : « Je suis sûre qu'il va gagner. Mais, s'il perdait ces élections, je serais désolée pour lui... En même temps, je serais ravie pour nos enfants. » Elle n'ignorait rien des sacrifices que doit consentir la famille d'un chef d'État.

Ce qui m'a peut-être le plus frappée à Kennebunkport, c'est ce sens profond de la famille qui y régnait. Nous avons rendu une petite visite à la mère et à la tante de George Bush. Chacune d'elles a son propre appartement à l'intérieur de la propriété et dispose d'une gouvernante personnelle. Les Bush avaient aménagé un dortoir au deuxième étage de la maison principale pour y accueillir leurs petits-enfants. J'ai été impressionnée par la simplicité rudimentaire de cette installation. J'ai découvert une famille de l'establishment, aisée, mais qui se souciait comme d'une guigne que les lits des enfants soient faits au carré. Leurs petits-enfants vénéraient *grandma* et *grandpa*.

George Bush est un homme charmant, Barbara une hôtesse merveilleuse et efficace. Je dois dire que ce n'est pas toujours une mince affaire de s'occuper d'une maisonnée remplie d'invités ! Lorsque nous avons déposé nos bagages dans le pavillon réservé aux invités, je n'ai pas pu m'empêcher de m'exclamer : « Barbara, cette maison est parfaitement équipée, il y a même un lave-linge et un sèche-linge ! » Elle m'a expliqué que les invités avaient la possibilité de s'adonner à diverses activités sportives dans la propriété — tennis, pêche, équitation —, il suffisait de demander. Elle a conclu, avec un clin d'œil, qu'elle tenait à ce que ses invités soient propres...

Les négociations sur la garantie de l'emprunt israélien menées par Itzhak et ses conseillers ont été laborieuses. À la fin d'une longue journée de pourparlers, les discussions tournent souvent au marchandage. Les tractations se sont poursuivies jusqu'à une heure avancée de la nuit. Enfin, vers quatre heures du matin, les parties ont trouvé un terrain d'entente. Mais les négociateurs américains exigeaient certains engagements politiques de la part d'Itzhak en contrepartie de cette garantie. Ces engagements devaient faire l'objet d'un rapport écrit, appelé avec ironie *The Non-Paper* — Le Non-Document — conformément à la volonté d'Itzhak, qui voulait éviter un accord officiel. Finalement, Itzhak a obtenu gain de cause et imposé un cadre très général à cet accord.

Récemment, Dennis Ross, le médiateur américain au Proche-Orient, m'a relaté la première rencontre d'Itzhak et de James Baker, un homme qu'Itzhak respectait profondément.

L'une des premières choses qu'Itzhak ait dites à M. Baker fut : « Je ne vous mentirai pas, vous pouvez compter sur nous. Peut-être ne serons-nous pas toujours d'accord, mais vous devez savoir une chose : nous ne vous mentirons pas, nous ne vous tromperons pas. » Plus tard, profitant d'une courte pause avant le déjeuner, Itzhak s'est approché de Ross et lui a dit : « Dennis, le secrétaire s'adresse à moi comme s'il parlait toujours au même Itzhak qu'avant. Rappelez-lui que c'est un autre Itzhak qu'il a en face de lui aujourd'hui[1]. » Ross était allé parler à Baker et lui avait expliqué que les Israéliens avaient redéfini leurs priorités, qu'Itzhak ne lui mentirait pas, et qu'il ne devait pas faire comme si la situation était toujours la même. À compter de ce moment, Baker a changé d'attitude, et la garantie sur l'emprunt a été approuvée.

Le président Bush et son secrétaire d'État, Baker, ont finalement été convaincus qu'Itzhak utiliserait ces garanties au mieux et que ces fonds seraient effectivement affectés à l'intégration des immigrants. La visite à Kennebunkport a permis de prouver la volonté du nouveau gouvernement israélien de changer de politique. Le lendemain matin, une fête en plein air a été organisée pour célébrer la clôture des négociations. Itzhak et George Bush se tenaient au centre de la tribune, face à la presse. Barbara Bush et moi nous tenions en retrait. Le président et Itzhak ont fait une déclaration. À ce moment capital, qui représentait tant pour Itzhak et pour ses projets, j'étais à deux doigts de pleurer de soulagement. Lorsque Itzhak eut terminé son allocution, la première question des journalistes fut pour le président Bush : « Est-il exact que vous ayez eu une liaison ? » Entre un vulgaire ragot et la garantie sur le crédit aux Israéliens, la presse avait choisi. Barbara Bush a fait preuve d'un sang-froid admirable. Elle n'a pas sourcillé. Cette manifestation de mauvais goût m'a fait l'effet d'un coup de poing dans l'estomac, qui m'a ramenée brutalement sur terre.

Dans l'ensemble, cependant, toutes les questions majeures avaient été réglées. Nous sommes repartis pour Washington à bord d'un avion de l'Air Force, en compagnie de George et de Barbara Bush. Quel événement ! À Washington, Itzhak a rencontré les représentants de l'AIPAC, le fer de lance du lobby

1. Rappelons que le prénom du précédent Premier ministre, Shamir, était également Itzhak. *(N.d.T.)*

juif. Il n'a pas mâché ses mots pour critiquer la campagne outrageusement agressive orchestrée par l'AIPAC pour obtenir les garanties sur l'emprunt israélien. Avec l'obtention de l'emprunt, le nouveau Premier ministre israélien avait marqué un point et défini clairement les règles du jeu pour l'avenir. Nous avons regagné Tel-Aviv.

En août, j'ai passé des journées et des journées à porter et à déballer des cartons de livres, à disposer des meubles et à installer notre nouvelle résidence. Physiquement, cette période a été très éprouvante. Encore sous le coup du stress des élections et de notre visite aux États-Unis, je suis tombée subitement malade. Cela s'est passé un samedi matin, alors que je disputais un match de tennis. Je n'avais plus de force dans les bras. Je me suis assise à l'ombre, en attendant que la douleur s'estompe. Quand j'ai voulu reprendre la partie, Ziona Leshem, ma partenaire, s'y est opposée. Elle avait perdu son mari dans des circonstances analogues. Toujours assise, j'ai à nouveau senti une vive douleur dans la poitrine. J'ai compris alors que c'était sérieux et je suis immédiatement rentrée à la maison.

Prévenu, le docteur Shlomo Segev est arrivé quelques minutes plus tard. Il a aussitôt appelé une ambulance pour me conduire à l'hôpital Tel Hashomer. J'étais terriblement agitée, le malaise persistait. Mais une injection d'anticoagulant, destinée à dilater les vaisseaux sanguins, a suffi à me remettre d'aplomb. J'ai tout de même souffert de violentes migraines durant plusieurs jours — un effet secondaire de l'injection. J'avais été admise au service de soins intensifs. Très tard dans la soirée, Ephraim Sneh, membre de la Knesset et futur ministre de la Santé, m'a rendu visite. Surprise, je lui ai demandé comment il était parvenu à pénétrer dans l'hôpital en dehors des heures de visite. « Vous oubliez que je suis docteur en médecine », me répondit-il en souriant. Sa visite m'a émue. C'était un ami fidèle, et il l'est toujours aujourd'hui.

Itzhak et Dalia sont venus me voir à l'hôpital. Bien sûr, ils avaient été bouleversés par cette alerte. Quant à Itzhak, il avait une manière bien à lui de se comporter au chevet d'un malade. Il fonçait vers mon lit et me demandait d'un ton brusque : « Comment vas-tu ? Comment te sens-tu aujourd'hui ? » Je savais bien qu'il cherchait seulement à dissimuler son inquiétude. Il avait tellement horreur des épanchements sentimentaux ! Après ma sortie de l'hôpital et quelques semaines de convalescence, il n'avait qu'une envie : que je sois sur pied aussi vite que possible. Ma maladie l'a mis à rude épreuve. Il avait hâte de retrouver une épouse forte et enjouée.

Le lendemain de mon hospitalisation, les médecins ont voulu me faire une angiographie. Cette idée me terrifiait et j'ai refusé. Une nouvelle journée s'est écoulée, et, le soir, deux professeurs sont entrés dans ma chambre. Il ne fallait pas être grand clerc pour deviner qu'ils étaient là pour me faire revenir sur ma décision. J'ai cédé, non sans avoir conclu un marché. J'ai accepté de faire cette angiographie, et, en échange, ils m'ont autorisée — si tout allait bien — à partir pour Zurich et Berlin dix jours plus tard pour y collecter des fonds destinés au centre médical Shiba.

Dès le lendemain, on m'a fait subir un cathétérisme. Dès l'instant où mon esprit avait accepté le principe d'une intervention, ma peur s'était envolée. Je savais que j'étais entre de bonnes mains avec le docteur Mull Ratt, un chirurgien spécialisé en cardiologie. Dans une pièce adjacente, Itzhak et Dalia suivaient anxieusement l'opération. J'avoue que je n'ai strictement rien senti. Après l'angiographie, le chirurgien a pratiqué une angioplastie, destinée à élargir une artère. Ensuite, on m'a transférée dans un autre service. Je suis restée encore une journée à l'hôpital, et, le surlendemain, j'ai été autorisée à rentrer chez moi. Des milliers de fleurs m'attendaient ! Le président Moubarak m'avait fait envoyer un bouquet à l'hôpital. En revanche, je n'ai pas reçu un seul petit mot, pas le moindre vœu de prompt rétablissement de la part de M. ou Mme Shamir. Quelque temps plus tard, peu avant le nouvel an juif, j'ai été invitée à une réception exclusivement réservée aux femmes, à la résidence présidentielle. À la fin de la réception, alors que tout le monde était sur le départ, je me suis approchée de Mme Shamir. Je lui ai tendu la main et je lui ai dit : « Madame Shamir, permettez-moi de vous présenter mes meilleurs vœux pour *shanah tova.* » J'étais très fière d'avoir trouvé les mots qui convenaient en pareilles circonstances. Après l'assassinat d'Itzhak, je n'ai pas reçu un seul mot de condoléances de sa part.

Durant mon séjour à l'hôpital, Itzhak a été très présent. D'ailleurs, il était toujours là quand un membre de sa famille tombait malade. Sans passer toutes ses journées à mon chevet, il me rendait visite plusieurs fois par jour. Dès que j'ai été rétablie, il est retourné à son travail. Plus les années passaient, plus ses collaborateurs étaient stupéfaits par ses méthodes et par sa résistance. Itzhak était un bourreau de travail. Il se levait ponctuellement à sept heures moins le quart du matin et restait au bureau jusqu'à vingt et une heures ou vingt-deux heures. Pas une seule fois il n'a dérogé à cette règle pendant son second mandat.

Ses collaborateurs et nos amis me répétaient sans cesse : « Ne peux-tu pas le freiner un peu ? N'a-t-il donc jamais besoin de souffler, de faire une pause ? Est-ce un rythme de travail raisonnable pour un homme de soixante-dix ans ? » Mais il avait toujours une bonne raison qui, justement, l'empêchait de prendre du repos. Il y avait tant à faire.

Pas un jour de vacances en trois années et demie. Pendant notre dernier été, en 1995, nous avons été invités à passer quelques jours dans le Berkshire, en Angleterre (nous y étions déjà allés à trois reprises et avions été absolument enchantés, surtout par les concerts de Tanglewood). Mais, cette fois, nous avons dû décliner l'invitation. « Ce n'est pas le moment », avait déclaré Itzhak. Au cours de son premier mandat, nous avions passé quelques week-ends à Eilat et nous étions allés une ou deux fois à Césarée. Mais, pendant son second mandat, nous ne sommes allés nulle part ensemble. Itzhak était toujours en déplacement, au moins un ou deux jours par semaine, et, le week-end, il n'avait qu'une envie, rester à la maison. Je le comprenais, mais cela ne signifie pas qu'il demeurait oisif. Le jour du shabbat, il recevait en moyenne quatre ou cinq visites. Il y avait les habitués, et les visiteurs occasionnels ; je ne me rappelle pas un seul jour de shabbat où personne ne soit venu le voir pour lui faire part de certaines informations ou lui demander conseil. Je disais que le shabbat était *mon* jour de travail. Ce jour-là, le personnel avait congé et je passais mon temps à courir et à servir des tasses de café, des verres d'eau, une bière ou un whisky. Souvent, Itzhak me donnait un coup de main entre deux visites, il débarrassait les tasses et les soucoupes et vidait son cendrier débordant de mégots.

Les méthodes de travail d'Itzhak inspiraient un saint respect à beaucoup de gens, et notamment à ses plus proches collaborateurs. Itzhak était un homme méticuleux de nature, il étudiait attentivement chaque détail et n'hésitait jamais à réexaminer un problème. Il préparait toujours ses dossiers avec minutie, et son esprit méthodique stupéfiait tout le monde.

Qu'il s'agît du problème palestinien, de la Défense nationale, du réseau électrique ou de l'éducation, il connaissait tous ses dossiers sur le bout des doigts. Il avait la faculté de s'intéresser à plusieurs choses en même temps. La Cisjordanie, les investissements dans l'industrie de pointe, le coup de pouce à donner à une usine ou l'édification d'une ville — « Ils étaient tous ses fils », comme dans la pièce d'Arthur Miller !

Tout l'intéressait. Certains critiquaient cette facette de sa personnalité, ils y voyaient la marque d'un esprit « pinailleur ». À mes yeux, c'était une vertu fondamentale. Il a su donner aux objectifs israéliens un équilibre qu'aucun de ses prédécesseurs n'avait atteint.

« Nous redéfinirons les priorités », avait-il affirmé, mais dans son programme tout était prioritaire. D'un point de vue politique, il savait qu'il disposait de quatre ans, jusqu'aux élections de 1996. Il envisageait bien sûr de briguer un nouveau mandat, mais « on ne sait jamais, avec les élections », se plaisait-il à rappeler. Aussi préférait-il faire le maximum pendant ces quatre années. S'il avait eu la chance de se voir accorder quatre années supplémentaires, il aurait été au comble du bonheur. Pas un instant l'idée ne l'a effleuré qu'il avait fourni sa part de travail et qu'il avait droit à un repos bien mérité.

Malgré tous ses points forts, Itzhak avait une faille : les gens. Il n'a jamais eu de conseillers personnels et avait une confiance quasi absolue dans la voie hiérarchique — en dépit de quelques réserves et critiques. Son passé militaire expliquait cette attitude. Ses plus proches collaborateurs, dont Niva Lanir, m'ont affirmé qu'à leur connaissance Itzhak n'a jamais renvoyé qui que ce fût, même lorsqu'il aurait dû le faire. Certains ambassadeurs ont ainsi été maintenus à leur poste uniquement parce qu'il répugnait à les remercier. Lorsqu'il devait procéder à une nomination, il se fiait essentiellement à son instinct, et, s'il se rendait compte qu'il avait commis une erreur, il en supportait seul les conséquences et en tirait les enseignements.

Itzhak a toujours fait preuve de loyauté et de sensibilité à l'égard de ses collaborateurs lorsqu'ils avaient besoin de soutien. Au cours de son second mandat, Ora Namir — une femme coriace, membre du gouvernement — traversa une période très difficile. Elle était célibataire, sans enfants, seule au monde. Un jour, Itzhak s'est emporté parce qu'elle avait manqué un Conseil des ministres. Il ignorait qu'elle avait dû subir des examens médicaux. Lorsqu'elle est revenue, elle lui a montré les résultats en disant :

— Itzhak, je dois être opérée d'une grave tumeur au cerveau.

Itzhak a été bouleversé.

— Si vous avez besoin de quoi que ce soit, où que ce soit, je ferai mon possible pour que vous l'obteniez. Faites appel au meilleur médecin du monde, lui a-t-il répondu. C'est ce que nous avons fait lorsque notre fille Dalia a dû subir une greffe d'une valve cardiaque. Nous avons cherché le meilleur spécialiste et nous l'avons trouvé à Londres. N'écoutez pas ce que diront les gens en Israël si vous vous adressez à un médecin étranger. Ne regardez pas à la dépense. Je vous promets que nous prendrons soin de vous.

Elle a été très émue et s'est effectivement fait opérer à l'étranger par l'un des plus grands spécialistes mondiaux. Ora est restée hospitalisée quatre semaines. Dès son retour en Israël, elle est allée trouver Itzhak.

— Je suis en longue convalescence et les médecins m'ont interdit d'aller à Jérusalem pendant trois mois. Si vous estimez que je ne peux pas assumer mes fonctions, je démissionnerai immédiatement.

— Que dites-vous ? Il n'en est pas question, nous vous attendrons. Reposez-vous le temps qu'il faudra.

Telle fut sa réponse.

Itzhak avait réagi sensiblement de la même manière lorsqu'un officier de très haut rang avait appris qu'il souffrait de leucémie. Cet officier, un homme entièrement dévoué à Israël, était bouleversé. Itzhak s'est tenu informé de tous les détails de sa maladie. Les médecins se déclaraient très optimistes quant à ses chances de guérison. Itzhak avait assuré au général qu'il pouvait compter sur son soutien, et il n'a jamais failli. « Nous sommes avec vous, ne vous en faites pas », répétait-il en privé au général et à son épouse. L'officier a guéri, et notre nation a retrouvé l'un de ses meilleurs stratèges militaires.

D'une manière générale, les gens se confiaient facilement à Itzhak, en toute circonstance. J'en ai eu la confirmation récemment, alors que je me trouvais dans un avion. Un Israélien s'est approché de moi et m'a dit : « Permettez-moi de vous raconter une anecdote. Je dois la vie à Itzhak... » Cet homme se trouvait sur la ligne de front juste avant que n'éclate la guerre des Six-Jours. Itzhak contrôlait lui-même les postes d'observation isolés, souvent défendus par un seul soldat. Moshe Dayan était passé la veille, me raconta mon compagnon de voyage. Plastronnant comme toujours, Dayan avait déclaré à cet homme, qui n'était alors qu'une jeune recrue : « Quand un soldat chargé de défendre un poste isolé est pris sous le feu ennemi, il dispose en moyenne de quatre minutes avant de se faire descendre. » Au lieu de lui donner l'impression qu'il était un dur à cuire capable d'affronter la mort en face, il n'avait fait que démoraliser le jeune homme, qui avait été saisi d'une peur bleue. Itzhak s'en était rendu compte et avait demandé au soldat de lui confier ce qui le tracassait. Le jeune homme lui avait alors expliqué ce qui le rongeait — se savoir si proche de l'ennemi, et si exposé. Regardant autour de lui, Itzhak avait désigné une petite colline, à quelques mètres de là. Il avait suggéré au soldat de grimper au sommet de cette colline et de vérifier si la vue était plus dégagée. « Si tel est le cas, vous pourriez monter la garde là-haut », lui conseilla Itzhak. Trente ans plus tard, cet officier lui en était toujours reconnaissant.

Ce type de raisonnement était caractéristique d'Itzhak. Il se sentait responsable des autres et cherchait constamment le moyen de les aider à mieux faire leur travail, à éviter les morts et les blessés inutiles. Lorsque son chauffeur, Yehezkel, a eu une grave attaque, Itzhak lui a promis de ne plus jamais fumer en voiture.

Lorsqu'il s'adressait à autrui, Itzhak était toujours franc et direct — *dougri*, comme je l'ai dit plus haut. C'était un homme d'État plus qu'un politicien. Il avait compris qu'il ne pouvait pas faire partie du gouvernement sans faire de la politique, mais il n'aimait pas cela. Il avait fini par apprendre les règles du jeu, car c'était le prix à payer. Mais il aurait préféré consacrer son temps à autre chose.

Comme la plupart des hommes d'État, Itzhak attachait la plus grande importance à ses discours. À moins qu'il ne s'agît d'un discours officiel — par exemple, devant la Knesset ou à la Maison-Blanche —, il improvisait. Son discours n'était alors peut-être pas parfait, mais il parlait avec son cœur et son âme. Il se sentait plus à l'aise dans l'improvisation et savait toujours quel message il souhaitait faire passer ; il avait un talent remarquable pour ordonner dans sa tête les points qu'il souhaitait évoquer. Il ne perdait jamais le fil de sa pensée — pourtant, ses phrases étaient si longues que l'on s'attendait souvent à ce qu'il s'égare !

Lorsqu'il devait prononcer un discours important, il notait les points qu'il voulait évoquer, puis ses conseillers rédigeaient un texte. Il lui est arrivé de rentrer à la maison et de me dire qu'il n'aimait pas le discours qu'on lui avait préparé. Il m'invitait à y jeter un coup d'œil, et je lui faisais part de mes commentaires et de mes suggestions. D'autres fois, il s'installait à son bureau et le réécrivait, mais la plupart de ces allocutions — rédigées par Eitan Haber — étaient excellentes.

Après la disparition d'Itzhak, Henry Kissinger m'a dit : « J'ai rencontré nombre de grands hommes politiques, mais rares sont ceux qui m'ont ému autant que lui. Ce qui m'a toujours étonné, c'est que je n'avais jamais considéré Itzhak comme un bon orateur — avant que le processus de paix ne soit enclenché. À compter de ce moment, il a vraiment prononcé d'excellents discours. J'attribue cela à son changement de perspective — sa vision du monde a pris une dimension historique. »

Après un discours, si j'étais présente, Itzhak descendait de la tribune et se tournait invariablement vers moi pour me demander : « C'était bien ? C'était supportable ? » J'étais son plus sévère censeur. Souvent, j'hésitais à émettre des critiques, car il n'est jamais agréable de blesser un proche en un moment où on le sait vulnérable. Si je lui disais : « Tu aurais pu mieux faire » ou : « Ton anglais laissait un peu à désirer ce soir », je risquais de le heurter. Les problèmes se posaient surtout quand il devait prendre la parole en anglais et non en hébreu. S'il était fatigué, il pouvait commettre des erreurs embarrassantes. Je prenais une feuille de papier et je notais les fautes les plus graves. Non que cela servît à grand-chose — il faisait toujours les mêmes fautes. Malgré tout, mes critiques renforçaient ma crédibilité. Quand il m'arrivait de lui dire : « Itzhak, tu as été magnifique », il savait qu'il avait fait un excellent discours, et je crois que cela comptait beaucoup pour lui.

Écouter Itzhak en public comme en privé me semblait naturel, car ses opinions et ses activités occupaient une place essentielle dans ma vie. On me dit parfois que je sais écouter. C'est peut-être vrai, mais il arrive que mon attention se relâche quand je suis au cinéma ou au théâtre, et je m'endors facilement. Cela n'arrivait jamais à Itzhak, qui me donnait un léger coup de coude pour me réveiller !

Je me suis toujours intéressée à la littérature, aux arts et à la musique. La curiosité a toujours été l'une de mes qualités, même si elle est moins dévorante aujourd'hui qu'autrefois. Je m'intéresse moins à ce qui m'entoure depuis le drame, ma soif de lecture s'est apaisée. Quelque chose en moi s'est brisé, mes capacités de concentration se relâchent, mes pensées s'évadent — toujours vers lui. Je crois que cela fait partie du travail de deuil et j'espère qu'un jour je serai de nouveau capable de lire comme avant. Mais y a-t-il quelque chose qui puisse redevenir comme avant ?...

Les médias ont joué un rôle considérable au cours du second mandat d'Itzhak, et ils sont omniprésents aujourd'hui dans toutes les questions gouvernementales. En Israël, le journal télévisé est diffusé une fois par jour, entre vingt heures et vingt et une heures, sur deux chaînes nationales simultanément. Les téléspectateurs zappent donc de l'un à l'autre. Il est difficile de dire quelle chaîne a le plus soutenu Itzhak. En règle générale, il faut bien avouer que les journalistes sont avides de nouvelles scandaleuses ou sanglantes, qui feront la une et leur assureront un maximum d'audience.

Dans l'ensemble, je trouve la télévision israélienne affligeante. Dans une société qui se bat pour mettre fin à la guerre, les médias n'ont, à mon avis, pas le droit de saper les initiatives de paix. Les journalistes eux-mêmes sont souvent bien plus libéraux et bien plus favorables au processus de paix que ne le laissent supposer les émissions. Il est vrai aussi que pour faire grimper l'Audimat, ils ont tendance à dramatiser les événements. Les informations télévisées avaient le don d'agacer Itzhak, surtout le journal diffusé en début de soirée le vendredi. Assis devant le petit écran, il fulminait : « Quelle télévision avons-nous, c'est un scandale ! » L'année qui a précédé sa disparition, la télévision a vraiment joué la carte du sensationnel dans les reportages consacrés à l'Intifada et aux violentes manifestations en faveur du Likoud. Personne ne semblait avoir conscience des ravages que cela pouvait provoquer.

Il m'est arrivé de m'en prendre personnellement aux médias. Dan Shilon, un présentateur vedette, anime une émission-débat très suivie en Israël. Nous le connaissions bien. À une certaine époque, nous étions très liés, nous nous rendions visite, nous fêtions certains événements familiaux ensemble. Dan nous a, par exemple, invités pour la *bar-mitsva* de son fils. J'aimais beaucoup sa femme.

À l'époque où les sondages indiquaient une baisse de la popularité du gouvernement d'Itzhak, Dan Shilon a prétendu que le gouvernement s'était coupé du peuple d'Israël. J'ai vu rouge. Je ne sais plus où était Itzhak, mais je suis certaine que nous n'avons pas regardé l'émission ensemble. Le lendemain, j'ai appelé Dan Shilon à son bureau : « Je présume que vous soutenez le processus de paix et le gouvernement, alors, pourquoi avez-vous fait une telle déclaration ? Vous savez parfaitement que le gouvernement ne s'est pas coupé du peuple. Vous savez que ce que vous avez dit est faux, mais vous n'en avez cure, tout ce qui vous intéresse, c'est le taux d'écoute de votre chaîne. »

Il est resté sans voix. Comment osais-je contester ce qu'il avait dit à la télévision ? Il a affirmé que, par respect pour moi et pour ma position, il préférait oublier cette conversation. En fait, il s'est précipité à une conférence de presse — je suis certaine qu'il a couru aussi vite qu'il le pouvait — pour révéler toute l'histoire : figurez-vous que Lea Rabin a eu le toupet de m'appeler et de m'accuser de ne m'intéresser qu'à l'Audimat. Un ami m'a téléphoné pour me demander si je savais que Dan Shilon avait colporté toute l'histoire à la presse. Il aurait également ajouté : « Nous sommes amis ? Je la connais à peine. »

Quelques mois plus tard, Dan Shilon a souhaité faire une interview d'Itzhak et de moi. Lorsque Itzhak m'a demandé ce que nous devions faire, j'ai déclaré : « Toi, tu acceptes. Moi, je maintiens le boycott. » Le débat a eu lieu au printemps de 1995. Shilon avait promis un débat de qualité, et il a tenu parole. Les invités présents sur le plateau ont été merveilleux. Un jeune Israélien, à qui Shilon demandait ce qu'il comptait faire plus tard, a répondu qu'il voulait devenir chef d'état-major de Tsahal ! Le jeune chanteur Aviv Geffen était également sur le plateau. Itzhak était détendu, échangeant des propos intéressants et amicaux avec les autres invités. Le public applaudissait, et l'émission a été un grand succès.

En tant que Premier ministre, Itzhak devait faire comprendre à tous que la paix était un gage de prospérité. Il devait prouver aux gens que la paix aurait des effets tangibles sur leur vie quotidienne. Itzhak s'était engagé sur la voie de l'économie de marché, mais il savait aussi que le budget national devait prévoir des dépenses en faveur de la Santé, de la Sécurité sociale et de l'Éducation. Bien qu'il ait toujours été soucieux des conditions de travail, il a très vite abandonné l'idée d'égalité des salaires prônée par les socialistes. Selon lui, les salaires devaient varier en fonction de la difficulté ou des exigences du travail. Doter Israël d'une économie moderne, dans un esprit moderne, était l'un des points essentiels de son programme.

La politique menée par Itzhak au cours de son second mandat a permis une croissance économique de 6 p. 100 et une baisse du taux de chômage, qui est passé de 12 à 6 ou 7 p. 100. Il a cherché à consolider les investissements dans l'industrie, le bâtiment, l'éducation, à développer les infrastructures et à résoudre les problèmes d'emploi et de logement des immigrants.

Le processus de paix a stimulé la reprise économique. Après qu'Israël eut obtenu la garantie sur l'emprunt, des compagnies américaines telles que Johnson & Johnson et McDonald ont investi dans notre pays. Grâce à la forte relance économique et à la baisse de l'inflation, le niveau de vie des Israéliens s'est considérablement amélioré. Les signes de prospérité étaient sensibles un peu partout. L'un des baromètres a été l'augmentation des ventes de voitures particulières, qui sont passées à cent cinquante mille véhicules par an. De plus en plus d'Israéliens voyageaient à l'étranger — près de cinq cent mille chaque été.

Itzhak combattait systématiquement les mentalités qu'il jugeait archaïques. Les Israéliens ont en tout temps rejeté les signes extérieurs de richesse. Au début, pour les projets de construction, le mot d'ordre était souvent : « Vous avez toute latitude, mais faites sobre. » Pendant des années, les Israéliens ont acheté des voitures japonaises, plus petites et meilleur marché que les voitures américaines, trop luxueuses, trop tape-à-l'œil pour eux. Le gouvernement, qui adhérait à cette philosophie, a continué d'importer des voitures japonaises même lorsque le cours du yen a grimpé. Aujourd'hui, les voitures japonaises et américaines offrent le même rapport qualité-prix. Itzhak a farouchement combattu ce préjugé : « Pourquoi n'aidons-nous pas l'industrie automobile américaine, alors que les Américains nous aident ? » demandait-il. Lorsque j'ai changé de voiture, Itzhak a insisté pour que je donne l'exemple en choisissant un modèle américain. Tout doucement, les Israéliens évoluent et leur comportement change.

Itzhak savait combien il était important de développer le secteur de la haute technologie en Israël, et il essayait de se tenir informé des nouvelles évolutions industrielles. Sauf cas de force majeure, il rendait visite chaque semaine à une entreprise différente. Je disais souvent qu'il était tout prêt à retrousser ses manches pour mettre les mains dans le cambouis.

Le ministère de la Défense se trouve à Tel-Aviv, le Conseil des ministres et la Knesset se réunissent à Jérusalem, ce qui obligeait Itzhak à partager sa semaine entre les deux villes. Itzhak avait un profond respect pour ses collaborateurs de la Défense, submergés de travail. Lorsque le téléphone sonnait au milieu de la nuit ou au petit matin, je pouvais être sûre que c'était l'aide de camp d'Itzhak, Danny Yatom, et qu'il était porteur de mauvaises nouvelles. Danny s'exprimait d'une voix neutre et se limitait aux faits. Il était à la fois calme et direct, deux qualités qu'Itzhak appréciait.

Après vingt-sept années passées dans l'armée, Itzhak avait gardé des contacts très étroits avec le milieu militaire. Il saisissait la moindre occasion pour rencontrer des hommes du rang et évoquer son passé, un passé avec lequel il n'avait jamais vraiment rompu. Itzhak connaissait les noms de la plupart des officiers et de leurs unités. Il savait où ils partaient en manœuvres et où ils dressaient leur camp. Il connaissait tout de la vie de soldat, jusque dans ses moindres détails. En cas d'incident sérieux, il se rendait sur place dans les heures qui suivaient et discutait avec les soldats. Il cherchait à savoir exactement ce qui s'était passé, le pourquoi et le comment des choses. Si nécessaire, il venait avec le chef d'état-major pour remonter le moral des troupes.

Les pertes humaines inutiles le plongeaient dans une profonde tristesse. Si une opération à haut risque ne se déroulait pas comme prévu alors que toutes les mesures nécessaires avaient été prises, il arrivait à admettre la fatalité, malgré ses regrets. Mais il ne supportait pas que de jeunes recrues perdent la vie à cause d'un manque de discipline ou d'un ordre non respecté. Itzhak refusait d'accepter que des vies humaines soient sacrifiées inutilement.

Peu avant son assassinat, un blindé d'une patrouille mobile israélienne a sauté sur une mine dans la zone de sécurité du

Sud Liban. Pour ce type de patrouille, l'armée a actuellement recours à des chars aux châssis renforcés, qui sont capables de passer sur une mine sans dommages. L'unité de commandement disposait de deux véhicules de ce type, mais ils étaient en réparation à l'atelier. La patrouille avait donc dû se contenter de chars classiques. Itzhak était furieux : « Cela me rend fou, nous consacrons tant d'efforts et de recherches pour mettre au point un matériel capable de protéger la vie de ces jeunes gens... et ils laissent ces superblindés dans un atelier, sans se soucier de les réparer. Ils prennent les autres chars et se font tuer. »

Itzhak avait un ami au kibboutz Ramat Yohanan, Moshe Netzer, qu'il connaissait depuis le jardin d'enfants. Ils avaient été amis au collège et avaient fréquenté ensemble le lycée agricole de Kadoorie. Itzhak et Moshe étaient en lice pour le premier prix, qu'Itzhak a finalement décroché. Une profonde amitié liait les deux hommes depuis toutes ces années. Or le fils de Moshe est mort par suite d'une négligence. Un soldat avait jeté un chargeur qu'il supposait vide dans le feu de camp, ignorant qu'il contenait encore une cartouche. Le chargeur a explosé. Le jour où Itzhak a appris la nouvelle a été l'un des plus tristes de sa vie.

Le général Amnon Lipkin-Shahak, chef d'état-major de Tsahal, a rendu hommage aux conceptions d'Itzhak sur la défense et la sécurité lors de la cérémonie commémorative du trentième jour de sa mort. Voici quelques extraits poignants de cet hommage émouvant.

Unis dans une douleur profonde et dans un respect mêlé d'effroi, nous nous retrouvons aujourd'hui au sommet de cette colline paisible devant une pierre tombale...

Trente jours se sont écoulés, trente jours seulement — mais ils semblent une éternité —, ou peut-être faudrait-il dire trente jours déjà, comme si une fraction de seconde s'était écoulée depuis la nuit du drame...

Comment cela a-t-il pu arriver ?

Un adage dit que ce ne sont pas les blindés qui vaincront, mais les hommes. Itzhak Rabin, qui nous dirigeait et qui nous a conduits sur les champs de bataille et sur le chemin de la paix, était l'un de ces hommes...

Pour Itzhak Rabin, la sécurité a toujours impliqué d'avoir une perception de l'objectif global, et aussi de prendre en compte tous les détails. Lorsqu'il a pris la parole à l'École supérieure de guerre et de commandement, en août 1992, notre ministre de la Défense, Itzhak Rabin, s'est adressé aux élèves de dernière année pour transmettre un message à toute l'armée : « L'un de nos problèmes les plus sérieux porte un nom — un prénom et un patronyme. Il est la combinaison des deux mots yihye beseder, *tout ira bien. En règle générale, ces deux mots cachent tout ce qui ira mal : l'arrogance et la suffisance excessive, l'abus de pouvoir et d'autorité.* Yihye beseder *trahit l'absence d'organisation, de discipline, de professionnalisme, de sérieux... »*

Il disait souvent : « Que suis-je en droit d'exiger de vous ? D'abord, que vous soyez responsables. Que puis-je exiger d'autre ? Professionnalisme, initiative et créativité — agissez en êtres humains, dites la vérité, donnez l'exemple, soyez disciplinés, fiers et motivés. »

En résumé, Itzhak Rabin voulait que nous lui ressemblions et ce qu'il exigeait de nous, il l'exigeait de lui-même. Nous le voyions réfléchir, nous consulter, pour finalement décider seul... Il disait alors : « Durant toutes ces années au service du Palmach et de Tsahal, en tant que commandant du secteur nord, puis comme chef d'état-major, comme Premier ministre et enfin comme ministre de la Défense, avant de décider d'un raid, d'une bataille, d'une guerre, j'ai toujours eu devant les yeux le regard interrogateur des soldats, qui me demandait : Est-ce sage ? N'y a-t-il pas d'autre solution ? Je voyais aussi le regard de leurs mères, de leurs pères, de leurs épouses et de leurs enfants qui les attendaient à la maison... »

Il songeait toujours aux enfants. Il nous disait : « L'État d'Israël n'a pas de ressources naturelles — ni mines de charbon ni puits de pétrole. Nos enfants sont notre principale ressource. » Ces enfants auxquels il pensait, dont il parlait, et au nom desquels il agissait, sont les soldats d'aujourd'hui et de demain. Ces enfants ont compris qu'il se battait pour eux, qu'il travaillait pour leur bien et qu'il croyait en leur avenir. Ces enfants lui rendaient l'amour qu'il leur portait, et cet amour ne s'est pas démenti ces trente derniers jours.

Shalom, *commandant, vous nous manquerez [...].*

Si, par tempérament, Itzhak s'intéressait plus aux détails d'une bataille qu'à l'aspect social des affaires de l'État, il reconnaissait que les deux étaient indispensables à la stabilité de la nation. Mon rôle d'épouse du Premier ministre israélien a radicalement évolué entre son premier et son second mandat. Le processus de paix était devenu le sujet d'intérêt essentiel de la presse internationale et des milieux politiques. Plus que jamais, Israël jouissait des faveurs de l'étranger. J'ai eu la chance d'être aux côtés d'Itzhak au moment où notre pays a su commander le respect et l'admiration des nations les plus puissantes du monde.

Notre attitude n'a pas changé pour autant, que nos invités fussent des chefs d'État ou des amis d'enfance. J'ai toujours jugé qu'il était capital de recevoir beaucoup pour établir des relations amicales avec les invités officiels de l'État. Au fil des années, la mentalité des Israéliens a évolué. Lorsque nous étions jeunes, nos amis nous invitaient à venir prendre le café et le dessert après le dîner. Quand notre niveau de vie s'est amélioré et que nos obligations ont été plus importantes, nous avons commencé à lancer des invitations à dîner plus ou moins officielles. Les dîners étaient également un moyen de recevoir des invités à une heure moins avancée de la soirée. En Israël, la coutume veut que vos amis arrivent au plus tôt à vingt-trois heures. Itzhak devant se lever très tôt tous les matins, je préférais les inviter à dîner pour vingt heures trente, pour être sûrs qu'ils soient partis avant minuit. Lorsque nous étions invités, Itzhak disait parfois en plaisantant : « Rentrons vite, ou nous aurons à faire la vaisselle. »

Que ce soit en Israël ou à l'étranger, j'adore être invitée chez les autres. Cela permet de mieux découvrir leurs habitudes et leurs goûts personnels. Itzhak pensait, lui aussi, qu'un intérieur en dit long sur la personnalité de celui qui l'habite. À l'étranger, il est extrêmement rare qu'un chef d'État soit reçu dans l'intimité de la famille. Il y a toujours un pavillon ou une suite réservés aux invités dans une résidence officielle. Je me souviens qu'un jour le roi Juan Carlos et la reine Sofia d'Espagne nous avaient invités à déjeuner dans leur résidence privée, située en dehors de Madrid. C'était tout à fait exceptionnel. Nous avons découvert combien ils étaient chaleureux et à l'aise en famille. Quand on a le privilège d'être invité dans l'intimité d'une personne — que ce soit un roi, un chef d'État ou simplement un ami —, nos relations avec elle y gagnent beaucoup.

Après une période de coopération difficile ponctuée de situations embarrassantes avec le précédent gouvernement du Likoud, l'ancien secrétaire d'État américain, James Baker, a entretenu d'excellentes relations de travail avec Itzhak. Lorsque

Baker est venu en Israël avec sa femme — il avait alors quitté son poste —, nous avons donné un dîner informel en leur honneur chez nous, à Tel-Aviv. Au cours de ce dîner, nous avons découvert que nous avions beaucoup de points communs — nous avions, par exemple, le même service de porcelaine —, et les Baker m'ont initiée aux traditions du carême. Après l'assassinat d'Itzhak, ils ont généreusement proposé de créer une chaire d'université en sa mémoire à l'institut James A. Baker III for Public Policy de la Rice University, à Houston. Beaucoup se souviennent également que Baker a pleuré en public en apprenant la mort d'Itzhak. Ce sont ces petits gestes, insignifiants en apparence, qui contribuent à consolider une relation et à renforcer les liens entre les peuples et les nations. Les Baker sont devenus des amis très chers.

En général, tout ce qui touchait à la maison était de mon ressort, et si un invité interrogeait Itzhak à propos de notre collection d'œuvres d'art, il répondait invariablement : « Demandez à Lea, c'est son domaine. » Lorsque nous recevions, il ne laissait pas repartir les invités avant de leur avoir montré notre jardin en terrasse. Il l'appelait avec orgueil le « jardin de Lea ». Notre foyer signifiait tant pour lui...

Alors qu'il me laissait d'ordinaire toute latitude en ce qui concernait la maison, Itzhak m'a beaucoup surprise lorsqu'il a été question de rénover notre résidence privée de Tel-Aviv. La première fois que j'avais émis cette idée, en septembre 1992, Itzhak avait rétorqué que c'était parfaitement inutile. « Pour quoi faire ? m'avait-il demandé, c'est joli, chez nous. Pourquoi tout ce remue-ménage et toutes ces dépenses ? » J'avais répliqué qu'au bout de vingt-trois ans notre appartement avait grand besoin d'être un peu rafraîchi. Nous avons donc décidé de refaire l'appartement, et Itzhak s'est investi à fond dans ce projet, à mon grand étonnement, et à celui de la décoratrice à qui nous avions fait appel. Itzhak a suivi le projet pas à pas durant les deux mois et demi de travaux. La décoratrice m'a avoué qu'elle enviait notre relation et notre complicité.

Dans le cadre de ces travaux de rénovation, nous avions prévu l'installation d'une nouvelle bibliothèque. L'architecte a tracé les plans et les a modifiés selon nos suggestions. Itzhak insistait pour qu'on lui soumette chaque modification. Un samedi soir, vers vingt-deux heures trente, alors que nous étions repartis pour Jérusalem, l'architecte est passée revoir ses plans.

Itzhak n'a pu nous rejoindre qu'à vingt-trois heures, mais, lorsqu'il est arrivé, il en a rediscuté avec elle pendant trois quarts d'heure. Elle était stupéfaite : comment arrivait-il à trouver le temps d'étudier les plans sans se laisser distraire ? Il ne laissait rien au hasard. Il voulait être sûr que le résultat serait conforme à ses attentes. Itzhak était un perfectionniste dans tous les domaines.

Le vendredi soir, en rentrant du bureau, il s'arrêtait à l'appartement pour y jeter un coup d'œil. Au bout d'un certain temps, il a apprécié les transformations. « C'est magnifique, disait-il, mais les travaux ne seront jamais terminés à temps. » Je lui ai promis que tout serait prêt, et j'ai tenu parole.

Le soir, Itzhak regardait généralement la télévision pendant une heure pour se détendre — il aimait les matchs de football, les coupes de championnat de tennis et les films à suspense. Juste avant notre anniversaire de mariage, en août 1995, je lui ai proposé d'acheter un téléviseur grand écran, mais il me suggéra d'attendre les grandes fêtes juives de l'automne. Pourquoi attendre, alors qu'il pouvait en profiter dès maintenant ? J'ai décidé de lui faire la surprise. Il a été fou de joie ! Des mois plus tard, il me remerciait encore : « Je suis si heureux que tu m'aies offert ce téléviseur. » C'était le plus beau jouet de sa vie. Si je l'avais écouté, il en aurait profité si peu de temps...

Itzhak ne désirait jamais rien — il avait des goûts très simples. Lorsque je lui demandais : « Dois-je te rapporter ou t'acheter quelque chose en ville ? », il répondait systématiquement : « Je n'ai besoin de rien, je ne veux rien, je suis un homme heureux. » Mais quand je lui rapportais quelque chose de mes escapades, ne fût-ce qu'une chemise, il était tout content. Il aimait ces petites attentions. Il prenait aussi un malin plaisir à me taquiner gentiment à propos de mes fringales d'achats — et surtout de mes coups de cœur pour les chaussures. Lorsqu'il s'informait de mes emplettes, je disais :

— Je ferais mieux de ne pas te le dire, tu vas te mettre en colère. J'ai encore acheté des chaussures.

— Avec cette télévision, je ne me mettrai plus jamais en colère, rétorquait-il.

L'épouse de tout dirigeant politique a un rôle à jouer, mais c'est elle qui le définit. Contrairement à ce qui se passe dans d'autres pays, qui ont établi un véritable protocole à ce sujet, les épouses des Premiers ministres israéliens qui m'ont précédée ont toujours agi en fonction de leur personnalité. Pendant les deux mandats d'Itzhak, mes activités ont été un savant mélange de mes goûts personnels et de mes priorités, quand bien même je discutais toujours de mes projets avec Itzhak.

J'estimais, par exemple, qu'il était de mon devoir de choisir avec soin les cadeaux officiels, après en avoir discuté avec le *chef de bureau*[1], Eitan Haber. Parfois, c'était lui qui se chargeait de les acheter, parfois, c'était moi. Il y a des années de cela, lors d'une visite de la première dame des États-Unis en Israël, le hasard a voulu que je me trouve dans la limousine officielle avec l'épouse de notre président. Celle-ci a remercié la femme du président américain pour le cadeau qu'elle et son mari lui avaient apporté des États-Unis. La *first lady* américaine fut fort embarrassée, car elle ignorait tout de ce présent : « C'est le chef du protocole qui s'occupe des cadeaux officiels. » Elle avoua par la même occasion qu'elle n'avait même pas vu ce que notre président lui avait offert. « Ce présent a certainement déjà été expédié chez nous », dit-elle. J'étais restée interloquée. Depuis, j'ai appris qu'il ne fallait jamais évoquer les cadeaux officiels. Envoyer un petit mot de remerciement, oui, bien sûr, mais il est trop risqué d'en parler au cours d'une conversation. Lorsque François Mitterrand est venu en Israël, nous avons fait appel à un grand artiste pour qu'il réalise son portrait à partir de quatre excellents croquis. Je ne me rappelle pas avoir reçu le moindre mot de remerciement. Peut-être le président n'a-t-il pas apprécié ce portrait, peut-être même ne l'a-t-il jamais vu.

Quand un homme d'État venait en visite officielle en Israël, je proposais toujours d'accompagner son épouse dans les musées ou dans d'autres lieux intéressants. Il m'arrivait aussi de l'inviter chez nous. S'il s'agissait d'un chef d'État étranger, le président israélien donnait un grand dîner et nous invitions la famille du visiteur à déjeuner. S'il s'agissait d'un Premier ministre, nous l'accueillions personnellement chez nous. Mais, quand la liste des invités dépassait vingt personnes, nous devions réserver un hôtel. Dans ce cas, nous retenions l'hôtel King David, à Jérusalem. J'ai organisé ainsi des réceptions mémorables avec l'aide du personnel de cet hôtel.

L'une de ces soirées inoubliables a eu lieu quelques mois avant la disparition d'Itzhak. Le chancelier Kohl était attendu

1. En français dans le texte.

en Israël en juin 1995, alors que je devais me rendre à Paris pour le compte du musée de Tel-Aviv. Itzhak m'avait conseillé de ne pas modifier mes projets, car le chancelier allemand viendrait sans son épouse, Hannelore. Je décidai néanmoins de rester. Je savais que le chancelier était à l'époque le dirigeant le plus puissant d'Europe et j'estimais de mon devoir d'être aux côtés d'Itzhak pour une visite aussi capitale. En outre, les relations israélo-allemandes étaient un peu tendues à ce moment-là, car l'Allemagne souhaitait qu'Israël engage des négociations avec les régimes intégristes islamiques, comme l'Iran, ce qu'Itzhak refusait farouchement.

Nous attendions cent cinquante invités. J'avais décidé d'organiser une réception dans le magnifique patio de la résidence du Premier ministre à Jérusalem. C'était l'été, et les risques d'averse étaient minimes. L'hôtel King David devait fournir les tables, les chaises et le repas. J'avais également prévu un spectacle après le dîner, comme il est de tradition en Israël lors des réceptions officielles. Le matin même, j'ai téléphoné à Ora Zitner, une grande chanteuse israélienne que nous avions retenue pour la soirée, pour lui demander d'interpréter des chansons typiques de Jérusalem. Elle commença par protester : son répertoire ne comprenait pas ce genre de choses. « Ora, lui dis-je alors, je vous en supplie, vous avez toute la journée pour répéter. » Elle répliqua que j'aurais dû la prévenir au moins deux semaines plus tôt. Je lui expliquai alors que le statut de Jérusalem restait controversé et qu'une telle initiative aurait une portée majeure, ce soir-là. Finalement, elle accepta.

Lorsque tous les invités furent arrivés, je conduisis le chancelier Kohl dans le jardin, laissant derrière nous les tables dressées pour le dîner.

— Comment, nous ne dînons pas encore ? s'écria-t-il.

— Non, ici, on boit ! répondis-je.

Le pauvre homme avait faim ! Il faut savoir que les Israéliens ont l'habitude de se débarrasser de la corvée des discours avant de passer à table. Itzhak prit la parole, puis ce fut le tour du chancelier Kohl. L'heure tournait. Le chancelier, Itzhak, Shimon Peres, le porte-parole de la Knesset, le président de la Cour suprême d'Israël et moi étions assis à la table d'honneur. Quand Ora a commencé à chanter, tous les Israéliens disséminés dans les jardins ont repris ses chansons en chœur. L'instant était magique.

Ensuite, le chancelier Kohl a demandé la parole. Il déclara — en allemand, car il ne parle aucune langue étrangère : « Je veux que vous le sachiez, je suis un homme politique endurci, mais vous m'avez ému aux larmes, et aucun mot ne saurait traduire ce que je viens de vivre. » Il regagna notre table, je l'embrassai et lui dis : « *Sie sind ein Schatz !* » (« Vous êtes un amour ! ») En mon for intérieur, j'ai pensé : Bien joué, Lea ! Tu as ému le rocher de Gibraltar.

J'avais prévu depuis longtemps un voyage en France, lorsque nous avons appris la venue prochaine de Warren Christopher en Israël. Cette fois, Itzhak a refusé que je remette mon départ. Il a également décidé de recevoir le secrétaire d'État américain à la maison. Quelque chose me disait que j'aurais dû rester. Un soir, j'ai attendu avec anxiété vingt-trois heures pour appeler Itzhak. « Tout s'est passé à merveille ! » me dit-il. À mon retour, j'ai appris qu'un serveur avait laissé tomber un tire-bouchon en argent sur un plat de mon plus beau service en porcelaine et qu'il avait débouché une bouteille de bordeaux de 1967 que je conservais jalousement pour fêter l'anniversaire de la guerre des Six-Jours en 1997. J'ai juré qu'on ne m'y reprendrait plus.

Aux États-Unis comme ailleurs, la première dame du pays choisit un certain nombre d'œuvres auxquelles elle souhaite se consacrer. Ces tâches sont bien souvent beaucoup plus ambitieuses et plus astreignantes qu'on ne le croie généralement. Par exemple, lady Bird Johnson s'était attachée passionnément à la défense des paysages américains et de l'environnement. Lorsqu'elle a publié ses Mémoires, un critique israélien a écrit qu'elle était l'exemple type d'une femme de président qui voit le monde à travers la fenêtre de sa cuisine de la Maison-Blanche. Cela m'a indignée. Mme Johnson était une femme d'affaires avisée qui dirigeait avec compétence une chaîne de stations de radio. Ses centres d'intérêt étaient variés, et elle a certainement été tout sauf la première ménagère des États-Unis à l'époque où son mari était président. Je l'admire profondément. En plus d'une épouse accomplie, lady Bird est une femme extrêmement intelligente, et tout à fait intéressante.

Je n'ai rencontré Jacky Kennedy qu'une fois, lors d'une visite privée de l'exposition « l'or des Scythes », au Metropolitan de New York, vers le milieu des années soixante-dix. Elle rayonnait, et j'ai été impressionnée par ses connaissances, son intérêt et son enthousiasme pour les beaux-arts. Après sa disparition, j'ai lu dans un magazine un article qui lui était consacré et j'ai appris avec stupeur qu'elle avait organisé ses funérailles jusque dans les moindres détails, sans oublier la lecture de vers de Constantin Cavafy. Ce poème intitulé *La Route de l'Attique* m'a bouleversée au point que j'en ai offert un exemplaire à la reine Sofia d'Espagne, qui est d'origine grecque.

Patricia Nixon avait une personnalité totalement différente de celles de Jackie Kennedy et de lady Bird, mais elle a toujours soutenu son mari avec beaucoup d'intelligence. Quant à Betty Ford, malgré des souffrances physiques atroces, elle s'est toujours montrée très aimable.

Rosalynn Carter ne ressemblait ni à l'une ni à l'autre des *first ladies* qui l'avaient précédée. Elle s'évertuait à nous être agréable. Un jour, elle a organisé un grand thé en mon honneur en me proposant d'inviter toutes mes amies américaines ; une autre fois, nous sommes allées ensemble voir la comédie musicale *Annie* au Kennedy Center, laissant « les hommes » à la Maison-Blanche pour un dîner d'affaires. Mais, malgré tous ses efforts, le courant n'est jamais passé entre elle et moi. Elle n'a jamais manifesté le moindre intérêt pour mes enfants ni pour ma vie en Israël. Je ne pouvais tout de même pas passer mon temps à l'interroger à propos d'Amy !

J'ai rencontré Nancy Reagan à deux reprises, dont une fois lors d'une fête en l'honneur du soixante-dixième anniversaire de Katherine Graham, la patronne du *Washington Post*. Mme Reagan était radieuse... et j'enviais sa minceur. Barbara Bush, comme je l'ai déjà dit, était quelqu'un de très naturel et de très efficace.

La première fois que j'ai rencontré Hillary Clinton, nous avons discuté de son engagement en faveur d'une réforme du système de santé. Je l'ai informée du système qui existe en Israël. Au-delà de ses magnifiques yeux bleus, j'ai découvert une femme intelligente, douée d'une grande capacité d'écoute.

Itzhak ne se contentait pas de m'encourager à m'investir dans certaines causes — l'Association de lutte contre l'autisme, le centre médical Shiba, le musée de Tel-Aviv, entre autres —, il s'efforçait aussi de s'impliquer lui-même dans ces activités qui me tenaient à cœur. Même si ces intérêts étaient les miens, il ne fait aucun doute qu'ils concordaient parfaitement avec le programme d'Itzhak. La vie culturelle et artistique en Israël est florissante, elle a toujours joué un rôle majeur dans l'esprit de la nation. À bien des égards, j'étais l'ambassadrice personnelle d'Itzhak pour les affaires culturelles et je prenais ce rôle très au sérieux. Les directeurs de musée ont toujours apprécié ma passion pour l'art et ont trouvé en moi un défenseur, toujours prêt à intervenir en leur faveur.

En 1993, le processus de paix s'est accéléré. Les conférences de Madrid se sont poursuivies à Washington, et Israël a ouvert des négociations secrètes avec l'OLP lors d'une série de rencontres, qui se sont généralement tenues en Norvège. L'avenir qui se dessinait devant nous promettait d'être bien différent du passé. Mais nous avons tout de même pris le temps de faire un voyage inoubliable dans ce passé. En avril, nous nous sommes rendus dans un pays dont la simple évocation rappelle à chaque Juif la nécessité d'avoir une patrie où règnent la paix et la sécurité.

Notre voyage en Pologne a débuté à Varsovie, où nous devions assister à la cérémonie commémorative du cinquantième anniversaire de l'insurrection du ghetto. Le 19 avril 1993, les troupes polonaises ont défilé en notre honneur au pas de l'oie, toujours de rigueur dans les anciens pays communistes. Nous avons visité le quartier de Muranów et le bunker de Mordechai Anielewicz, le jeune commandant qui avait pris la tête du soulèvement et qui a trouvé la mort au numéro 18 de la rue Mila. Itzhak a déposé une gerbe au mémorial du ghetto de Varsovie et a rendu hommage à tous ceux qui avaient participé à cette insurrection héroïque. Il a grimpé les marches du monument, et, le dos tourné vers nous, il s'est mis au garde-à-vous. De là, nous avons marché jusqu'à la tristement célèbre Umschlagplatz, où les Juifs étaient rassemblés avant d'être envoyés dans les différents camps de concentration. L'un des membres du personnel de notre ministère de la Défense avait lui-même traversé cette place cinquante années plus tôt.

Dans la soirée, nous avons rejoint Lech Walesa, le président polonais, son Premier ministre Hanna Suchocka, et le vice-président américain, Al Gore, pour une cérémonie sur la place du Mémorial, illuminée pour la circonstance. Au milieu de cette place entourée d'immeubles, un immense mur érigé en 1948 commémore l'insurrection. J'étais perplexe, en constatant que toutes les fenêtres des immeubles alentour étaient obscures, quand, soudain, des centaines de bougies se sont allumées derrière chaque vitre. L'effet était vraiment saisissant.

Lech Walesa, Al Gore et Itzhak ont déposé une gerbe et prononcé un discours. Les Polonais avaient voulu faire de cette commémoration un événement inoubliable. Un chœur militaire polonais a interprété un chant yiddish très connu, *Es brennt, Kinderlech, es brennt* (« Ça brûle, les enfants, ça brûle »). Un feu avait été allumé derrière le monument. Soudain, les flammes se sont propagées au podium de bois sur lequel se tenait le chœur. Quel affreux symbole — nous avons eu si peur que toute l'estrade ne prenne feu ! Heureusement, l'incendie a été circonscrit sans causer le moindre dommage.

Le lendemain matin, la délégation israélienne s'est rendue à Auschwitz et à Birkenau. L'horreur des atrocités commises en ces lieux est demeurée intacte. À Auschwitz, Itzhak a déposé une gerbe au pied du monument élevé à la mémoire des Juifs qui ont péri dans les camps. Nous étions nombreux — il y avait là, outre Itzhak, ses collaborateurs du bureau du Premier ministre et du ministère de la Défense, de nombreux journalistes et une cinquantaine de rescapés des camps d'Auschwitz et de Birkenau. Cette rencontre a été le moment le plus émouvant de notre visite : nous comprenions si bien ce que ce retour à Auschwitz en compagnie du Premier ministre de l'État hébreu représentait pour eux... Nous avons franchi la porte du camp, surmontée de la devise *Arbeit macht frei* (« La libération par le travail »). Une jolie jeune femme polonaise nous servait de guide. Itzhak l'écoutait attentivement. La presse nous entourait si étroitement que je pouvais à peine entendre ses paroles, mais ce que je voyais était suffisamment éloquent.

Les baraquements, les chaussures, toutes ces chaussures. Les cheveux. Les vêtements d'enfants. Autant de témoignages d'une abomination froide, calculée. *Leurs* cheveux. *Leurs* chaussures. *Leurs* lunettes. Soigneusement rangés dans des vitrines. *Ordnung muß sein !* (« L'ordre avant tout ! »)

Samuel Gogol se trouvait parmi les survivants. Il n'était encore qu'un enfant lorsqu'il avait été déporté à Auschwitz en même temps que le docteur Janus Korchak, directeur d'un orphelinat et pédagogue de grand renom, qui exerçait une influence très positive sur les enfants. Lorsque les Polonais ont découvert l'orphelinat et embarqué les enfants pour les conduire vers un camp d'extermination, le docteur Korchak a refusé de les abandonner. Il n'était pas juif, pourtant. Une magnifique statue du docteur Korchak et de « ses » enfants lui rend hommage aujourd'hui, mais j'ai été attristée de découvrir qu'elle était faite en fibre de verre recouverte d'une peinture couleur bronze. Ce grand homme ne méritait-il pas mieux de la part du peuple juif ?

Quand un enfant perdait une dent de lait, le docteur Korchak glissait une petite pièce de monnaie sous son oreiller. Samuel Gogol avait soigneusement économisé ces piécettes, et, un jour, il a remis l'argent à Korchak, en lui demandant de lui acheter un harmonica. Gogol en jouait plutôt bien, et, sur ordre des nazis, il devait accompagner en musique les colonnes de Juifs qui marchaient vers les chambres à gaz. Il est convaincu que son harmonica lui a sauvé la vie. À Birkenau, il a joué pour nous. Un mois après notre visite, il s'est éteint, comme s'il avait enfin pu trouver la paix.

À Auschwitz, Itzhak a su prononcer les paroles d'un homme de courage. Seul un homme pleinement conscient du passé de souffrances du peuple juif pouvait avoir une vision aussi noble de la paix.

Chaque poignée de terre de ce lieu maudit est souillée du sang des victimes. Chaque baraquement désormais silencieux de ce camp de la terreur a entendu les pleurs des prisonniers torturés. Chaque mur est un mur des lamentations. Chaque fil barbelé rouillé de cette ville de mort porte l'empreinte des corps émaciés de nos frères, et les ailes du vent portent à jamais les fumées des fours crématoires. Privés de tout, isolés, humiliés, souffrant du froid et torturés, que pouvaient-ils faire d'autre ? Ils ne sont pas allés à l'abattoir comme des moutons. Une nation abandonnée, un peuple solitaire, a été envoyé à la mort.

Cinquante années plus tard, nos oreilles résonnent toujours de leurs gémissements. Si, depuis, le flot des larmes s'est tari, nous n'oublions pas et nous ne pardonnons pas. Les yeux emplis de terreur de nos frères condamnés à quitter le monde des vivants sans savoir pourquoi, la lueur d'espoir caché d'une rédemption qui n'est pas venue, leurs cris, leurs sanglots et leurs larmes silencieuses crient encore vers nous. Toutes nos annales, depuis l'aube de nos jours et pour toujours, s'estompent dans les ombres de ce crime, le plus horrible de l'histoire.

Où que nous allions en Israël, le souvenir de l'Holocauste, sa détresse et son enseignement nous accompagnent.

Nous ne sommes pas brisés. Nous n'avons pas cédé. Malgré l'impuissance qui régnait, malgré le désespoir ineffable et la marche vers les murs de la mort — les potences, les chambres à gaz et les fours crématoires —, le peuple d'Israël est vivant ! Renaissant des cendres des victimes, nous avons fondé une nation et un État empreints de qualités morales, de culture, d'intelligence, de puissance militaire.

Cinquante années plus tard, nous avons suffisamment de force et de réserves spirituelles pour répondre aux impératifs de notre époque, pour répliquer à nos ennemis, pour construire une maison, pour offrir un asile aux persécutés. Mais nous avons aussi la force et l'intention de châtier toutes les forces du mal — et de tendre la main de la paix à nos ennemis.

10

Israël, une volonté de paix

On a souvent dit qu'Itzhak était un soldat qui n'était devenu homme de paix qu'à la fin de sa vie. Je ne suis pas de cet avis. Même au temps où il était dans l'armée, instaurer la paix a toujours été une source d'infinie satisfaction pour Itzhak. La première fois qu'il a parlé de paix, c'était à Rhodes, en 1949. Ancien combattant de la guerre d'Indépendance, il avait à peine vingt-sept ans. Dès cet instant, il n'a considéré l'enfer de la guerre que comme un moyen de conduire les belligérants autour de la table de négociations.

Le 25 juillet 1970, Itzhak m'a écrit cette lettre.

Chère Lea,

Je profite du passage de Motke Gazit[1] *à Washington pour lui confier cette lettre. Ici, c'est l'effervescence. La situation s'est dégradée depuis que l'Égypte a répondu favorablement à l'initiative américaine*[2]*. En donnant son accord, l'Égypte nous a placés devant quelques problèmes épineux et a beaucoup compliqué nos relations internationales.*

Il ne fait aucun doute que, désormais, nous aurons affaire non pas aux Arabes, mais aux Soviétiques. Ce qui rend la situation plus grave et lui confère une portée mondiale. Il ne fait aucun doute non plus que la présence militaire soviétique en Égypte donne à l'URSS la possibilité d'exercer une influence considérable sur ce pays, même si cette manœuvre tactique ne change pas grand-chose. Parallèlement, nous ne

1. Membre du ministère israélien des Affaires étrangères.
2. L'« initiative américaine » se proposait d'assurer l'ouverture du canal de Suez en créant une zone démilitarisée de dix kilomètres de large de part et d'autre du canal.

pouvons pas ignorer le fait que les Égyptiens se sont écartés de leur ligne traditionnelle — à savoir que la condition d'une reprise de la mission Jarring[1]*, même dans le cadre actuel, serait soumise à l'accord préalable des Israéliens de se retirer [du Sinaï].*

Concrètement, les services de presse égyptiens et arabes commencent à dire que nous avons accepté la reprise de la mission, indirectement peut-être, mais sans conditions préalables. Sans nier que nous ayons une approche claire et définitive, il est vrai que nous n'en faisons pas une condition à l'ouverture du dialogue. De plus, en acceptant officiellement la proposition des Américains, les Égyptiens sont prêts à admettre que l'objectif des négociations est la paix entre *Israël et l'Égypte. Ils ont effectivement un plan qui devrait déboucher sur un nouveau tracé pour Israël, à l'intérieur même des frontières du 4 juin 1967. Les réfugiés palestiniens choisiront librement de rentrer chez eux ou de toucher une compensation.*

Conformément au projet égyptien, c'est aux réfugiés de choisir (malheureusement pour nous, il existe également une résolution des Nations unies qui suit la même ligne). Les Américains refusent. De toute façon, les Égyptiens n'insistent pas pour que la reprise de la mission Jarring soit soumise à des conditions préalables. S'il est également vrai que la Syrie a accepté l'initiative, notre situation deviendra extrêmement difficile.

Jusqu'à présent, Israël pouvait clamer sur tous les toits que nous désirions la paix, ce qui n'était pas le cas des Arabes. Ce sera désormais plus difficile si le gouvernement d'Israël persiste à ne pas prendre de décision. Le problème est complexe et je ne suis pas convaincu que nous ayons en Israël des hommes capables d'y réfléchir sérieusement, avec une vue d'ensemble. À mon avis, Golda comprend parfaitement le problème. Moshe D., quant à lui, est une catastrophe nationale. Je serais plus serein si je savais Yigal [Allon] dans le pays. Je le crois beaucoup plus intelligent et nettement plus capable que les deux autres d'appréhender la situation. J'espère néanmoins que Golda vaincra l'opposition de Dayan, malgré les bavardages d'Eban [qui] n'aident pas Golda, bien au contraire.

Bref, les décisions sont laborieuses, en raison des carences de notre gouvernement. Nous manquons cruellement d'hommes tels que David Ben Gourion, clairvoyants et capables d'agir en dépit des oppositions

1. Gunnar Jarring, ambassadeur de l'ONU, fut très impliqué dans les initiatives de paix au Proche-Orient dans les années soixante et soixante-dix. *(N.d.A.)*

internes. En l'absence de telles compétences, Israël n'a aucune chance dans les circonstances actuelles.

Tout cela me place dans une situation délicate. Concrètement, je n'ai aucun élément de réponse à apporter. Toutes les chaînes de télévision veulent m'interviewer, mais je refuse. Heureusement, mon apparition à l'émission Meet the Press *appartient au passé. Nous discutons de généralités, alors que chacun s'interroge sur la position d'Israël face à l'initiative américaine, après la réponse arabe. J'espère que la décision se prendra dans les meilleurs délais, faute de quoi l'opinion publique américaine — et juive —, qui pour l'heure nous est favorable, nous abandonnera.*

Avec tous ces événements, je crains que les vacances ne soient un peu compromises. Hier, j'ai envoyé un câble aux Affaires étrangères pour les informer que j'avais l'intention de rentrer chez moi le 5 août. Pour l'instant, je n'ai reçu aucune nouvelle à ce sujet. J'espère être à la maison dans dix jours. En attendant, [nous croulons sous le travail]. Cette semaine encore, j'ai eu des dîners tous les soirs. J'avais l'intention de faire un tennis avec Paul Berger[1] *aujourd'hui (samedi), mais j'ai dû rencontrer [Joseph] Sisco. Je passe le plus clair de mes journées au bureau. Je ne rentre pas déjeuner. Vikki*[2] *s'occupe de moi et me prépare de bons petits plats. À propos, on a rapporté les deux tapis de la salle à manger, parfaitement nettoyés. Celui de la grande pièce n'est toujours pas arrivé. Aujourd'hui, je passerai toute la journée au bureau.*

J'espère que vous prenez du bon temps, les enfants et toi. Essayez d'en profiter au maximum. Même si je ne suis pas là, je suis heureux à la pensée que vous vous amusez.

Je t'embrasse tendrement, ainsi que les enfants,
Itzhak

Sa lettre critique clairement Golda Meir, qui n'a pas su faire avancer le processus de paix lorsqu'elle était chef du gouvernement. Elle avait une confiance absolue dans la capacité de Moshe Dayan à assurer la préparation militaire de notre pays — une erreur qui, dans une certaine mesure, allait déboucher sur la guerre du Kippour en 1973. Lorsque Itzhak lui a succédé au poste de Premier ministre, il a redéfini le programme natio-

1. Un juriste, ami de la famille.
2. Vikki, une Noire américaine, a été notre employée de maison pendant les cinq années qu'a duré notre séjour aux États-Unis. Nous l'aimions beaucoup et elle nous le rendait bien.

nal, négocié un accord de paix provisoire avec l'Égypte et jeté les bases des accords de Camp David.

En 1984, Itzhak, alors ministre de la Défense, a élaboré un projet de retrait du Liban et de création d'une zone de sécurité, afin de sortir notre pays du bourbier dans lequel l'avait plongé son intervention militaire dans la région. C'est également Itzhak qui, conscient du rôle que les médias jouaient dans cette guerre, a révisé les méthodes d'affrontement pendant l'Intifada. Il savait aussi qu'il ne pourrait jamais venir à bout de l'Intifada par des moyens militaires conventionnels et qu'Israël devait trouver une solution politique aux exigences palestiniennes.

Itzhak aimait à répéter certaines petites phrases qui traduisent bien ses convictions profondes sur la guerre et la paix :

« La meilleure guerre est celle que l'on peut éviter. »

« Une paix froide vaut mieux qu'une guerre chaude. »

« On peut reconstruire une maison en ruine ou replanter un arbre calciné. Mais on ne peut remplacer une jeune vie. »

Aucune déclaration, même publique, ni aucune réalisation, aussi remarquable soit-elle, ne saurait rivaliser avec l'exploit qu'a accompli Itzhak en concluant la paix avec les Palestiniens et les Jordaniens et en édifiant une structure qui devrait un jour, nous l'espérons, déboucher sur une paix durable avec la Syrie et le Liban.

Pour qu'une nouvelle réalité politique pût s'imposer au Proche-Orient, il fallait évidemment régler la question palestinienne — clé de ce conflit. Dès lors, la paix pourrait être envisagée avec les autres adversaires arabes d'Israël.

Après la conférence de paix de 1991 à Madrid, Israël a engagé des négociations avec la délégation palestinienne, constituée de dirigeants palestiniens des territoires occupés. Aucun d'eux ne jouait de rôle officiel au sein de l'OLP. Arafat et la direction de cette organisation se trouvaient à leur quartier général de Tunis et étaient exclus des négociations. Mais les pourparlers piétinaient, en partie parce que Arafat contrôlait la délégation palestinienne et faisait preuve de mauvaise volonté. C'était une manière de démontrer l'impossibilité de progresser aussi longtemps que lui-même et ses conseillers ne participeraient pas aux discussions. Beaucoup d'Israéliens, notamment des universitaires et des intellectuels de gauche, estimèrent alors que le processus de paix ne pourrait avancer qu'après l'ouverture d'un dialogue direct avec l'OLP.

À cette époque-là, l'idée même de négocier avec des représentants de l'OLP était taboue en Israël, où l'organisation palestinienne était encore largement assimilée au terrorisme antijuif. Le gouvernement savait que, s'il entamait des pourparlers avec les proches d'Arafat, il devrait le faire dans le plus grand secret.

En janvier 1993, le ministre des Affaires étrangères, Shimon Peres, a donné son accord à quelques universitaires israéliens qui se proposaient de sonder les dirigeants de l'OLP à propos d'un projet de pourparlers secrets. C'est ainsi qu'a été mise en place la « filière » norvégienne — des rencontres privées, qui se tenaient généralement à Oslo et étaient organisées avec l'aide des principaux responsables du ministère norvégien des Affaires étrangères. Ces entrevues secrètes, finalement élargies à certains membres du ministère israélien des Affaires étrangères, allaient se poursuivre pendant qu'Israël menait des négociations officielles avec la délégation palestinienne à Washington.

Itzhak a été informé de ces rencontres en février. Il était sceptique quant à leurs chances de succès. Mais il ne s'y est pas opposé, aussi longtemps qu'elles demeureraient « officiellement officieuses ».

Après avoir appris l'existence de la « filière » d'Oslo, Itzhak a demandé à Yossi Genosar, ancien divisionnaire des services de sécurité intérieure (le Shabak), de se charger des tractations avec Arafat. Itzhak disait : « Yossi Genosar constitue ma "filière" avec Arafat. Je n'en ai pas besoin d'autre. » En 1994 et 1995, Yossi a rencontré Arafat une fois par semaine pour maintenir le contact, entretenir sa confiance et ouvrir des possibilités d'échanges. Les rencontres se sont poursuivies jusqu'à la démission de Yossi, en septembre 1995, six semaines avant l'assassinat d'Itzhak.

Nul n'avait connaissance des rencontres entre Yossi et Arafat. Une fois seulement, Arafat a reconnu devant son cabinet qu'il avait établi une « ligne directe », un « téléphone rouge » avec Itzhak. Il y a eu des fuites, et la presse s'est emparée de la nouvelle. Itzhak a demandé à Yossi de quoi ou de qui il s'agissait. Yossi est allé voir Arafat et lui a posé la question. Arafat lui a répondu : « De vous, bien sûr, mais je ne voulais pas le dire à mon cabinet. » Tout le monde avait imaginé qu'Itzhak avait un petit téléphone rouge sur son bureau. Depuis ce jour, Itzhak a appelé Yossi « ma ligne directe ».

Lorsque les négociations d'Oslo ont commencé à progresser, au début de 1993, Itzhak a pris une part active aux discussions. Il m'a confié que des discussions secrètes étaient prévues en mars. Malgré la rivalité de longue date qui opposait Itzhak et Shimon Peres, les deux hommes ont instauré une collaboration remarquablement fructueuse pendant les négociations des accords d'Oslo. L'un des conseillers d'Itzhak m'a confirmé qu'à son avis ils étaient enfin arrivés à oublier leurs vieilles querelles, parce que Oslo représentait un succès tellement exceptionnel qu'il était facile de le partager à deux. Ils étaient comme deux acteurs tenant les deux rôles principaux d'une grande pièce du répertoire. Mis à part un incident qui s'est produit juste avant la fameuse « poignée de main » avec Arafat à Washington — dont je reparlerai un peu plus loin —, il ne fait aucun doute que Shimon Peres a soutenu loyalement Itzhak dans les dernières années de sa vie.

De février à septembre, la voie qui devait mener aux accords de paix a été semée d'embûches. Itzhak adhérait à la philosophie d'Henry Kissinger, convaincu que la diplomatie ne peut réussir que si elle s'appuie sur la force militaire. Pas un instant Itzhak n'a envisagé de réduire la puissance militaire d'Israël. Eitan Haber, un conseiller d'Itzhak, résumait ainsi sa politique : « Si l'on veut faire des concessions capitales au nom de la paix, il faut montrer au peuple que l'on est capable de prendre des mesures capitales pour sa sécurité. » Concernant la question des territoires, Itzhak a souvent affirmé que, bien sûr, il aurait aimé que la Cisjordanie fît partie d'Israël. Mais cela aurait également valu à notre pays un million trois cent mille citoyens arabes, ce qui aurait remis en cause la justification même de l'existence d'un État hébreu.

La logique aurait voulu qu'Israël signe d'abord un accord de paix avec les Jordaniens. Mais la décision de résoudre en priorité la question palestinienne, au cœur du conflit du Proche-Orient, témoignait d'une grande sagesse. Cette démarche n'a pas seulement réglé le problème majeur, elle a également poussé la Jordanie à signer un accord parfaitement clair avec Israël. Le bureau d'Itzhak avait organisé des sondages afin d'évaluer dans quelle mesure les Israéliens désiraient la paix et s'ils étaient prêts à l'accepter. Il en est ressorti que la majorité des Israéliens était favorable à la paix. L'un des enquêteurs — Kalman Geyer — estimait que la guerre du Golfe, et plus particulièrement l'envoi de Scud sur Israël, avait marqué un tournant. « Pour la première fois, dit-il, les Israéliens ont vu dans le processus de paix un gage de sécurité. »

Les six mois qui ont suivi ont été placés sous le signe de l'inquiétude et de l'effervescence. Itzhak supervisait les négociations, sans pourtant être vraiment convaincu de leurs chances de succès. Habilement, il a décidé de faire appel (ou de ne pas faire appel) à tel ou tel intervenant. Le secrétaire d'État Warren Christopher et le président Clinton étaient évidemment informés des principaux rebondissements de l'affaire, mais Washington a joué un rôle moins actif dans cette initiative de paix que dans les négociations précédentes. Itzhak a tenu Tsahal à l'écart jusqu'à la phase finale, car il craignait que l'armée ne freine les négociations en se focalisant sur les détails logistiques. Il savait que la rapidité était une garantie de succès. Plus les choses se feraient vite, moins il y aurait de risques de fuites susceptibles d'inciter les participants à durcir leurs positions.

Les Américains étaient tout à fait favorables à la méthode d'Itzhak. Ses relations avec le président Clinton étaient bien meilleures que celles qu'il avait eues avec les précédents présidents américains. Très tôt, Itzhak et Warren Christopher se découvrirent des affinités qui dépassaient de simples relations de travail. Ils se ressemblaient par leur diligence, leur patience et leur détermination. Nous avons souvent reçu Christopher à la maison lors de ses séjours en Israël. Il aimait le « Restaurant Rabin », alors que, dans les années soixante-dix, Henry Kissinger trouvait la nourriture de « Chez Rabin » trop lourde. Il faut dire qu'à l'époque nous avions une cuisinière hongroise et qu'il n'avait peut-être pas tout à fait tort !

Enfin, en septembre, les négociateurs israéliens et palestiniens ont conclu, non sans mal, un accord capital, qui prévoyait l'octroi de l'autonomie palestinienne dans les territoires occupés pour une période transitoire de cinq ans. Durant cette période intérimaire, Israël et l'OLP s'attacheraient à régler toutes les questions encore en suspens — le statut de Jérusalem, le tracé des frontières, la création d'un État palestinien et le sort des réfugiés palestiniens.

Le mercredi 8 septembre, dans l'après-midi, le président Clinton a appelé Itzhak à son bureau. Après l'avoir félicité pour la conclusion de ce premier accord d'Oslo, le président lui a confié qu'il serait heureux d'accueillir à Washington la cérémonie officielle de signature. Pourtant, Itzhak a immédiatement perçu un certain malaise chez le président américain à l'idée d'inviter Yasser Arafat. Mais à quoi bon se rendre à Washington sans Arafat ? Qui, sinon Itzhak et Arafat, pouvait parapher cet accord ? Les collaborateurs d'Itzhak étaient divisés. Eitan Haber estimait que le peuple israélien n'était pas prêt à accepter un tel geste. Il suggérait d'envoyer une délégation composée du ministre des Affaires étrangères Shimon Peres pour Israël et d'Abu Mazen pour l'OLP. Shimon Sheves, directeur général du bureau du Premier ministre, n'était pas d'accord : il estimait pour sa part qu'une poignée de main entre Itzhak et Arafat donnerait plus de poids à cet accord. Il fallait que la personne d'Itzhak y soit profondément associée, et la poignée de main en serait le symbole. Itzhak n'avait, bien évidemment, jamais rencontré Arafat.

Alors que les États-Unis désiraient cet accord, ni le Département d'État ni les conseillers du président Clinton n'étaient très enthousiastes à l'idée d'accueillir Arafat dans la capitale. Les « complications » inévitablement liées à la venue d'Arafat, jusque-là *persona non grata* dans les milieux officiels de Washington, leur inspiraient plus que des réticences. Comme l'entourage d'Itzhak en Israël, l'administration Clinton était divisée.

Le jeudi matin, Haber a demandé à une bonne dizaine de personnes si elles jugeaient opportun qu'Itzhak se rende à Washington. La grande majorité était hostile à ce voyage. Mais, devant l'insistance d'Haber, les collaborateurs d'Itzhak ont fini par reconnaître que l'accord aurait moins de poids s'il n'était pas signé personnellement par Itzhak et Arafat. À ce point de la discussion, la balance pencha en faveur du départ d'Itzhak, qui continuait à avoir l'impression que le président Clinton hésitait à inviter le chef palestinien.

Le même jour, au cours d'un déjeuner informel de la « Table » — un groupe d'amis, de personnalités politiques et de journalistes qui se retrouvaient chaque semaine dans un restaurant de Tel-Aviv —, la discussion n'a porté que sur le départ d'Itzhak. J'étais plutôt réservée, contrairement à mon habitude.

Niva Lanir, amie intime et conseillère d'Itzhak dans les années quatre-vingt, à l'époque où il était ministre de la Défense, partageait l'avis de Shimon Sheves : pour que l'accord fût crédible, la présence d'Itzhak était indispensable.

— Rabin doit y aller, me dit-elle.

— Dites-le à Itzhak, répliquai-je.

Les autres hésitaient ou s'opposaient à ce voyage. Le déjeuner s'est terminé sans que nous soyons parvenus à nous mettre d'accord.

Le vendredi matin 10 septembre, Arafat a signé à Tunis un document par lequel l'OLP reconnaissait l'État d'Israël. Pendant ce temps, dans son bureau, Itzhak paraphait un document par lequel Israël reconnaissait officiellement l'OLP. Itzhak s'était servi d'un stylo Pilot bon marché [1], et je me souviens que toutes les personnes présentes ont souri en voyant Itzhak apposer sa signature au bas d'un document aussi important avec ce modeste stylo. Nous ne savions toujours pas si Itzhak partirait pour Washington. Plus tard dans la journée, j'ai appelé son bureau alors qu'il était en pleine discussion avec ses conseillers. J'ai bavardé avec Sheves et lui ai demandé où ils en étaient.

— Itzhak n'a pas très envie d'y aller, m'a-t-il dit, et je pense que c'est une erreur.

— Si tel est l'avis d'Itzhak, répondis-je, ne le bousculez pas, laissez-le tranquille.

Une heure plus tard environ, Sheves m'a appelée pour m'apprendre que plusieurs conseillers s'opposaient à ce voyage à Washington. À dix-sept heures trente, Itzhak a décidé que, finalement, Shimon Peres le représenterait à la cérémonie officielle à la Maison-Blanche. Bien décidé à s'en tenir là, il a regagné notre appartement de Tel-Aviv. Mais l'affaire n'était pas terminée. Pendant toute la soirée, Itzhak a longuement réfléchi aux implications de sa décision. Il a échangé d'innombrables coups de fil avec ses conseillers. J'ai tenté d'en discuter avec lui, mais j'ai vite compris que le mieux était de le laisser décider seul. La question qui préoccupait Itzhak était la suivante : Clinton avait-il, oui ou non, l'intention d'inviter Arafat ?

À vingt-deux heures, Itzhak a téléphoné à Sheves pour l'informer qu'il allait reconsidérer la question. « Je ne connais pas vraiment la position du président Clinton », lui a-t-il dit. Il n'était pas sûr non plus de celle d'Arafat. Il a donc demandé à Sheves de sonder ses sources palestiniennes et de lui faire un rapport.

1. Après sa mort, j'ai fait don du stylo qu'Itzhak avait utilisé à une vente de charité. Mis aux enchères, il a rapporté quelque cinquante-huit mille sheqels (soit environ cent mille francs) pour une noble cause !

Warren Christopher appela quelques minutes plus tard, déclarant que le président se réjouissait vivement de la venue d'Itzhak.

— Je ne peux pas venir si Arafat ne vient pas, déclara Itzhak au secrétaire d'État.

— Yasser Arafat sera là ! assura Christopher.

À minuit, Shimon Sheves appela Itzhak : Arafat avait reçu une invitation personnelle du président Clinton. Il avait l'intention de se rendre à Washington. Au moment de se coucher, vers une heure du matin, Itzhak avait pris sa décision : nous irions à Washington.

Le téléphone nous a réveillés à cinq heures du matin. L'ambassadeur d'Israël aux États-Unis, Itamar Rabinovitch, était au bout du fil. Il voulait informer Itzhak qu'il avait reçu une invitation officielle du président pour la cérémonie de signature, le lundi suivant. Itzhak s'est aussitôt mis en rapport avec Sheves pour organiser une réunion chez nous, à neuf heures. Itzhak n'a pas appelé Shimon Peres, mais il était clair qu'Itzhak avait désormais l'intention de se rendre aux États-Unis. La question était de savoir s'il représenterait seul l'État d'Israël.

Le service de presse du gouvernement a annoncé officiellement le départ d'Itzhak pour Washington dès huit heures du matin, afin de couper court aux spéculations. Cette information a eu une conséquence regrettable. Quelques minutes avant la diffusion du message, l'écrivain israélien Amos Oz a appelé Niva Lanir et lui a fait part d'un appel de Shimon Peres. Les nouvelles étaient alarmantes : Peres voulait démissionner. Peres, l'initiateur des accords d'Oslo, avait été profondément déçu de se voir exclu de toutes les discussions qui entouraient la cérémonie de Washington. Itzhak a été contraint de mettre en balance les objectifs internationaux d'Israël et une situation politique intérieure explosive.

Ce jour-là, la rumeur d'un différend entre Itzhak et Shimon Peres s'est répandue comme une traînée de poudre. Était-il possible d'arranger une rencontre entre les deux hommes ? On a décidé de faire appel à un médiateur, Giora Eini. Eini était juriste et avait travaillé pour la Confédération générale du travail, l'Histradrout. Depuis des années, il servait d'intermédiaire dès qu'une querelle éclatait entre Itzhak et Shimon Peres. Pourquoi un médiateur ? Peut-être parce que Itzhak et Peres reconnaissaient la nécessité de faire appel à une personne extérieure. Ils avaient toute confiance en Giora Eini. On pouvait compter sur son impartialité et son absolue discrétion. En fait, l'équipe d'Itzhak n'avait jamais beaucoup apprécié Giora, précisément à cause de son impartialité.

Notre appartement et celui des Peres se trouvent dans le même quartier, à quelques blocs de distance, et Giora se livra à une sorte de « navette diplomatique » plutôt comique. Nous le voyions descendre et remonter la rue, en quête d'un arrangement. Je ne sais combien d'aller-retour il a faits ! Dès qu'Itzhak apprenait que Giora était en route, il prévenait le garde du corps posté en bas de notre immeuble en lui faisant un signe convenu — il plaçait sa main sur la nuque, ce qui signifiait : « il revient » — Giora avait en effet les cheveux longs.

Ils ont fini par se mettre d'accord : si Washington n'y voyait pas d'inconvénient, Itzhak et Peres assisteraient *ensemble* à la cérémonie. C'est ainsi que la liste des invités s'est allongée pour inclure non seulement les chefs d'État, mais également le ministre des Affaires étrangères Peres, le secrétaire d'État Christopher, et Abu Mazen pour les Palestiniens.

Après avoir hâtivement préparé nos bagages, nous avons décollé pour Washington dès le samedi soir. Nous avons fait le voyage en compagnie de Shimon Peres à bord d'un avion de l'armée israélienne. Dalia et son mari, Avi, nous accompagnaient. Itzhak avait préparé les grandes lignes de son discours avant de partir — il a toujours eu des difficultés à écrire en avion ou en voiture. Nous avons fait escale aux Pays-Bas. Le gouvernement néerlandais nous attendait à l'aéroport pour nous féliciter. Il était une heure du matin, les ministres étaient mal rasés, leurs vêtements étaient un peu froissés, mais ils avaient l'air sincèrement heureux.

Le 13 septembre 1993, le président Clinton, Yasser Arafat et Itzhak ont signé la « Déclaration de principes » sur la pelouse de la Maison-Blanche. Cette déclaration marquait la fin des « affrontements et [du] conflit » entre Israéliens et Palestiniens, elle créait un cadre qui permettrait d'aboutir à une réelle réconciliation et à un « accord de paix global », en mettant en place le processus qui accorderait progressivement l'autonomie aux Palestiniens.

Après la cérémonie, Itzhak s'est adressé au président Clinton et à Yasser Arafat pour leur dire combien ce moment était important dans leur vie à tous. Yasser Arafat a répondu avec emphase : « C'est un moment vraiment important », puis il s'est tourné vers le président Clinton et a déclaré : « Monsieur le président, c'est à vous désormais de soutenir ce processus de paix, son bon déroulement dépend de vous. »

Itzhak avait-il l'intention de serrer la main de Yasser Arafat ? Certes, ses sentiments étaient partagés. Après tout, Arafat restait le chef d'une organisation qui, pendant des années, avait causé la mort d'un grand nombre de civils et de soldats israéliens. Mais la paix se conclut toujours avec des ennemis et non avec des amis. Et il faut pour cela arriver à faire abstraction du sang versé, des souvenirs douloureux. L'expression d'Itzhak était éloquente et n'a trompé personne : il avait l'air de quelqu'un qui a du mal à avaler une pilule affreusement amère. Il serrait la main d'un homme avec lequel il avait juré de ne jamais avoir la moindre relation — il rompait une promesse. Comment, même en cet instant historique, aurait-il pu oublier les victimes du terrorisme ? Peut-être le dilemme aurait-il été moins douloureux s'il n'avait pas dû accomplir ce geste à la face du monde. J'imagine si bien ce qu'il pensait : « Le monde entier m'a entendu dire *jamais*, et aujourd'hui je suis là... »

Après cette poignée de main, Itzhak s'est adressé à la foule réunie sur la pelouse, il s'est adressé à son peuple, au peuple palestinien, et aux télévisions du monde entier.

Aujourd'hui à Washington, devant la Maison-Blanche, c'est une ère nouvelle qui s'ouvre dans les relations entre peuples, entre des parents fatigués de se battre, des enfants qui ne connaîtront pas la guerre...

Nous n'avons aucun désir de vengeance. Nous ne nourrissons aucune haine à votre égard. Nous sommes des hommes comme vous — nous souhaitons construire une maison, planter un arbre, aimer, vivre côte à côte avec vous dans la dignité, en harmonie, comme des êtres humains, des hommes libres. Aujourd'hui, nous offrons une chance à la paix et nous vous disons, une fois encore : « Assez. »

Prions pour qu'un jour nous disions tous adieu aux armes.

Une fois la cérémonie terminée, Yasser Arafat et Itzhak se sont avancés vers le premier rang des invités et ont serré la main de chacun d'eux. J'étais assise au milieu de la rangée. Je me suis tournée vers la gauche pour tendre la main à mes voisins, puis je me suis retournée vers les personnes assises juste derrière moi. J'ai serré la main du porte-parole des Palestiniens, Hannan Ashrawi, une femme qui avait joué un rôle majeur dans le maintien du dialogue entre Palestiniens et Israéliens en 1990-1991. La joie se lisait sur son visage.

À la fin de la journée, Itzhak était convaincu d'avoir fait le bon choix. Certes, il y avait des risques, mais il savait que nous devions les prendre. Les conséquences de son geste sur l'image d'Israël à l'étranger ont dépassé tout ce qu'Itzhak aurait pu prévoir. La cérémonie s'est déroulée deux jours avant Rosh Hashanah. La nouvelle année n'aurait pu commencer sous de meilleurs auspices !

Après avoir quitté Washington, nous avons fait escale au Maroc pour remercier le roi Hassan II du rôle essentiel qu'il avait joué dans le processus de paix. Depuis 1975, Itzhak devait se déguiser chaque fois qu'il rendait visite au roi : il se coiffait d'un toupet, chaussait des lunettes et s'affublait d'une prothèse dentaire. Durant toutes ces années, Hassan avait tout fait pour favoriser le processus de paix, et son profond respect pour le peuple juif ne s'était jamais démenti. Notre visite, en 1993, a été de courte durée : accueil officiel, interprétation de *Hatikvah* à l'aéroport, petit déjeuner et déjeuner dans la résidence royale réservée aux invités. Ensuite, nous avons visité le palais d'été, où Itzhak et Shimon Peres ont rencontré le roi, tandis que je passais un agréable moment en compagnie du prince héritier.

Très rapidement, nous avons ressenti les effets de la vague d'approbation qui déferlait du monde entier. Notre premier grand voyage à l'étranger devait nous conduire en Chine, au mois d'octobre. C'était la première fois qu'un Premier ministre israélien était invité dans ce pays. Ce voyage avait des objectifs essentiellement économiques, dont, plus spécialement, le développement de l'agriculture chinoise. Itzhak pensait qu'Israël pouvait aider la Chine à faire fleurir ses immenses déserts, et, de fait, des projets de développement ont été mis en œuvre après notre visite. Ils sont d'ailleurs toujours en vigueur.

Je n'oublierai jamais notre séjour dans la maison des invités de haut rang, à Pékin. Cette demeure est située à l'intérieur d'une enceinte, dans une sorte d'immense parc, très élégant. En dépit de l'heure tardive de notre arrivée, une réception avait été prévue en notre honneur à la résidence principale. Sur la droite du pavillon des invités, de superbes jeunes filles se tenaient en rang et posaient, un peu comme les mannequins d'un défilé de haute couture. Grandes et élancées, elles portaient une robe de soie rouge largement fendue sur la cuisse. Elles étaient toutes plus belles les unes que les autres. Sur la gauche, des jeunes gens en smoking et nœud papillon. On avait l'impression qu'ils avaient été sélectionnés avec le plus grand soin parmi la population chinoise.

Notre pavillon était décoré de somptueux objets en laque de Chine. Après avoir remonté un long couloir, nous avons découvert une magnifique chambre à coucher, avec un lit immense et une salle de bains attenante. C'était la première chambre. Lorsque j'ai compris qu'on nous avait attribué deux appartements séparés, j'ai empoigné nos « baluchons » et me suis dirigée vers la seconde chambre, où nous nous sommes installés. Nos hôtes avaient préparé de superbes kimonos à notre intention. Itzhak avait une bibliothèque et un salon à sa disposition. Les repas étaient servis dans une salle à manger immense. À cette époque, le secrétaire de cabinet d'Itzhak était Elie Rubinstein, un Juif orthodoxe. Les Chinois se sont conformés à la lettre aux prescriptions de la Torah et nous ont servi du poisson à tous les repas, du premier jour jusqu'au dernier... Il nous sortait par les oreilles !

Qui aurait pu imaginer qu'un jour nous entendrions *Hatikvah* résonner sur la place Tian'anmen ? Nous avons visité les principaux monuments, dont la Grande Muraille, et je dois avouer que l'ascension nous a épuisés. Lorsque nous avons atteint le premier plateau, Itzhak a tranché : « D'accord, on a compris, ça suffit ! »

Après Pékin, nous sommes partis à la découverte de Shanghai. Nous nous sommes ensuite plongés dans la Chine rurale, dans la « cité Chinchung », à l'extérieur de la ville, où l'on tente d'associer économie de marché et développement agricole. Dans une famille typique de ce petit village, le mari et la femme exercent un emploi salarié tout en cultivant un lopin de terre, qu'ils plantent de riz ou de sorgho.

J'ai quitté la Chine et me suis envolée pour New York. La destination d'Itzhak était nettement plus exotique. Mais le Mossad avait prévenu Itzhak : la moindre fuite à propos de sa destination entraînerait l'annulation immédiate de sa rencontre avec le président indonésien. Suharto était le chef de la plus grande nation musulmane du monde, et les deux hommes devaient se retrouver dans la résidence présidentielle. Là encore, le développement économique était à l'ordre du jour. La presse israélienne enrageait de ne pas connaître la destination d'Itzhak, mais il avait les mains liées : c'était la condition sine qua non de tout progrès dans les relations diplomatiques entre nos deux pays. Après avoir quitté l'Indonésie, Itzhak et son équipe ont fait escale à Singapour, afin de ne pas voyager le jour du shabbat.

En décembre 1993, le Vatican a établi officiellement des relations diplomatiques avec Israël. Mais Itzhak n'a rencontré Jean-Paul II que l'année suivante ; à cette occasion, il lui a offert une magnifique jarre antique.

Le 25 février 1994, le processus de paix a subi un grave revers : Baruch Goldstein, un médecin d'origine américaine installé en Cisjordanie, muni d'une arme automatique et portant l'uniforme de l'armée, a assassiné vingt-neuf Palestiniens en prière dans la mosquée d'Hébron, au cœur de la Cisjordanie. Bouleversé et furieux, Itzhak y a vu l'œuvre d'un malade mental isolé. Après le massacre, Itzhak est allé lui-même inspecter la mosquée et vérifier les dispositifs de sécurité. Il ne comprenait pas que Goldstein ait pu pénétrer armé dans ce lieu de culte. Il a ordonné de réduire la présence des Israéliens dans les mosquées aux heures de prière. Non contents de discréditer Israël, ces meurtres éclaboussaient notre armée, puisque Goldstein portait l'uniforme au moment des faits.

En mai, j'ai accompagné Itzhak au Caire, où il devait signer l'accord sur les modalités de l'autonomie palestinienne à Jéricho et à Gaza. Nous logions dans un hôtel sur les rives du Nil, et tous ceux qui ne participaient pas aux négociations ont dîné à bord d'un bateau de croisière. Les pourparlers se sont prolongés jusqu'aux premières lueurs du jour. Plus tard, Dennis Ross, le médiateur américain au Proche-Orient, m'a raconté comment Itzhak avait su, à plusieurs reprises, désamorcer les tensions.

Pendant la nuit, une réunion quadripartite s'était tenue dans le bureau de Moubarak. Il y avait là Itzhak et la délégation israélienne, Arafat et la délégation palestinienne, Moubarak et son ministre des Affaires étrangères, ainsi que le secrétaire d'État américain Christopher et Ross. Après des heures de laborieux pourparlers, les parties ont abouti à un compromis qui devait leur permettre de mettre la dernière main à cet accord — seul Arafat continuait à ergoter, soulevant encore et encore les mêmes questions. Quelques Israéliens se sont mis à pouffer de rire.

— Vous me trouvez drôle ? a demandé Arafat.

— Pas le moins du monde, coupa immédiatement Itzhak. Nous avons le plus grand respect pour vous. Je vous en prie, oubliez cet incident.

Selon Ross, Itzhak, qui avait pourtant la réputation d'être un homme dur, avait su trouver une réponse à la fois sensée et sensible. Arafat renonça à tergiverser, approuva le compromis, et l'accord put enfin être signé.

La cérémonie de la signature devait avoir lieu le lendemain matin. Les difficiles compromis de la veille laissaient planer une certaine inquiétude, et, en entrant au bras d'Itzhak dans le magnifique Palais des congrès du Caire, j'étais plutôt plus nerveuse que je ne l'avais été à Washington. Ce nouvel accord revêtait en effet une importance capitale. Si la Déclaration de principes définissait le plan de paix, c'était la réalité qui se jouait dans les accords du Caire. La poignée de main symbolique se concrétisait enfin.

Dans le hall, l'ambiance était à la fête, mais, au cours de la cérémonie officielle, Itzhak a découvert qu'Arafat avait omis de parapher certains documents. Il s'indigna : « Qu'est-ce que cela signifie ? Je refuse de poursuivre cette séance de signatures. »

S'ensuivit une scène d'opéra-bouffe, les membres de chaque délégation courant d'un bout à l'autre de l'estrade. L'événement était retransmis en direct dans le monde entier. J'étais assise dans les rangs du public à côté de Susan Moubarak, de plus en plus tendue. Elle souffrait d'une migraine, et je lui proposai de l'aspirine. Mme Moubarak me glissa à l'oreille qu'ils feraient mieux de quitter la tribune pour aller résoudre le problème plus discrètement. La cérémonie de signature tournait au spectacle. Itzhak se tenait à l'écart, calme mais déterminé. Les protagonistes finirent par se dire qu'il serait peut-être judicieux qu'ils se retirent quelques instants. Je profitai de ce répit pour me rendre aux toilettes, pensant que j'avais largement le temps. Les toilettes étaient plus éloignées que je ne le pensais. Lorsque j'ai regagné ma place, le problème était réglé, les participants venaient de remonter sur l'estrade et de reprendre la signature.

Plus tard, Itzhak m'a avoué combien l'incident l'avait bouleversé. Il avait cru que les initiales d'Arafat avaient été omises intentionnellement. Le processus de paix était déjà bien engagé, mais Itzhak avait du mal à se défaire d'une méfiance innée. Le président Moubarak, maître d'œuvre de la cérémonie, avait sans doute été encore plus furieux qu'Itzhak. Il paraît en effet qu'il employa des mots très durs pour remettre les choses en ordre. Au cours du déjeuner, tout le monde bavardait gaiement, mais je pense qu'Arafat devait se sentir un peu seul, en butte à l'animosité générale. Ce n'était pourtant qu'une prise de bec passagère. À compter de ce jour, nous avons « fréquenté » Arafat.

Au fur et à mesure que ses relations avec Arafat se sont approfondies, les propos qu'Itzhak me tenait à son sujet ont reflété un respect grandissant pour le chef palestinien, un homme fort et intelligent avec lequel il n'était cependant pas toujours facile de travailler. Itzhak pensait qu'Arafat essayait sincèrement de contrôler le Hamas. Pensait-il vraiment qu'Arafat parviendrait à tenir la bride à cette organisation terroriste ? Je ne sais pas. Peut-être était-il encore trop tôt pour en juger au moment où Itzhak a été assassiné.

Au cours de cette période, les relations entre Itzhak et Shimon Peres ont évolué, elles aussi. Elles ont pris une profondeur nouvelle. Jusqu'alors, les deux hommes n'avaient jamais compris tout ce que leur coopération pourrait apporter au parti travailliste, et à la nation tout entière. Une fois élu Premier ministre, Itzhak a accepté que le ministre des Affaires étrangères joue un rôle important et il a accordé de larges pouvoirs à Peres. Il a commencé aussi à lui faire confiance, ce qui était nouveau, tout en gardant les commandes et en étant seul responsable en dernier ressort. Sans que l'on puisse parler d'une véritable amitié, ils ont été des camarades dans la paix. Le destin avait fini par les réunir.

La première marque d'approbation internationale n'a pas tardé : en juin 1994, Itzhak, Shimon Peres et Yasser Arafat ont reçu à Paris le prix de la Paix de l'Unesco, créé en hommage à Houphouët-Boigny, l'ancien président de la Côte d'Ivoire. La remise du prix a duré tout l'après-midi et a été suivie d'un grand dîner dans un restaurant chic, près du rond-point des Champs-Élysées. Les dirigeants palestiniens, les représentants de l'Unesco et les Israéliens se sont retrouvés autour d'une immense table ovale. Ma fille, Dalia, s'est penchée vers moi et m'a glissé à l'oreille : « Maman, te rends-tu compte que tous les dirigeants palestiniens sont à la même table que nous ? »

Un représentant officiel du Sénégal était assis entre Itzhak et moi. Faiçal Husseini, de Jérusalem Est, figure emblématique de l'OLP, nous faisait face. Son père, un remarquable commandant, avait été officier supérieur dans les unités de volontaires palestiniens en 1948. Abdel Kader el-Husseini avait été tué pendant la guerre d'Indépendance, au cours d'une bataille sanglante qui s'était déroulée sur une falaise, sur la route de Jérusalem. Son importance au sein du mouvement palestinien et son rôle militaire étaient tels que l'annonce de sa mort avait démoralisé les Palestiniens et avait largement contribué à leur défaite. Au cours de ce dîner à Paris, Faiçal Husseini s'est penché au-dessus de la table.

— Votre mari sait-il que je suis le fils d'Abdel Kader el-Husseini ?

Je l'ai regardé avec stupeur.

— Bien sûr, quelle question !

Puis, me tournant vers Itzhak :

— Itzhak, figure-toi que Faiçal Husseini me demande si tu sais qu'il est le fils d'Abdel Kader el-Husseini.

Itzhak a alors entrepris de faire l'éloge de son père, soulignant le rôle majeur qu'il avait joué et le symbole qu'il représentait pour le peuple palestinien. Faiçal Husseini fut agréablement surpris et touché par cette marque de reconnaissance.

Le 25 juillet 1994, par une chaleur étouffante, le roi Hussein, le président Clinton et Itzhak ont signé une déclaration mettant officiellement fin à l'état de guerre entre Israël et la Jordanie. Juste avant la cérémonie, sur les pelouses de la Maison-Blanche, j'ai fait la connaissance du roi Hussein et de son épouse, la reine Noor al-Hussein.

J'étais en compagnie de Tipper Gore, l'épouse du vice-président américain, lorsque j'ai été présentée à la reine. J'ai tout de suite été frappée par l'aisance et le pragmatisme de cette femme diplômée de Princeton, fille d'un cadre d'une compagnie d'aviation américaine. J'ai été encore plus impressionnée le jour où, invités à la table du roi de Jordanie, nous avons été servis par la reine Noor elle-même, marque insigne de considération.

La signature de l'accord israélo-jordanien signifiait que bientôt les Juifs du monde entier pourraient se rendre à Pétra — de nombreux jeunes étaient littéralement prêts à risquer leur vie pour entrapercevoir les spectaculaires rochers rouges. J'étais, moi aussi, impatiente de visiter ce site. Je me souviens d'avoir dit à la reine Noor, lors de cette première rencontre :

— Votre Majesté sait-elle combien les Israéliens ont toujours rêvé de visiter Pétra ?

— Si vous saviez combien cela nous préoccupe déjà ! répliqua-t-elle.

Les Israéliens ont en effet la réputation de prendre d'assaut les sites touristiques. Quelques mois plus tard, juste avant l'inauguration d'un pont reliant nos deux pays, la reine Noor m'a envoyé une magnifique broche en or représentant le rocher rouge de Pétra.

Le roi Hussein et Itzhak se sont adressés au Congrès américain le 26 juillet. Dans son discours, Itzhak a déclaré : « Soixante-dix minutes seulement — et quarante-six années — séparent ces villes, Jérusalem et Amman. »

Cet après-midi-là, Itzhak devait rencontrer le roi à son hôtel pour une audience privée. Peu avant la rencontre, il a reçu le message suivant : Mme Rabin accepterait-elle de se joindre à nous ? Je me suis empressée d'accepter, persuadée qu'Itzhak et le roi discuteraient en tête à tête, tandis que la reine me tiendrait compagnie. Quel ne fut pas mon étonnement lorsque Sa Majesté m'a priée de me joindre à eux ! Le roi souhaitait discuter des implications financières du traité israélo-jordanien. Je me suis très vite rendu compte que la reine était parfaitement au courant de la situation, et j'en ai été agréablement surprise. Nous avons passé une heure fort agréable ensemble. Le soir même, nous étions invités à une réception du président Clinton.

Le vendredi soir suivant notre retour en Israël, confortablement installés dans le salon de notre appartement de Tel-Aviv, nous avons reçu un appel téléphonique du roi Hussein, qui avait quitté les États-Unis pour se rendre à Londres. Il appelait de son avion privé pour remercier Itzhak de sa perspicacité et de son amitié.

En octobre, Itzhak et Yasser Arafat ont reçu conjointement le prix du Prince des Asturies récompensant des réalisations majeures dans le domaine de la coopération internationale. Le prix devait leur être remis au cours d'une cérémonie à Oviedo, en Espagne. Le roi Juan Carlos et la reine Sofia nous ont accueillis, ainsi que les Arafat, dans leur résidence privée de Moncloa, près de Madrid. Nous les avions déjà rencontrés à deux reprises, à l'occasion de leur visite officielle en Israël et de notre visite d'État en Espagne. Juan Carlos et la reine Sofia sont des personnes délicieuses, et je me réjouissais à l'idée de faire la connaissance de Souha Arafat. J'ai découvert une femme aimable, chaleureuse et intelligente. Nos relations avec Souha et Yasser Arafat ont été de plus en plus cordiales. Dès le début de la cérémonie, nous avons sursauté tous les quatre : aucun d'entre nous ne comprenait un traître mot de ce qui se disait : toute la cérémonie s'est déroulée en espagnol !

J'avais appris que Gabriel García Márquez, le romancier colombien déjà lauréat du prix, serait présent. J'ai toujours admiré l'œuvre de García Márquez — un auteur fort, sensuel et original. J'étais si heureuse de le rencontrer que — c'est la seule fois de ma vie que j'ai agi ainsi — je n'ai pas résisté : j'ai demandé au photographe officiel d'Israël de prendre un cliché lorsque nous serions côte à côte.

J'ai profité du cocktail qui suivait la remise du prix pour me présenter à García Márquez et lui dire combien j'étais ravie de faire sa connaissance. Il est resté de marbre et m'a tendu la main avec une réticence non dissimulée. À l'évidence, ce n'était pas de la timidité, mais de la froideur. García Márquez avait été un défenseur des droits des Palestiniens pendant des années. Dès qu'il a aperçu Arafat, ils sont tombés dans les bras l'un de l'autre. Lorsque j'ai revu Arafat, je lui ai dit combien j'avais été déçue par l'attitude glaciale de l'écrivain qui, en revanche, s'était comporté avec le chef palestinien comme s'ils se connaissaient depuis leur plus tendre enfance. « Vous savez, m'a alors confié Arafat, c'était la première fois que je le voyais. »

J'ai passé de longues heures en compagnie de Souha Arafat, d'abord en Espagne, puis à Oslo. Dès notre première rencontre, nous avons sympathisé. Elle est d'une simplicité admirable, naturelle et désarmante. Pas un instant elle n'oublie qu'elle représente le peuple palestinien et que des femmes palestiniennes croupissent encore dans des prisons israéliennes.

Elle voulait absolument obtenir d'Itzhak leur libération. Comme nous disons en yiddish : *zi midarft, zi midarft nisht** — bravant les convenances, elle ne laissait pas passer une occasion de me rappeler que mon mari devait libérer ces femmes.

Le même mois, Itzhak a appris qu'il allait être colauréat du prix Nobel de la paix avec Yasser Arafat et Shimon Peres. Le jour où il en a été informé, Itzhak était plongé dans une grave crise nationale. Des terroristes du Hamas avaient enlevé un caporal israélien, Nachson Wachsman, et exigeaient la remise en liberté de deux cents prisonniers arabes en échange de sa libération. Tsahal a déclenché une vaste opération de recherche et n'a pas tardé à localiser la maison où Wachsman était retenu en otage, dans les environs de Jérusalem. Une unité spéciale a tenté de convaincre les ravisseurs de se rendre. Il y a eu un échange de coups de feu, Wachsman et un membre des forces d'assaut israéliennes ont été abattus, ainsi que les deux terroristes. Quel triste vendredi soir...

Itzhak a assumé l'entière responsabilité de cet échec. Les jours qui ont suivi ont été extrêmement pénibles pour lui. Il a fait une apparition télévisée pour expliquer que, parfois, il n'existe pas d'alternative et que l'on est obligé de risquer le tout pour le tout, malgré les incertitudes. Je vois encore Itzhak se frotter le front du bout des doigts après avoir appris la mort du caporal. Il aurait volontiers renoncé au prix Nobel si cela avait pu rendre la vie à Wachsman, me dit-il. Il avait le cœur brisé.

Le samedi soir, nous sommes allés présenter nos condoléances à la famille de Nir Poraz, le soldat tué pendant l'assaut. Cela faisait des années que je connaissais sa mère et sa tante, ce qui rendait la situation encore plus pénible. Les deux sœurs du soldat étaient en larmes. Nous aurions voulu embrasser les parents, Itzhak et moi, mais leur tension était si manifeste que nous leur avons simplement tendu la main. Itzhak s'est assis à côté de la mère de Nir et lui a parlé. Le père de Nir, pilote dans l'armée de l'air israélienne, avait été tué en 1973. Et, aujourd'hui, sa veuve, mère de trois enfants, perdait son seul fils. Son compagnon de longue date, présent lui aussi, exprima son amertume avec plus de violence encore que la propre mère du soldat. « Comment avez-vous pu lui confier une mission aussi dangereuse ? » demanda-t-il à Itzhak. Nir était sur le point d'être démobilisé. Il était même sur le départ au moment où cette opération avait été lancée. Mais il se trouve que l'armée choisit toujours les meilleurs pour ce genre de mission, comme l'a expliqué Itzhak au beau-père de Nir. Il lui a également rappelé que tous les membres de cette mission s'étaient portés volontaires. Cette rencontre avec la famille Poraz a été déchirante. Itzhak a ensuite rendu visite aux Wachsman. Je savais que cette visite serait plus douloureuse encore, vu les circonstances tragiques de la mort du caporal. Itzhak m'a appelée plus tard de Jérusalem et m'a confirmé que cette entrevue avait été très pénible.

Au cours d'une conférence de presse, Itzhak a réaffirmé qu'il endossait l'entière responsabilité de l'échec de cette mission. Son conseiller, Eitan Haber, m'a raconté qu'Itzhak avait demandé à rester seul avant la conférence, prétextant vouloir faire un brin de toilette. À ce moment, il lui avait bien semblé voir des larmes dans les yeux d'Itzhak — les premières depuis la mort de sa mère...

Le 26 octobre 1994, Israël et la Jordanie ont signé un traité de paix en bonne et due forme dans le désert d'Arava, sur la frontière israélo-jordanienne, près d'Akaba et d'Eilat. L'ambiance était à la fête — des milliers de ballons multicolores ont été lâchés dans le ciel après que le président Clinton, le roi Hussein et Itzhak eurent signé les documents. Plus tard, nous sommes allés déjeuner au palais d'été du roi à Akaba, au bord de la mer Rouge. Les hommes se sont installés au premier étage, tandis que les femmes étaient servies au deuxième. Malgré la présence d'Américains à leur table, Itzhak a encouragé le roi à fumer une cigarette. « Après tout, vous êtes chez vous », lui rappela-t-il. Le roi alluma la cigarette d'Itzhak et Itzhak celle du roi. Je n'ai pas eu cette chance au deuxième étage, où les femmes se sont lancées dans une discussion passionnée à propos des conséquences néfastes de la tabagie passive.

Parmi les invitées, j'ai reconnu Leila Sharaf, dont le mari, Fawaz Sharaf, avait été ambassadeur de Jordanie aux États-Unis dans les années soixante et soixante-dix, lorsque Itzhak était en poste à Washington. Nous ne nous étions pas revues depuis cette époque, bien sûr. Après leur retour à Amman, son mari avait été Premier ministre de Jordanie. Malheureusement, il est décédé peu de temps après sa nomination. Mme Sharaf a été la première femme sénateur du Parlement jordanien.

Ces derniers mois de 1994 ont été passionnants et mémorables, marqués par la remise du prix Nobel de la paix en décembre — un événement que je n'oublierai jamais. Dès notre arrivée à Oslo, on m'a conduite dans le magnifique édifice qui abrite les souvenirs des lauréats et des comités Nobel des années précédentes. De là, j'ai rejoint Itzhak et Shimon Peres, car nous devions tous prendre part à une répétition générale avant la cérémonie officielle. Le soir, nous avons dîné en compagnie des lauréats, de leurs plus proches collaborateurs et des membres du comité. Le lendemain, nous avons joué les touristes dans les rues d'Oslo. Habituellement, la remise du prix a lieu dans la matinée, mais, comme c'était jour de shabbat, elle avait été reportée à la nuit tombée. Le roi Harald V et la reine Sonja étaient assis au premier rang. Le président du comité a pris la parole, avant de la laisser aux lauréats.

À l'âge où la majorité des jeunes gens se bat avec les secrets des mathématiques et les mystères de la Bible, a déclaré Itzhak, *à l'âge du premier amour, à l'âge tendre de seize ans, on m'a tendu une arme...*

Le métier de soldat contient un paradoxe. Notre armée accueille dans ses rangs les meilleurs et les plus braves de nos jeunes gens. Nous leur fournissons un équipement qui coûte une fortune. Nous leur faisons suivre un entraînement rigoureux, pour le jour où ils devront accomplir leur devoir — et nous attendons d'eux qu'ils le fassent bien. Mais nous prions en même temps pour que ce jour n'arrive jamais — pour que nos avions ne décollent jamais, que nos tanks n'avancent jamais et que nos soldats ne livrent jamais la bataille pour laquelle ils ont été si bien préparés.

Au dîner de gala, le smoking était de rigueur, ce qui n'a pas empêché Arafat de se présenter en treillis et en keffieh. Personne n'en a été vraiment surpris. Le lendemain, nous avons assisté à un déjeuner officiel dans le superbe château d'Akershus, une ancienne forteresse construite sur une péninsule au sud de la ville. On y a une vue imprenable sur le fjord d'Oslo. La table était immense, comme pour un banquet traditionnel, et chaque convive faisait face à la mer. Le repas n'était pas encore terminé quand Arafat s'est levé pour prendre congé. « Je suis attendu à Helsinki, expliqua-t-il, mais je vous laisse mon épouse. » Et tant pis pour le protocole ! Yasser Arafat n'a d'autre maître que lui-même. Et il s'en sort toujours avec un large sourire.

L'après-midi, nous étions invités à un concert en présence de la reine et du roi. Des formations musicales israéliennes, palestiniennes et norvégiennes se sont succédé sur la scène de l'Oslo Konserthus, une salle dont l'acoustique est excellente. À la fin du concert, les lauréats ont été invités à monter sur scène pour une interview. Souha Arafat représentait son mari, et elle s'en est tirée à merveille. Les Norvégiens avaient tout orchestré avec brio du début à la fin.

Itzhak et Peres ont décidé de remettre leur part du prix Nobel, une somme considérable, à une fondation qui œuvrerait en faveur de la paix. Bien que très honoré par cette distinction, Itzhak ne l'a jamais considérée comme l'un des moments les plus importants ou les plus remarquables de sa vie. Serrer la main de Yasser Arafat et du roi Hussein de Jordanie avait une plus grande signification à ses yeux, car ce geste avait valeur de symbole : il montrait qu'ils étaient en train de changer le cours même de l'histoire.

Nous avons quitté Oslo pour le Japon, d'où nous nous sommes rendus en Corée. Au Japon, il a été essentiellement question de la manière dont les Japonais pourraient apporter un soutien financier et technologique aux Palestiniens et aux Jordaniens. En Corée, les discussions se sont concentrées sur les possibilités de développement de la coopération industrielle en matière de haute technologie. Dans ces deux pays, Itzhak a été invité à présenter son analyse de la situation au Proche-Orient. Les chefs d'État du monde entier ont vanté sa perspicacité et sa clairvoyance.

Le Palais impérial de Tokyo est un bâtiment austère, typiquement japonais. Nous avons longé un couloir interminable et franchi une porte, derrière laquelle se tenaient l'empereur Akihito et l'impératrice Michiko. Après les salutations d'usage, l'empereur a pris place à côté d'Itzhak, tandis que je m'asseyais à côté de l'impératrice. Celle-ci avait manifestement bien appris sa leçon, car elle m'a posé quelques questions tout à fait précises sur la vie au kibboutz.

Le dîner avec le Premier ministre Morihiro Hosokawa le soir même de notre arrivée, comme le déjeuner du lendemain, nous ont permis de savourer de la grande cuisine française. Un orchestre de chambre assurait un fond sonore, créant une ambiance des plus agréables. La table était magnifique. Nous avons également été présentés au prince héritier Naruhito et à la princesse Masako, qu'il avait épousée l'année précédente. Diplômée de Harvard et d'Oxford, la princesse avait été directrice commerciale avant d'épouser Naruhito. Son père avait été ministre des Affaires étrangères mais, conformément à la Constitution japonaise, il avait dû démissionner de ses fonctions après le mariage de sa fille. Il avait alors été nommé ambassadeur du Japon auprès des Nations unies. C'est à ce titre que nous devions le rencontrer plus tard.

Le 14 décembre, nous avons pris l'avion pour la Corée du Sud. J'ai passé la matinée avec l'épouse du président Kim Young-sam, tandis qu'Itzhak s'entretenait avec celui-ci et les membres de son gouvernement. Kim Young-sam voulait absolument savoir comment Itzhak était parvenu à faire la paix avec les ennemis jurés d'Israël. Sa frontière commune avec la Corée du Nord lui inspirait en effet quelques inquiétudes. Il lui a également confié qu'il était le premier président sud-coréen à ne pas être général. Itzhak a répondu alors qu'il était, quant à lui, le premier Premier ministre israélien sorti des rangs de l'armée depuis la fondation de l'État d'Israël. Le président prenait un plaisir évident à discuter avec Itzhak. C'est à peine s'il s'est adressé à quelqu'un d'autre pendant tout le temps qu'a duré le dîner officiel. Celui-ci s'est même prolongé une demi-heure de plus que prévu — les questions d'horaire sont pourtant sacro-saintes dans les pays asiatiques. Mais le président Kim ne voulait pas laisser partir Itzhak.

Le lendemain matin, Itzhak devait se lever à sept heures, car il avait prévu d'aller examiner la situation sur la frontière nord du pays avec des officiers sud-coréens. Mais à la fin de ce fameux dîner, alors que nous étions sur le point de nous lever de table, le président lui a demandé à brûle-pourpoint : « Que faites-vous demain matin ? Puis-je vous inviter à un petit déjeuner dans le pavillon à côté du palais ? » Un peu surpris par cette invitation spontanée, Itzhak a répondu qu'il modifierait volontiers son programme. Le voyage à la frontière promettait d'être passionnant, mais comment refuser une invitation du président ?

Au petit déjeuner, le président et Itzhak ont repris leur discussion sur les points stratégiques de la frontière. Suivant la coutume, nous avions retiré nos chaussures et enfilé de curieuses petites mules, tout à fait inconfortables. Quelques heures plus tard, je me suis rendue à un déjeuner à l'ambassade d'Israël à Séoul. Voyant mes hôtes israéliens se déchausser, je me suis récriée : « Je vous en prie, nous sommes en territoire israélien. Pardonnez-moi si je garde mes chaussures. » Le personnel de l'ambassade était tellement habitué à cette coutume qu'il l'avait adoptée !

Dans les mois qui ont suivi notre voyage en Asie, Itzhak s'est employé à faire avancer le processus de paix. La veille de la fête de l'Indépendance, en mai 1995, la télévision israélienne a retransmis l'entretien du roi Hussein et d'Itzhak à Akaba. Avant cette rencontre, nous avions visité Pétra en compagnie des collaborateurs d'Itzhak et de nos enfants. Ce site est encore plus magnifique que tout ce que j'avais imaginé.

Nous nous sommes promenés dans l'étroit canyon entre les rochers rouges. Les à-pic calcaires qui dominent le promeneur cachent presque le ciel de leurs ombres rose, rouge et gris. Le canyon débouche sur une place où se dresse un magnifique temple creusé dans le calcaire rose. Mais, à nos yeux, le plus grand exploit était celui que Dieu avait accompli, et non les hommes. Itzhak était évidemment fasciné par ce décor monumental, mais je crois qu'il se réjouissait surtout que les Israéliens aient enfin la possibilité de se rendre à Pétra.

Le 8 juin 1995, Itzhak, le président Clinton, le roi Hussein, Shimon Peres et Yasser Arafat ont participé à l'émission de Larry King sur CNN. Les débats reflétaient les relations nouvelles qui s'étaient instaurées entre ces cinq hommes ; mais, lorsque Larry King a demandé à Itzhak d'exposer sa position à propos de Jérusalem, mon mari n'y est pas allé par quatre chemins : « Je suis né à Jérusalem, a-t-il dit. Pour moi, Jérusalem [est] unifiée, elle [restera] sous autorité israélienne, elle sera la capitale d'Israël, le cœur du peuple juif. Je suis tout prêt à en discuter avec tous ceux qui le voudront. Nous nous engageons par ailleurs à garantir la liberté d'accès et la liberté de culte aux croyants des deux autres religions, à permettre aux musulmans et aux chrétiens de se rendre sur les lieux saints de Jérusalem. »

Le monde entier célébrait la paix, mais la paix ne régnait pas toujours dans les rues d'Israël. Le 24 juillet 1995, un bus a explosé à Ramat Gan, une banlieue de Tel-Aviv. Cet attentat suicide du Hamas a fait six morts et trente et un blessés. Nous nous trouvions alors à Londres, où nous assistions à un dîner organisé au bénéfice d'Israël. Itzhak a tenu à repartir immédiatement pour Tel-Aviv. En l'absence de vol régulier, il a dû louer un petit avion.

Cet attentat l'a accablé. Il s'est rendu sur les lieux du massacre. C'était comme si une bombe avait explosé sur Times Square, à New York. Il a parcouru la liste des victimes et a secoué la tête en découvrant les noms de tous ces innocents. Il a examiné les tôles tordues, le verre brisé, et a posé d'innombrables questions pour essayer de comprendre ce qui s'était passé, comme il le faisait toujours après un attentat. Les enquêteurs passaient les débris au peigne fin. La foule se pressait autour de lui, les microphones et les caméras de télévision le cernaient. Ce soir-là, Itzhak a eu du mal à trouver le sommeil. L'angoisse l'a tenu longtemps éveillé. Mais il n'était pas prêt à renoncer à son objectif. La terreur ne pourrait pas compromettre le processus de paix.

Le développement des relations internationales demeurait une priorité. Au cours d'une visite de deux jours en Ukraine, les 12 et 13 septembre 1995, nous avons rencontré le Premier ministre Yevhen Martchouk et son épouse, Lydia. Ce séjour nous a fait prendre conscience de la proximité géographique entre nos deux pays : mille quatre cents kilomètres seulement séparent la frontière sud de l'Ukraine de la frontière nord d'Israël. Le vol Tel-Aviv-Kiev dure à peine deux heures. Certaines régions de l'ex-Union soviétique sont plus proches d'Israël qu'on ne le croit.

Ce voyage devait permettre de renforcer les échanges commerciaux et agricoles entre nos deux pays. L'exportation d'armes est une ressource importante pour Israël, et l'effondrement de l'URSS avait obligé l'Ukraine à trouver de nouveaux fournisseurs. Sa querelle avec la Russie au sujet de l'ancienne flotte soviétique en mer Noire n'avait pas arrangé les choses. Itzhak a critiqué ouvertement la vente de réacteurs nucléaires à l'Irak par la Russie. Les exportations agricoles, capitales pour Israël, pouvaient offrir une chance de développement à l'Ukraine, et les discussions ont également porté sur la technologie agricole. Après un tour d'horizon de l'économie de marché naissante en compagnie des membres du gouvernement et d'hommes d'affaires ukrainiens, nous avons assisté à l'inauguration du centre culturel de l'ambassade israélienne, destiné aux Juifs ukrainiens.

Lydia Martchouk est une femme cultivée et active. Elle est responsable d'un programme de développement des produits laitiers en Ukraine. C'est un projet tout à fait important ; le secteur agricole emploie en effet un important pourcentage de la population, et l'Ukraine possède de vastes étendues de terres fertiles. La catastrophe de Tchernobyl a dévasté un pays déjà pauvre, et les Ukrainiens doivent absolument relever leur pays. Nous étions bien placés pour en discuter avec eux. « Venez en Israël, ai-je proposé à Mme Martchouk, je vous ferai visiter le pays. Vous verrez ce que l'on peut faire en moins de cinquante ans. Vous n'en croirez pas vos yeux. Notre industrie laitière est remarquablement prospère, nous produisons et nous exportons toutes sortes de fromages, de yaourts, de crèmes glacées et d'autres spécialités laitières. » J'attendrai sa visite avec impatience.

Nous avons passé des moments très plaisants ensemble, mais la présence indispensable d'un interprète rend toujours le dialogue un peu artificiel. Malgré tout, j'ai vite compris que j'avais affaire à une femme ouverte et perspicace. Avant de nous rendre à l'aéroport, nous avons attendu ensemble en grignotant des amuse-gueule que nos époux aient terminé leurs discussions.

— Nous sommes toujours censées être à l'heure, se fâcha-t-elle, notre emploi du temps ne compte pas. Ces messieurs partent du principe que nous n'avons rien d'autre à faire.

Je lui ai proposé d'aller rejoindre nos deux époux, et je me suis dirigée vers M. Martchouk.

— Le proverbe prétend que « derrière chaque homme fort, il y a une femme forte », lui dis-je. Balivernes. Vous avez simplement beaucoup de chance.

— Savez-vous que nous sommes mariés depuis quarante-sept ans ? a demandé Itzhak à Martchouk.

— Et nous, depuis vingt-sept, a répliqué Martchouk.

Le président du Parlement ukrainien nous a alors raconté une histoire : Abraham et Sarah fêtent leurs vingt-cinq ans de mariage. Sarah demande :

— Comment allons-nous célébrer ce grand jour ?

Abraham lui répond :

— Par une minute de silence...

Ce séjour mémorable a également été marqué par une triste visite à Babi Iar. En 1941, trente-quatre mille Juifs y ont été assassinés par les nazis, au cours de deux journées de massacre. Vingt ans plus tard, le poète russe Ievgueni Evtouchenko a évoqué cette tragédie dans un superbe poème, intitulé *Babi Iar.* Itzhak a rendu hommage aux victimes.

Ici, à Babi Iar, les hommes du Sonderkommando *A4 ont détruit les rêves de petits enfants et brisé le cœur de leurs parents, qui tentaient de leur faire un rempart de leurs corps. Ici, le grondement des armes à feu a étouffé les cris de milliers de Juifs venus de Kiev et d'ailleurs. Ici, dans ce ravin de la mort, s'est achevée l'histoire d'un univers juif merveilleux — celui des Juifs ukrainiens qui a donné naissance aux premiers hommes qui rêvèrent de Sion, aux plus grands poètes et écrivains juifs, aux chefs et aux pionniers du sionisme.*

Les nazis et leurs suppôts ont tenté ici, dans ce paysage serein, d'effacer toute trace de leurs crimes et tout souvenir du peuple juif. Ils ont réduit les corps de dizaines de milliers de victimes en poussière, qu'ils ont semée au vent. Il ne reste rien d'eux.

Le peuple juif a été abattu et massacré ici, mais nous nous sommes relevés des fosses de la mort et, aujourd'hui, il est de notre devoir de dire au monde entier : que notre tragédie serve d'avertissement, que chacun sache que le danger n'est pas écarté à jamais. Des successeurs abjects de ces hommes se dressent aujourd'hui même, jusque dans les pays qui ont engendré les plus cruels assassins. L'antisémitisme franchit les frontières. La maladie contagieuse du racisme menace de faire des ravages. Si le monde ne se réveille pas à temps, s'il ne coupe pas la tête hideuse de l'antisémitisme et du racisme, ils nous prendront par surprise mais, cette fois, nous ne pourrons pas dire : nous n'avons rien vu, rien entendu, nous ne savions pas.

Citoyens d'Israël, membres de la nation juive, notre destinée juive nous pousse à retourner encore et encore au bord des ravins de la mort en Pologne, en Russie, en Ukraine, sur chaque lieu qui a vu couler le sang juif. Nous y revenons, malgré l'horreur, pour nous souvenir, pour ne pas oublier — et nous n'oublierons jamais — et aussi pour puiser une force morale dans cette terrible tragédie, pour en tirer des leçons pour l'avenir, et nous assurer qu'aucune puissance sur terre ne frappera plus le peuple juif, qui a survécu à deux mille ans d'histoire. La nation d'Israël est éternelle.

Nous avons ensuite rencontré six personnes âgées, trois survivants des camps et trois « Justes entre les nations » — des chrétiens qui ont sauvé des Juifs de l'Holocauste. Des arbres, plantés au monument du Yad Vashem de Jérusalem, rendent hommage à ces chrétiens courageux. Ces six personnes nous ont raconté leur vie, sur le site même de Babi Iar. Et ces récits bouleversants étaient si vivants, si proches encore dans leur esprit, que nous avons eu le sentiment d'être reportés un demi-siècle en arrière.

Le jour de notre départ de Kiev, le gouvernement au grand complet, dirigé par Yevhen Martchouk, nous a accompagnés à l'aéroport. Pour une raison que j'ignore, les moteurs de notre avion de l'armée israélienne ne tournaient pas encore. Les membres du gouvernement ont patienté jusqu'au décollage. Itzhak avait envie d'étrangler le pilote, qui aurait dû être prêt, et l'a invectivé : « Pourquoi ne décollez-vous pas ? Vous ne voyez donc pas que tous ces gens attendent notre départ dans le froid ? Pourquoi n'avez-vous pas mis les moteurs en route avant que nous montions à bord ? Pourquoi est-ce si long ? » Il était affreusement embarrassé d'obliger ces hauts dignitaires ukrainiens à attendre, par respect pour lui.

Le 28 septembre 1995, Itzhak, Yasser Arafat, le roi Hussein, le président Moubarak et Bill Clinton se sont revus à Washington pour signer les documents d'Oslo II sur l'extension de l'autonomie palestinienne à l'ensemble de la Cisjordanie. Cette cérémonie était l'aboutissement de plusieurs années de labeur et, à mes yeux, cet accord marquait le sommet de la collaboration entre Itzhak et Shimon Peres en faveur de la paix.

La signature a eu lieu à la Maison-Blanche, en présence des ministres des Affaires étrangères de tous les pays qui avaient contribué à la conclusion de l'accord, dont le ministre des Affaires étrangères norvégien. Les discours n'en finissaient pas, l'heure tournait. Lorsque Itzhak a enfin pris la parole, il a déclaré : « J'ai une bonne nouvelle à vous annoncer — je suis le dernier orateur. » Et il a enchaîné :

Aujourd'hui, après une longue série de déclarations officielles et solennelles, je vous demande de tourner les yeux vers cette tribune. Le roi de Jordanie, le président égyptien, le président Arafat, et nous, le Premier ministre et le ministre des Affaires étrangères d'Israël, tous réunis sur une seule et même estrade.

Regardez bien, regardez de tous vos yeux. Ce que vous voyez ici était impossible, chimérique, il y a seulement deux ou trois ans.

Seuls des poètes en rêvaient, et, pour notre plus grande douleur, des soldats et des civils sont morts pour que ce jour soit possible.

Et nous voici devant vous, des hommes que le destin et l'histoire ont chargés d'une mission de paix, afin que le sang, versé pendant cent ans, ne coule plus jamais.

Notre rêve est aussi votre rêve. Le roi Hussein, le président Moubarak, le président Arafat, tous les autres, et surtout le président Clinton — un président au service de la paix —, nous aimons tous les mêmes enfants, nous versons les mêmes larmes, nous haïssons la même inimitié et prions pour la réconciliation. La paix ne connaît pas de frontières.

À cette date, nous étions déjà d'excellentes amies, Mme Arafat et moi. Lorsque Itzhak a prononcé son allocution, elle s'est penchée vers moi et m'a chuchoté, une fois encore : « N'oubliez pas de lui dire de libérer les femmes palestiniennes détenues en Israël. »

La Knesset s'est réunie le 6 octobre et a fini par ratifier les seconds accords d'Oslo. Israël pouvait passer à une nouvelle étape, la paix avec la Syrie. Ce soir-là, répondant à l'appel du Likoud et d'autres partis de droite, une foule de vingt à trente mille personnes s'est rassemblée sur la place de Sion pour protester contre les accords d'Oslo. La foule scandait : « Rabin est un traître ! », « Rabin, rentre avant d'avoir tout bradé ! » Pendant la manifestation, des opposants ont brûlé des posters à l'effigie d'Itzhak en uniforme SS ou coiffé du keffieh, tandis que Benyamin Netanyahou regardait la foule du haut d'un balcon.

La télévision a retransmis la manifestation. Les enfants et moi étions horrifiés par la violence des manifestants qui hurlaient leur haine devant les caméras. Leur fanatisme et leur exaltation n'étaient pas sans me rappeler les manifestations des intégristes en Iran. Lorsque nous avons fait part de nos craintes à Itzhak, il les a balayées d'un geste. « Que voulez-vous faire ? a-t-il dit. Nous sommes en démocratie. »

Le 20 octobre, nous sommes partis pour New York, où nous étions invités à la cérémonie du cinquantenaire des Nations unies.

Boutros Boutros-Ghali, secrétaire général de l'ONU depuis 1992, n'avait jamais été un grand ami d'Israël, mais, une fois le processus de paix en marche, il l'a soutenu sans réserve. Dès lors, les Nations unies ont changé radicalement d'attitude à notre égard. Nous avons eu droit aux places d'honneur, aux côtés des dirigeants des plus grandes puissances. Au cours des derniers mois, nous avions reçu la visite de nombreux chefs d'État et responsables politiques, dont la reine Béatrice des Pays-Bas, le premier ministre autrichien Franz Vranitzky, le président kenyan Daniel Arap Moi, le Premier ministre britannique John Major, le chancelier allemand Helmut Kohl et le ministre français des Affaires étrangères, Alain Juppé.

Les Nations unies sont comme une fenêtre ouverte sur le monde. Pendant des années, nous avions été isolés derrière un rideau, condamnés, vilipendés à l'intérieur même de cette enceinte. En hébreu, l'abréviation désignant les Nations unies est « Um ». David Ben Gourion disait toujours : « Um ! *Schmum !* » d'un ton dégoûté, une manière inimitable de résumer nos relations apparemment sans issue avec cette organisation. Nous subissions sans cesse ses remontrances, et nous avons plusieurs fois frôlé l'exclusion. Quand un délégué israélien prenait la parole à l'ONU, il n'était pas rare que les deux tiers de l'assemblée quittent la salle.

Dans sa déclaration devant les Nations unies en octobre 1995, Itzhak a souligné le « tournant historique » que nous étions en train de vivre. « De même que nous nous sommes adressés jadis à vous pour protester, a-t-il dit, nous venons aujourd'hui pour louer. » Il a cité ensuite le prophète Isaïe : « Ils forgeront des socs dans l'acier de leurs glaives et des émondoirs dans celui de leurs lances. » Sa volonté de paix était claire, comme toujours : « La route est encore longue. Mais nous sommes déterminés à poursuivre jusqu'à ce que la paix règne dans la région. Pour nos enfants et pour les enfants de nos enfants. »

De nombreux chefs d'État étrangers ont manifesté le désir de rencontrer Itzhak au cours de ce voyage. Jamais il ne s'est laissé détourner de son objectif, jamais il n'a cherché à attirer l'attention sur sa personne ; il se considérait simplement comme le représentant privilégié de tous ceux qui avaient œuvré pour la paix. Lors de la première conférence des chefs d'État, Itzhak se tenait à l'écart, comme un petit garçon timide le jour de la rentrée des classes. Moins de dix minutes plus tard, il était entouré d'une bonne dizaine de chefs d'État qui voulaient absolument lui parler. Les collaborateurs d'Itzhak m'ont confié que pas moins de quatre-vingts dirigeants avaient essayé d'obtenir un rendez-vous, alors qu'il ne pouvait matériellement pas en recevoir plus de quarante.

Lors d'un entretien avec le président de la République populaire de Chine, Jiang Zemin, Itzhak a souligné, avec sa modestie habituelle, combien notre pays est petit comparé à l'immensité de la Chine. Le président Jiang Zemin l'a interrompu, réfutant cette idée d'un geste de la main. « Pour nous, a-t-il dit, la qualité et la puissance d'une nation ne se mesurent pas au nombre de ses habitants, mais à sa culture et à son développement technologique. De ce point de vue, Israël est incontestablement une superpuissance. » Le dernier rendez-vous d'Itzhak était prévu le vendredi après-midi : il devait rencontrer le roi Hassan II du Maroc. Lorsqu'ils se sont séparés, la nuit était tombée et c'était le shabbat, ce qui a obligé Itzhak et ses conseillers à se rendre à pied du Plaza Hotel au Regency, sous une pluie battante.

Après les cérémonies qui se sont déroulées au siège de l'ONU, Itzhak a reçu des mains des gouverneurs de New York et du New Jersey l'Intrepid Freedom Award, à bord de l'*Intrepid* — un gros-porteur américain désarmé et transformé en musée flottant, ancré dans l'Hudson.

Itzhak a rencontré le président Clinton à Washington le 25 octobre. Le soir même, nous devions tous assister à une cérémonie organisée par l'Appel juif unifié. La journée avait été mouvementée, et nous devions repartir pour Israël dans la soirée. Itzhak, comme à son habitude, craignait d'arriver en retard. Il a quitté précipitamment Capitol Hill, où avait lieu une grande fête en l'honneur du troisième millénaire de la fondation de Jérusalem, pour aller rejoindre le président Clinton. Ils avaient décidé de se rendre à la cérémonie ensemble. Il n'est même pas passé à l'hôtel, préférant encore assister à une cérémonie officielle en costume de ville plutôt que de risquer de faire attendre le président.

En voyant arriver Itzhak sans son smoking, le président Clinton est venu à la rescousse et a sorti de sa poche, comme par magie, un nœud papillon noir qu'il a tendu à Itzhak. (Tout comme Yigael Yadin s'était porté à son secours à Rhodes en 1949 ! *Plus ça change*[1]...) Cette scène a été immortalisée par les photographes : le président Clinton aidant Itzhak à mettre son nœud papillon — une magnifique image de chaleur et d'estime réciproque.

Aussi chaleureuses et respectueuses que fussent leurs relations, il arrivait à Itzhak et à Clinton d'avoir des différends. Un

1. En français dans le texte.

jour, Shimon Sheves, le conseiller d'Itzhak, a vu ce dernier, au comble de l'exaspération, taper du poing sur la table au cours de négociations avec le président. De retour en Israël, il a été déconcerté de voir Itzhak conserver sa douceur et sa courtoisie alors qu'il bataillait avec un ministre indiscipliné. Sheves avait demandé à Itzhak comment il avait pu se montrer aussi expansif et aussi déterminé en s'adressant au président de la plus grande puissance du monde. Itzhak lui avait alors expliqué que l'incident avec le ministre l'avait simplement irrité. En revanche, lorsqu'il parlait au président, il n'avait pas le choix, il devait défendre les intérêts d'Israël de pied ferme. Dans ces moments-là, dit-il, c'étaient des nations qui se parlaient, et non des individus.

Le 29 octobre, Itzhak se trouvait à Amman, en Jordanie, pour participer à une conférence — une nouvelle étape du processus de paix. C'était une période véritablement passionnante, et Itzhak était si profondément engagé au service de la paix que rien, ni les manifestations de violence ni les attentats terroristes, n'aurait pu le détourner de sa mission.

Lorsque nous sommes rentrés en Israël, Itzhak s'est replongé dans son travail. Il a conservé le même emploi du temps tout au long de son second mandat — il quittait la maison à sept heures et demie tous les matins, déjeunait sur le pouce, se passait de sieste, et rentrait vers vingt et une heures (sinon plus tard) pour regarder le journal télévisé. Impitoyable envers lui-même, et infatigable.

Itzhak n'ignorait pas les menaces qui pesaient sur sa vie (l'incident du Wingate aurait suffi à les lui rappeler) ni les agitateurs qui hurlaient sous nos fenêtres. Mais rien ne pouvait le troubler, car il était convaincu que la paix était la seule solution pour notre pays. Le rassemblement pour la paix du 4 novembre 1995, sur la place des Rois d'Israël, devait confirmer l'adhésion du peuple à ses espoirs et à sa vision de l'avenir.

Ce soir d'allégresse, en quittant la tribune, il a entendu ce qu'il avait tant besoin d'entendre : les cris d'amour et d'approbation de plusieurs centaines de milliers de voix, jeunes et vieilles, trop longtemps silencieuses, qui résonnaient enfin à l'unisson, l'exhortant à poursuivre au nom de la paix. Lorsqu'il a descendu les marches pour se diriger vers sa voiture, je suis certaine que ses pensées, comme toujours, étaient déjà tournées vers les tâches difficiles qui l'attendaient dans les jours à venir

— à la Syrie, et au reste. Mais un individu armé d'un Beretta 9 mm, l'esprit rempli de haine, a interrompu brutalement « le chant de sa vie » — *shirat chayav be'emza nifseka* —, bouleversant à jamais mon univers, notre univers. Désormais, rien ne sera jamais plus comme avant...

11

Tous ses enfants pleurent

7 DÉCEMBRE 1995

AU-DESSUS DE L'ATLANTIQUE

Nous avons fait si souvent cette traversée ensemble. Nous sirotions un whisky et savourions ces heures dérobées au temps, que seul un voyage en avion peut offrir. Nous nous partagions un comprimé de somnifère et essayions de dormir un peu, assis côte à côte. Tu t'envolais vers de nouveaux défis, et moi je partais satisfaire ma curiosité, faire de nouvelles connaissances, découvrir des lieux nouveaux. Réceptions officielles, dîners, mais aussi nos petits déjeuners en tête à tête. Ces petits déjeuners intimes auxquels nous n'avons jamais renoncé.

Ce soir, je suis seule dans la cabine de première classe de la compagnie El Al, je bois mon whisky seule, et je pleure.

Je prends un demi-comprimé de somnifère, l'autre moitié reste sur le plateau.

Désormais, je serai seule à jamais pour affronter les tâches qui m'incombent depuis ta disparition : rencontrer ceux qui cherchent à honorer ta mémoire ou qui souhaitent simplement me rencontrer parce qu'ils t'aimaient et t'admiraient. Et me souvenir, désormais et pour toujours...

J'ai souvent voyagé seule, bien sûr, tandis que tu restais en Israël. Mais c'était une autre solitude. Nous nous appelions chaque jour, je te demandais comment tu allais, tu me demandais comment j'allais. Après tant d'années passées ensemble, les mots étaient presque inutiles. Oh, Itzhak, quand nous parlerons-nous à nouveau ? Je monologue..., mais cela m'apporte un peu de réconfort dans cette douleur lancinante.

8 DÉCEMBRE 1995

NEW YORK

Au lever du jour, un ciel d'hiver, froid et rose, nous accueille alors que nous abordons la piste de l'aéroport Kennedy. Des voitures nous attendent pour nous conduire au consulat d'Israël, à l'angle de la IIe Avenue et de la 42e Rue. Nous arrivons à neuf heures. Le soir du drame, une foule nombreuse s'est rassemblée ici. Pendant toute la durée de la shiva, *des gens sont venus ici, allumer des bougies en ta mémoire, ils ont rejoint les longues files d'attente devant le consulat pour signer le livre de condoléances.*

Le conseil municipal de New York a décidé de baptiser cette section de la IIe Avenue « Rabin Way » et nous a invités, les enfants et moi, à l'inauguration. Une tribune avait été érigée à la hâte pour accueillir le maire de New York, Rudolph Giuliani, les membres du conseil municipal, le consul général Colette Avital et moi. La foule est venue nombreuse dans le matin frileux. Et de nombreux hommages t'ont été rendus.

Colette ne m'avait pas prévenue que je devrais prendre la parole, aussi ai-je dû improviser. Trente jours d'interviews et de discours m'y ont habituée, et cela n'a pas été trop pénible. Ce qui reste pénible, c'est cette masse de douleur et de chagrin qui affluent vers moi. Et moi, vers qui puis-je me tourner ?

10 DÉCEMBRE 1995

NEW YORK CITY

Dimanche, il y a eu une grande manifestation au Madison Square Garden. Cet événement a provoqué une immense effervescence : mesures de sécurité, éventualité de la présence du président Clinton, comment éviter les manifestations des ultra-orthodoxes, y aurait-il assez de monde...

En fin de compte, tout le monde s'était fait du souci pour rien. La salle était bondée ! Dès huit heures du matin, près de vingt mille personnes faisaient la queue dans un froid glacial pour se présenter aux barrières de sécurité. Shimon Peres, le président du Congrès juif mondial Edgar Bronfman, le grand rabbin Yisrael-Meir Lau, Leon Levi, le nouveau responsable de la Conférence des présidents juifs, tous ont dit quelques mots à la foule. Lorsque j'ai pris la parole à mon tour, les gens semblaient très émus. Aviv Geffen a chanté, puis un chœur d'enfants a entonné L'Hymne à la Paix *et Marvin Hamlisch a interprété* L'Enfant de son enfant, *une chanson qu'il a écrite pour Noa. Le vice-président Al Gore a prononcé un discours remarquable. Une marée humaine... l'effet était saisissant. Quant à ton portrait suspendu à des poutrelles..., ce n'était pas toi. Peut-être cette affreuse photo m'a-t-elle un peu aidée. Lorsque je vois un bon portrait de toi, je n'arrive pas à retenir mes larmes, car j'ai l'impression de te voir — si beau, si expressif —, c'est au-dessus de mes forces. Là, cela aurait pu être n'importe qui, un étranger !*

Le maire, M. Giuliani, a donné ensuite une réception au Gracie Mansion. Il a évoqué ton souvenir avec éloquence. Shimon Peres, Al Gore et le rabbin Lau ont également parlé de toi. Je n'avais pas l'intention de prendre la parole, mais j'ai changé d'avis et j'ai dit quelques mots après le rabbin Lau. Les enfants et nos amis m'ont demandé je ne sais combien de fois comment je trouvais la force de le faire. J'ai puisé cette force dans une seule source : la nécessité de donner un sens à ta disparition.

J'ai évoqué les paroles de Shimon Peres, qui avait déclaré un peu plus tôt que nous devions poursuivre sur la voie de la paix. J'ai dit que si tu avais pu lui parler tu lui aurais dit : Continuez ce que nous avons commencé ensemble.

12 DÉCEMBRE 1995
WASHINGTON

De New York, nous avons pris l'avion pour Washington avec le vice-président.

Itzhak, mon amour — les hommages qui te sont rendus à travers moi me conduisent dans des endroits où je n'aurais jamais imaginé me trouver un jour. J'ai passé la nuit à la Maison-Blanche. Je n'aurais jamais cru que l'on pouvait dormir dans l'immense lit de Lincoln ! J'étais allongée dans ce grand lit, seule, hélas... Lincoln et toi, victimes l'un comme l'autre de fanatiques.

Bill et Hillary Clinton se sont montrés extrêmement chaleureux. Nous sentions que nous étions les bienvenus. Les Gore se sont joints à nous pour le dîner — tout le monde était détendu, on se sentait presque en famille. Le lendemain matin, nous avons pris le petit déjeuner à la Maison-Blanche. Le président, en tenue de sport, est venu nous saluer avant de gagner son bureau. Dalia portait un peignoir de bain de la Maison-Blanche et le président Clinton lui a dit : « Il vous va si bien, gardez-le. » Ensuite, Hillary est descendue. Elle a admiré ma robe de chambre en cachemire. Quelques minutes plus tard, sa secrétaire est venue me demander où je l'avais achetée. Nous avons félicité l'intendante pour le potage qu'on nous avait servi au dîner, et, moins de cinq minutes plus tard, elle nous remettait la recette écrite de la main du chef.

Ce ne sont là que quelques exemples de la chaleur et de la générosité avec lesquelles nous avons été reçus. Bien qu'ils vivent à la Maison-Blanche, les Clinton ont su rester tout à fait charmants, ils nous ont vraiment donné l'impression que nous étions les invités d'une famille américaine très hospitalière.

13 DÉCEMBRE 1995
ROME
Après les États-Unis, nous nous sommes envolés directement pour Rome. Aucun pays européen n'a été aussi choqué que l'Italie par ton assassinat — peut-être parce que les Italiens sont un peuple extrêmement sentimental et expansif. En novembre, le président Oscar Luigi Scalfaro avait été l'un des premiers chefs d'État à arriver en Israël à l'occasion de tes funérailles ; il nous a dit que la douleur des Italiens était telle que le pays semblait plongé dans un deuil national.

Pour notre arrivée à Rome, l'Italie avait déployé d'impressionnantes forces de police. Des gardes du corps nous entouraient comme si nous étions des chefs d'État. Entre les interviews de la télévision et celles de la presse écrite, notre emploi du temps était bien chargé. J'ai dû raconter ton assassinat, encore et encore... Parler de ma vision de l'avenir — exprimer l'espoir que l'atrocité de ta mort renforcera le soutien au processus de paix.

Le grand rabbin de Rome nous a fait visiter la grande synagogue. Cette visite m'a peinée à plus d'un titre. La population juive de Rome s'est appauvrie et a vieilli. Les Juifs plus jeunes et plus aisés se sont installés dans le Nord, à Milan et à Turin. La simplicité même des gens et de la synagogue rendait cette visite plus poignante encore, et infiniment triste.

La cérémonie commémorative à l'Opéra de Rome a été d'une grande dignité. Le gouvernement au grand complet, de nombreux membres du Parlement, le corps diplomatique et d'autres personnalités y assistaient. Le président Scalfaro a parlé, les larmes aux yeux. Assise à ses côtés sur la tribune, je n'ai pas pu retenir mes propres larmes. J'ai lu mon discours, que j'avais fait traduire en italien. D'autres ont lu des extraits de tes propres discours. Ahinoam Nini a chanté L'Hymne à la paix, *puis nous avons assisté à un magnifique concert dirigé par Daniel Oren. Tous les artistes étaient venus bénévolement.*

Se promener dans les rues de Rome était presque impossible : tout le monde, semblait-il, nous reconnaissait et venait nous serrer la main, comme si nous étions à Tel-Aviv.

14 DÉCEMBRE 1995
CITÉ DU VATICAN

Aujourd'hui, les enfants et moi avons été reçus en audience par le pape, un honneur extraordinaire ! Quand tu m'avais raconté ta rencontre avec Jean-Paul II, tu m'avais décrit un homme imposant, mais charmant. Tu avais raison. Conformément aux règles strictes du protocole, seuls les enfants, notre ambassadeur et moi-même avons été reçus.

Il m'a dit que j'étais assise dans le fauteuil même où tu avais pris place lors de ta visite. Il m'a également confié qu'à ses yeux ta mort avait fait de toi un saint. Itzhak, même dans notre pays, les milliers de personnes qui se rendent sur ta tombe et sur le lieu de ton assassinat te considèrent comme une sorte de saint — en tout cas comme un martyr... Si tu savais combien j'ai du mal à m'y faire...

Le pape a ensuite parlé du peuple élu, et je lui ai dit qu'à mon sens cette « élection » avait été de notre propre fait, par l'adoption des Dix Commandements. « Tu ne tueras point » exprime le caractère suprêmement sacré de la vie. La vie a toujours été sacrée pour toi. Et c'est un Juif qui t'a assassiné. Nous sommes bouleversés et remplis de honte.

J'ai également dit au pape que l'unification de Jérusalem, en 1967, était l'un des moments de ta vie dont tu étais le plus fier et qu'il était essentiel que les fidèles de toutes les confessions puissent accéder librement aux lieux saints. C'est à cet instant que le pape a répondu qu'il considérait que Jérusalem avait un double rôle à jouer : celui de capitale d'Israël et celui de ville sainte pour les trois religions. Ces paroles t'auraient comblé ! Au moment de prendre congé, le pape m'a offert une jolie peinture de la Vierge dans un cadre d'ivoire.

Après notre départ, une conférence de presse s'est attachée à approfondir notre entretien avec le pape, et ses conséquences ont fait la une des journaux du monde entier. Nous étions invités à dîner avec l'ambassadeur d'Israël, Yehuda Milo, et le personnel de l'ambassade, ce qui nous a permis de les remercier de tout ce qu'ils avaient fait pour organiser notre venue.

Itzhak, c'est si dur de rentrer à la maison, de savoir que tu ne seras pas là à m'attendre, rayonnant, prêt à me serrer dans tes bras. C'était toujours une telle joie de rentrer à la maison après un voyage, de te retrouver, de retrouver notre maison et le bonheur d'être ensemble. Restent la maison et tes photos. Le vide. Une tristesse incommensurable...

Dans les mois qui ont suivi la disparition d'Itzhak, la nation lui a rendu hommage en donnant son nom à des édifices et à des lieux très nombreux. En décembre, j'ai assisté à plusieurs inaugurations, dont celle d'un complexe sportif à Herzliyah. Mon cher lycée, Tichon Hadash, qu'avaient également fréquenté nos enfants et notre petit-fils Michael, a été rebaptisé lycée Itzhak-Rabin. L'hôpital Beilinson et l'hôpital Sharon ont été réunis sous le nom de centre médical Rabin.

Le 21 décembre 1995, la centrale électrique de Hadera a pris un nouveau nom : Les Lumières de Rabin. Itzhak l'avait inaugurée quatre jours avant sa mort. Toute la lumière que cette centrale produit porte désormais son nom.

En visitant l'usine, le jour de la cérémonie, j'ai appris beaucoup de choses sur l'électricité (le genre de détails dont Itzhak s'informait toujours avec curiosité). Les ouvriers eux-mêmes m'ont rappelé une autre forme d'énergie. Ils étaient là, les larmes aux yeux, en souvenir d'un homme qu'ils aimaient comme un frère.

Pour Itzhak, cette usine était une nouvelle étape essentielle de la marche d'Israël vers le progrès. Il y a eu des chansons, une fois encore, mon cœur s'est brisé, et mes yeux se sont remplis de larmes, que j'étais incapable de retenir.

Longtemps après la *shiva*, des gens de tous horizons ont continué à venir me présenter leurs condoléances. Fin décembre, l'acteur Ben Kingsley a passé quelques heures à la maison. Un mois avant la mort d'Itzhak, le ministre du Tourisme, Uzi Baram, avait invité Ben Kingsley à Jérusalem. On avait organisé un dîner de mille personnes, rassemblant principalement des directeurs et des éditeurs de revues touristiques venus des États-Unis. Uzi et Ruthi Baram, Itzhak, Ben Kingsley et moi étions assis à la même table. Ben était à ma droite, et nous avions devisé agréablement de littérature et de théâtre.

Après le dessert, la place voisine d'Itzhak s'était libérée un instant, et Ben s'y était installé pour discuter avec lui. Ils avaient évoqué notre prochaine visite à Camberley, le rôle de Ben dans *La Liste de Schindler* et son étude sur l'antisémitisme en Europe au milieu du siècle. Lorsqu'il est venu me voir, Ben m'a dit que leur conversation avait duré « trois ou quatre cigarettes, l'unité de mesure du temps passé avec Rabin ». Je lui ai demandé ce qui l'avait le plus frappé chez Itzhak. Sa réponse tenait en deux mots : « Son calme. »

Le 6 janvier 1996, le service de traumatologie de l'hôpital Ichilov de Tel-Aviv a été rebaptisé unité de traumatologie Rabin.

Le roi Hussein, Shimon Peres, des membres de la Knesset et le personnel de l'hôpital, dont le professeur Gabi Barabash et l'équipe de traumatologie, assistaient à la cérémonie. C'était la première visite du roi Hussein à Tel-Aviv.

J'ai remercié l'équipe du service de traumatologie du professeur Yoram Kugler et du docteur Motti Gutman, qui avaient pris Itzhak en charge dès son arrivée et l'avaient accompagné jusqu'au bout, jusqu'au moment où ils avaient su qu'il n'y avait plus rien à faire. Ce soir-là, tout le personnel de l'hôpital avait été bouleversé en voyant arriver le Premier ministre dans un état critique. Ils avaient tout fait pour le sauver, avant de devoir prendre la décision de débrancher la ventilation artificielle et de reconnaître qu'il était mort. J'aurais dû les remercier en cette nuit de novembre, mais j'étais hébétée, incapable de penser. En conclusion, j'ai exprimé ma gratitude au roi Hussein, qui nous avait honorés de sa présence, puis j'ai cité un verset de la Bible : « Béni soit-il d'être venu et reparti, nous laissant derrière lui. »

5 FÉVRIER 1996
LAUSANNE

Me voici de nouveau dans un avion. Cette fois, je pars pour la Suisse, où je dois parler au nom du Keren Kayessod[1]*, à Lausanne et à Genève.*

Itzhak, on me demande souvent : « Comment allez-vous ? » Comme je les appréhende, ces questions si simples, si courtoises ! Je réponds : « Bien, merci », mais cela sonne creux. Il m'arrive même de demander aux gens de ne pas me poser la question : ont-ils vraiment envie que je leur réponde que ça ne va pas, non, et que je souffre infiniment ?

Avant mon départ d'Israël, je suis allée au vernissage d'une exposition de photographies à Ramat Gan. Cent quatre-vingts superbes clichés de ta vie. Des images de l'homme que tu as été : le soldat, le chef d'état-major, le diplomate, l'homme d'État, le leader, l'ami, le père qui embrasse ses enfants, le grand-père qui serre ses petits-enfants dans ses bras, mon mari. Sur l'une de ces photos, on te voit en train d'aider un soldat handicapé à se lever de son fauteuil, la compassion se lit sur ton visage. Sur une autre, tu ris de bon cœur — c'était pendant la conférence de presse avec Warren Christopher... Itzhak, qu'y avait-il de si drôle ?

1. Organisation chargée de collecter des fonds en Europe pour Israël.

Itzhak, je voudrais tant surmonter ma douleur. Je n'y arrive pas et cela m'inquiète. Je ne parviens pas à me concentrer, je suis incapable de lire. Je veux être forte, pour toi et pour les enfants, mais mes forces s'épuisent. J'ai peur.

9 FÉVRIER 1996
GSTAAD

Je suis si souvent allée à Gstaad sans toi. Tu restais en Israël et tu me disais : « Amuse-toi bien ! » Tu m'as toujours poussée à aller faire du ski, tout en te refusant obstinément à essayer. « Une jambe cassée suffit, me répétais-tu, moi, je cours déjà assez de risques dans la vie. »

Tu es toujours avec moi. En un sens, quand je skie aujourd'hui comme je le faisais lorsque tu étais en vie, c'est une manière d'être avec toi, tout en étant sans toi. C'est comme si je fumais ta dernière cigarette avant d'aller me coucher. Dors bien, mon amour.

10 FÉVRIER 1996
GSTAAD

La neige est arrivée à Gstaad en même temps que nous. Le ski est une véritable thérapie pour mon cœur déchiré. La beauté des paysages m'a redonné goût à la vie et les heures passées sur les pistes m'ont fait un bien immense, même si ce ne sont que quelques heures dérobées au chagrin.

Un événement est survenu en Israël et j'ai décidé d'écourter mon séjour. L'odieuse famille de l'être qui t'a assassiné — peut-on parler d'un homme ? — a manifesté dans une rue de Jérusalem, entourée de supporters et brandissant des pancartes sur lesquelles on pouvait lire : C'EST DE LA DIFFAMATION. IL EST INNOCENT. *Une manifestation... autorisée par la police ! Combien de temps encore supporterons-nous la folie du système ? Le procès de l'assassin s'est ouvert il y a trois mois. Tu as toujours critiqué la lenteur de nos procédures judiciaires. Et maintenant, alors qu'un criminel t'a assassiné sous les yeux du monde entier et qu'il a avoué son crime, nous attendons toujours le verdict. Je ne comprends pas.*

Yuval a évoqué ce problème à la radio israélienne. Beaucoup disent qu'il a parlé avec force et clarté. Tu aurais été fier de ton fils. Tu aurais été... *Quels mots terribles !*

Une semaine avant le jour où Itzhak aurait dû fêter ses soixante-quatorze ans, deux attaques terroristes ont secoué le pays. Un membre du Hamas est monté dans le bus n° 18, près de la gare routière centrale de Jérusalem. Il portait une bombe. L'explosion a fait vingt-quatre morts et cinquante blessés.

Trois quarts d'heure plus tard, un autre attentat suicide du Hamas a provoqué une explosion près d'Ashkelon. Il y a eu un mort et trente-quatre blessé. Le but de ces opérations était clair : en tuant des innocents, le Hamas voulait démontrer que la paix n'était pas un gage de sécurité. Il fallait effrayer la population et la détourner de la paix. La nation tout entière aurait tellement eu besoin d'Itzhak pour la rassurer, la réconforter, la convaincre qu'il fallait persévérer...

Le 1er mars, jour de l'anniversaire d'Itzhak, nous sommes allés nous recueillir sur sa tombe, sur le mont Herzl. J'avais confié la réalisation du monument funéraire à notre ami Moshe Safdie, l'architecte qui a conçu l'inoubliable et superbe mémorial des Enfants au Yad Vashem. Je voulais une pierre tombale de basalte, une roche volcanique que l'on trouve sur le plateau du Golan, avec d'un côté le nom d'Itzhak et de l'autre les dates de sa naissance et de sa mort.

La tombe est toute simple, c'est celle d'un grand homme, d'un homme honnête. La pierre est imposante — ses deux faces forment un V, moitié ivoire, moitié noir. Une flamme brûle en permanence devant la pierre.

Il pleuvait lorsque nous sommes arrivés au cimetière. La flamme était éteinte. Fallait-il y voir un signe ? Shimon Peres a rappelé que plusieurs victimes des actes terroristes de la semaine précédente avaient été enterrées au mont Herzl et que leur période de *shiva* n'était pas encore terminée. Il a ajouté qu'Itzhak « nous a enseigné à ne pas céder aux terroristes, à ne pas dévier du chemin de la paix ».

Ravalant ses larmes, Dalia a évoqué la joie avec laquelle son père fêtait son anniversaire. « Nous revoilà, pour ton anniversaire, a-t-elle dit, mais nous le fêtons sans toi. » Yuval a récité le kaddish. Moi, je t'ai parlé.

Itzhak, c'est la deuxième fois que je te parle en présence de nombreuses personnes, en sachant que tu ne peux m'entendre. J'éprouve toujours le besoin de te parler. Comme celui de souligner ce que ce monologue a de cruel.

Ce soir terrible, lorsque le premier coup de feu a retenti, tu t'es retourné, comme pour dire : « Eh bien ? Que se passe-t-il ? » Puis je t'ai vu tomber, j'ai vu les autres se coucher sur toi. Je croyais, je voulais tellement croire qu'ils t'avaient jeté au sol pour te protéger des balles qui t'avaient manqué.

Tu aurais refusé de croire que ces balles tirées par un Juif malveillant t'étaient destinées.

Pourquoi es-tu tombé, toi, le héros de ma jeunesse, le héros de ma vie ? Pourquoi es-tu tombé et ne t'es-tu pas relevé ?

Nous sommes réunis aujourd'hui autour de ta tombe. En ce 1er mars, tu aurais eu soixante-quatorze ans. Mais tu n'es plus !

Quatre mois se sont écoulés depuis le drame. Tu nous manques à chaque instant. Nous n'arrivons pas à nous faire à l'idée que nous demeurerons désormais sans toi, pour toujours.

« La tempête soufflera autour de nous », dit l'hymne du Palmach. Le Hamas, les attentats suicides, les bombes, et l'effervescence des élections. La tempête fait rage...

Mais tout cela ne t'atteint plus. Tu reposes ici, pour l'éternité.

4 MARS 1996
NEW YORK

Après ton anniversaire, je suis partie pour les États-Unis. J'étais invitée par la Fairleigh Dickinson University du New Jersey à recevoir un diplôme de docteur honoris causa qui nous avait été décerné à tous les deux. Ces derniers jours, soixante personnes ont trouvé la mort dans des attentats suicides en Israël. Hier, un autre terroriste du Hamas a provoqué une explosion près du centre Dizengoff, en plein cœur de Tel-Aviv, faisant douze morts et plus d'une centaine de blessés, dont de nombreux enfants. Deux familles du New Jersey ont perdu leurs filles dans des actes terroristes au cours de ces dernières années. À l'université, je me suis adressée au public, et j'ai prononcé les mots que tu aurais voulu que je dise en cette heure critique.

La semaine dernière, un attentat terroriste nous a brutalement rappelé la violence des extrémistes islamiques. Il y a un an exactement, Beit Lid a été le théâtre d'un acte similaire. Permettez-moi de citer les paroles que mon mari avait prononcées à cette occasion : « À nos ennemis nous disons : comme par le passé, nous continuerons à vous combattre, aujourd'hui et demain. Nous continuerons à fonder ici nos foyers et nos familles. Nous poursuivrons notre quête de la paix, tout en vous traquant et en vous châtiant. Aucune frontière ne nous en empêchera. Nous vous éliminerons, nous vous écraserons, aucun ennemi ne saura nous vaincre. »

Hier comme aujourd'hui, nous devons combattre le terrorisme tout en progressant sur le chemin de la paix. Et voici qu'aujourd'hui une nouvelle bombe a explosé à Tel-Aviv...

Dans les centaines de milliers de messages que j'ai reçus depuis la mort d'Itzhak, des gens me parlent de l'homme qu'ils ont perdu, de ce qu'il représentait pour eux, de ce qu'il incarnait et du vide immense qu'il laisse.

Aujourd'hui, quatre mois plus tard, les bougies se sont éteintes et les fleurs sont fanées. J'ai rangé toutes ces lettres, tandis que d'autres continuent de me parvenir. Tout le pays, de nombreux autres pays, des villes, des universités du monde entier veulent lui rendre hommage et honorer sa mémoire. Aujourd'hui, le nom de Rabin désigne une rue, une place, un centre de soins et un complexe sportif, un jardin d'enfants et une école. Des fondations et des bourses portent son nom. Il est devenu un mythe. Mais qu'est-ce qu'un mythe, sinon une légende pour les générations à venir ?

Lorsqu'on me demande si j'ai des projets, je réponds oui. J'ai été plus proche de lui que quiconque, je l'ai aimé toute sa vie, j'ai été à ses côtés à tous les carrefours de son existence, je connaissais intimement les ressorts de son intelligence hors du commun et de son cœur courageux. À ce titre, il est de mon devoir de transmettre son message, de rallumer encore et toujours cette flamme brillante, si brutalement éteinte.

Je suis ici pour que vous vous souveniez de lui.

7 MARS 1996
BOSTON

Aujourd'hui, j'ai prononcé une allocution télévisée à la John F. Kennedy School of Government, à Harvard. C'est toi qui aurais dû prendre la parole ici, le 16 novembre dernier. Je te représente humblement. La salle était bondée — plus de huit cents personnes. Un ami m'a raconté que le silence était tel que l'on pouvait entendre l'auditoire respirer. Lorsque je me suis tue, les étudiants m'ont posé des questions. L'un d'eux, un Arabe, m'a posé une question qu'il avait préparée à ton intention en novembre dernier. J'ai mis la main en visière au-dessus mes yeux pour essayer de l'apercevoir au milieu du public. « Je ne peux pas vous voir, lui ai-je dit, mais, si vous souhaitez interroger Itzhak, essayons, si vous le voulez bien... »

10 MARS 1996
LOS ANGELES

Ce soir, au Hilton de Beverly Hills, j'ai assisté à un gala au bénéfice du centre médical Shiba. On est en train d'y construire un centre de rééducation qui portera ton nom. La soirée a été typique de Beverly Hills. On avait demandé à l'acteur Rod Steiger de parler pendant deux ou trois minutes — il t'a appelé « Rubin » à quatre reprises. Lorsque mon tour est venu de monter à la tribune, je me suis adressée à lui : « Très loin d'ici, en Inde, un vieil homme a dit qu'il avait un ami qui était mort pour la paix et que cet ami s'appelait "Rubin". Il a le droit de l'appeler Rubin, mais, de vous, j'attends que vous prononciez correctement le nom de mon mari. »

Le programme comprenait aussi un numéro de Natalie Cole — la fille de Nat King Cole. Elle a un style bien à elle, et ce soir-là elle a fait une apparition dans une tenue plus que légère. Je n'ai pas trouvé cela du meilleur goût. J'ai dit que les Juifs ont ceci de prodigieux qu'ils sont capables de vivre dans différentes régions du monde en s'adaptant au mode de vie de ceux qui les entourent, sans cesser pour autant de former un seul peuple. Chaque fois que je suis invitée, aux quatre coins du monde, à une cérémonie en l'honneur de mon mari assassiné, leur ai-je dit, j'ai l'occasion d'observer d'innombrables manières de lui rendre hommage. Je suis certaine, ai-je ajouté, qu'Itzhak aurait adoré Natalie Cole !

Pendant que j'étais avec Dalia dans l'avion qui nous emmenait aux États-Unis, une commission d'enquête a rendu ses conclusions sur les défaillances des services de sécurité, le soir du meurtre. Ses conclusions mettaient en cause le Shabak. Pour ma part, je n'ai pas changé d'avis depuis ta mort. L'assassin est arrivé à t'approcher et à te tuer. Le climat qui régnait dans le pays l'a encouragé à passer à l'acte. Tu n'aurais jamais imaginé qu'un Juif veuille te tuer — et tu l'as dit je ne sais combien de fois. Comment les hommes chargés de ta sécurité auraient-ils pu être d'un autre avis ? Mon attitude n'a jamais changé à l'égard de ces hommes. Tu avais toute confiance en eux. Tu leur faisais confiance depuis tant d'années — j'ai moi aussi toujours respecté leur dévouement et le travail qu'ils accomplissaient. S'ils ont commis des erreurs, ils en paient le prix maintenant. Mais je ne peux croire qu'ils aient manqué à leurs engagements envers toi. Du reste, quoi que je pense, cela ne te rendra pas la vie.

Après la vague d'attentats qui a secoué Israël, un sommet antiterroriste s'est tenu le 13 mars 1996 à Charm el-Cheikh, en

Égypte. De nombreux chefs d'État ou de gouvernement étaient présents — le président Clinton, le président Moubarak, le roi Hussein, Helmut Kohl, Jacques Chirac, John Major et Shimon Peres. En voyant ce rassemblement de dirigeants, beaucoup de gens ont songé à une réunion presque identique, cinq mois plus tôt, pour les funérailles d'Itzhak...

Après le sommet, le président Clinton s'est rendu en Israël. Il a annoncé que les États-Unis s'engageaient à fournir à notre pays des moyens techniques de lutte contre le terrorisme pour un montant de cent millions de dollars. Il est allé se recueillir sur la tombe de Nachson Wachsman, le soldat pris en otage puis exécuté par le Hamas, avant de rendre visite à ses parents. Ensuite, nous sommes allés ensemble sur le mont Herzl. Nous sommes restés debout devant la tombe d'Itzhak, main dans la main. Sur la tombe, le président a déposé quelques pierres de la roseraie de la Maison-Blanche, et une gerbe de fleurs rouges, blanches et bleues, entourées d'un ruban portant cette inscription : *Shalom, Chaver.* Le silence était total. Bill Clinton est un véritable ami.

Plus tard dans l'après-midi, il a assisté à un grand rassemblement de jeunes Israéliens à l'Opéra de Tel-Aviv. Quand nous sommes entrés dans la salle, la « génération des cierges », comme on appelle désormais les jeunes gens qui ont tant pleuré Itzhak, m'a réservé une étonnante ovation. Le président a lui aussi été accueilli avec chaleur et enthousiasme. Comme à son habitude, le président Clinton a parlé avec éloquence, conjurant les jeunes Israéliens de ne pas perdre espoir malgré l'adversité et de se battre pour réaliser leur rêve d'un avenir meilleur. Il a assuré Shimon Peres de son soutien pour les prochaines élections au poste de Premier ministre.

Les primaires du parti travailliste ont eu lieu le 25 mars 1996. Une nouvelle fois, Shimon Peres a été choisi pour représenter le parti travailliste aux élections. Il ne nous restait qu'à espérer que cette fois il gagnerait.

25 MARS 1996
TEL-AVIV

Je suis à la maison. Tout ici me parle de toi. Il y a des photos de toi partout. Ton placard contient encore toutes les affaires que tu y avais laissées, en ce jour funeste. Tes cravates, tes chemises, les vestes élégantes. Tes chaussures de ville et de tennis — ta raquette, je n'arrive pas à y toucher. Tout me rappelle ta présence, c'est une façon de te garder près de moi. Ici à la maison, rien n'a changé, comme si tu allais surgir d'un moment à l'autre. Tout est à la même place qu'avant. Tu étais toujours si prévenant envers ceux qui t'entouraient. Quand tu rentrais à la maison, tu disais souvent : « Quand tu auras le temps, ce serait gentil de me préparer un petit sandwich au fromage. » Je te le préparais sans attendre, car je savais que tu n'avais rien mangé de la journée. Après cinq mois de deuil, il m'est toujours pénible d'y penser. Non, je n'espère plus te voir rentrer, mais l'imaginer m'aide à surmonter ton absence. Arriverai-je un jour à m'en remettre ?

Tout comme le vide de cette première nuit sans toi, tant de choses auxquelles j'attachais beaucoup de prix me terrifient aujourd'hui — l'approche de Pessah, de mon anniversaire, de la fête de l'Indépendance. Abba'le, *c'est si terrible de savoir que plus rien, jamais, ne me rendra vraiment heureuse. Chacun jour de joie, chaque journée de fête sera d'une telle tristesse sans toi.*

Le 28 mars, la condamnation du meurtrier d'Itzhak a été prononcée. Dès que la sentence a été connue, le téléphone n'a plus cessé de sonner. J'avais refusé d'assister au procès, mais on m'a raconté le sourire satisfait de l'assassin, son absence totale de remords, le chewing-gum qu'il mâchait dans la salle d'audience. Avions-nous besoin de cela ?

Maintenant que le verdict est tombé, je soutiens les pétitions qui circulent en Israël pour que la peine ne puisse en aucun cas être commuée, qu'aucune grâce ne soit possible. Quand je songe que l'assassin conserve son droit de vote — quelle abomination !

31 MARS 1996
LOS ANGELES

J'ai passé trois nouvelles journées très agréables à Los Angeles. Beverly Hills est l'un des plus jolis endroits de la terre — loin des réalités amères. Tout ici respire la beauté, la richesse, le temps y est toujours superbe, il y a des fleurs en toute saison.

Dimanche, à midi, nous avons inauguré la place qui porte ton nom, aux abords d'Universal City. Le maire, des membres du conseil municipal, Lew Wasserman et un groupe de jeunes pionniers juifs, Hechalutz, nous entouraient. Une « place Rabin », ici — au cœur de ce monde factice, de cet univers de cinéma...

Ce soir, j'ai assisté à une grande fête de la Fédération juive. Mille cinq cents personnes s'étaient rassemblées au Century Plaza. Monte Hall a animé la soirée avec charme et dignité. Richard Dreyfuss m'a présentée. Personne ne m'a jamais présentée avec autant d'émotion et d'originalité.

Sa personnalité, son style m'ont séduite. J'ai gardé la parole un peu plus longtemps que d'habitude et, à en juger par les réactions, mon discours a été un succès. On me demande sans cesse de parler du soir du rassemblement pour la paix, et de la tragédie. De parler de toi — toujours de toi — et de ton engagement en faveur du peuple juif et de l'engagement que tu attendais de lui en retour.

Parmi tous les messages de condoléances que j'ai reçus après la mort d'Itzhak, aucun ne m'a autant touchée que celui d'une jeune fille de quinze ans, Bat-Chen Shahak. Elle m'a envoyé un poème, qu'elle a intitulé *Lettre à Rabin.*

Trois coups de feu et tout est fini —
Maintenant, on parle de lui au passé.
Subitement, le présent devient passé,
Et le passé n'est que mémoire.
Nous sommes là, nous pleurons,
Nous voulons croire que rien n'est arrivé,
Que ce n'était qu'un cauchemar.
Lorsque nous nous réveillerons, rien n'aura changé.
Mais, au réveil, nous découvrons une réalité pervertie,
Où la douleur se mêle à la haine.
Nous ne pouvons mesurer l'immensité de sa perte,
Ni en saisir la gravité.
Comment comprendre une telle tragédie,
Dans un pays civilisé, et non dans la jungle ?
C'est comme un premier domino qui tombe
Et provoque une réaction en chaîne.
Nous avons été décapités, à tous les sens du terme,
Et voilà que tout s'écroule.
Il était la tête, nous étions le corps,
Lorsqu'il n'y a plus de tête, le corps meurt !
Il est impossible de construire avec des pièces qui ne s'emboîtent [pas,
Il est impossible de construire avec des briques qui ne s'empilent [pas.
Bâtir une tour bien droite est un art,
Mais un seul coup de pied, et tout s'effondre.
C'est ainsi
Qu'un seul homme peut anéantir un État !
Je ne sais pas pourquoi ils cherchent des coupables,

Nous sommes tous coupables de ne pas lui avoir montré notre [amour.
Comme les enfants qui grandissent,
Et ne comprennent leurs parents qu'une fois adultes,
Parfois, il est trop tard...
Ils demandent pardon, ils écrivent et ils pleurent.
Peut-être suis-je trop naïve,
Mais je ne peux comprendre
Que des gens
Déchirent la loi de leurs propres mains.
Comment peut-on s'emparer du plus beau présent qui soit,
La vie...

Je pleure avec vous et j'espère que, désormais, la vie vous épargnera tous les chagrins.

J'aurais tant aimé remercier Bat-Chen... Mais je n'aurai jamais cette chance.

Elle est morte le jour de son anniversaire, lors de l'attentat du centre Dizengoff, en mars 1996. Les deux amies avec lesquelles elle se promenait ont été tuées, elles aussi. Plusieurs semaines après l'attentat, j'ai rendu visite aux familles de ces trois jeunes filles de quinze ans. Malgré sa douleur, le père de Bat-Chen a eu le courage de me dire qu'il soutenait le processus de paix avec la même passion que sa fille — et il l'a répété à la télévision israélienne.

3 AVRIL 1996
TEL-AVIV

Mon cher amour, nous étions en automne lorsque tu as été assassiné, et le printemps est de retour. Tout est en fleurs — les coquelicots, les acacias.

Un long hiver est passé, mais la tristesse demeure. Une seule longue nuit d'hiver pluvieuse, avec de rares éclaircies.

C'est la veille de Pessah, les bouquets de fleurs et les coups de fil se succèdent sans interruption. Les gens ne savent pas quoi me dire. Devraient-ils me souhaiter Chag sameach ? Ils sont nombreux à le faire, mais comment le pourrions-nous ? La maison croule sous les fleurs. Nous aimions tant les soirées de* séder *chez les beaux-parents de Dalia, les Pelossof. Tu te mettais sur ton trente et un pour l'occasion, et nous avions conscience de l'honneur que tu nous faisais.*

Hier, nous sommes allés au mont Herzl à une heure où nous espérions qu'il serait désert. C'était la première fois que nous y allions seuls — Avi et Dalia, Yuval et Tali, Jonathan et Noa. Assis à côté de ta tombe, nous avons pleuré — ensemble et seuls. Nous sommes au bord d'un abîme et nous luttons pour ne pas tomber...

8 AVRIL 1996
TEL-AVIV

Dalia et Tali ont organisé une fête pour mon anniversaire dans la nouvelle maison de Dalia et Avi. C'est si joli chez eux, cela t'aurait plu. Ils avaient invité nos amis, leurs amis et ceux de Noa et Jonathan — trois générations réunies.

Itzhak, l'espace de quelques heures, je me suis sentie vraiment bien. J'étais entourée de vie, d'amour et de chaleur. Les personnes qui me sont les plus chères étaient là — à l'exception d'une seule. Quand j'ai quitté notre maison pour me rendre à la fête, quelque cent cinquante jeunes m'attendaient au bas des marches pour me souhaiter un joyeux anniversaire. Ils ont chanté L'Hymne à la paix *et d'autres chansons d'anniversaire. À leur manière, ces jeunes me disaient qu'ils m'aimaient, et j'ai eu beaucoup de mal à leur exprimer ma gratitude à travers mes larmes. Ils m'ont exhortée : « Soyez forte... Nous avons besoin de vous. » Je ne suis pas forte, et je ne sais ce que je peux faire pour eux. Tu as laissé un vide que personne ne peut combler.*

14 AVRIL 1996
GÊNES

Nous avons atterri sur le petit aéroport baigné de soleil. Le maire, M. Sansa, un énorme bouquet de tulipes à la main, et le directeur de l'institut Primo-Levi étaient là pour m'accueillir. Le maire — un homme aux yeux d'un bleu pénétrant — m'a fait une forte impression. Je suis montée dans sa voiture. Parlant de ton assassinat, il l'a comparé à une « tragédie grecque ».

Chaque année, l'institut Primo-Levi décerne un prix récompensant une personne qui s'est distinguée par son humanisme. Je l'ai reçu en ton nom. C'est un honneur prestigieux, qui me va droit au cœur, car il porte le nom de Primo Levi.

Après le déjeuner, j'ai rencontré des membres de la communauté juive, installée en Italie après avoir été expulsée d'Espagne en 1492. Les Juifs ont été persécutés et chassés de Gênes, mais ils sont revenus. Leur communauté ne compte que cinq cents personnes, mais elles préservent leur identité juive et leur attachement à Israël. Malheureusement, je n'ai vu que très peu de jeunes.

La remise du prix Primo Levi et du titre de citoyen d'honneur de Gênes s'est déroulée dans une vénérable et élégante salle, richement ornée : piliers de marbre, chapiteaux décorés et plafonds peints. Les sièges ont été pris d'assaut. Beaucoup de gens ont dû rester debout, appuyés aux murs. La cérémonie était retransmise en circuit fermé sur un écran de télévision installé dans une salle voisine.

J'ai parlé de Primo Levi, de son œuvre, de mon grand-père qui a été tué le jour même de son arrivée à Auschwitz. J'ai évoqué la vie en Israël, les hauts et les bas de l'histoire — une notion familière pour les habitants d'une ville portuaire où flux et reflux se succèdent depuis des siècles.

Le maire de Gênes a déclaré que je devrais être le prochain président d'Israël. Je ne sais plus si je t'en ai parlé dans mes précédentes lettres, mais beaucoup d'Israéliens m'incitent à assumer ce rôle. Lea, ta femme, présidente de la République ? Itzhak, n'est-ce pas ridicule ? Lorsqu'on me pose la question au cours d'une interview, je réponds : « Je ne me battrai pas pour cela — et comme personne ne reçoit jamais rien sur un plateau d'argent, cela n'arrivera jamais ! » J'ai été ta partenaire dans tous tes combats, je sais combien la lutte a été âpre. J'ai livré ma part de batailles.

Demain, je serai à Florence pour y recevoir un autre prix. Te rappelles-tu combien nous avions aimé Florence quand nous y étions venus pour la première fois en 1953 ? Pendant cinq jours, nous avions parcouru cette cité magnifique en long et en large. Nous l'avions quittée en sachant que nous y reviendrions, ce que nous avons fait plusieurs fois — demain, je retournerai à Florence, et je penserai à toi...

15 AVRIL 1996

FLORENCE

Cher Itzhak, toi que j'aime tant et qui es si loin...

Il y a des instants merveilleux. Aujourd'hui, à Florence, tu as reçu le prix Pegasio d'Oro du président de la région de Toscane, M. Ghitto. Ensuite, j'ai rencontré le maire de Florence, Mario Primichario, au Palazzo Vecchio. Il m'a raconté une histoire qui m'a bouleversée. Il était allé en Israël à l'occasion d'un jumelage entre Florence et Nazareth. « La première chose que j'ai faite en sortant de l'aéroport a été d'aller me recueillir sur la tombe de votre époux. » Ensuite, il est allé voir Yasser Arafat, à qui il a raconté qu'il venait du cimetière. Arafat s'est levé d'un bond et a embrassé le maire en lui disant : « Merci d'être allé sur la tombe de mon frère ! » Il m'a raconté cette anecdote en me présentant au conseil municipal. Après cela, nous sommes allés nous promener sur le Ponte Vecchio, entourés d'une véritable armée de policiers. Itzhak, si tu avais pu voir tous ces gens qui attendaient notre passage. C'était une chaude journée ensoleillée et nous en avons bien profité, malgré la présence de la police. Tout le monde me témoigne un respect infini, je suis constamment entourée de gardes du corps qui forment un véritable rempart autour de moi — tout cela parce que je t'appartiens.

23 AVRIL 1996
NEW YORK
Ma première fête de l'Indépendance sans toi.

Pendant quarante-sept ans, nous avons fêté ce jour ensemble. Depuis la toute première fête de l'Indépendance, année après année, les défilés de Tsahal sont devenus plus grandioses et plus solennels. Je me souviens de notre exaltation lorsque l'armée passait devant nous — de notre fierté et de notre joie en regardant ces hommes marchant au rythme de notre jeunesse, les marins dans leurs uniformes blancs, les chars — chaque année de nouveaux modèles, plus gros, plus puissants —, les manœuvres des forces aériennes au-dessus de nous.

Au fil des années, la fête de l'Indépendance a évolué, le défilé militaire a cédé la place à des pique-niques en famille ou entre amis dans les parcs et les bois, à l'ombre des arbres. Le soir, les Israéliens font la fête. Nous avions établi une sorte de tradition : nous allions à la réception du président et nous assistions à la finale du Concours biblique[1]*. Ensuite, nous allions voir quelques amis chez eux, ou à des pique-niques, avant de rentrer à Jérusalem pour la remise des prix d'Israël*[2]*. Le soir, nous nous rendions à la réception du ministère de la Défense, plus grandiose chaque année. Nous serrions des milliers de mains. Une longue journée passée à courir comme des fous d'un endroit à un autre, mais une journée de joie intense. Les drapeaux, les chansons, Israël tout entier faisait la fête — et, pendant quarante-sept années, nous avons été au cœur de cette liesse.*

Comment vivre cette journée sans toi désormais ? Chaque drapeau, chaque chant, chaque manifestation éveille en moi des milliers de souvenirs. Quarante-sept années, dans la vie d'Israël. Quarante-sept années

1. Concours annuel ouvert aux jeunes Israéliens et destiné à évaluer leurs connaissances bibliques.
2. Prix récompensant une œuvre exceptionnelle dans divers domaines tels que la médecine, les arts et la philosophie.

de lutte pour la vie, pour la paix et la sécurité. Quarante-sept années d'une union heureuse, trop tôt interrompue.

En cette fête de l'Indépendance, tant de personnes souffrent de ton absence, partout. À la frontière libanaise, cela fait deux semaines que les katyushas* *tombent, tandis que Christopher Warren fait la navette entre Jérusalem et Damas.*

Sachant que je n'arriverais pas à supporter l'image de cette liesse, j'ai accepté l'invitation de l'Association américaine pour les Nations unies, dont la vocation est de collecter des fonds. L'an dernier, Colin Powell était l'invité d'honneur, cette année, ils t'avaient choisi, toi, c'est-à-dire moi...

Noa, Jonathan, Avi et Dalia m'ont accompagnée.

Le jour du souvenir, nos amis intimes se sont recueillis sur ta tombe. Yuval et Tali étaient venus aussi. Ils étaient avec toi lorsque les sirènes ont retenti à onze heures du matin. Au cimetière militaire, de nombreuses personnes étaient venues se recueillir sur la tombe de leurs chers disparus.

Yuval m'a dit que ta tombe croulait sous les fleurs. Cet après-midi-là, des visiteurs ont vu un jeune officier de marine en uniforme blanc claquer des talons et se mettre au garde-à-vous puis déposer un bouquet de roses rouges sur ta tombe. Une larme coulait sur sa joue, sa mâchoire tremblait alors qu'il s'efforçait de ravaler ses larmes.

23 MAI 1996
JÉRUSALEM

En cette veille de Shavouoth, le mont Herzl était désert lorsque nous sommes venus te souhaiter une bonne fête, planter des fleurs et allumer une bougie. La tristesse se fait plus oppressante en ces jours de fête.*

Et toujours ce sentiment de t'avoir abandonné là-haut, sur le mont Herzl, sous cette pierre monumentale. Nous sommes rentrés à la maison, il y a des photos de toi partout. Ton absence crie vers le ciel.

Je te quitte pour aller à la synagogue où une séfer Torah* *doit être déposée en ta mémoire, en ce jour où l'on célèbre le don de la loi de Dieu au mont Sinaï.*

Les élections sont arrivées si rapidement... Le 26 mai, Shimon Peres et Benyamin Netanyahou se sont livrés à leur seul et unique débat électoral. La plupart des observateurs ont pronostiqué un score très serré, plus serré que beaucoup ne l'avaient prévu.

Pendant toute la durée de la campagne, les sondages ont accordé entre quatre et six points d'avance à Shimon Peres. Puis l'écart entre les candidats s'est considérablement réduit. Je me suis demandé pourquoi les militants travaillistes n'avaient pas évoqué la mémoire d'Itzhak avec plus d'agressivité. Pourquoi ne m'avaient-ils pas utilisée au cours de la campagne ? J'étais toute prête à les aider, et je l'avais fait savoir. Rétrospectivement, je pense que j'aurais dû insister, mais je n'avais pas envie de me mettre en avant, et j'étais convaincue que les travaillistes allaient l'emporter.

Le soir des élections, Yael Dan, de la télévision israélienne, est venue m'interviewer à la maison. J'ai déclaré que j'étais certaine de la victoire travailliste. Et s'ils sont battus ? me demanda-t-elle. Je lui ai répondu que, dans ce cas — que Dieu nous en préserve ! —, je commencerais à songer à faire mes valises. J'aurais dû savoir que cette déclaration allait faire le tour du monde et provoquer un tollé général. Je m'en suis expliquée peu après dans une interview accordée à *Newsweek* : « Je plaisantais. J'ai dit que j'envisagerais de faire mes valises si Shimon Peres perdait. Mais je ne parlais pas sérieusement. Jamais je ne pourrai quitter mon pays. C'est mon pays, c'est ici que vivent mes enfants, et c'est ici qu'Itzhak est enterré, au mont Herzl. » Comment a-t-on pu prendre cette déclaration au sérieux ? Apparemment, il y a des gens qui n'attendent que ce genre d'occasion.

Le 29 mai, les premières estimations à la sortie des urnes donnaient Shimon Peres victorieux, mais peu à peu, la balance a penché en faveur de Netanyahou. Il a fallu attendre trois jours pour connaître les résultats définitifs, annoncés le vendredi 31 mai, juste avant le coucher du soleil. Jusqu'au dernier moment, les résultats sont restés incertains en raison des votes par correspondance — les voix des soldats et des malades hospitalisés... et celles des prisonniers, dont celle d'un homme qui avait assassiné le Premier ministre en exercice de sang-froid et sous les yeux de tous.

5 JUIN 1996
TEL-AVIV

Cher Itzhak, toi que j'aime tant et qui es si loin...

Les élections sont passées, mais le choc de la défaite persiste. Ton assassin a commis quelque chose de terrible. Il t'a abattu, jusque dans l'au-delà, et il rit. Ils font la fête, car sans toi il est impossible de gagner la confiance du peuple. Bibi a remporté les élections avec plus de vingt mille voix d'avance, et le voilà déjà qui parle de la paix et de son engagement à respecter les accords d'Oslo. C'est toi qu'ils traitaient de traître et d'assassin, mais aujourd'hui c'est lui *qui va faire la paix, ta paix. Lui, l'homme qui se tenait sur la place de Sion et les regardait brûler ton nom.*

Comment cela a-t-il pu arriver ? La victoire semblait assurée. Mais certains membres du parti travailliste ont, semble-t-il, été trop présomptueux. Ils ont mené une campagne tiède. Ils avaient décidé de jouer la carte de la modération : pas de frictions, pas d'accusations. Ils ont refusé d'exploiter ton assassinat, les manifestations hystériques du Likoud et leurs incitations au crime... Craignant les affrontements, redoutant de provoquer de nouvelles victimes, ils ont évité les grands rassemblements sur les places de la ville. Ils ont été « somnolents, mous et anémiques », comme tu aurais dit. Ils ont fait campagne à partir de deux bureaux qui n'ont cessé de se faire la guerre puis de se renvoyer les accusations. Certains sondages n'ont jamais été transmis à ceux qui avaient besoin de les connaître. L'avance de Peres — tous les experts parlaient de 4 à 6 p. 100 — semblait constante. Je doute aujourd'hui que cette avance ait réellement existé.

De son côté, Bibi a mené une campagne parfaitement ciblée, professionnelle. Le Likoud a fait venir un spécialiste des États-Unis et a suivi ses conseils à la lettre. Ils ont gagné en brandissant le spectre du terrorisme : « Depuis quand avons-nous peur de monter dans un bus ? » ont-ils demandé aux électeurs. « Avec Bibi, pour la paix dans la sécurité. »

J'étais convaincue — et je l'ai dit au cours de plusieurs voyages à l'étranger — que nous n'avions qu'une solution : être forts et unis face aux tentatives de sabotage du processus de paix. Les manifestations de colère qui suivaient généralement les actes terroristes sont devenues moins violentes après ton assassinat. Le ton avait changé et j'étais optimiste. Je voulais croire que cet assassinat, ton terrible sacrifice, avait servi le processus de paix, avait incité beaucoup de gens à changer d'attitude.

Et puis il y a eu les élections, et les cartes ont été redistribuées. Après les élections, on m'a demandé à qui j'en voulais, puisque ici tout le monde en veut à quelqu'un. J'ai répondu que je n'avais qu'une chose à dire : si tu avais été en vie, tu aurais gagné — car le peuple t'avait élu, il t'avait donné sa confiance. Il émanait de toi une qualité que tu as emportée dans la tombe : la crédibilité. Les gens voulaient te croire, ils étaient prêts à te faire confiance, parce qu'ils savaient que tu ferais ce qu'il fallait faire. Et, si tu avais perdu, tu en aurais assumé la responsabilité comme tu l'as fait toute ta vie. Certains ont interprété mes propos comme un appel à la démission de Peres. C'est faux, je ne parlais pas de ce que Shimon Peres devait faire, mais de ce que toi, *tu aurais fait. Toi, Itzhak, tu aurais immédiatement endossé la responsabilité de la défaite. J'en suis absolument certaine.*

Où es-tu, alors que j'ai tant besoin de partager la tristesse et la souffrance qui me submergent ? Tu es comme une planète lointaine — nôtre à jamais, mais une étoile. J'ai lu les poèmes et les lettres des membres du Shabak, écrites après l'assassinat. J'ai lu les lettres qui m'ont été adressées après la défaite électorale, et mes yeux s'emplissent de larmes.

Mes journées se partagent entre douleur et appréhension. Les quelques heures passées avec d'autres parviennent à rompre le fil angoissant de mes pensées, mais les longues heures de solitude me replongent dans ce cauchemar, auquel je n'arrive toujours pas à me faire...

La soirée a été fraîche à Jérusalem. Le vent jouait dans les feuilles des arbres. Debout devant la pierre tombale silencieuse, nous sommes si démunis, nous avons tellement besoin de toi.

Depuis près d'un an, une femme vient chaque matin sur les lieux de l'assassinat. Elle enlève les bouquets fanés et nettoie la cire qui a coulé, elle tresse des fleurs fraîches dans la barrière qui entoure l'endroit où Itzhak a trouvé la mort. Je ne sais pas qui est cette femme.

ÉPILOGUE

Nous sommes venus, Itzhak, pour répondre à l'appel.

Nous sommes venus en famille, et nous sommes venus, un par un.
Tu étais notre chef, depuis toujours destiné à de grandes choses.
Mais tu n'étais pas seulement un chef, tu étais un camarade, et tu étais un frère.

Dans les étables, dans les cabanes étouffantes, dans les tentes humides au milieu du désert, avec une gamelle pour tous,
Les yeux fixés sur « les petits bateaux d'immigrants, Capitaine, que nous retrouverons sur les flots »

Et ces nuits de cieux rougis par la dynamite
Au temps des tartines de confiture, des shorts et des sandales,
Unis à jamais par ce serment de fraternité

Ce vrai serment, tacite et merveilleux,
Qui nous lie, nous, les camarades en vie, à toi, qui gis au tombeau.
Car tu as été pour nous un frère loyal, un vrai frère, qui jamais n'as feint.

Et nous chantions « Où trouver, où trouver des hommes comme lui ? »

Ces paroles ont été prononcées par Hayim Hefer, un ancien du Palmach, camarade de combat d'Itzhak, lors d'un office commémoratif sur le mont Herzl. Les mois qui ont passé n'ont fait qu'augmenter l'acuité de la question posée dans cette chanson de notre jeunesse. En quoi Itzhak était-il un être aussi exceptionnel ? Pourquoi a-t-il été aussi aimé, aussi pleuré, aussi regretté ? Pourquoi inspirait-il une telle confiance, et pourquoi son absence laisse-t-elle un vide aussi cruel ?

Je commencerai par admettre la chance que j'ai eue de le rencontrer alors que j'avais seize ans à peine, et de me rendre compte, dès cet instant, que c'était un être unique. J'ai passé toute ma vie aux côtés de ce grand homme, partageant joies et chagrins, épreuves et bonheurs — en un mot, le meilleur et le pire. Quel privilège que d'être côte à côte, à chaque carrefour de la brève histoire de notre pays ! Comme un seul homme, nos compatriotes ont tenu bon, convaincus du sens de leur mission. Nous y arriverons. Nous nous battrons, nous n'abandonnerons pas, nous ne céderons pas. Nous survivrons.

Après la guerre d'Indépendance, Itzhak a déclaré dans une interview : « Je consacrerai toute mon énergie, toute ma vie, à éviter que nous ayons une nouvelle fois à défendre Israël dans une position aussi vulnérable. » Dès cet instant, il s'est attaché à faire de Tsahal l'une des armées les plus fortes, les mieux équipées du monde. Totalement dévoué à la survie de notre peuple, il ne s'est jamais accordé de pause. Au terme de chaque journée, de chacune de ses longues journées, il s'interrogeait : « En ai-je fait assez ? N'ai-je rien négligé ? » Sur sa médaille commémorative, on a gravé ces quelques mots : « J'ai voué toute ma vie à la sécurité et à la paix. » On ne saurait mieux dire.

Mais, pour lui, une défense solide n'était que le premier pas vers la paix. Quelques jours après son assassinat, Henry Kissinger a écrit dans le *Washington Post* : « Âme tendre, Rabin s'est armé de courage pour accomplir des actes d'une dureté remarquable ; militaire, il s'est enseigné, pas à pas, malgré les obstacles, la grammaire de la paix... Il a su donner à la sécurité une dimension morale. Ses funérailles ont été un témoignage de cet exploit. »

On a demandé récemment à Yasser Arafat ce qui, selon lui, distinguait Itzhak de tous les autres dirigeants. « Le courage que Rabin a manifesté dans la recherche d'une solution a surpassé de loin, aux yeux de son peuple, aux yeux du monde, des Palestiniens et des Arabes, son courage à la guerre, a-t-il rappelé. Il était honnête envers lui-même, honnête envers son peuple. Il n'était pas prisonnier de la magie du pouvoir et de la puissance. C'est pour toutes ces raisons que Rabin occupe une place éminente parmi les grands hommes de l'histoire. »

Itzhak considérait qu'il avait eu beaucoup de chance. Mais il était rarement heureux. C'était un luxe qu'il ne s'octroyait guère. Quelque chose venait toujours s'interposer et l'empêcher de céder au bonheur. Il n'a pas été heureux après la victoire de la guerre des Six-Jours. Il ne l'a été à aucun instant du processus de paix. Pas même lorsqu'il a remporté les élections qui lui ont permis d'être Premier ministre pour la deuxième fois. Il se contentait d'apprécier la grandeur du moment. Satisfait et réaliste. Car il y avait toujours du travail à faire, un problème à régler, des soucis qui l'attendaient.

Il était conscient que l'histoire lui avait offert un certain nombre de secondes chances, et il lui en savait gré : la chance d'unifier Jérusalem en 1967 après avoir dû la laisser divisée en 1948. La chance d'assurer l'avenir de la nation qu'il s'était battu pour fonder. Un second mandat de Premier ministre qui lui avait permis de redéfinir les priorités nationales. En trois ans et demi, il avait réalisé un grand nombre de ses promesses : il avait doublé le budget de l'éducation, quadruplé les investissements étrangers, imposé une réforme du système de santé, réduit le chômage de moitié, absorbé plusieurs centaines de milliers d'immigrants juifs, supervisé la construction d'un nouveau réseau routier en Israël, réorganisé le réseau électrique, modernisé le système de télécommunications et lancé des « pôles d'excellence technologique », qui devaient placer les industries israéliennes à l'avant-garde du progrès dans les années à venir.

Mais, surtout, l'histoire lui a accordé la chance de conduire son pays vers une ère de paix. De prouver qu'il pouvait être un combattant de la paix, et pas seulement un combattant. Malheureusement, cela n'a pas suffi.

Comment la tâche qu'il a laissée inachevée pourra-t-elle se passer de sa sagesse, de sa largeur de vues ? Jérusalem, la Syrie, la paix, toujours fugace, éternellement fragile, sans parler des divisions au sein de notre pays lui-même, des forces violentes qui l'ont abattu et qui sont toujours embrasées — tout cela, et combien d'autres choses encore, aurait besoin de son intelligence lucide, de sa main ferme et de son cœur pur.

Je ne peux m'empêcher de penser aujourd'hui que toutes ces qualités, si chères à mon cœur, ont été partiellement responsables de son décès, un défaut de la cuirasse, la faille d'un héros antique. Itzhak était trop compétent, trop fort, trop déterminé à agir seul. Je ne sais s'il a eu conscience de cette faille, mais c'était bien l'image qu'il nous donnait, à nous, à sa famille, à ses partisans et à ses adversaires au sein du gouvernement et de la population. Nous avons été coupables de le croire, et d'ajouter foi à ses affirmations lorsqu'il prétendait qu'on pouvait sans crainte l'envoyer au combat, seul.

Le jour du *Yahrzeit** d'Itzhak, le premier anniversaire de sa mort selon le calendrier juif, notre petit-fils Jonathan a pris la parole sur sa tombe.

Une année s'est écoulée, a-t-il dit. *Et tout le monde a demandé pardon. Les grands hommes et les petites gens, les êtres sensibles et les indifférents, les laïcs et les religieux. Tous sont venus demander pardon.*

Il ne reste que nous. Jusqu'à ce jour, nous ne t'avons pas demandé pardon. C'est pourquoi nous sommes ici. Nous, qui sommes si proches de toi, nous désirons en ce jour et en ce lieu te demander pardon.

Pardon, grand-père. Pardonne-nous de t'avoir cru, pardonne-nous d'être tombés dans le piège que tu nous tendais, pardonne-nous d'avoir succombé à tes sortilèges, pardonne-nous d'avoir fermé les yeux par orgueil. Pardonne-nous de ne pas t'avoir protégé comme nous aurions dû le faire.

Je t'en prie, comprends-nous, nous étions différents, et nous nous sommes trompés.

Pardonne-nous, grand-père, de les avoir laissés t'enlever à nous.

Un terrible paradoxe s'est fait jour au cours de l'année dernière, un paradoxe douloureux et, en même temps, plein de promesses. Il concerne nos enfants, et les enfants d'Israël. C'est ce que voulait dire Jonathan quand il disait : « Nous étions différents, et nous nous sommes trompés. » Nos enfants étaient effectivement différents quand leur père, leur grand-père était en vie.

Jusqu'à présent, nos enfants avaient toujours vécu en citoyens ordinaires, sérieux et responsables, mais hostiles à toute publicité, et peu disposés à s'exprimer bruyamment. Ils préféraient laisser les feux des projecteurs braqués sur leur père qui, malgré sa timidité, remplissait les obligations que lui dictaient son engagement politique, son sens militaire du devoir et du dévouement. En son absence, pourtant, nos enfants se sont avancés sur le devant de la scène, ils ont pris fait et cause pour la paix, accordé des interviews, prononcé des discours dans le monde entier et en Israël, évoquant les paroles de leur père, transmettant son héritage.

Quelle tristesse, quelle ironie affreuse qu'Itzhak ne puisse voir ses enfants aujourd'hui ! Comme il aurait été fier d'eux !

Tous les vendredis après-midi, depuis la mort d'Itzhak, une foule se rassemble sur le lieu du crime, au milieu des cierges et des fleurs. Au début, ce n'était qu'un petit groupe, une cinquantaine de personnes venues lui rendre hommage juste avant le shabbat. Mais, au fil des mois, ce groupe de veilleurs s'est étoffé pour réunir plusieurs centaines de personnes. J'ai toujours jugé que ma place était parmi eux chaque fois que cela m'était possible. Ces gens ne se rassemblent pas seulement pour pleurer, mais pour réfléchir, méditer et, en dernier recours, pour agir. Et ces réunions ont effectivement donné naissance à un mouvement.

Mon fils, Yuval, fait partie d'un groupe de jeunes gens qui ont créé une association appelée Dor Shalom — la « Génération de la paix ». Son objectif est de favoriser la compréhension et la tolérance, d'atténuer la fracture de notre pays en deux camps hostiles, en s'adressant à toutes les composantes de notre société, aussi bien laïques que religieuses.

La voix de la réconciliation a résonné quelques jours seulement après la mort d'Itzhak, dans un émouvant article que Joseph Aaron a publié dans *The News*, un journal conservateur juif de Chicago. « Un Juif instruit, un Juif cultivé, un Juif religieux a tué le Premier ministre de l'État d'Israël, écrivait Aaron. C'est une tache qui ne pourra s'estomper que si nous reconnaissons qu'il nous faut réapprendre à désapprouver, qu'il nous faut ranimer l'esprit de Hillel et Shammaï[1], débattre sans nous haïr, admettre qu'une démocratie mérite le respect même si l'homme que vous avez choisi n'est pas au pouvoir. »

N'oublions jamais que nous formons un seul peuple. Dans un discours prononcé au Yad Vashem en 1995, Itzhak avait évoqué les épreuves que l'histoire nous a imposées et avait rappelé que la défense de la paix et de l'harmonie fait partie des rites

1. Hillel était un docteur de la loi né vers 70 av. J.-C. et mort vers 10 apr. J.-C. Il a présidé le sanhédrin. Shammaï, un autre docteur juif, vécut à la même époque. Leurs écoles se sont affrontées. *(N. d. T.)*

éternels et essentiels de la tradition juive. Ce sont des mots dont il peut être bon de se souvenir aujourd'hui.

« Que celui qui fait régner la paix dans les cieux fasse régner la paix sur nous et sur Israël tout entier. »

Depuis le jour où nous avons surgi en tant que nation, nos prières ont oscillé entre le texte du kaddish, la prière qui sanctifie Celui qui règne dans les cieux et exprime la foi profonde du peuple juif, et « Que celui qui fait régner la paix dans les cieux... ». Nos réjouissances sont toujours empreintes de chagrin. Le dais nuptial et le verre brisé dessous, la pendaison de crémaillère et son plâtre à nu en mémoire de la destruction du Temple, le séder *de la Pâque et ses herbes amères. En Israël, les larmes du jour des Morts éclaboussent les rondes de la fête de l'Indépendance.*

Le peuple juif a traversé maintes épreuves tout au long de son histoire, il a vécu des heures de réconfort, des instants d'impuissance, au bord du désespoir...

Nous avons connu des deuils, nous avons connu l'Holocauste, et nous en sommes sortis vainqueurs.

Nous l'avons fait grâce à la puissance de notre foi. L'homme vit de sa foi. L'homme meurt de sa foi. Nous sommes porteurs des rêves de nombreuses générations. Cela nous impose des devoirs.

Aujourd'hui, nous célébrons avec l'ensemble du monde libre la joie de la victoire — mais nous ne nous réjouissons pas. Le coup porté au peuple juif a été trop dur à supporter. Les yeux brillants se sont éteints — mais rien ne saurait éteindre l'étincelle de la vie, l'étincelle de la foi. Et c'est cette foi qui nous guide vers l'avenir, vers des jours de souvenir et de bienveillance, vers des jours de paix.

Faisons de ces jours des « jours de souvenir et de bienveillance ». Instaurons un climat de tolérance et de compréhension, et prions pour que ce climat guérisse notre nation malade.

Dans les cimetières d'Israël, dix-huit mille tombes contiennent les dépouilles de jeunes Israéliens, prêts au sacrifice suprême pour défendre notre pays depuis la fondation de l'État. « La génération des cierges », symbole de tragédie, a connu trop tôt le deuil, elle a dû apprendre la leçon de l'Holocauste. Elle voudrait en sortir victorieuse. Les jeunes Israéliens sont prêts à parler haut et clair pour défendre la paix, à affirmer leur droit à un avenir dans la sécurité. Nous devons les écouter et leur prêter notre voix. Nous devons chérir, aimer cette génération comme Itzhak l'a fait. Car elle est porteuse des rêves de tant de générations.

« Et Dieu ordonna à Abraham de tuer son fils et de le lui offrir en sacrifice. »

Prends Isaac, ton fils unique qui t'est si cher.

Dieu a mis Abraham à l'épreuve. Mais Dieu s'est montré clément et a offert à Abraham un bélier, afin d'épargner son fils.

Cette fois-ci, il n'y a pas eu de bélier. La haine a éteint la lumière de mon âme, la lumière de notre nation.

Accepterons-nous que ce sacrifice soit vain ? Nous ne pouvons défaire ce qui a été infligé à Itzhak, mais nous ne devons pas trahir toute une vie d'engagement aux côtés de son peuple. « Il a emprunté une voie solitaire, a observé Henry Kissinger dans une interview accordée à CNN le jour des obsèques d'Itzhak. Mais il ne dépend pas de lui seul de donner un sens à son action. »

Où trouver, où trouver d'autres hommes comme lui ?

Malgré la difficulté de la tâche, il est de notre devoir absolu de les trouver, de les éduquer et d'encourager tous ceux, hommes et femmes, qui sont prêts à reprendre le flambeau tombé des mains d'Itzhak et à donner vie à son héritage. Quant à nous, nous devons avoir le courage de rechercher la paix des braves.

ANNEXES

CHRONOLOGIE

1516-1917 : la Palestine fait partie de l'Empire ottoman.

1917 : La Grande-Bretagne se dote d'un régiment juif.
Déclaration Balfour, du nom du ministre britannique des Affaires étrangères promettant l'établissement d'un foyer national juif en Palestine.
L'armée britannique attaque la Palestine. À Noël, les troupes britanniques entrent à Jérusalem.

1920 : La conférence de San Remo confie à la Grande-Bretagne le mandat sur la Palestine.

1922 : Naissance d'Itzhak Rabin à Jérusalem.

1939-1945 : Seconde Guerre mondiale. Six millions de juifs trouvent la mort.

1945 : Différents groupes armés juifs (Palmach, Irgoun...) s'associent et créent le Mouvement de la révolte hébraïque pour lutter contre l'occupation britannique.

1947 : Le 29 novembre, les Nations unies votent le partage de la Palestine en deux États. Les hostilités entre Arabes et Juifs commencent immédiatement.

1948 : 14 mai : proclamation de l'État d'Israël. Les États arabes déclarent la guerre au nouvel État.
David Ben Gourion Premier ministre.
23 août : Itzhak Rabin épouse Lea Schlossberg.

1949 : En janvier, Israël remporte la guerre d'indépendance. Israël occupe un territoire de 20 700 km² (6 000 km² de plus que ne le prévoyait le plan de partage de 1947). L'armistice est signé en février à Rhodes avec l'Égypte, en mars avec le Liban, en avril avec la Jordanie et en juillet avec la Syrie.

1953 : Moshe Sharett Premier ministre.

1955 : David Ben Gourion Premier ministre.

1956 : octobre-novembre : expédition de Suez. L'armée israélienne atteint le canal de Suez.

1957 : Sous la pression des États-Unis, Israël se retire du Sinaï et de la bande de Gaza.

1963 : Levi Eshkol Premier ministre.

1964 : Itzhak Rabin est nommé chef d'état-major de l'armée israélienne.

1967 : Guerre des Six-Jours (5 au 10 juin). Occupation de la Cisjordanie, de Gaza, du Golan et du Sinaï. Réunification de Jérusalem.

1968 : Itzhak Rabin ambassadeur à Washington.

1969 : Golda Meir Premier ministre.

1972 : jeux Olympiques de Munich. Des athlètes juifs sont pris en otages et exécutés par des fedayin.

1973 : Itzhak Rabin quitte son poste d'ambassadeur. De retour en Israël, il est élu député.
Guerre du Kippour (octobre).

1974 : Réélue en décembre 1973, Golda Meir démissionne de son poste de Premier ministre en avril.
Itzhak Rabin Premier ministre.

1975 : Traité de paix provisoire avec l'Égypte.

1976 : Raid d'Entebbe.

1977 : Démission d'Itzhak Rabin. Shimon Peres Premier ministre par intérim.
Victoire du Likoud aux élections. Menahem Begin Premier ministre.
Visite de Sadate à Jérusalem (novembre).

1978 : Signature des accords de Camp David entre l'Égypte et Israël.

1979 : 26 mars, signature d'un traité de paix entre l'Égypte et Israël à Washington.

1981 : Assassinat d'Anouar el-Sadate (octobre).

1982 : Début de l'opération Paix en Galilée : invasion du Liban (juin). Massacres des camps de réfugiés palestiniens de Sabra et Chatila (septembre).

1983 : Démission d'Ariel Sharon, ministre de la Défense.
Démission de Menahem Begin, remplacé à la tête du gouvernement et du Likoud par Itzhak Shamir.

1984 : Création d'un gouvernement d'union nationale, dirigé en alternance par Shimon Peres et Itzhak Shamir.
Itzhak Rabin ministre de la Défense (jusqu'en 1990).

1985 : Retrait partiel du Liban.

1987 : Début de l'Intifada dans les territoires occupés.

1988 : Nouveau gouvernement d'union nationale dirigé par Itzhak Shamir.

1990 : Les travaillistes quittent le gouvernement d'union nationale (mars).
Victoire du Likoud aux élections. Itzhak Shamir Premier ministre (juin).
Invasion du Koweït par l'Irak (août). Début de la guerre du Golfe.

1992 : Itzhak Rabin Premier ministre.

1993 : Accords d'Oslo I (Déclaration de principes sur l'autonomie palestinienne) ratifiés en septembre à Washington. Itzhak Rabin serre la main de Yasser Arafat.

1994 : Autonomie de Gaza et Jéricho.
Signature d'un traité de paix avec la Jordanie.
Remise du prix Nobel de la paix à Itzhak Rabin, Shimon Peres et Yasser Arafat.

1995 : Signature à Washington des accords d'Oslo II (septembre) qui étendent l'autonomie palestinienne à la Cisjordanie.
4 novembre : assassinat d'Itzhak Rabin à Tel-Aviv.

GLOSSAIRE DES NOMS PROPRES

PERSONNALITÉS ISRAÉLIENNES

Allon, Yigal (Kefar Tavor, 1918-'Afula, 1980). Général et homme politique israélien. Commandant en chef du Palmach en 1945 avant d'être intégré dans l'armée israélienne comme général (1948). Élu député en 1954, il devient ministre du Travail (1961-1967). En 1967, il est vice-Premier ministre, fonction qu'il assumera jusqu'en 1977, la cumulant avec celle de ministre de l'Éducation et de la Culture (1969-1974) puis de ministre des Affaires étrangères (1974-1977). Il est l'auteur d'un plan de paix avec la Jordanie, prévoyant une annexion partielle de la Cisjordanie (plan Allon, 1968).

Begin, Menahem (Brest-Litovsk, 1913-Tel-Aviv, 1992), homme politique israélien. Milite en Pologne dans une organisation de jeunesse sioniste avant de rejoindre la Palestine en 1942, où il prend la direction de l'Irgoun, organisation clandestine juive fondée en 1937 par le parti révisionniste. Fonde en 1948 le parti du Herout (« Liberté »), formation de droite qui rejoindra le Likoud en 1973. Premier ministre de 1977 à 1983, il signe un traité de paix avec l'Égypte (1979). Annexe le Golan en 1981 et lance une grande offensive au Liban en 1982 (opération Paix en Galilée). Démissionne en septembre 1983. Prix Nobel de la paix en 1978 avec Anouar el-Sadate.

Ben Gourion, David Grin, dit (Płońsk, Pologne, 1886-Tel-Aviv, 1973), homme politique israélien. Émigre en Palestine en 1906. Expulsé de la Palestine ottomane au début de la Première Guerre mondiale, il se rend aux États-Unis. Après la déclaration Balfour, il s'engage dans la Légion juive de l'armée britannique et participe à la libération de la Palestine. Crée le mouvement socialiste juif. Membre du Conseil exécutif sioniste (1920), secrétaire général de la Histadrout (1921-1933) et du Mapaï (1930-1945). À la fin de la Seconde Guerre mondiale, il participe activement à la résistance juive contre les Britanniques. Président du Conseil national provisoire, il proclame l'Indépendance de l'État d'Israël le 14 mai 1948. Premier ministre et ministre de la Défense de 1948 à 1953. Revient à la tête du gouvernement de 1955 à 1963. Réélu à la Knesset en 1965 et 1969, il abandonne son mandat parlementaire en 1970 et se retire dans un kibboutz.

Dayan, Moshe (Deganya, 1915-Ramat Gan, 1981), général et homme politique israélien. S'engage très jeune dans les rangs de la Haganah et du Palmach. Chef d'état-major de l'armée israélienne au moment de la campagne du Sinaï contre l'Égypte en 1956. Démissionne de l'armée en 1958 pour entrer en politique. Député à la Knesset, ministre de l'Agriculture (1959-1965), de la Défense (1967-1974), il est considéré comme l'un des principaux artisans de la victoire dans la guerre des Six-Jours (1967), mais aussi comme le responsable de l'impréparation de l'armée israélienne lors de celle du Kippour (1973). Quitte le gouvernement en 1974 mais redevient ministre des Affaires étrangères dans le cabinet Begin (1977). Démissionne en 1979.

Eban, Abba (Le Cap 1915). Homme politique israélien. Représentant permanent d'Israël auprès de l'ONU en 1948, ambassadeur à Washington de 1950 à 1959. Plusieurs fois ministre dans les gouvernements de Ben Gourion et d'Eshkol, il est notamment ministre des Affaires étrangères de 1966 à 1974.

Elazar, David (Sarajevo, 1925-Tel-Aviv, 1976). Général israélien. Conquiert Gaza en 1956. Commandant du front nord pendant la guerre des Six-Jours. Chef d'état-major de l'armée israélienne en 1971. Accusé de s'être laissé surprendre par l'offensive arabe, il sera mis à la retraite d'office au lendemain de la guerre du Kippour.

Eshkol, Levi (Oratov, Ukraine, 1895-Jérusalem, 1969). Homme politique israélien. Arrive en Israël en 1913. Secrétaire du Mapaï (1942-1945), il participe aux opérations de la Haganah contre les Britanniques. Membre du conseil provisoire de l'État d'Israël à partir de 1948, député à partir de 1951, plusieurs fois ministre entre 1951 et 1963. Premier ministre de juin 1963 à sa mort.

Herzl, Theodor (Budapest, 1860-Edlach, Autriche, 1904). Écrivain et journaliste, promoteur du sionisme. L'affaire Dreyfus persuade cet ancien partisan de l'assimilation de la nécessité d'offrir une patrie aux Juifs. Il réunit à Bâle le premier Congrès sioniste en 1897, crée la Banque nationale juive et le Fonds national juif pour l'achat de terres en Palestine. Ses cendres ont été transférées sur le mont Herzl à Jérusalem en 1949.

Herzog, Chaïm (Belfast, 1918). Général et homme d'État israélien. En 1967, au moment de la guerre des Six-Jours, il quitte la direction des Services de renseignements de l'armée pour entrer à La Voix d'Israël, la radio gouvernementale. Ambassadeur d'Israël à l'ONU, il est élu président de l'État d'Israël en mars 1983 puis réélu à cette fonction en 1988.

Meir, Golda Mabovitz, Mme Myerson, dite (Kiev, 1898-Jérusalem, 1978). Émigre aux États-Unis en 1906, avant de s'installer en Palestine en 1921. Rejoint l'Histadrout en 1924. En 1948, elle est le premier ambassadeur de l'État d'Israël à Moscou. Ministre du Travail et des Affaires sociales de 1949 à 1956, puis ministre des Affaires étrangères de 1956 à 1966. Premier ministre de 1969 à 1974. Démissionne en raison des répercussions de la guerre du Kippour.

Peres, Shimon homme politique israélien. Né en Pologne en 1923, il immigre en Palestine en 1934. Député et ministre adjoint de la Défense en 1956. Démissionne en 1965 par solidarité avec Ben Gourion. Occupe plusieurs postes ministériels de 1969 à 1977. Dirigeant du parti travailliste de 1977 à 1992, Premier ministre (par intérim) en 1977, puis de 1984 à 1986, ministre des Affaires étrangères de 1986 à 1988, ministre des Finances de 1988 à 1990. Ministre des Affaires étrangères en 1992. Prix Nobel de la paix 1994 avec Yasser Arafat et Itzhak Rabin.

Shamir, Itzhak (Ruzinoy, Pologne, 1915), homme politique israélien. Rejoint les rangs de l'Irgoun, organisation clandestine juive fondée en 1937 en Palestine par le parti révisionniste, dirigé à partir de 1943 par Menahem Begin et dissous en 1948. Adhère en 1970 au parti de droite Herout, dont il devient le président. Élu à la Knesset en 1973. Premier ministre de 1983 à 1984, puis de 1986 à 1992.

Sharon, Ariel (Kefar Malal, Israël, 1928), général et homme politique israélien. Prend part à la guerre de 1948 et s'illustre dans les guerres israélo-arabes. Il participe à la fondation du Likoud. Joue un rôle majeur dans la guerre du Kippour. Ministre de l'Agriculture dans le cabinet Begin de 1977. Ministre de 1981 à 1983. Il doit démissionner de son poste de ministre de la Défense à la suite des massacres des camps palestiniens de Beyrouth. Occupe de nouveau différentes fonctions ministérielles entre 1984 et 1992.

Weizman, Ezer (Tel-Aviv, 1924). Général et homme politique israélien. Participe à la guerre d'Indépendance et prend le commandement des forces aériennes en 1958. Adjoint de Rabin à la tête de l'état-major pendant la guerre des Six-Jours. Ministre de la Défense de

1977 à 1980, puis ministre sans portefeuille dans le gouvernement d'union nationale de 1984. Président d'Israël depuis 1993.

AUTRES PERSONNALITÉS

Arafat, Yasser (Yasir 'Arafat) (Jérusalem, 1929), homme politique palestinien. Réfugié à Gaza après la guerre d'indépendance israélienne, il fait ses études au Caire et sert dans l'armée égyptienne en 1956. Fonde l'organisation al-Fath en octobre 1959. Organise les premiers raids contre Israël en 1965. Président du Comité exécutif de l'OLP depuis 1969. Invité par l'ONU à participer au débat de l'Assemblée générale sur la Palestine en 1974. Contraint de quitter son quartier général de Beyrouth à la suite de l'intervention israélienne au Liban en 1982, il se replie à Tunis. Signataire des accords d'Oslo de 1993 et 1995. Prix Nobel de la paix 1994 avec Shimon Peres et Itzhak Rabin.

Hussein Ier (Amman, 1935). Roi de Jordanie depuis 1952, succède à son père à la suite de la déposition de ce dernier. Il obtient le départ des troupes britanniques en 1958. S'oppose aux partisans de la République arabe unie avant de se réconcilier avec l'Égypte en 1967. Il participe à la guerre des Six-Jours, qui entraîne l'occupation de la Cisjordanie par Israël. En 1970, devant le renforcement de la présence palestinienne en Jordanie, il expulse les fedayin du pays. Participe à la guerre du Kippour sur le front syrien. En 1974, se déclare prêt à renoncer à ses droits sur la Cisjordanie au profit de l'OLP. Il a conclu en octobre 1994 un accord de paix avec Israël.

Nasser, Gamal Abdel (Beni Mor, 1918-Le Caire, 1970), officier et homme d'État égyptien. Participe en 1949 à la fondation du Mouvement des officiers libres, qui renverse le roi Farouk (1952) et proclame la république (juin 1953). Premier ministre (1954) puis président de la République (1956). Il nationalise le canal de Suez en juillet 1956. Crée en 1958 la République arabe unie qui rassemble l'Égypte et la Syrie, puis le Yémen.

Sadate, Anouar-el (Mit Aboul Kom, 1918-Le Caire, 1981). Militaire et homme d'État égyptien. Participe au coup d'État de 1952 aux côtés de Nasser. Ministre (1955-1956), secrétaire général de l'Union socialiste arabe (1957-1961) ; vice-président puis président de l'Assemblée nationale (1957-1969), il devient vice-président de la République en 1969. Succède à Nasser à la mort de ce dernier (1970). Se rend à Jérusalem en 1977. Signataire des accords de Camp David (1978) et du traité de paix égypto-israélien (1979). Assassiné le 6 octobre 1981. Prix Nobel de la paix 1978.

TERMES RELATIFS AU RITUEL JUIF

Bar-mitsva : « fils du commandement ». Cérémonie religieuse par laquelle les jeunes garçons de treize ans accèdent au statut d'adulte et lors de laquelle ils doivent prouver leur connaissance et leur compréhension des textes sacrés.

Chupa ou houppah : dais nuptial.

Haftarah : « conclusion ». Passage des Prophètes récité à la synagogue, notamment lors du shabbat.

Haggada : « récit ». Texte lu lors de la célébration domestique de la Pâque juive.

Ha-motsi : « extrais ». Bénédiction du pain prononcée avant le repas : « Béni sois-tu, Éternel... qui extrais le pain de la terre. »

Hanoukka : « Inauguration ». Appelée aussi « fête des Lumières ». Fête qui dure huit jours au mois de décembre et commémore la purification du Temple de Jérusalem après la victoire des Maccabées sur Antiochos IV au IIe siècle av. J.-C.

Hanukiah : chandelier à huit branches que l'on allume lors de la fête de Hanoukka.

Kaddish : « saint », en araméen. Hymne de louange à Dieu en araméen qui est également devenu la prière traditionnelle des personnes en deuil. Le « kaddish des orphelins » est récité prioritairement par le fils aîné du défunt.

Kol Nidre : « tous les vœux ». Premiers mots d'une prière en araméen qui sert de préambule à l'office du soir de Yom Kippour.

Pourim : « sorts ». Fête célébrée en février-mars pour célébrer le salut des Juifs de Perse, menacés par le grand vizir du roi Assuérus. Elle est précédée d'un jour de jeûne, le « jeûne d'Esther », en souvenir du jeûne proclamé par la reine Esther avant d'intercéder auprès d'Assuérus.

Rosh ha-Shanah : nouvel an juif, célébré entre les mois de septembre et d'octobre. Ce jour marque le début des dix jours de pénitence qui s'achèvent avec Yom Kippour.

Séder : « ordre ». Repas rituel du premier soir de la Pâque au cours duquel on raconte le récit de la délivrance d'Égypte.

Séfer Torah : « rouleau de la Torah ». Copie manuscrite sur parchemin des livres du Pentateuque.

Shavouot : « les semaines ». Fête de la moisson, célébrée en mai-juin. Cette fête est traditionnellement liée à l'événement de la Révélation divine au mont Sinaï.

Shiva : « sept » : Période de deuil de sept jours suivant l'enterrement d'un défunt.

Shloshim : « trente » : Période de deuil de moindre intensité qui se prolonge jusqu'au trentième jour suivant l'enterrement.

Soukkot : « tente ». Fête dite « des Tabernacles » ou « des Cabanes », associée à l'errance des Israélites dans le désert sur le chemin de la Terre promise, période durant laquelle ils vécurent dans des tentes. Elle a lieu entre septembre et octobre.

Yom Kippour : « jour du Pardon ». Jour de jeûne et d'expiation couronnant les dix jours de pénitence qui commencent au jour de l'an.

MOTS HÉBREUX ET YIDDISH

Abba : papa.
Aliyah : littéralement, la « montée » vers la terre d'Israël. Nom donné aux différentes vagues d'immigration.
Chag sameach : « joyeuses fêtes ».
hamotzi : action de grâces avant le repas (voir Termes relatifs au rituel juif).
Hatikvah : « L'Espoir » : nom de l'hymne israélien : « Aussi longtemps qu'en nos cœurs vibrera l'âme juive et que, tournée vers l'Orient, elle aspirera à Sion, notre espoir ne sera pas vain, cette espérance bimillénaire d'être un peuple libre sur notre terre, le pays de Sion et Jérusalem. »
Katyushas : type de bombe.
Kikar HaMedina : place du centre à Tel-Aviv. Rebaptisée récemment Kikar Rabin.
Kiryah : immeuble de bureaux gouvernementaux à Tel Aviv.
Ma'abarot : baraquements, constructions provisoires.
Mazel tov : « félicitations ».
Sabba : grand-père.
Sabra : citoyen israélien né en terre d'Israël.
Shanah tova : « bonne année ».
Yahrzeit : « moment de l'année ». Nom donné en yiddish au jour anniversaire de la mort d'un proche dont on est tenu d'observer le deuil.
Yarmulke : mot yiddish équivalent à kippa. Il s'agit de la calotte portée par les juifs pratiquants.
Yecke : terme yiddish légèrement péjoratif employé par les Juifs d'Europe centrale pour désigner les Juifs allemands, considérés comme exagérément disciplinés et cérémonieux.
Yihye beseder : « tout ira bien ».
Yishuvim : implantations juives.
Zi mirdarft, zi midarft nisht : expression yiddish signifiant littéralement « que cela soit permis ou non », c'est-à-dire « ne vous en déplaise » ou « en dépit des convenances ».

ORGANISMES POLITIQUES OU GOUVERNEMENTAUX, ASSOCIATIONS...

AIPAC : American Israeli Public Affairs Committee : l'une des organisations les plus actives en faveur des intérêts israéliens dans les milieux économiques et politiques américains.

Haganah : protection. Organisation paramilitaire juive de Palestine, créée dès avant la Première Guerre mondiale pour assurer la défense des colons juifs. Constitue pendant la Seconde Guerre mondiale plusieurs unités affectées à l'armée britannique. Lors de la proclamation de l'État d'Israël, la Haganah forme le noyau de la nouvelle armée israélienne.

Histadrout : Confédération générale du travail, fondée en 1920. Responsable d'un vaste réseau d'établissements économiques et coopératifs.

Knesset : assemblée. Parlement israélien. Chambre unique élue à la proportionnelle des voix par listes de parti. Élue pour quatre ans.

Likoud : rassemblement. Coalition créée en 1973 rassemblant plusieurs formations de droite. Dirigé successivement par Menahem Begin (1973-1983), Itzhak Shamir (1983-1992) et Benyamin Netanyahou.

Mapaï : Parti des ouvriers d'Eretz-Israël fondé en 1930 par David Ben Gourion et Golda Meir. Intégré dans le parti travailliste fondé en 1968. Actuellement dirigé par Shimon Peres.

Mossad : institut. Service de renseignements et d'opérations spéciales israélien. Créé en 1953.

Naamat : organisation des femmes travaillistes.

Palmach : unité d'élite de la Haganah.

ShaBak ou Shin Beth : Service de sécurité intérieure de l'État.

Tsahal : *Tséva Haganah Lé'Israel.* Armée de Défense d'Israël.

INDEX

REMERCIEMENTS

Un certain nombre de personnes m'ont aidée à réaliser cet ouvrage, et je souhaite les en remercier ici.

Je tiens avant tout à exprimer ma profonde reconnaissance à Phyllis Grann, présidente de Putnam, qui a toujours été convaincue de l'intérêt de ce livre et de la nécessité absolue de préserver l'héritage d'Itzhak Rabin. C'est avec une grande compétence que Neil Nyren, mon éditeur, a supervisé la publication de cet ouvrage, donnant ainsi une nouvelle preuve de ce qui fait son autorité dans le monde de l'édition. Julie Grau m'a prodigué des encouragements constants et s'est occupée de tous les aspects de la mise en forme de ce livre. C'est une excellente rédactrice, perspicace, exigeante et d'une grande sensibilité aux détails humains. J'ajouterai que c'est une personne si chaleureuse et si charmante que travailler avec elle est un plaisir.

Je voudrais remercier également les autres collaborateurs des éditions Putnam, notamment Nicole Wan, l'assistante de Julie, Scott Fitterman, qui a coordonné la réception et l'impression des versions successives, et David Koral, notre secrétaire de rédaction.

Chez Williams & Connally, toute ma reconnaissance va à Bob Barnett et à Peter Kahl, qui ont su nouer et entretenir les relations complexes indispensables à la création d'un ouvrage comme celui-ci. Bob Barnett passe pour être le meilleur agent que puisse avoir un auteur dans le monde actuel de l'édition, et je comprends pourquoi. Il m'a présentée à Phyllis et aux éditions Putnam et a veillé à ce que tous les éléments de la publication satisfassent aux critères d'un professionnalisme exemplaire.

Le collaborateur de Bob, Peter Kahn, mérite des éloges infinis pour son dévouement hors du commun. Il a fait preuve d'un talent remarquable pour coordonner dans le monde entier toutes les équipes indispensables à la réalisation de ce projet. Non content de superviser toutes les étapes de la rédaction, il a relu avec diligence et finesse les différentes versions de mon texte et s'est montré d'excellent conseil sur des questions tant de style que de contenu. Judy Nigro, la secrétaire de Peter, s'est occupée de tous les détails inhérents à ce projet.

Ron Beyma m'a aidée pour tout ce qui concerne la rédaction et la préparation de ce livre. Mes éditeurs me l'ont présenté comme un auteur de talent, un chercheur consciencieux, spécialiste averti d'histoire et de politique. J'ai découvert également un homme plein de compassion, de sensibilité et de bienveillance. La rédaction de ce livre lui a fait découvrir des univers et des êtres dont il ignorait tout : l'histoire étonnante de l'État d'Israël, la culture et la religion du peuple juif, la complexité de la politique du Proche-Orient, sans parler de la vie d'Itzhak et de la mienne, ainsi que des très nombreuses personnes que nous avons été amenés à côtoyer. Ce livre n'aurait pu être réalisé sans le travail de virtuose qu'a accompli Ron Beyma. Je dois dire, en toute sincérité, que ces longs mois de collaboration m'ont valu un ami fidèle que j'apprécie et respecte profondément.

Julian Ozanne, qui a travaillé autrefois à l'agence du *Financial Times* de Jérusalem, s'est attaché à vérifier l'exactitude de nombreux détails de cet ouvrage.

En Israël, Meir Ahronson m'a apporté une aide précieuse en me communiquant un grand nombre des photographies qui illustrent ce livre. Les recherches et les conseils de Niva Lanir m'ont également été d'un précieux secours. Elle m'a aidée à définir un certain nombre de messages prioritaires et m'a fait profiter de ses propres souvenirs d'Itzhak.

Je voudrais également remercier Louis Williams et Katia Citrin pour la compétence et la précision avec lesquelles ils ont traduit en anglais certains textes importants. Louis a accompli un travail particulièrement remarquable en fournissant des traductions d'un sérieux et d'une finesse irréprochables, malgré des délais très courts. Je remercie également Ettie Anetta, qui s'est chargée de dupliquer des enregistrements dont nous avions besoin. Et, comme d'habitude, toute ma reconnaissance va à ma secrétaire de confiance Ayala Silberman, toujours diligente et consciencieuse, qui m'a aidée dans d'innombrables circonstances.

Cet ouvrage est un récit personnel. Ce n'est pas un livre d'histoire. Mais je m'en voudrais de ne pas signaler quelques ouvrages dont je me suis servie : *A History of Israel*, de Howard M. Sachar, *Rabin of Israel*, de Robert Slater, *Making Peace with the P.L.O.*, de David Makovsky et, bien sûr, les Mémoires de mon défunt mari.

Je voudrais remercier les personnes qui m'ont aimablement autorisée à reproduire leurs textes : Yehuda Amichai, Arik Einstein, Haim Hefer, Meir Shalev, Ammon Lipkin-Shahak et la famille de Bat-Chen Shahak. Chacun d'entre eux a su saisir de façon unique un aspect de la vie d'Itzhak et susciter des réflexions sur la tragédie de sa mort.

Beaucoup de gens m'ont généreusement fait profiter de leur perspicacité et m'ont consacré leur temps sans compter. Je remercie avant tout l'ancien ambassadeur d'Israël aux États-Unis, Itamar Rabinovitch, qui a relu le manuscrit avec attention. Un emploi du temps très chargé n'a pas empêché l'ancien secrétaire d'État Henry Kissinger, l'ambassadeur Martin Indyk, le médiateur des États-Unis au Proche-Orient Dennis Ross, et le président Yasser Arafat de m'offrir un peu de leur temps. Qu'ils en soient remerciés.

J'adresse également des remerciements sincères au docteur Gabi Barabash, à Norman et à Diane Bernstein, à Yossi Genosar, Ya'acov Heifetz, Amos Horev, Ben Kingsley, au rabbin Stanley Rabinowitz, à Mme Moshe Safdie, à Shimon Peres, au docteur Ephraim Sneh, à Danny Yatom et à Dov Weissglass. Eitan Haber m'a apporté une aide inestimable en me procurant des exemplaires des discours de mon mari et en me communiquant des informations essentielles, qui m'ont été fort utiles.

Évidemment, la place d'honneur revient à ma famille, à mon fils Yuval, à mes petits-enfants Jonathan, Noa et Michael, à mon gendre Avi Pelossof, et surtout à ma fille Dalia, mon amie la plus proche et la plus fidèle, dont les encouragements constants, l'amour et le soutien inébranlables ont été si précieux pour moi au cours de cette douloureuse période. Je vous aime tous de tout mon cœur.

TABLE DES MATIÈRES

Ce volume a été composé
par Nord-Compo
59653 Villeneuve-d'Ascq-Cedex